Wenn Peretz Lavie sich als Schlafforscher vorstellt, ist die erste Reaktion seiner Umwelt oft Gelächter und der Kommentar, ja, das sei man selbst auch immer wieder. Aber rasch stellt sich heraus, wie viele Fragen zu diesem Thema von allgemeinem Interesse sind: Warum müssen wir schlafen? Wer schläft zuviel, wer zu wenig? Woher kommen unsere Träume? Warum erinnern wir uns an manche davon, während wir andere vergessen? Was tun bei Schlaflosigkeit? Peretz Lavie gibt eine faszinierende Einführung in die Welt des Schlafes, von der Steuerung des Schlafes durch die Hirnzentren über die Ursache und Bedeutung der Träume bis zu Schlafgewohnheiten, Schlafstörungen und deren Behandlungsmöglichkeiten. Er erklärt, wie sich Umweltbedingungen, etwa Schichtarbeit oder auch das Jet-Lag-Syndrom, auf das Schlafverhalten auswirken und wie psychische Traumata unseren Schlaf beeinträchtigen können. Anekdoten, spannende Fallgeschichten, persönliche Reflexionen des Autors und zahlreiche praktische Tips erleichtern den Zugang auch für Laien und garantieren bestes Lesevergnügen.

Peretz Lavie promovierte auf dem Gebiet der physiologischen Psychiatrie bei Wilse B. Webb, einem der Begründer der modernen Schlafforschung. Heute lehrt Lavie als Professor für biologische Psychiatrie am Israel Institute of Technology in Haifa, wo er auch Dekan der medizinischen Fakultät ist. Er gilt weltweit als führender Experte der Schlafforschung. Das vorliegende Buch ist ein internationaler Erfolg und wurde bisher in über zehn Sprachen übersetzt.

Peretz Lavie

Die wundersame Welt des Schlafes

Entdeckungen, Träume, Phänomene

Aus dem Englischen
von Esmy Berlt

Mit Schwarzweiß-Abbildungen

Deutscher Taschenbuch Verlag

Ungekürzte Ausgabe
Oktober 1999
Deutscher Taschenbuch Verlag GmbH & Co. KG, München
© 1996 der englischen Ausgabe Yale University
(›The Enchanted World of Sleep‹)
Erstveröffentlichung in Hebräisch:
Yedioth Ahronoth Books, Tel Aviv 1993
© 1997 der deutschen Ausgabe:
Christoph Links Verlag, Berlin
ISBN 3-86153-138-0
Umschlagkonzept: Balk & Brumshagen
Umschlagbild: Ausschnitt des Gemäldes ›Der Traum des Salomo‹
(um 1694) von Luca Giordano
Satz: LVD GmbH, Berlin
Druck und Bindung: C. H. Beck'sche Buchdruckerei, Nördlingen
Gedruckt auf säurefreiem, chlorfrei gebleichtem Papier
Printed in Germany · ISBN 3-423-33048-1

Inhalt

Für Lena,
die mir von Anfang an glaubte

Vorwort

In jeder Nacht offenbart sich uns die Geschichte des Schlafes, die so alt ist wie die Zeit selbst.

Über drei Milliarden Jahre ist es her, seit die Evolution die biologische Uhr der blaugrünen Algen hervorbrachte, eine Uhr, die uns seitdem zwingt, in einem regelmäßigen Zyklus einzuschlafen, selbst wenn wir für immer in vollständiger Isolation gefangengehalten würden.

Im Laufe des Entwicklungsprozesses der Menschheit bildeten sich vor etwa 500 Millionen Jahren die homöostatischen Mechanismen bei den Wirbeltieren aus, die uns daran hindern, über längere Zeit wach zu bleiben. Vor ungefähr 200 Millionen Jahren waren neurobiologische Mechanismen an der Erschaffung des Phänomens des Traums beteiligt, der seitdem eine wesentliche Rolle in der Kultur der Menschheit spielt.

Gerade das Erlebnis des Traums hat die Annahme von der Zweiheit von Körper und Seele heraufbeschworen und ist offensichtlich zum Katalysator für die Erschaffung der Ideen vom »ewigen Leben« und von »Gott« geworden.

Im Jahr 1879 erfand Thomas Edison schließlich die Glühbirne und wurde ungewollt für die zahllosen Beschwerden verantwortlich, die aus der Unvereinbarkeit zwischen unserer Schlafenszeit und der Ersetzung der Dunkelheit durch das Licht herrühren. Manchmal können wir aus den verschiedensten Gründen nicht umhin, nachts wach zu bleiben, und diese Zwänge sind der eigentliche Grund für das leidige Auseinanderklaffen zwischen der inneren menschlichen Uhr, die sich nicht um Edison schert, und den Geboten der modernen Gesellschaft. Vor dem Hintergrund seines umfangreichen Fachwissens sowie der innovativen Konzepte von der Physiologie des Schlafes und der Träume, einschließlich des Konzepts von der »verbotenen Schlafzone«, erzählt uns Peretz Lavie mit außergewöhnlicher Beredtheit die Geschichte, die sich in einer einzigen Nacht im Schlaf abspielt.

Obwohl ich an dieser Stelle kein Resümee von Lavies Beitrag zur Erforschung des Schlafes geben kann, ergreife ich mit diesen wenigen, unzureichenden einleitenden Worten die Gelegenheit, um meiner großen Bewunderung für dieses wunderbare Buch und seinen Autor Ausdruck zu verleihen, der zu den begabtesten Wegbereitern der Erforschung des Schlafes und der Träume zählt.

Michel Jouvet
Universität Lyon

Einleitung

Bei meinen verschiedenen Begegnungen mit Menschen wird mir häufig die unvermeidliche Frage gestellt: »Was machen Sie?«, und dann zögere ich in der Regel ein paar Sekunden, ehe ich antworte: »Ich befasse mich mit der Erforschung des Schlafes.«

Mein Zögern erklärt sich aus meiner Erfahrung, daß meiner Antwort zwei unterschiedliche Reaktionen folgen. Die erste wird gewöhnlich von einer Lachsalve begleitet: »Die Erforschung des Schlafes? Was muß über den Schlaf erforscht werden?« Darauf folgt meist ein Reflexgähnen, mit dem mir mein Fragesteller anscheinend sagen will: »Auch ich erforsche dieses Thema gelegentlich.«

Als zweite Reaktion erfolgt eine sofortige Bitte um Rat und medizinische Behandlung zur Bekämpfung von Schnarchen, Schlaflosigkeit und anderer Probleme, die mit dem Schlaf im Zusammenhang stehen.

Als mein Großvater – ein Bauer, der sein Land mit vollster Hingabe bestellte – zum ersten Mal von meiner Absicht hörte, mich der Erforschung des Schlafes zu widmen, versuchte er, mich zu überzeugen, mir einen »nützlicheren« Beruf zu suchen. »Was kann ein Mann schon in seinem Leben erreichen, wenn er sich mit dem Schlaf beschäftigt?« wandte er ungehalten ein.

Manchmal ist es schwierig, Menschen davon zu überzeugen, daß der Schlaf ein fesselndes Thema ist, aber ich hoffe, die Leser werden am Ende dieses Buches genauso darüber denken wie ich. Vielleicht sollte ich erwähnen, daß ich eigentlich durch einen Zufall auf die Welt des Schlafes gestoßen bin. Dafür danke ich Professor Zvi Giora von der Psychologischen Fakultät der Universität Tel Aviv, der mich ermutigte, mich diesem Gebiet zuzuwenden, sowie Rotary International, die mir ein Stipendium gewährte, damit ich meine Doktorarbeit an den Schlaflaboren der Universität Florida bei meinem Doktorvater Professor Bernie Webb, einem der Begründer der modernen Schlafforschung, abschließen konnte.

In Webbs Labor erfuhr ich, welche Bedeutung die Schlafforschung hat. Im Anschluß an meine Promotion habilitierte ich an der Universität Kalifornien in San Diego bei Professor Daniel Kripke, und im Jahr 1975 nahm ich meine Tätigkeit an der Medizinischen Fakultät am Technion auf – dem Israelischen Institut für Technologie in Haifa, dessen Dekan ich jetzt bin.

Das Schlaflabor des Technion hat sich zu einer der größten Forschungseinrichtungen ihrer Art in der Welt entwickelt. Jede Nacht kommen etwa 20 Personen mit dem einzigen Ziel in unser Labor, uns die Möglichkeit zu geben, die Ursachen ihrer Schlafprobleme zu ergründen.

Die erfolgreiche Entwicklung des Labors ist zuallererst seinen hingebungsvollen Mitarbeitern zu verdanken, die ihren Dienst am Patienten sowie in der Forschung buchstäblich Tag und Nacht versehen. Ohne ihre Hilfe, ihren Enthusiasmus und ihre Hingabe hätten wir niemals Ergebnisse von so hohem Niveau erreichen können. Ihnen allen gebührt mein aufrichtiger Dank.

Die Rigler-Deutsch-Stiftung gewährte dem Schlaflabor des Technion großzügige finanzielle Hilfe, und Lloyd Rigler, ein wahrhafter Humanist und Menschenfreund, stand uns stets mit Rat, Hilfe und Unterstützung zur Seite, wofür wir ihm zu Dank verpflichtet sind. Mein Dank gilt auch Bernie Webb, Allan Rechtschaffen, Nathaniel Kleitman, Jürgen Aschoff, Bill Dement und Lew Muchametow, die alle so freundlich waren, mir Fotografien aus ihren Sammlungen zu überlassen. Ich danke Professor Stanislaw Kubicki von der Freien Universität Berlin, der die Abbildungen auf den Seiten 29, 30, 33, 35 und 41 zur Verfügung stellte. Ebenso bedanke ich mich bei Boehringer Ingelheim für die Erlaubnis, die Abbildungen auf den Seiten 46 und 50 in diesem Buch aus der Schriftenreihe des Postgraduate Medical Service, *Sleep and Wakefulness*, abdrucken zu dürfen. Auch Bernie Webb, Allan Rechtschaffen und Irene Tobler gaben mir wertvolle Ratschläge.

Mein besonderer Dank gilt Michel Jouvet für das Vorwort zu diesem Buch.

»Die wundersame Welt des Schlafes« ist aus meiner persönlichen Sicht geschrieben, und möglicherweise ist das Buch nicht frei von der Tendenz – wie es in solchen Fällen häufig geschieht –, daß die Rolle des Autors unverhältnismäßig hervorgehoben wird. Ich habe zwei Ziele mit diesem Buch verfolgt: Erstens habe ich versucht, die unglaubliche Entwicklung eines neuen Gebiets der wissenschaftlichen Forschung zu beschreiben, deren privilegierter Augenzeuge ich war. Zweitens wollte ich meine Begeisterung über meine Mitwirkung an einem solchen Versuch mit anderen dadurch teilen, daß ich einige Untersuchungen und Ergebnisse aus meinem eigenen Labor schilderte – selbst wenn sie nicht immer völlig neu waren. Ich glaube, daß meine Kollegen Schlafforscher mich verstehen werden und mir verzeihen.

Peretz Lavie

1. Schlaf und Tod

Menschen verbringen etwa ein Drittel ihres Lebens schlafend. Der Schlaf kennt keinen Unterschied zwischen dem afrikanischen Stammesgenossen, der auf seinem Lager aus getrockneten Blättern liegt, und dem Stadtbewohner, der sich in seiner Hochhauswohnung auf einer teuren Sprungfedermatratze zur Ruhe begibt.

Der Schlaf ist allen Menschen gemeinsam – und die Menschen sind vor ihm gleich. Wenn die Sonne in China untergeht, schlüpfen mehr als eine Milliarde Chinesen unter ihre Bettdecken und legen sich schlafen. Einige Stunden später begeben sich die Amerikaner nach dem gleichen Ritual zur Ruhe. Jedoch leben überall auf der Welt Menschen, die aufgrund ihres Berufs gezwungen sind, nach einem genau umgekehrten Ablauf zu leben, nämlich in der Nacht zu wachen und während des Tages zu schlafen.

Seit Tausenden von Jahren galt der Schlaf als untrennbarer Bestandteil des Gesetzes der Natur, als Beweis ihrer Vernunft oder der Weisheit der Götter. Niemand ging der Frage nach: Warum schlafen wir? Der Schlaf war der Zustand, der das Werk eines Tages von dem des nächsten trennte, und abgesehen von den Träumen glaubte man nicht, daß während dieser Stunden des Vergessens etwas von Bedeutung geschähe. Der Traum wurde nicht als Bestandteil des Schlafes empfunden, sondern eher als das Ergebnis äußerer Einflüsse auf den Schläfer. Der Schlaf war das, was sich zwischen dem »Gute Nacht«-Gruß und dem »Guten Morgen«-Gruß abspielte – und nicht mehr.

In der zweiten Hälfte des 20. Jahrhunderts vollzog sich eine Revolution in der wissenschaftlichen Betrachtung des Schlafes. Von einer Erscheinung, die bisher nur für Dichter und Philosophen von Interesse war, wurde der Schlaf unter Nutzung fortgeschrittener und innovativer Methoden zum Gegenstand exakter wissenschaftlicher Forschung erhoben. Ärzte, die vorher Krankheiten als Teil des wachen und bewußten menschlichen Zustands betrachteten und es nicht für erforderlich ansahen, die Krankheiten ihrer Patienten zu untersuchen, während diese schliefen, erkannten nun, daß einige Leiden erst manifest wurden, wenn der Patient schlief.

Die Tatsache, daß der Schlaf unvermeidlich ist, legt die Möglichkeit nahe, daß der Schlaf einem kurzzeitigen Tod ähnelt. Einen Anhaltspunkt für diesen Glauben können wir in einem jüdischen Gebetbuch finden; ehe sich fromme Juden zur Nachtruhe niederlegen, vertrauen sie ihre Seelen ihrem Schöpfer mit den Worten an: »Gesegnet seiest du, oh Herr unser Gott, König des Weltalls, der du die Bande des Schlafes auf meine Augen und den Schlummer auf meine Augenlider fallen läßt. Möge es dein Wille sein, oh Herr mein Gott und Gott meiner Väter, daß es mir vergönnt sei, in Frieden zu ruhen, und lasse mich wieder in Frieden vom Schlaf erwachen.« Wenn sie am Morgen wach werden, grüßen sie den Herrn mit den Worten: »Ich sage dir meinen Dank, du lebender König, der meine Seele aus Erbarmen wieder zum Leben erweckt.« Nicht nur im Judaismus wird der Schlaf als eine Form des Todes betrachtet; in der griechischen Mythologie werden Schlaf *(hypnos)* und Tod *(thanatos)* die »Zwillinge der Nacht« genannt, die ihren Wohnsitz in der Unterwelt haben.

Bernie Webb von der Universität Florida, mein erster Lehrer und Mentor in der Welt des Schlafes, nannte den Schlaf gewöhnlich einen »sanften Tyrannen«, und in der Tat liegt es nicht in unserer Hand, die Wahl zwischen Wachen und Schlafen zu treffen. »Menschen wie Götter beugen sich in Ergebenheit vor dem Schlaf«, sagte Homer in seiner *Ilias.* Wir können wohl unsere Eß- und Trinkgewohnheiten einschränken, aber auf unseren Schlaf können wir nur für kurze Zeit verzichten. Es gibt auch Menschen, denen es gelingt, ihre sexuellen Gewohnheiten völlig zu ändern, aber es ist äußerst schwierig, andere Schlafgewohnheiten anzunehmen. Zahllose Menschen wären bereit, einen sehr hohen Preis für die Fähigkeit zu zahlen, ihren Schlaf – von, sagen wir, sieben auf drei Stunden pro Nacht – zu verkürzen, aber falls sie es versuchen sollten, würde der Schlaf sie sicherlich nach ein paar Tagen übermannen und sich mit seiner ganzen Last auf ihre bereits halbgeschlossenen Augenlider niedersenken.

Es besteht kein Zweifel darüber, daß der Schlaf-Wach-Zyklus den stabilsten Aspekt unseres Verhaltens darstellt und ihm Regelmäßigkeit und Rhythmus verleiht.

Dämpfe, die aus dem Magen aufsteigen

Im frühen wissenschaftlichen Denken faßte man den Schlaf als einen passiven Zustand auf, der durch die Isolierung des Gehirns von den anderen Teilen des Körpers erzeugt wurde, und in alten Texten finden sich zahlreiche Belege dafür.

Alkmaion, der im sechsten Jahrhundert v. Chr. lebte, behauptete, der Schlaf würde dadurch verursacht, daß das Blut sich aus den Blutgefäßen in der Haut in die inneren Teile des Körpers zurückziehe, während das Erwachen vom Rückfluß des Blutes herrühre. Das Schwinden des Blutes aus der Haut bewirke Unbeweglichkeit und Gefühllosigkeit. Einige betrachteten den Schlaf als Ergebnis der Veränderungen in den charakteristischen Merkmalen des Blutes und glaubten, daß ein Abfall der Bluttemperatur die Ursache für den Schlaf sei, während ein Anstieg zum Erwachen führe.

Einer der ersten, der den Schlaf methodischen Überlegungen unterzog, war Aristoteles, der seine Prophezeiungen und Ideen in seinem Werk *De somno et vigilia* (Über das Schlafen und Wachen) zusammentrug. Nach Aristoteles sind Schlaf und Wachen Ergebnisse unserer Fähigkeit, die Reize unserer Umwelt wahrzunehmen und zu verstehen; folglich ist der Schlaf nur für die Arten typisch, die Sinnesorgane besitzen. Seine Beschreibung des Einschlafprozesses ist äußerst anschaulich. Seine Theorie besagt, daß, während wir unsere Nahrung verdauen, Dämpfe aufgrund ihrer höheren Temperatur aus dem Magen aufsteigen und sich im Kopf ansammeln. In dem Maße, wie sich das Gehirn abkühlt, werden die Dämpfe kondensiert, strömen nach unten und kühlen dann das Herz. Aristoteles, der das Herz für das sensorische Zentrum des Körpers hielt, glaubte, die Abkühlung des Herzens sei die Ursache für den Schlaf.

Die griechischen Philosophen und Ärzte stimmten mit Aristoteles überein, daß in der Isolierung des Körpers von seinen Sinnen die Ursache für den Schlaf lag, aber im Gegensatz zu ihm betrachteten sie das Gehirn, und nicht das Herz, als das Zentrum der Sinnesempfindungen des Körpers. Sokrates' Schüler Platon und der berühmte griechische Arzt Galenus sahen in der Isolierung des Gehirns vom übrigen Körper, und nicht in der Abkühlung des Herzens, die Hauptursache für den Schlaf. Wie Aristoteles glaubten sie, die Ursachen für den Schlaf seien mechanisch begründet. Dämpfe, die aus dem Magen aufstiegen, würden bei ihrem Eintreffen im Gehirn kondensiert, aber statt zum Herzen hinabzusteigen, wie Aristoteles glaubte, blockierten sie die Poren des Gehirns und isolierten es somit vom übrigen Körper. Und so schlief der Mensch, während sein Gehirn von seinem Körper abgetrennt war.

Wie andere medizinische Auffassungen überlebten diese Auffassungen vom Schlaf mehr als 1500 Jahre. Die von Ärzten und Philosophen während des Mittelalters, der Renaissance und selbst später erkannten Abweichungen waren minimal. Einige behaupteten, das Gehirn sei nicht vollständig vom Körper isoliert, da der Schlaf durch laute Geräusche oder durch Rütteln des Schläfers gestört werden könne. Einige wiesen darauf hin, daß nicht das gesamte Gehirn für den Schlaf verantwortlich sei, sondern nur ein einziges Organ im Gehirn – das »allgemeine Sinnesorgan«, durch das der damaligen Auffassung zufolge alle Sinne des Körpers verbunden waren. Andere wieder führten die Idee von den Dämpfen sogar noch weiter und behaupteten, Qualität und Dauer des Schlafes seien von der Art und Zusammensetzung der Dämpfe abhängig, die in das Gehirn aufstiegen. Naheliegend war, daß der Schlaf nach einer schweren Mahlzeit, die zweifellos mehr Dämpfe erzeugte, tief und besonders lang war.

Die griechische Auffassung, daß Dämpfe die Poren des Gehirns blockierten und dadurch den Schlaf verursachten, blieb im Grunde genommen bis in die relative Neuzeit unangefochten. Die einzigen Veränderungen, die diese Auffassung später erfuhr, betrafen die Ursachen und Umstände, die der Isolierung des Gehirns vom Körper zugrunde lagen. Die »Magendämpfe« wurden durch andere Begleitumstände ersetzt, wie zum Beispiel den Blutfluß zum Gehirn. Im 18. und 19. Jahrhundert gab es zwei geistige Richtungen: Eine behauptete, der Schlaf werde durch »Blutarmut« hervorgerufen – mit anderen Worten, durch einen Mangel an Blut im Gehirn –, während die andere nicht weniger leidenschaftlich dagegenhielt, der Schlaf werde durch einen Überschuß an Blut im Gehirn hervorgerufen. Beide Lager stützten sich in ihren Behauptungen im wesentlichen auf kontrollierte Beobachtungen von Menschen- und Tierhirnen, die während eines chirurgischen Eingriffs oder aufgrund einer Wunde am Schädel freigelegt worden waren. Diejenigen, die behaupteten, ein Mangel an Blut sei die Ursache für den Schlaf, führten ins Feld, daß das Gehirn blaß und eingeschrumpft sei, wenn die Menschen schliefen, während das Gehirn im Zustand des Wachens prall mit Blut gefüllt und dunkelrot sei. Die Vertreter der Theorie des Blutüberschusses behaupteten im Gegensatz dazu, daß das Gehirn schlafender Menschen aufgebläht und dunkelrot sei, im Zustand des Wachens jedoch eingeschrumpft. Beide Lager wußten natürlich nicht, daß die Hirndurchblutung der strengen Kontrolle des Nervensystems unterliegt und sowohl während des Wachzustandes als auch während des Schlafes konstant bleibt.

Wieder andere behaupteten, die Isolierung des Gehirns vom Körper rühre vom Anschwellen der Schilddrüse oder vom Anschwellen der Lymphdrüsen her. Einige gingen noch weiter und glaubten, der Schlaf sei das Resultat einer Einstellung der Hirntätigkeit – eine Art »Kurzschluß«, der durch eine Trennung der Nervenzellen hervorgerufen werde. Sie verglichen die Nervenzellen mit amöbenähnlichen Organismen, die imstande waren, sich aufeinander zu- und voneinander wegzubewegen.

In der Geschichte der wissenschaftlichen Forschung über die Ursachen des Schlafes nehmen die Theorien über hypnotische beziehungsweise einschläfernde Toxine einen besonderen Platz ein. Es handelte sich hier um Toxine, die das Gehirn vergifteten und somit den Schlaf herbeiführten. Das waren die Abbauprodukte der Stoffwechselprozesse, die sich im Laufe des Tages ansammelten, und sobald die kritische Größe erreicht war, führten sie den Schlaf herbei. Diese Theorie wurde zum ersten Mal im 19. Jahrhundert vorgestellt, und französische Forscher erbrachten den »unanfechtbaren Beweis« ihrer Stichhaltigkeit. Sie brachten Hunde zum Einschlafen, indem sie ihnen Flüssigkeiten aus den Hirnen anderer Hunde injizierten, denen über längere Zeit Schlaf entzogen worden war. Sie glaubten, die entnommenen Flüssigkeiten enthielten eine Ansammlung eines hypnotischen Toxins, das dann bei den ausgeruhten Hunden den Schlaf herbeiführen würde. Diese Auffassung hatte auch noch im 20. Jahrhundert ihre Anhänger.

Einige Forscher sahen in der »Ermüdung« des Muskel-Skelett- und des Nervensystems die Hauptursache für den Schlaf. An der Spitze der Verfechter dieser Auffassung stand Nathaniel Kleitman, dem die größte Entdeckung auf dem Gebiet der Schlafforschung zugeschrieben wird, der »REM-Schlaf«, eine Entdeckung, die alle früheren wissenschaftlichen Auffassungen auf diesem Gebiet umstieß. Wie andere Forscher glaubte Kleitman, daß der Schlaf das Resultat der Ermüdung des Muskel- und Nervensystems sei.

Iwan Pawlow, der russische Physiologe und Nobelpreisträger für Physiologie und Medizin, behauptete ebenfalls, daß der Schlaf ein Zustand sei, in dem die Hemmung der Hirntätigkeit durch Reflexe hervorgerufen werde. Man kann durchaus annehmen, daß seine Gedanken über den Schlaf von seiner Arbeit über den bedingten Reflex beeinflußt waren.

Jedoch gab es zu Beginn des 20. Jahrhunderts Anzeichen für neuere Auffassungen. Einige Wissenschaftler behaupteten, daß, ebenso wie es Hirnzentren gäbe, die die Sprache, das Gehör oder das Sehvermögen steuern, es auch ein besonderes Zentrum gäbe, das den Schlaf steuert. Sie meinten, die Aktivierung dieses Zentrums führe den Schlaf herbei, während die Einstellung seiner Tätigkeit oder die Aktivierung eines angrenzenden Zentrums den Wachzustand auslöse. Diese Theorie ist mit dem Namen von Konstantin von Economo sowie mit den furchtbaren Folgen der Epidemie der Enzephalitis lethargica, der »Schlafkrankheit«, verknüpft, die am Ende des Ersten Weltkrieges über den Erdball hinwegfegte und Millionen Tote hinterließ. Die fesselnde Persönlichkeit von Economo und seine Entdeckungen verdienen mehr als eine flüchtige Erwähnung, und ich werde später ausführlich auf sie eingehen.

Tennisbälle und Seismographen

Um das Wesen des Schlafes verstehen zu können, müssen wir ihn vorurteilslos und genau untersuchen. Unsere Beurteilung des Schlafes ist unzuverlässig und manchmal erstaunlich falsch. Nehmen wir das häufige Beispiel des Erwachens nach einem kurzen Schläfchen und das Gefühl, als hätten wir stundenlang geschlafen. Umgekehrt wieder gibt es Menschen, die nach acht oder zehn Stunden Schlaf wach werden und überzeugt sind, sie hätten nur ein kleines Nickerchen gemacht, während andere aus einem Schlaf erwachen, der dem Beobachter zufolge tief gewesen zu sein schien, und heftig bestreiten, überhaupt geschlafen zu haben. Diese Unfähigkeit, die Länge und Tiefe des Schlafes einschätzen zu können, ist eine der Hauptschwierigkeiten in der Beurteilung durch den Patienten, der an einer Schlafstörung leidet. Daher sind zuverlässige und objektive Forschungsmethoden zur »Messung« des Schlafes erforderlich.

Wie wurde dann der Schlaf in der Vergangenheit untersucht? Frühe Forscher beobachteten natürliche Phänomene, und ihr Scharfblick verdient noch immer das höchste Lob. Betrachten wir nur einmal den Auszug aus Lucretius' Essay über die Sinnesempfindung und den Geschlechtstrieb aus *De rerum natura* (Über die Natur der Dinge), das im ersten Jahrhundert v. Chr. geschrieben wurde: »Sie werden feurige Streitrosse sehen, wenn ihre Glieder ruhen, noch im Schlaf schwitzen und keuchen sie weiter, als spannten sie all ihre Kräfte an, um den Sieg davonzutragen, oder als hätten sie die hochgezogenen Barrieren des Startpfostens gerade hinter sich gelassen. Und während die Hunde des Jägers noch im sanften Schlummer ruhen, bewegen sie ihre Beine oft heftig und ruckartig hin und her und winseln plötzlich und atmen hastig durch ihre Nasenlöcher, als witterten sie eine neue heiße Spur.« Lucretius' Beschreibung des Traumschlafes eines Hundes, der durch starke Körperbewegungen gekennzeichnet ist, ist in der Tat sehr zutreffend.

Aber wie konnte man zum Beispiel die Zeit messen, die jemand braucht, um einzuschlafen? Bei einer der Methoden, die angewandt wurden, legte man der Versuchsperson einen Gegenstand, zum Beispiel einen Stein oder einen kleinen Ball, in die Hand und bat sie, die Hand unter der Bettdecke herauszustrekken. Der Augenblick, in dem der Gegenstand infolge der Muskelerschlaffung aus der Hand fiel, wurde als der Augenblick des Einschlafens ermittelt. Anders gesagt, um die Trennung zwischen Schlafen und Wachen ermitteln zu können, machte man sich die Tatsache zunutze, daß der Schlaf eine Muskelerschlaffung auslöst.

Eine der am weitesten verbreiteten Methoden zur Unterscheidung zwischen Schlafen und Wachen war die Messung der Körperbewegungen. Schlafende Menschen bewegen sich fast überhaupt nicht. Der erste Apparat zur kontinuierlichen Aufzeichnung der Körperbewegung einer schlafenden Versuchsperson wurde von einem deutschen Forscher mit dem Namen Szymanski erfunden. Der Apparat ähnelte einem Seismographen, der entweder an das Bett oder die Füße der Versuchsperson angeschlossen war; er zeichnete selbst die geringsten Bewegungen des Schläfers auf. Die Zeit des Einschlafens wurde auf den Zeitpunkt festgesetzt, an dem sich der Körper der Versuchsperson nicht mehr bewegte. Somit war es ebenfalls möglich, die Ruhe während des Schlafes zu messen, auch den Unterschied im Schlaf von Männern und Frauen und die Art der Beeinflussung des Schlafes durch den Genuß von Kaffee, durch körperliche Anstrengung und andere Faktoren.

Das Aufzeichnungsgerät für die Körperbewegungen während des Schlafes, das sogenannte Aktimeter, wird seit Beginn des 20. Jahrhunderts in der Schlafforschung hauptsächlich bei Kindern angewandt. Heute ist das Meßgerät jedoch sehr klein und wird am Handgelenk der Versuchsperson befestigt. Der enorme technische Fortschritt hat die Speicherung einer Vielzahl von Informationen über die Handbewegungen einer Versuchsperson in einem Zeitraum von Tagen, ja sogar Monaten möglich gemacht – in einem Gerät von der Größe einer durchschnittlichen Armbanduhr. Bei Verwendung eines Computers werden die Veränderungen der Handbewegungen der Versuchsperson in Protokolle über den Schlaf und den Wachzustand »übersetzt«.

2. Die Hirnströme

Die Entdeckung der Hirnströme und des Elektroenzephalogramms leiteten die bedeutsamste Wende in der Schlafforschung im besonderen und der Erforschung des Nervensystems im allgemeinen ein.

Der Gedanke, daß das Nervensystem elektrisch aktiv ist, tauchte zum ersten Mal gegen Ende des 18. Jahrhunderts auf. Luigi Galvani aus Bologna demonstrierte als erster, daß die elektrische Stimulation eines freigelegten Nervs die Kontraktion des Muskels hervorrief, mit dem der Nerv verbunden war. Seine Experimente zur Nervenstimulation von Fröschen sind seitdem Bestandteil der Grundlagen der Wissenschaft. Später zeigte sich, daß die elektrische Stimulation verschiedener Bereiche des Gehirns Bewegungen in unterschiedlichen Teilen des Körpers auslöste; das Gehirn konnte in der Tat mit Hilfe der elektrischen Stimulation kartographiert werden. Von da an war es nur ein kurzer Weg, bis der Beweis über den Zusammenhang zwischen Veränderungen der elektrischen Spannung auf der Oberfläche eines Nervs und seiner Aktivierung erbracht wurde.

Der britische Forscher Richard Caton untersuchte als erster mit wissenschaftlichen Methoden, ob es bei Anwendung der elektrischen Abtastung der Hirnoberfläche möglich ist, die Tätigkeit der Nervenzentren unter den Abtastelektroden zu beweisen. Als Caton im Jahr 1875 Elektroden über der Oberfläche des mit dem Sehvermögen verbundenen Hirnbereichs anbrachte, entdeckte er, daß sich die Spannung veränderte, als er einem Versuchstier mit einer Lampe in die Augen leuchtete. Seine Ergebnisse zeigten ebenfalls spontane Veränderungen in der elektrischen Aktivität, doch maß er dem keine besondere Bedeutung bei. Fast zur gleichen Zeit führte der polnische Wissenschaftler Adolph Beck ähnliche Experimente durch und kam zu dem gleichen Schluß. Beck faßte seine Ergebnisse zur spontanen Aktivität der Hirnoberfläche folgendermaßen zusammen (wie in Braziers *History of the Electrical Activity of the Brain* [Geschichte der elektrischen Tätigkeit des Gehirns] zitiert): »Schon während des ersten Experiments bemerkte ich – und wiederholte Experimente bestätigten es –, daß, als die Elektroden an zwei bestimmten Punkten an der Rinde der Gehirnhemisphären angebracht wurden, der Spannungsunterschied zwischen den Elektroden nicht konstant war; es war eine ständige Abweichung nach oben und unten festzustellen, die weder mit dem Atemrhythmus in Zusammenhang stand, weder mit dem Puls synchron war noch in sonst einer Weise von der Bewegung des Tieres abhängig war, da sie auch bei kurarisierten Hunden manifest war. Ich glaube daher, daß diese Abweichungen das Resultat der spontanen Aktivität in den Hirnzentren waren.«

50 Jahre, nachdem Caton und Beck ihre jeweiligen Entdeckungen auf der Grundlage von Tierexperimenten gemacht hatten, wurde der schlüssige Beweis erbracht, daß im menschlichen Gehirn tatsächlich eine spontane elektrische Aktivität erzeugt wird. Hans Berger, ein deutscher Psychiater, der an der Psychiatrischen Klinik in Jena arbeitete, entdeckte, daß die elektrische Hirntätigkeit beim Menschen über der Schädeloberfläche aufgezeichnet werden kann. Berger begann nach seinen Untersuchungen parapsychologicher Erscheinungen, wie Telepathie und Telekinese, mit seiner Forschungsarbeit an der elektrischen Hirntätigkeit. Er behauptete, es bestünde Grund zu der Annahme, daß während einer telepathischen Handlung eine elektrische Aktivität im Gehirn festgestellt werden könne. Nachdem er ein Jahr lang experimentiert hatte, gelang ihm die Aufzeichnung der spontanen elektrischen Aktivität auf der Hirnoberfläche, die er »Enzephalogramm« nannte. Er bewies, daß die elektrische Aktivität vermindert war, wenn die Sinnesempfindungen der Versuchsperson einem Reiz ausgesetzt waren oder wenn sich Denkprozesse bei der Versuchsperson abspielten. Berger hielt seine Experimente geheim; er gewährte niemandem Zutritt zu seinem Labor und diskutierte seine Ergebnisse mit keinem seiner Kollegen. Im Jahr 1929, fünf Jahre nach seinem ersten Experiment, erschien seine erste Publikation über die elektrische Hirntätigkeit. In der Folgezeit veröffentlichte er bis zum Jahr 1934 jährlich einen weiteren Beitrag. Im Jahr 1938 entfernten ihn die Nazis aus seinem Amt als Direktor der Psychiatrischen Klinik Jena, und drei Jahre später wurde er mit Depressionen in eine Nervenklinik eingewiesen. Als Psychiater war es für ihn schwer, sich mit seinem Geisteszustand abzufinden, so daß er

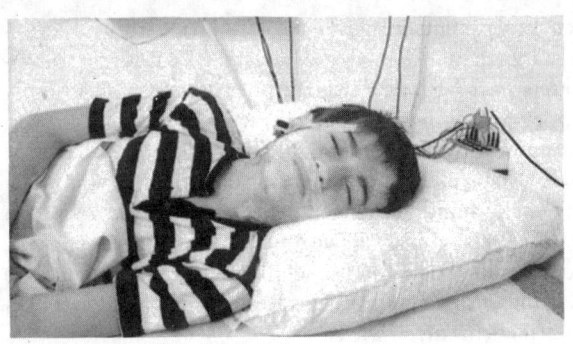

Eine Patientin im Technion-Schlaflabor

schließlich seinem Leben ein Ende setzte und sich erhängte. Seine Entdeckungen hatten die wissenschaftliche Untersuchung des Gehirns grundlegend verändert. Heute kann man sich weder eine Diagnose von Nervenerkrankungen noch wissenschaftliche Forschungen am Gehirn ohne die Aufzeichnung der elektrischen Hirntätigkeit vorstellen.

Die Entdeckung der elektrischen Hirntätigkeit eröffnete der Schlafforschung neue Perspektiven. Statt die Körperbewegungen aufzuzeichnen oder abzuwarten, bis der Tennisball aus der Hand fiel, wurde es möglich, Elektroden am Kopf der Versuchsperson zu befestigen und die im Gehirn stattfindenden spontanen Veränderungen während des Übergangs vom Schlaf zum Wachzustand aufzuzeichnen. Ich bin überzeugt, daß die frühen Forscher, die damals die elektrische Hirntätigkeit aufzeichneten, verblüfft waren, als die elektromagnetische Nadel zum ersten Mal die Hirnströme einer schlafenden Versuchsperson registrierte. Es ist durchaus möglich, daß sie sich auf ihre Geräte stürzten und sie auf ihre Funktionstüchtigkeit überprüften, denn der Unterschied zwischen der Aktivität des schlafenden und des wachen Hirns ist riesengroß.

Was wird im Schlaflabor untersucht?

Die moderne Schlafforschung findet hauptsächlich im Schlaflabor statt, wo elektrophysiologische Aufzeichnungen den Verlauf des Schlafes darstellen. Man nennt sie polysomnografische Aufzeichnungen. Abgesehen von der Befestigung der Aufzeichnungselektroden an der Versuchsperson, unterscheiden sich die Schlafbedingungen wenig von denen zu Hause. Die gemütlichen, klimatisierten Einzelzimmer sind mit dem angrenzenden Kontrollraum verbunden, wo die »Schlaftechniker« die ganze Nacht über ihren Dienst versehen.

Drei Datenquellen geben zuverlässige Informationen über den Prozeß des Einschlafens und die Veränderungen, die sich während des Schlafes selbst vollziehen: Hirnstromwellen, die Bewegungen des Augapfels und der Muskeltonus.

Die Hirnstromwellen werden durch Elektroden aufgezeichnet, die am Kopf der Versuchsperson befestigt sind. Die Elektroden zur Aufzeichnung der Augapfelbewegungen werden seitlich der Augen mit Heftpflaster angebracht, während der Muskeltonus in der Regel von den Hals- oder Kinnmuskeln aus aufgezeichnet wird. Die Elektroden werden an einen Verstärker im Kontrollraum angeschlossen.

Sobald eine Versuchsperson erfährt, welche Vorbereitungen mit der Aufzeichnung ihres Schlafes verbunden sind, lautet die erste Frage immer: »Werde ich mit all diesen Elektroden an meinem Kopf schlafen können?« Die Antwort überrascht sie gewöhnlich: Sie können im Labor nicht nur schlafen, sondern viele Menschen, die unter schweren und seit langem bestehenden Schlafstörungen leiden, schlafen viel schneller ein und viel fester als in ihrem eigenen Bett. Inzwischen haben mehr als 15 000 junge und alte Menschen eine Nacht im Schlaflabor des Technion verbracht. Einige hatten Probleme mit dem Einschlafen, während andere Schwierigkeiten hatten, wach zu bleiben, aber die Gesamtzahl derer, die im Labor wirklich nicht einschlafen konnten, war nicht größer als zehn! Die meisten Patienten schlafen innerhalb von zehn bis fünfzehn Minuten ein. Wie kann jemand, der sich bitter über seine Schlaflosigkeit beklagt, so schnell einschlafen, vor allem dann, wenn er mit Elektroden behängt ist? Mögliche Antworten auf diese Frage werden im Kapitel 14 untersucht.

Viele leiden während des Schlafes an Atemproblemen oder Funktionsstörungen des Herzens. Deshalb werden zusätzlich zu unseren Standardverfahren auch die folgenden Funktionen aufgezeichnet: Atembewegungen, Luftstrom durch Nase und Mund, Grad der Anreicherung des Blutes mit Sauerstoff, Herzfrequenz und Beinbewegungen. Besteht der Verdacht auf spontane Mechanismen während des Schlafes, wie Schlafwandeln oder Nachtangst, wird während der ganzen Nacht ein Videofilm unter Verwendung von Infrarotkameras aufgenommen, um die Versuchsperson nicht zu stören. Es ist nicht gerade aufregend, sich einen Film dieses Genres anzuschauen (er dauert sieben Stunden!), aber die Ergebnisse sind häufig von unermeßlicher Bedeutung.

Einschlafen

Bereits 1935, als die ersten Schlafaufzeichnungen an der Harvard-Universität vorgenommen wurden, war klar, daß sich während des Übergangs vom Wachzustand zum Schlaf eine allmähliche Veränderung in der elektrischen Hirntätigkeit vollzieht. Während des Wachzustands sind die Hirnstromwellen äußerst schnell; sie treten mit einer Frequenz von mehr als 15 Wellen pro Sekunde auf und zeichnen sich durch eine sehr niedrige Spannung aus. Sowie der Grad der Wachsamkeit steigt und der Grad der Aufmerksamkeit sich verstärkt, werden die Hirnstromwellen (bekannt als Beta-Wellen) schneller, während ihre Spannung abnimmt. Bei der Vorbereitung auf den Schlaf setzt die erste Veränderung in der Hirntätigkeit während des Wachzustands, ganz kurz vor dem Einschlafen, ein. Sobald die Lichter aus sind und die Versuchsperson sich bequem hingelegt hat, verändert sich ihre elektrische Hirntätigkeit – vor allem, wenn sie die Augen schließt. Die schnelle elektrische Tätigkeit und die niedrige Spannung, die in den Phasen erhöhter Wachsamkeit vorherrschend waren, weichen einer langsameren Aktivität von etwa acht bis zehn Wellen pro Sekunde. Diese Wellen nennt man Alpha-Wellen, und ihre Spannung ist höher als die der Wellen, die in der Phase der angespannten Wachsamkeit bestimmend sind. Eines der hervorstechenden Merkmale der Alpha-Wellen ist ihre regelmäßige Konfiguration, die den Zähnen eines

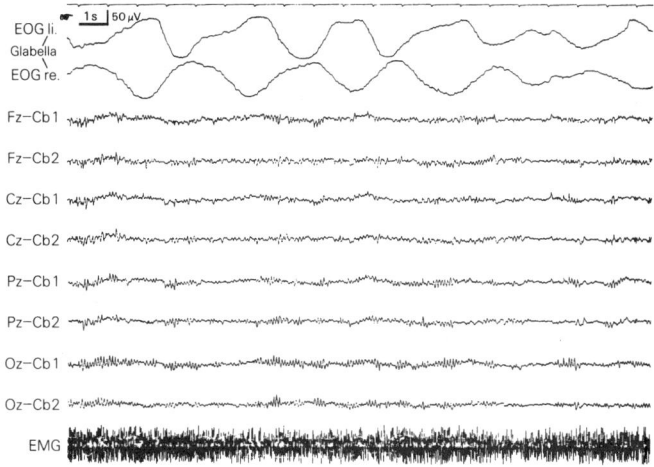

EOG li.
Glabella
EOG re.

Fz−Cb1
Fz−Cb2
Cz−Cb1
Cz−Cb2
Pz−Cb1
Pz−Cb2
Oz−Cb1
Oz−Cb2
EMG

Alpha-Wellen im Wach-Stadium

Kammes ähnelt. In der Tat sind sie manchmal so regelmäßig, daß es schwer zu glauben ist, daß sie von einem menschlichen Gehirn und nicht von einem elektronischen Gerät erzeugt wurden. Das Öffnen der Augen oder jede andere Störung des Ruhezustands führten sofort zum Verschwinden der Alpha-Wellen und zum Wiederauftauchen der Beta-Wellen, die die angespannte Wachsamkeit anzeigen. Die Alpha-Wellen waren früher unter dem Namen »Bergersche Wellen« bekannt, das heißt, sie waren nach Hans Berger benannt, dem Mann, dem ihre Aufzeichnung als erstem gelang.

Da Alpha-Wellen direkt mit einem Entspannungszustand verknüpft sind, wurden sie sehr populär. In den 60er und 70er Jahren entstand eine ganze Industrie, die sich der Produktion elektronischer Apparate widmete; unter Anwendung von Biofeedback-Techniken machten sie die Steuerung von Alpha-Wellen möglich und »lehrten« die Menschen, sich zu entspannen. Forscher behaupteten, wer es erlerne, aus eigenem Antrieb Alpha-Wellen zu erzeugen, könne sich in einen Zustand der Entspannung versetzen. Da einige psychosomatische Erkrankungen, wie Bluthochdruck und Kopfschmerzen, mit Spannungen in Verbindung gebracht werden, hat man Menschen, die sich

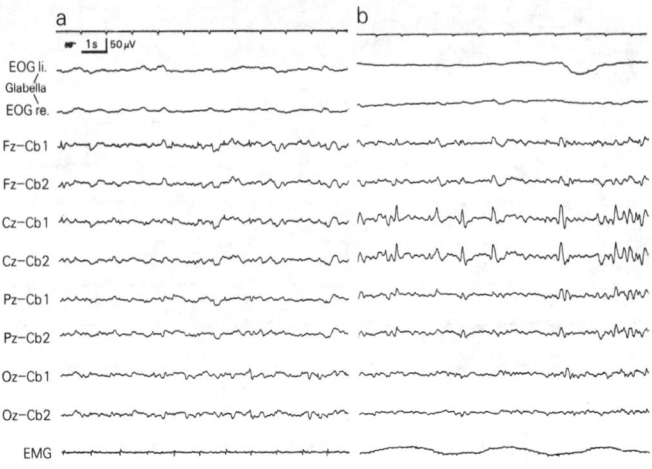

Stadium 1 des Schlafes

unter Anwendung traditioneller Methoden nicht entspannen konnten, ermutigt, doch einmal die »Biofeedback-Methode« zu versuchen, um ihre Alpha-Aktivität steuern zu können. Doch ihren hohen Erwartungen folgte eine große Enttäuschung, denn obwohl viele Untersuchungen eindeutig bewiesen, daß eine Steuerung der Alpha-Wellen möglich war, lag kein stichhaltiger Beweis vor, daß sie tatsächlich zur Stabilisierung des Gesundheitszustandes beitrugen.

Der Wechsel von den schnellen Niederspannungs-Beta-Wellen zu den regelmäßigeren Alpha-Wellen findet statt, wenn die Versuchspersonen ihre Spannung abbauen, die Augen schließen und sich beruhigen. Bei Menschen, die sehr müde sind oder die gerade spät von einer Party nach Hause gekommen sind, kann diese Phase des heiteren und gelassenen Wachens in der Erwartung des Schlafes eine Minute oder zwei andauern, bei denjenigen aber, die Einschlafprobleme haben, kann diese Phase eine Stunde oder länger anhalten. Der genaue Augenblick des Einschlafens ist äußerst schwer faßbar. Es ist sehr schwierig, ihn durch Aufzeichnung der Hirnstromwellen genau zu bestimmen, da sich die Veränderung der Hirnstromwellen in den meisten Fällen allmählich vollzieht und mehrere Minuten andauern kann.

Vorausgesetzt, der Prozeß kann ungestört verlaufen, wird die intensive Tätigkeit der Alpha-Wellen langsam durch weniger schnelle Wellen in einer Frequenz von vier bis sieben Wellen pro Sekunde ersetzt. Diese werden Theta-Wellen genannt, und ihre Amplitude ähnelt der der Alpha-Wellen. In vielen Fällen dauert der Wechsel von Alpha-Wellen zu Theta-Wellen mehrere Minuten, und das Aufzeichnungsblatt vermittelt den Eindruck, als kämpften zwei gegnerische Kräfte um einen Platz im Gehirn. Nicht ohne guten Grund nennt man diese Phase »Schlafstadium 1«, »Halbschlaf« oder »Übergangsstadium«.

Neben den Veränderungen, die sich in den Hirnstromwellen vollziehen, wird das Einschlafen von anderen physiologischen Veränderungen begleitet, von denen die wichtigsten in den Skelett- und Augenmuskeln sowie in den Atembewegungen und der Pulsfrequenz stattfinden. In einem Zustand des Wachens ermöglicht uns der Muskeltonus unter anderem, unseren Kopf hochzuhalten, doch sobald wir einschlafen, erschlaffen die Skelettmuskeln. Eine Folge dieser Erschlaffung ist das »Einnicken«, wie es zum Beispiel manchmal während einer langen, langweiligen Sitzung vorkommt. Wenn jemand in einer sitzenden Stellung einschläft, bewirkt die Erschlaffung der Halsmuskeln das Herabsinken des Kopfes auf den Brustkorb, und aufgrund des daraus resultierenden plötzlichen Aufschlagens des Kinns auf den Brustkorb erwacht der Schläfer abrupt, sein Kopf richtet sich kurz auf, und danach wiederholt sich dieser Vorgang. Deshalb hat es aus der Sicht des Beobachters den Anschein, als würde der Schläfer »nicken«.

Die Muskelerschlaffung, die das Einschlafen ankündigt, wird manchmal von einem plötzlichen Aufschrecken, sogenannten Einschlafmyoklonien, unterbrochen, für die wir keine feststehende Erklärung haben, obwohl wir annehmen können, daß sie infolge einer Veränderung im Gehirn entstehen, die eine Abschwächung des Muskeltonus bewirkt. Ebenso wie ein Auto nach einer ungeschickten Schaltung plötzlich einen Sprung nach vorn macht, könnte es sein, daß ein »Fehler« in der Reaktivierung einer Muskelgruppe ausgelöst wird, der zu einem jähen Aufschrecken führt. Die Wirkungen der Einschlafmyoklonien sind von kurzer Dauer, und der Schläfer kehrt sofort in einen Zustand des Halbschlafes zurück. Zusammen mit der Erschlaffung der Skelettmuskeln findet auch eine Stabilisierung der

Atembewegungen und der Herzfrequenz statt. Die Atmung wird flacher, und manchmal ist es schwierig, Atembewegungen überhaupt festzustellen. Die Tätigkeit der Augenmuskeln verändert sich stark. Im Wachzustand suchen wir unsere unmittelbare Umgebung ab und halten mit unaufhörlichen, schnellen, koordinierten Augenbewegungen Ausschau nach Gegenständen und Bildern. In der Einschlafphase werden diese Augenbewegungen, die im wesentlichen horizontal verlaufen (von rechts nach links und von links nach rechts), von langsamen, schwerfälligeren und periodisch wiederkehrenden vertikalen Bewegungen abgelöst. Diese langsamen Augenbewegungen sind ganz leicht bei Säuglingen zu beobachten, die mit halbgeöffneten Augen schlafen. In der Einschlafphase können wir erkennen, daß die Augäpfel der Säuglinge für kurze Zeit verschwinden, so daß nur das Weiße des Auges sichtbar wird, da die vertikale Bewegung die Augäpfel nach oben verschoben hat. Nach dem Einschlafen setzen die Augenbewegungen aus, um dann etwa anderthalb Stunden später in völlig veränderter Form wieder aufzutauchen.

Der K-Komplex und Schlafspindeln

Wann können wir also mit Gewißheit sagen, daß jemand eingeschlafen ist? Es ist schwierig, das allein nach dem Erscheinungsbild der Augen zu beurteilen; jeder, der mit dem Kino oder dem Theater vertraut ist, weiß, daß es relativ einfach ist, Schlaf vorzutäuschen. Der Eindruck wird bereits vermittelt, wenn jemand einfach ein paar Minuten lang bewegungslos und mit geschlossenen Augen daliegt. Selbst Hirnstromwellen, die eine ununterbrochene Theta-Tätigkeit ausweisen, sind keine Garantie dafür, daß jemand tatsächlich eingeschlafen ist. Wenn wir während des bewegungslosen Zustands der ununterbrochenen Theta-Tätigkeit eine Gruppe von Schläfern anstoßen und sie fragen würden, ob sie geschlafen hätten, würde die Hälfte von ihnen das bejahen, während es die anderen abstreiten würden. Viele Menschen sind in der Lage, ihre Umgebung ständig aufmerksam zu verfolgen und sofort zu reagieren, selbst wenn ihre elektrische Hirntätigkeit in das Stadium der Theta-Wellen übergetreten ist. Das erklärt, warum diese Phase Halbschlaf genannt wird. Weitere physiologische Indikatoren sind erforderlich, um

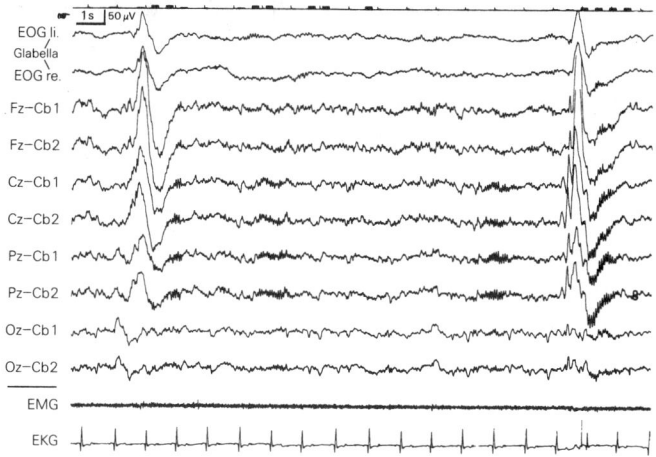

Stadium 2 mit zwei K-Komplexen hoher Amplitude

mit einiger Sicherheit feststellen zu können, ob die Versuchsperson tatsächlich schläft.

Diese Indikatoren liefern zwei weitere Hirnstromelemente, die nur im schlafenden Gehirn auftreten: K-Komplexe und Schlafspindeln. Der K-Komplex besteht aus einer einzigen Hochamplituden-Welle, die etwa viermal stärker als die Hintergrundtätigkeit der Theta-Wellen ist. Die Schlafspindel steht für eine elektrische Tätigkeit mit einer Frequenz von zwölf bis 14 Wellen pro Sekunde und hat die gleiche Amplitude wie die Theta-Wellen und eine Form, die an die Spindel eines Webstuhls erinnert.

Im Gegensatz zu den Alpha- und Theta-Wellen, die sich jeweils mehrere Minuten lang zeigen, sind der K-Komplex und die Schlafspindel flüchtig und dauern lediglich eine halbe bis eine volle Sekunde an. Um den Unterschied zwischen den fortdauernden Alpha- und Theta-Wellen, die für die Hintergrundtätigkeit sorgen, und den beiden kurzen Elementen, dem K-Komplex und der Schlafspindel, zu veranschaulichen, sollten wir versuchen, uns die Hirnstromwellen als musikalische Töne vorzustellen. Die Alpha- und Theta-Wellen ähneln einem monotonen, anhaltenden Ton, der mit mehr oder weniger regelmäßiger

Frequenz und Intensität auf einer Geige gespielt wird. Diese anhaltenden Töne werden manchmal von kürzeren Tönen, ähnlich Trommelschlägen oder Trompetentönen, unterbrochen, und diese stellen die K-Komplexe und Schlafspindeln dar. Die kurzen Töne gestatten es uns, mit einem hohen Grad von Gewißheit festzustellen, daß die Versuchsperson tatsächlich schläft. In 80 bis 100 Prozent der Fälle wird ein Versuch, die Testpersonen nach dem Auftauchen der »Schlaftöne« zu wecken, zeigen, daß sie schlafen. Das Schlafstadium, das durch die Theta-Hintergrundtätigkeit und das episodische Auftauchen von Schlafspindeln und K-Komplexen gekennzeichnet wird, ist unter dem Begriff Schlafstadium 2 bekannt.

Delta-Wellen und Tiefschlaf

Daher können wir erst nach dem Übergang von Stadium 1 zu Stadium 2 mit Bestimmtheit sagen, ob eine Versuchsperson tatsächlich schläft. Das Hirnstrombild weist die Hintergrundtätigkeit der Theta-Frequenz und das episodische Erscheinen von K-Komplexen und Schlafspindeln aus. Subjektiv betrachtet ist das noch immer ein flacher Schlaf. Anders gesagt, kann eine Versuchsperson relativ mühelos aus dem Stadium 2 geweckt werden, denn die Sperren des Gehirns wurden zwar herabgelassen, aber nicht vollständig. Etwa zehn bis 15 Minuten nach dem Erscheinen von K-Komplexen und Schlafspindeln taucht eine neue Art von Hirnstromwellen auf – die Delta-Welle. Sie ist langsam, weist eine höhere Spannung als die Alpha- und Theta-Welle auf und kündigt den Eintritt in den Tiefschlaf an. Delta-Wellen sind hochamplitudig und zeichnen sich besonders markant gegen den niedrigen Hintergrund der Theta-Wellen ab. Am Anfang sind sie nur auf einem Teil der Aufzeichnung sichtbar, wobei Theta-Wellen gelegentlich noch festzustellen sind. Nach wenigen Minuten verschwinden die Theta-Wellen vollständig, so daß die Aufzeichnung nur Delta-Wellen zeigt. In diesem Schlafstadium, Stadium 4 genannt, ist der Schlaf sehr tief, die Muskeln sind völlig erschlafft, und die Herz- und Atemfrequenzen sind langsam und regelmäßig. Im Stadium 4 ist es äußerst schwierig, Schlafspindeln und K-Komplexe nachzuweisen. Die Delta-Wellen sind so hoch und so dominant, daß sie

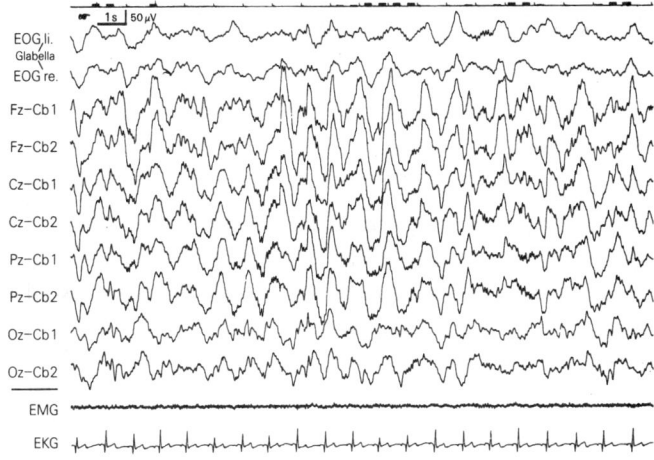

EOG,li.	
Glabella	
EOG re.	
Fz−Cb1	
Fz−Cb2	
Cz−Cb1	
Cz−Cb2	
Pz−Cb1	
Pz−Cb2	
Oz−Cb1	
Oz−Cb2	
EMG	
EKG	

*Tiefschlaf im Stadium 4 mit den charakteristischen
Delta-Wellen*

jede andere elektrische Aktivität überlagern. Wenn der Schlaf ungestört verläuft, hält das Stadium 4 30 bis 40 Minuten an, und erst danach tauchen wieder Theta-Wellen, Schlafspindeln und K-Komplexe auf. Später, wenn der Tiefschlaf anscheinend einem flachen Schlaf gewichen ist, findet eine weitere Veränderung in der elektrischen Hirntätigkeit statt. Diese Veränderung blieb den Forschern mindestens 20 Jahre lang verborgen, und als sie 1953 von Nathaniel Kleitman und Eugene Aserinsky entdeckt wurde, leitete sie eine wahre Revolution in der Schlafforschung ein.

3. Nathaniel Kleitman

Nathaniel Kleitman ist zweifellos der Vater der modernen Schlafforschung. Die Geschichte seines Lebens verkörpert mit jedem Wort – sei es geschrieben oder mündlich überliefert – das Schicksal des Ewigen Juden. Er wurde 1895 in Kischinjow, damals zu Rußland gehörig, geboren, und nachdem er die Judenpogrome und -verfolgungen miterlebt hatte, beschloß er im Alter von 17 Jahren, nach Palästina auszuwandern, wie es damals hieß. Kleitman, der mit 95 Jahren noch so klar und überschwenglich wie immer war, erzählte mir, daß er bereits damals fest entschlossen war, als Arzt im Heiligen Land zu praktizieren, und sich daher für ein Studium der Medizin am Amerikanischen College in Beirut entschieden hatte, ehe er sich in Palästina niederlassen wollte. Der Ausbruch des Ersten Weltkrieges setzte seinem Aufenthalt in Beirut ein jähes Ende. Da er russischer Staatsbürger war und fürchtete, die Türken würden ihn als feindlichen Ausländer betrachten, floh er nach Rhodos. Dort, so berichtete er ein bißchen rechtfertigend, ging er an Bord des einzigen Schiffes, das im Hafen vor Anker lag und das, wie es der Zufall wollte, ein amerikanisches Schiff war, so daß er sich einige Wochen später in New York wiederfand. Nachdem er an der Columbia Universität seinen Magister für Physiologie gemacht hatte und einige Zeit an der Universität Georgia tätig gewesen war, erhielt er eine Stellung als Assistenzprofessor in Chicago, wo er ein Labor für Schlafforschung aufbaute, das erste seiner Art in der Welt. Im Jahr 1939 veröffentlichte er sein Buch *Sleep and Wakefulness* (Schlafen und Wachen), das bald überall zur Bibel der Schlafforscher avancierte.

Zu dieser Zeit war Kleitman der einzige, der sich seinen Lebensunterhalt ausschließlich mit der Erforschung des Schlafes verdiente, und Jahre später erzählte er mir, daß diese Leidenschaft seine akademische Laufbahn nur wenig befördert hätte. Der Hauptgrund für das mangelnde Interesse am Schlaf war die weitverbreitete Ansicht, daß während des Schlafes relativ wenig geschähe, und selbst wenn etwas geschähe, hätte es absolut kei-

Nathaniel Kleitmann
ca. 1925 an der
Universität in Chicago

nen Einfluß auf das Verhalten oder die Gesundheit eines Menschen im Wachzustand. Wie wir gesehen haben, wurde der Schlaf als passiver Zustand betrachtet, der dem Nervensystem infolge der Isolierung des Gehirns von den anderen Körperorganen aufgezwungen wurde. Zu Beginn des 20. Jahrhunderts wurde diese Auffassung von den meisten Wissenschaftlern, die sich mit der Untersuchung des Schlafes befaßten, geteilt, auch von Kleitman selbst.

Nathaniel Kleitman war der erste Wissenschaftler, den der Schlaf gefangennahm. Seine Arbeit an diesem Gegenstand umfaßte einen breiten Themenkreis, vom Atmen während des Schlafes bis zu den typischen Schlafmerkmalen von Säuglingen und Kindern, und seine Ideen waren sowohl neu als auch kühn. Um zu beweisen, daß der Schlaf-Wach-Rhythmus erlernt ist, verbrachten Kleitman und sein junger Assistent einen Monat in völliger Isolation in der Mammuthöhle in Kentucky bei Temperaturen von unter Null Grad, damit sie sich selbst an den Schlaf-Wach-Rhythmus von 21 und 28 Stunden anpassen könnten. Wenngleich das Kleitmans Assistenten gelang, konnte sich Kleitman selbst nicht vom 24-Stunden-Rhythmus lösen. Da er etliche Jahre älter war als sein Assistent, nahm er an, daß sein fortgeschrittenes Alter ihn daran gehindert hatte, sich den Bedingungen des Experiments anzupassen.

Die Entdeckung, die die Schlafforschung wirklich revolutionierte, nämlich die des REM-Schlafes, wurde 1953 in Kleitmans Labor von einem jungen Doktoranden mit Namen Eugene Aserinsky gemacht. Wie viele andere wissenschaftliche Entdeckungen war es eine Zufallsentdeckung, und es existieren mehrere Versionen über die genauen Umstände, unter denen sie gemacht wurde. William Dement, Kleitmans Schüler und Nachfolger, hat uns einen Augenzeugenbericht geliefert. Dement hatte sein Studium 1951 an der Medizinischen Fakultät der Universität Chicago begonnen und sich eine Spezialisierung im Fach Psychiatrie zum Ziel gesetzt. Kleitmans Vorlesung über den Schlaf, die er als Teil eines Kurses über Neurophysiologie hielt, veränderte Dements Leben. Er wandte sich an Kleitman und bat ihn um eine Stelle im Schlaflabor. Zu dieser Zeit arbeitete Aserinsky bei Kleitman an seiner Promotion im Fach Physiologie. Somit bildeten Dement, Aserinsky und Kleitman die erste Forschungsgruppe auf dem Gebiet des Schlafes.

Kleitman maß den langsamen Augenbewegungen, die den Prozeß des Einschlafens begleiten, große Bedeutung bei. Da ein großer Teil der Hirnrinde für die Steuerung der Augenbewegungen verantwortlich ist, stellte er die Theorie auf, daß eine enge Verbindung zwischen den langsamen Augenbewegungen und der Tiefe des Schlafes bestehe. Daher beschloß er zu untersuchen, ob in anderen Schlafstadien ebenfalls langsame Augenbewegungen auftraten. Im Frühjahr 1951, noch ehe sich Dement der Gruppe angeschlossen hatte, beauftragte er Aserinsky, Tests an Versuchspersonen vorzunehmen. Um nicht viele schlaflose Nächte verbringen zu müssen, begann Aserinsky mit der Beobachtung von Säuglingen, die auch tagsüber schlafen. Zu Beginn seiner Forschungen stellte er sofort fest, daß die langsamen Augenbewegungen der Säuglinge während des Einschlafens von schnellen Augenbewegungen abgelöst wurden, sobald sie eingeschlafen waren, und daß diese mit den Augenbewegungen während des Wachzustandes identisch waren. Als es Aserinsky und Kleitman gelungen war, schnelle Augenbewegungen bei Erwachsenen zu registrieren, waren sie überzeugt, daß diese weder durch Lärm noch durch eine fehlerhafte Funktion der

Aufzeichnungsapparate verursacht worden waren. Um in Erfahrung zu bringen, ob es sich tatsächlich um echte Augenbewegungen handelte, bat Aserinsky Assistenten, die Augen der schlafenden Versuchspersonen genau zu beobachten, während die Aufzeichnungsapparate in Funktion waren. Er wollte vollkommen sicher sein, daß sich die Augen tatsächlich während des Schlafes bewegten, und die Möglichkeit eines technischen Fehlers ausschließen. Bald wurde klar, daß man die schnellen Augenbewegunen sehr leicht durch die Augenlider der schlafenden Versuchsperson beobachten konnte.

Zu dieser Zeit bat Dement um Aufnahme in das Kollegium des Schlaflabors. Hätte ihn seine Schüchternheit nicht daran gehindert, Kleitman früher um die Erlaubnis zur Mitarbeit im Kollegium zu bitten, sagt er, hätte es durchaus sein können, daß er – und nicht Aserinsky – zu der historischen Entdeckung der schnellen Augenbewegungen während des Schlafes gekommen wäre. Auch Dement kann nicht mit Bestimmtheit sagen, wer den Zusammenhang zwischen schnellen Augenbewegungen und Träumen entdeckt hat, aber er neigt zu der Auffassung, daß es wahrscheinlich Kleitmans Idee gewesen ist, obwohl es ebenso möglich ist, daß Aserinsky und Kleitman zur gleichen Zeit auf die Entdeckung gestoßen sind, jeder auf seine eigene Weise. Dements erste Aufgabe in Kleitmans Labor bestand darin, die schlafenden Versuchspersonen zu wecken, wenn schnelle Augenbewegungen festgestellt wurden, und sie zu fragen, ob sie geträumt hätten. Die Ergebnisse waren aufsehenerregend und bemerkenswert zugleich: In vollständigem Gegensatz zu anderen Schlafstadien konnten die Versuchspersonen, die aus einem durch schnelle Augenbewegungen gekennzeichneten Schlaf geweckt wurden, sich deutlich an einen Traum erinnern.

In einem 1953 in der Zeitschrift *Science* veröffentlichten Beitrag, der zum Eckpfeiler der modernen Schlafforschung wurde, nannten Aserinsky und Kleitman diese Art Schlaf den REM-Schlaf (engl.: Rapid Eye Movement; schnelle Augenbewegung). Heute ist der REM-Schlaf auch unter mehreren anderen Namen bekannt – »Traumschlaf«, »paradoxer Schlaf« und »aktiver Schlaf« –, aber der Einfachheit halber werde ich den Begriff *REM-Schlaf* verwenden, wenn ich diese Art Schlaf bei Menschen beschreibe, und *paradoxer Schlaf*, wenn ich von Tieren spreche.

Warum wurde der REM-Schlaf erst 1953 entdeckt? Auf den ersten Blick war vorher schon alles erforscht; die ersten Aufzeichnungen von der Hirntätigkeit während des Schlafes waren bereits in den dreißiger Jahren gemacht worden, wobei die Hirnstromkurven in der Phase des REM-Schlafes erheblich von denen im Stadium des Tiefschlafes abwichen. Die Antwort auf diese Frage enttäuscht in ihrer Einfachheit. Als ich Kleitman fragte, warum er den REM-Schlaf nicht früher wahrgenommen hatte, antwortete er: »Weil wir uns bis 1953 nicht die Mühe gemacht hatten, die ganze Nacht über ununterbrochen Aufnahmen zu machen.« Der unmittelbare Grund dafür war Sparsamkeit gewesen; um Registrierpapier zu sparen, waren nur alle zwei bis drei Stunden für wenige Minuten Schlafaufzeichnungen gemacht worden oder auch nur in der ersten Stunde des Schlafes. Da schnelle Augenbewegungen aber erst etwa 90 Minuten nach dem Einschlafen der Versuchsperson auftreten und dann nur für eine Zeitspanne von fünf bis zehn Minuten, kann man sie sehr leicht verpassen. Das ist ein hervorragendes Beispiel für die große Wirkung, die falsche Konzepte auf Forschungsmethoden haben können. Es gilt als fast sicher, daß die Annahme, der Schlaf sei ein passiver Zustand ohne Bedeutung, wesentlichen Anteil an der spärlichen Bemessung der Mittel für die Forschungsmethoden hatte.

Der REM-Schlaf

Ungefähr anderthalb Stunden nach dem Einschlafen treten die physiologischen Veränderungen ein, die das erste Auftreten des REM-Schlafes anzeigen. Die Hirnstromkurven weisen die charakteristischen Veränderungen aus: Theta-Wellen – dieses Mal ohne K-Komplexe oder Schlafspindeln – und kurze Ausbrüche von Alpha-Wellen, die, wenn sie während des Schlafes auftauchen, eine hohe Wachsamkeit anzeigen. Während des REM-Schlafes sind die Hirnstromwellen in der Tat fast mit denen des Stadiums 1 identisch, das wir als Halbschlaf oder Übergangsstadium bezeichnet haben. Wir könnten daher den Schluß ziehen, daß der REM-Schlaf flach ist und daß es einfach ist, aus ihm zu erwachen. Aber das ist nicht der Fall; der REM-Schlaf ist in der Regel tief, obwohl es bestimmte Bedingungen gibt, unter denen ein leichtes Erwachen aus diesem Schlaf möglich ist. Die

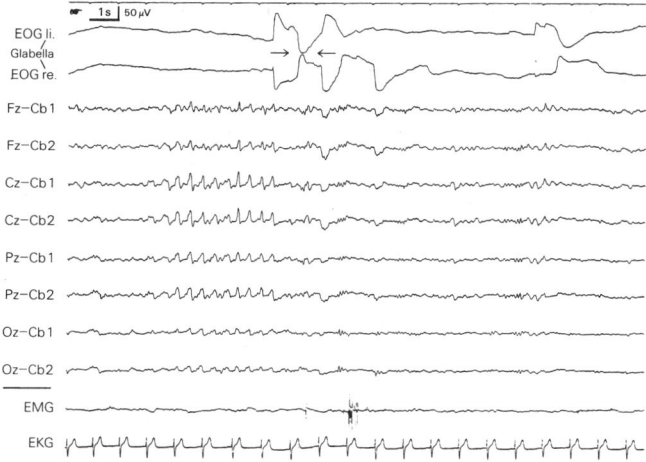

REM-Schlaf: Die schnellen Augenbewegungen (Rapid Eye Movements) sind mit Pfeilen gekennzeichnet.

Verbindung von elektrischer Hirntätigkeit, die den flachen Schlaf anzeigt, und Tiefschlaf (von einem subjektiven Standpunkt aus betrachtet) hat dieser Art Schlaf einen seiner vielen Namen gegeben – paradoxer Schlaf.

Am Anfang meiner Tätigkeit als Schlafforscher verwirrte mich die große Ähnlichkeit zwischen den Augenbewegungen während des REM-Schlafes und während des Wachzustands. Als ich mich 1969 an der Universität Tel Aviv auf meinen Abschluß als Bachelor der Psychologie vorbereitete, führten wir unsere ersten Schlafaufzeichnungen mit dem Ziel durch, den REM-Schlaf zu identifizieren. Zu meinem großen Glück und ganz zufällig bot sich mir die Chance, mir als Techniker im Schlaflabor etwas Geld zusätzlich zu verdienen, indem ich die Nachtaufnahmen machte. Im nachhinein kann ich sagen, daß diese Chance mein Schicksal als Schlafforscher besiegelt hat.

Der Schlafforscher ist, zumindest in den ersten Jahren seiner Tätigkeit, gezwungen, viele schlaflose Nächte mit der Überwachung der Aufzeichnungsapparate zu verbringen, und in den frühen Morgenstunden würde er seinen Platz sehr oft gern mit der Versuchsperson tauschen, die fest im Untersuchungsraum schläft.

Nachdem es uns nach einigen Nächten gelungen war, ein paar deutliche Schlafaufzeichnungen zu erhalten, anhand derer wir jedes Schlafstadium, einschließlich der Traumphase, leicht erkennen konnten, beschlossen wir, unsere beeindruckenden Ergebnisse dem Leiter des Fachbereichs Psychologie, Professor Ron Shoval, vorzustellen. In der Nacht, in der er uns besuchte, kam ich zu spät zur Arbeit, und als ich den Apparateraum betrat, standen Shoval und meine Technikerkollegen bereits an den Aufzeichnungsapparaten und verfolgten die Hirnstromwellen und die Augenbewegungen mit großem Interesse. Als ich das Aufzeichnungsblatt betrachtete, sah ich, daß die Augenbewegungen in der Tat deutlich und eindrucksvoll waren. Ich konnte den Stolz in meiner Stimme kaum unterdrücken, als ich mit einem Ausdruck großer Gelehrsamkeit sagte: »Was für ein eindrucksvolles Beispiel eines REM-Schlafes«, und dieses außerordentliche Beispiel weiter in den höchsten Tönen lobte. Erst ein paar Sekunden später bemerkte ich das boshafte Kichern der anderen. Als ich von dem Aufzeichnungsblatt aufsah und durch das Fenster in das Schlafzimmer blickte, sah ich unsere Versuchsperson zu meinem Erstaunen mit Elektroden behängt auf ihrem Bett liegen, völlig vertieft in das Buch, das sie gerade las. Die Aufzeichnungsapparate hatten ihre Augenbewegungen gewissenhaft aufgezeichnet, als sie von Zeile zu Zeile im Buch sprangen. Ich habe keine Ahnung, was Professor Shoval in dieser Nacht von meiner »großen Gelehrsamkeit« hielt, aber zu meiner eigenen Verteidigung kann ich nur sagen, daß die Augenbewegungen im Wachzustand und während des REM-Schlafes fast vollkommen gleichartig sind, so daß man die beiden sehr leicht miteinander verwechseln kann.

Schlaflähmung

Augenbewegungen und Hirnstromwellen sind nicht die einzigen Anzeichen für den REM-Schlaf. Es tauchen auch andere Veränderungen auf, die nicht weniger sonderbar sind. Wie ich bereits vorher erwähnt habe, erschlaffen die Skelettmuskeln während der Einschlafphase, und diese Erschlaffung erreicht im Schlafstadium 4, dem Stadium des tiefsten Schlafes, ihren Höhepunkt. Während des REM-Schlafes findet eine weitere Veränderung im Muskeltonus statt: Er erschlafft vollkommen. In dieser Art Schlaf befinden wir uns in der Tat in einem Zustand der Muskellähmung, und auch das ist eine Erscheinung, die durch eine spontane Veränderung in der Hirntätigkeit hervorgerufen wird. Ebenso wie der Mechanismus, der die Weiterleitung von Nervenimpulsen von den Sinnesrezeptoren zur Hirnrinde hemmt, gibt es einen umgekehrten hemmenden Mechanismus vom Gehirn zu den Muskeln. Das verhindert die Übertragung von Nervenimpulsen vom motorischen Rindenareal, dem mit der Steuerung der Muskeln verbundenen Bereich, zum Rückenmark. Diese Hemmung der Nervenimpulse geschieht durch die Übertragung spezieller Signale aus dem Bereich, der als Hirnstamm bekannt ist, zum Rückenmark, und diese Signale verändern die typischen Merkmale der Nervenzellentätigkeit im Rückenmark und bewirken die Lähmung. Warum haben wir dann schnelle Augenbewegungen? Weil die Steuerung der Augenmuskeln nicht über das Rückenmark erfolgt, sondern durch spezielle Nervenfasern, die aus dem Hirnstamm hervortreten, und diese Fasern bleiben von der Lähmung unbeeinflußt.

Einige Menschen scheinen diese motorische Lähmung, die den REM-Schlaf begleitet, bei vollem Bewußtsein zu erleben, und das ist keineswegs eine angenehme Erfahrung. In diesen Fällen erwacht der Schläfer mit einem plötzlich auftretenden Gefühl der Lähmung: Er kann weder seine Hände noch seine Füße bewegen, hat Schwierigkeiten, seine eigenen Atembewegungen wahrzunehmen, und fürchtet daher, nicht atmen zu können oder sogar ersticken zu müssen. Nur seine Augen reagieren auf seine Befehle, wenn sie panisch das Schlafzimmer durchstreifen, als würden sie um Hilfe flehen. Die meisten Patienten, die diese Fälle von »Schlaflähmung« beschreiben, haben sie als panikartiges Erlebnis in Erinnerung. Sie wollen um Hilfe rufen, sind aber nicht imstande, auch nur einen Ton von sich zu geben, und sie schildern die Furcht vor dem Ersticken im wahrsten Sinn des Wortes als »Todesangst«. Obwohl eine Schlaflähmung meist nur einmal oder selten vorkommt, gibt es auch Fälle, in denen sie regelmäßig auftritt, manchmal mehrmals in einer Woche. Wenn wir den Schlaf von Menschen, die unter dieser Störung leiden, aufzeichnen, stellen wir fest, daß die Lähmung stets nach dem Erwachen aus dem REM-Schlaf einsetzt. Daraus können wir schließen, daß der Mechanismus, der die Nervensignale auf ihrem Weg von der motorischen Hirnrinde zum Rückenmark hemmt, nicht aufgehoben wird, nachdem der Schläfer erwacht ist, und daß die Befehle an die Muskeln während des Wachzustands somit weiter abgeblockt sind. Selbst ohne einen äußeren Eingriff klingt ein Anfall von Schlaflähmung nach wenigen Minuten von selbst ab, jedoch verschwindet sie sofort, wenn man die gelähmte Person berührt oder sie auch nur bei ihrem Namen ruft.

Es gibt noch ein weiteres bemerkenswertes Beispiel von Muskellähmung, bei dem Menschen einschlafen, sobald ihr Kopf das Kissen berührt, und sofort in den REM-Schlaf eintauchen, ohne eines der ersten vier Stadien durchlaufen zu haben. Diese Menschen können direkt in den REM-Schlaf sinken, während sie sitzen, stehen oder sogar Auto fahren. Dabei verlieren sie die Kontrolle über ihre Muskeln, was eine latente große Gefahr darstellt. Diese Störung nennt man Narkolepsie, und ich werde sie im Kapitel 20 eingehender beschreiben.

Wenn wir die Geschichte der Entdeckungen auf dem Gebiet des Schlafes durchgehen, hat es den Anschein, als stünden wir vor einem riesigen Puzzle, zu dem regelmäßig neue Teile hinzukommen. Viele neue Teile sind erst vor kurzem eingefügt worden. Es wurde zum Beispiel klar, daß auf die große Regelmäßigkeit sowohl in der Atem- als auch in der Pulsfrequenz, die für die Stadien des Tiefschlafes typisch ist, eine Unregelmäßigkeit folgt. Während des REM-Schlafes unterliegen die Atem- und Pulsfrequenzen drastischen Schwankungen, so als befände sich der Schläfer mitten in einem starken seelischen Schock.

Von einer weiteren Erkenntnis wurde zum ersten Mal etwa vier Jahre vor der Entdeckung des REM-Schlafes berichtet, doch paßte sie sich erst Jahre später in das Puzzle des REM-Schlafes ein. Deutsche Wissenschaftler hatten entdeckt, daß der Nachtschlaf des Mannes durch eine Reihe von Erektionen des Penis gekennzeichnet ist, die alle 90 Minuten auftreten. Die Forscher glaubten, daß diesen Erektionen vermutlich Träume zugrunde lägen, da ihnen der REM-Schlaf noch unbekannt war. Erst in den 60er Jahren wurde klar, daß die Erektion tatsächlich eine Begleiterscheinung des REM-Schlafes ist.

4. Der Schlafrhythmus

Die Schlafstadien im Laufe einer Nacht sind keine Zufallser-
scheinung, sondern unterliegen einem organisierten und genau
geregelten Prozeß. Das erleichtert dem Schlafforscher ein wenig
das Leben. Die Schlafabfolge kann am besten mit Hilfe eines
Hypnogramms der Schlafaufzeichnung beschrieben werden. Da
es in verschiedenen Altersgruppen beträchtliche Schwankungen in der Schlafabfolge und der Anordnung der Schlafstadien
gibt, werde ich zuerst die Schlafabfolge eines typischen jungen
Mannes in den Zwanzigern beschreiben.

Beginnen wir also unsere nächtliche Reise in dem Augenblick,
in dem das Licht ausgeschaltet wird. Sobald der junge Mann
seine Augen geschlossen hat und die Vorbereitungen auf den
Schlaf im Gange sind, tauchen Alpha-Wellen auf, die die Entspannung anzeigen, und einige Minuten später wird unsere Versuchsperson aus einem ruhevollen Wachzustand in das Stadium
des Schlafes hinübergleiten. Wenn er unter keinen übermäßigen
Schlafstörungen leidet, wird er zwei bis fünf Minuten später,
nachdem wir Schlafspindeln und K-Komplexe vor dem flachen
Untergrund der Theta-Wellen wahrgenommen haben, in das
Schlafstadium 2 eintreten. In den frühen Nachtstunden wird
auch dieses Stadium schnell vorübergehen, und nach etwa zehn
Minuten müßten wir dann den ersten Einfall der hohen, langsamen Delta-Wellen auf dem Aufzeichnungsblatt sehen können.
Solange die Delta-Wellen noch weniger als 50 Prozent der Aufzeichnung ausmachen, befinden wir uns im Schlafstadium 3,
einer Übergangsphase zwischen dem flachen Schlaf des Stadiums 2 und dem tiefen Schlaf des Stadiums 4. Wie die Phase 1,
der Übergang zwischen Wachen und Schlafen, ist die Phase 3
von kurzer Dauer. Wenn das Stadium 4 eintritt, sind nach kurzer Zeit nur noch Delta-Wellen in der Aufzeichnung zu erkennen. Jetzt folgt eine kurze Stabilisierung der elektrischen Tätigkeit, und während der darauffolgenden 30 oder 40 Minuten
wird es weder zu einer Veränderung der Hirnstromwellen noch
zu heftigen Bewegungen des Rumpfes oder der Gliedmaßen kom-

Der Rhythmus des Schlafes

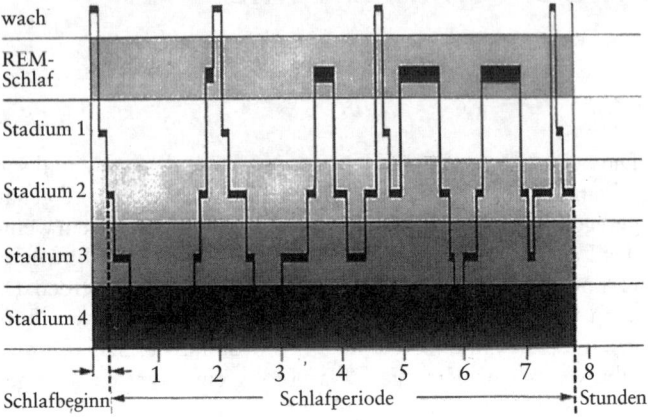

Hypnogramm eines Jugendlichen

men, und man wird die Versuchsperson nur unter großen Schwierigkeiten wecken können. Das ist gewöhnlich die Zeit, in der
der Forscher seinen Posten für ein paar Minuten verlassen kann,
um eine Tasse Kaffee zu trinken.

Eine Körperbewegung oder mehrere heftige Körperbewegungen sind das erste Anzeichen dafür, daß bald eine Änderung in
der Schlafabfolge eintritt. Der Schläfer verändert seine Lage,
dreht sich von einer Seite zur anderen oder vom Rücken auf den
Bauch. Das Stadium 4 ist unterbrochen worden. Diese heftigen
Körperbewegungen lösen meist Sprünge in den Aufzeichnungen aus, die dann wieder flacher werden und anzeigen, daß die
Versuchsperson in den tieferen Schlaf zurückgekehrt ist, jedoch
in ein flacheres Schlafstadium – das Stadium 3 oder gar in das
Stadium 2. Ungefähr fünf oder sechs Minuten später kommt es
erneut zu Körperbewegungen, die den REM-Schlaf ankündi-
gen, auf den der Schlafforscher so ungeduldig gewartet hat. Die
Schlafspindeln und die K-Komplexe verschwinden ebenso wie
der Muskeltonus. Die Aufzeichnungsspur der Augenbewegung
beginnt, einen wilden »Tanz« zu vollführen, und die Augen selbst
springen mehrere Minuten lang von einer Seite zur anderen. Die
Dauer der ersten Traumperiode ist in der Regel kurz – nicht län-

ger als fünf bis zehn Minuten –, und ebenso wie das Stadium 4 endet sie mit heftigen Körperbewegungen. Diese am Ende bestimmter Schlafstadien auftauchenden Körperbewegungen haben ein wenig die Funktion eines Satzzeichens – oder, genauer gesagt, eines Ausrufezeichens –, das das Gehirn in diesen speziellen »Satz« eingefügt hat.

Die Körperbewegungen zeigen eine Veränderung des Schlafstadiums an; der REM-Schlaf ist vorüber, und wieder erscheint das Stadium 1, die Übergangsphase, eine oder zwei Minuten lang, worauf sofort das Stadium 2, das flache Schlafstadium, folgt und ein neuer Schlafzyklus beginnt. Der Schläfer durchläuft wieder die Stadien 2, 3 und 4, an deren Ende erneut der REM-Schlaf eintritt. Es gibt jedoch mehrere Unterschiede zwischen dem ersten und dem zweiten Schlafzyklus, und auch diese beiden unterscheiden sich von den späteren Zyklen. Die Dauer des Tiefschlafes in den Stadien 3 und 4 nimmt ab, da die Dauer des flachen Schlafes im Stadium 2 zunimmt und die Dauer des zweiten REM-Schlafes länger ist als im ersten Zyklus. Statt fünf bis sieben Minuten dauert er zwölf bis 15 Minuten. Außer den Schwankungen in der relativen Dauer der Schlafstadien weist der zweite Zyklus weder Veränderungen in den charakteristischen Merkmalen der Hirnstromwellen noch heftige Körperbewegungen auf. Den ersten Schlafzyklus, der vom Augenblick des Einschlafens an bis zum Auftreten der ersten REM-Periode gemessen wird, nennt man auch »REM-Latenzperiode«, und er dauert ungefähr anderthalb Stunden. Die nächsten Schlafzyklen, die vom Beginn einer REM-Schlafperiode bis zum Beginn der nächsten gemessen werden, dauern ebenfalls etwa 90 Minuten. Das ist von großer Bedeutung, da die REM-Latenzperiode bei bestimmten Schlafstörungen verkürzt ist, so daß die Messung hilfreich für die Diagnostizierung der Erkrankung ist.

Im dritten Zyklus, der einsetzt, sobald die zweite REM-Periode vorüber ist, verkürzt sich der Tiefschlaf noch mehr, während sich die Periode des leichten Schlafes verlängert. Die dritte REM-Periode ist relativ lang – etwa 20 bis 25 Minuten – wogegen die Dauer des Tiefschlafes im vierten Schlafzyklus noch geringer ist, da der Löwenanteil auf das Schlafstadium 2 entfällt. Die Dauer des vierten REM-Schlafes entspricht etwa der der dritten Periode, bis zu 20 Minuten oder vielleicht etwas länger. Da die Schlafzyklen ungefähr 90 Minuten andauern, hängt ihre

Anzahl pro Nacht von der Dauer des Schlafes insgesamt ab; der Schlaf eines jungen Menschen umfaßt in der Regel vier oder fünf solcher Zyklen, während bei einem älteren Menschen weniger Zyklen festzustellen sind

Schlaf von der frühen Kindheit bis ins hohe Alter

Die Erfahrung hat uns gelehrt, daß sich der Schlaf mit zunehmendem Alter verändert. Während Säuglinge sehr viel schlafen, leiden ältere Menschen gewöhnlich an Schlafunterbrechungen und nicken infolgedessen viele Male am Tag ein. Wie verändert sich also der Schlafrhythmus im Laufe des Lebens?

Eines der am wenigsten erwarteten Ergebnisse, auf das die Schlafforscher im Labor stießen, betraf den Schlaf von Säuglingen. Wenn Erwachsene sagen, sie hätten »wie ein Baby geschlafen«, nehmen wir automatisch an, daß sie besonders ruhig geschlafen haben. Aber ist der Schlaf von Säuglingen wirklich so friedlich?

Akribische Beobachtungen eines schlafenden Säuglings, vor allem während der ersten Tage seines Lebens, zeigen, daß es bei ihm zwei völlig verschiedene Arten von Schlaf gibt, von denen eine zum ersten Mal im Jahr 1953 von Aserinsky und Kleitman wahrgenommen wurde. Obwohl dieser Schlaf von schnellen Augenbewegungen begleitet wird, signalisiert deren Erscheinen nicht den Beginn der völligen motorischen Lähmung, wie es bei Erwachsenen der Fall ist. Bei dieser Art Schlaf befindet sich der Säugling in einem Zustand erhöhter motorischer Tätigkeit. Er neigt nicht zu heftigen Körperbewegungen, sondern eher zu kleinen, häufig spasmodisch anmutenden Bewegungen der Finger und Zehen, Hände und Füße oder der Gesichtsmuskeln. Von Zeit zu Zeit sind Gesichtsausdrücke zu beobachten, die mit Weinen, Zorn und Ablehnung assoziiert werden. Außerdem erscheint das erste Lächeln im Leben eines Menschenbabys während des REM-Schlafes, und deshalb wird der REM-Schlaf bei Säuglingen auch »aktiver Schlaf« genannt. Ebenso wie während des REM-Schlafes eines Erwachsenen sind die meisten Hirnstromwellen in dieser Schlafphase bei Säuglingen Theta-Wellen. Die zweite Art Schlaf ist wirklich ruhig und friedlich, ohne große oder kleine Körperbewegungen – genau das, was wir in der Tat als »Schlaf eines Babys« bezeichnen. In den ersten Lebenstagen oder -wochen sind noch keine ausgebildeten Delta-Wellen und Schlafspindeln im Schlaf des Säuglings wahrnehmbar. Die elektrische Hirntätigkeit ist unregelmäßig und unsystematisch.

Was sagen uns diese zwei Arten des Schlafes von Säuglingen? Es überrascht nicht, daß der aktive Schlaf des Säuglings tatsächlich dem REM-Schlaf des Erwachsenen entspricht. Die hemmenden Mechanismen des Gehirns, die die Übertragung von Nervenimpulsen zu den Skelettmuskeln blockieren, sind noch nicht voll entwickelt, was zu verstärkten kleinen Körperbewegungen führt. Jedoch bilden sich diese Mechanismen während des ersten Lebensjahres voll aus, und gleichzeitig verschwinden die unruhigen Körperbewegungen, die während des REM-Schlafes deutlich sichtbar sind, so daß nur die schnellen Augenbewegungen zurückbleiben. Aus diesem »inaktiven« friedlichen Schlaf entwickeln sich die Schlafstadien 2, 3 und 4.

Doch es war nicht nur der REM-Schlaf, der die Forscher überraschte, sondern auch seine relative Dauer. In den ersten Lebenswochen verbringt der Säugling etwa die Hälfte seiner Schlafzeit mit aktivem Schlaf, und dieser Anteil verringert sich während des ersten Lebensjahres allmählich, bis er sich nach dessen Vollendung bei etwa 25 bis 30 Prozent stabilisiert. Der Schlafrhythmus des Säuglings ist ebenfalls schneller als der des Erwachsenen. Die Zeit zwischen zwei aktiven Schlafphasen beträgt im Gegensatz zum 90minütigen REM-Zyklus des Erwachsenen nur etwa 60 Minuten.

Wann beginnt die Gehirn-»Uhr«, die den aktiven Schlaf steuert, zu ticken? Einige Forscher, die sich auf ihre Beobachtungen der motorischen Bewegungen von Föten stützen, behaupten, daß der aktive Schlaf schon vor der Geburt, das heißt vom sechsten Monat der Schwangerschaft an, wahrgenommen werden kann, und diese Behauptung wurde durch eine im Schlaflabor des Technion durchgeführte Studie gestützt. Im Rahmen der Studie wurden die Bewegungen von Föten bei Frauen, die im sechsten und siebenten Monat schwanger waren, mehrere Stunden lang ununterbrochen aufgezeichnet. Wir haben festgestellt, daß die Bewegungen des Fötus zyklische Schwankungen in Abständen von etwa 60 Minuten zwischen zwei Höhepunkten fötaler Aktivität aufwiesen, was genau dem Abstand zwischen

Der Rhythmus des Schlafes

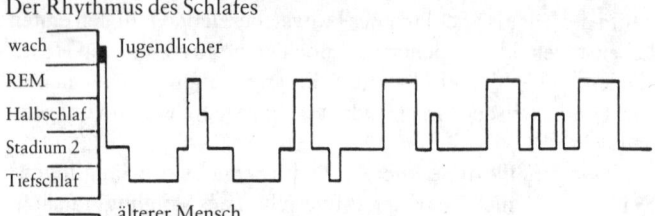

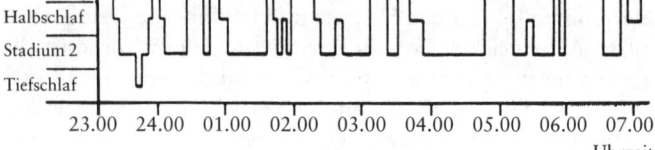

23.00 24.00 01.00 02.00 03.00 04.00 05.00 06.00 07.00
Uhrzeit

Die Hypnogramme eines Jugendlichen und eines älteren Menschen im Vergleich

zwei aufeinanderfolgenden Perioden Aktivschlaf in den ersten Tagen nach der Geburt des Säuglings entspricht. Diese Ergebnisse werfen zahlreiche Fragen auf: Warum verbringt der Säugling soviel Zeit im Aktivschlaf? Ist diese Art Schlaf im Säuglingsalter besonders wichtig? Ist dieser Schlaf wichtiger als der ruhige Schlaf? Im Kapitel 12 werde ich näher auf die möglichen Rollen des REM-Schlafes eingehen und versuchen, eine Antwort auf diese Fragen zu geben.

Der Schlafrhythmus eines Erwachsenen festigt sich etwa zwischen seinem zehnten und 20. Lebensjahr, und die Schlafstadien teilen sich dann in ungefähr 20 bis 25 Prozent REM-Schlaf, 20 bis 25 Prozent Tiefschlaf auf – wie in den Stadien 3 und 4 –, und der Rest entfällt auf den flachen Schlaf im Stadium 2. Zum Schlaf gehören auch Wachphasen sowie ein bestimmter Prozentsatz Übergangsschlaf, die in der Regel mit den Körperbewegungen in Verbindung stehen und die Übergangsperiode zwischen den Schlafstadien anzeigen.

Der Alterungsprozeß des Menschen geht mit wesentlichen Veränderungen in der Qualität des Schlafes einher. Die meisten älteren Menschen klagen sehr über häufige Unterbrechungen ihres Nachtschlafes, frühes Erwachen am Morgen und den Hang, tagsüber ein Schläfchen zu machen. Alle diese Beschwerden sind physiologisch begründet. Elektrophysiologische Schlafaufzeichnungen von älteren Menschen weisen charakteristische Schwankungen auf, die die subjektiven Beschwerden erklären. Untersuchungen über die Beschaffenheit des Schlafes älterer Menschen haben ganz eindeutig gezeigt, daß die Dauer ihres Tiefschlafes abnimmt. Während der Tiefschlaf bei jungen Menschen in den Dreißigern 20 bis 25 Prozent ihres Schlafes ausmacht, nimmt er bei älteren Menschen in den Siebzigern und Achtzigern lediglich fünf bis zehn Prozent der gesamten Schlafzeit ein. Aufgrund dieser beträchtlichen Verkürzung der Dauer des Tiefschlafes besteht der Schlaf älterer Menschen vorwiegend aus dem REM-Schlaf, der etwa zehn bis 20 Prozent ihres gesamten Schlafes ausmacht, und dem flachen Schlaf des Stadiums 2. Wichtiger als die Veränderungen in der Zusammensetzung der Schlafstadien ist bei älteren Menschen die Veränderung in der Konsolidierung ihres Schlafes. Wie ich später erörtern werde, kündigen verstärktes Erwachen aus dem Schlaf häufig den Alterungsprozeß ebenso an wie Falten und ergrauende Haare.

Schlaf zum Wachsen

Jahrhundertelang glaubten die Menschen, daß, ebenso wie alle anderen charakteristischen Merkmale ihres Geschlechts, auch Krankheit und Gesundheit von geheimnisvollen Flüssigkeiten abhängig seien, die durch den Körper fließen, und schrieben daher die Hauptursache für Krankheiten einem gestörten Gleichgewicht dieser Flüssigkeiten zu. Außerdem nahmen sie an, die relative Quantität jeder im Körper vorhandenen Flüssigkeit bestimme die Persönlichkeit eines Menschen, und bis zum heutigen Tag benutzen wir das Adjektiv »phlegmatisch«, wenn wir jemanden beschreiben, der apathisch, langsam und langweilig ist. Der Begriff ist natürlich von dem Wort *Phlegma* abgeleitet, das in der antiken griechischen Medizin eine der vier wichtigsten Körperflüssigkeiten war.

Weder Hippokrates noch Galenus, die Väter der Flüssigkeitstheorie, hatten eine Ahnung von der Existenz der Hormone, der im Blutstrom transportierten Produkte der inneren Sekretionen. Mit der im 20. Jahrhundert entwickelten Hormonlehre, der Endokrinologie, die sich mit der Untersuchung von Hormonen und ihren Wirkungen befaßt, lebte die antike Auffassung von der Bedeutung der Körperflüssigkeiten und ihrer wichtigen Auswirkungen auf die Gesundheit und Krankheit wieder auf. Daher überrascht es kaum, daß die während des Übergangs vom Wachzustand zum Schlaf festgestellten Schwankungen in der Tätigkeit des Nervensystems viele Forscher vor die folgende Frage stellte: Finden gleichzeitig Veränderungen in der Hormonsekretion statt? Wie beim Nervensystem spielen die von Drüsen im ganzen Körper abgesonderten Hormone auch ihre Rolle bei der Koordinierung und Steuerung zahlreicher physiologischer Systeme. Es gibt solche, wie die Geschlechtshormone, die die Funktion vieler spezieller Organe und auch allgemeiner Systeme einschließlich des Gehirns beeinflussen. Einige beeinflussen die Funktionsweise aller Systeme im Körper und bestimmen die Stoffwechselintensität und die Wachstumsrate der Organe.

Zuerst wurde die Sekretion des Wachstumshormons und seine Relevanz für den Schlaf untersucht. Die Entdeckung, daß das Wachstumshormon von der Hypophyse abgesondert wird, geht auf das Jahr 1945 zurück, und bald danach wurde die wichtige Rolle des Hormons für das Wachstum der Weichteile und der Knochen bekannt. Damals glaubte man, daß das Hormon im Laufe des Tages nach den Mahlzeiten, bei körperlicher Anstrengung und unter psychischer Belastung abgesondert würde. Daher war 1968 die Überraschung gewaltig, als Takahashi und seine Kollegen berichteten, die tägliche Sekretion des Hormons erreiche sowohl bei Kindern als auch bei Erwachsenen unmittelbar nach dem Einschlafen und während des Tiefschlafes in den Stadien 3 und 4 ihren Höhepunkt. Um den möglichen Kausalzusammenhang zwischen der Sekretion des Wachstumshormons und den Schlafmechanismen untersuchen zu können, wurde die Hormonsekretion nach einer Veränderung der Schlafgewohnheiten erforscht. Wurde der Schlaf um zwölf Stunden verzögert, verzögerte sich auch der Höhepunkt der Hormonsekretion entsprechend. War der Schlaf mehr als zwei oder drei Stunden gestört, kam es nach dem Wiedereinschlafen zu einem weiteren Sekretionshöhepunkt. Folglich können wir daraus schließen, daß der Prozeß des Einschlafens und des Eintauchens in die Tiefschlafstadien 3 und 4 eine Sekretion des Wachstumshormons in der Hypophyse hervorruft.

Andere Studien haben gezeigt, daß die Sekretion des Wachstumshormons nicht mit dem Prozeß des Einschlafens in Beziehung steht, sondern mit dem Einsetzen der hohen, langsamen Delta-Wellen, die den Tiefschlaf anzeigen. Dennoch ist erwiesen, daß der Mechanismus, der für die Sekretion des Hormons während des Schlafes verantwortlich ist, nicht identisch mit jenem ist, der den Tiefschlaf reguliert. Beide Erscheinungen können durch eine medikamentöse Behandlung voneinander getrennt werden. Die Sekretion des Wachstumshormons kann vollkommen unterbunden werden, ohne daß der normale Verlauf des Tiefschlafes beeinträchtigt wird, und gleichzeitig kann man den Tiefschlaf verhindern, ohne die Sekretion des Hormons zu beeinflussen. Wir können daher annehmen, daß hier zwei getrennte Mechanismen nebeneinander bestehen, zwischen denen es eine enge Verbindung gibt.

Die Sekretion anderer Hormone ist nicht so genau wie die des Wachstumshormons auf den Rhythmus der Schlafstadien abgestimmt. Kortisol ist zum Beispiel ein Hormon, das von der Nebenniere abgesondert wird und das die Stoffwechselfrequenz beeinflußt. Unter Streßbedingungen kommt es zu einer intensiven Sekretion, und eine der Hauptfunktionen dieses Hormons besteht in der Freisetzung von Energie in kritischen Situationen. Daher ist es kaum verwunderlich, daß der Vorgang des Erwachens von einer erhöhten Kortisolsekretion begleitet wird, um den Organismus auf den Kampf mit den physischen Anforderungen des Wachzustands »vorzubereiten«. Der Anstieg der Kortisolsekretion beginnt in der Mitte der Schlafperiode und erhöht sich allmählich in mehreren Pulswellen bis zum Erwachen, wo sie ihren Höhepunkt erreicht. Da der Kortisolspiegel im Blut während des Einschlafens beträchtlich vom Kortisolspiegel während des Wachwerdens abweicht, ist seine Auswertung sinnlos, wenn die genaue Zeit der Entnahme der Probe nicht bekannt ist.

Da Kortisol nicht ständig abgesondert wird, sondern im Laufe allmählich ansteigender Höhepunkte, behaupten einige, der REM-Schlaf, der hauptsächlich in der zweiten Schlafhälfte auftaucht, sei für die erhöhte Sekretion des Hormons verantwortlich. Jedoch tritt keine sofortige Veränderung in der Kortisolsekretion ein, wenn der Schlaf um einige Stunden verschoben wird. Dafür wären schon mehrere Tage erforderlich. Das bedeutet,

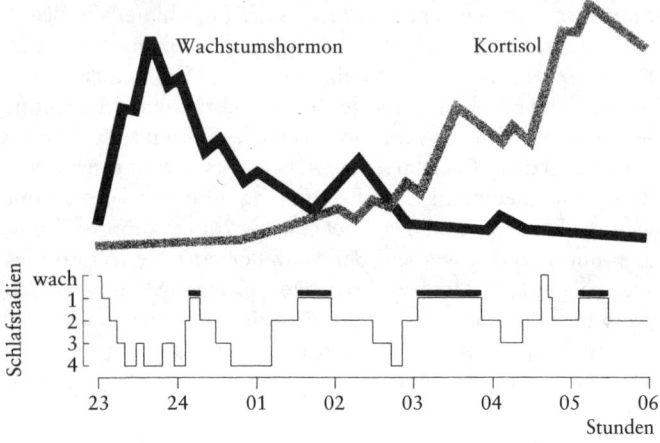

Sekretion von Kortisol und des Wachstumshormons während des Schlafes

daß die Kortisolsekretion im Gegensatz zum Wachstumshormon von einer unabhängigen biologischen Uhr gesteuert wird, die in der Regel nicht genau auf die Schlafuhr abgestimmt ist.

Es gibt jedoch andere Hormone, deren Sekretion mit dem Schlaf koordiniert ist, vor allem während der entscheidenden Lebensperioden. Das keimdrüsenstimulierende Hormon Gonadotropin, das ebenfalls von der Hypophyse abgesondert wird, ist zum Beispiel für die Steuerung der Sekretion der Geschlechtshormone aus den Geschlechtsdrüsen verantwortlich und damit für die Entwicklung der Geschlechtsorgane und für die Herausbildung der sekundären Geschlechtsmerkmale in der Pubertät. In der Pubertät werden die Geschlechtshormone hauptsächlich während des Schlafes abgesondert. Vor und nach der Pubertät weisen Messungen des gonadotropen Hormonspiegels keine Schwankungen zwischen dem Schlaf und dem Wachzustand der Versuchsperson aus. Wie Kortisol werden die gonadotropen Hormone nicht ununterbrochen, sondern periodisch abgesondert; die Hypophyse gibt die Hormone alle 90 Minuten in den Blutstrom ab. Später wurde festgestellt, daß diese Sekretionsmethode entscheidend für die Wirkungen der gonadotropen Hormone auf die Geschlechtsorgane ist. Es hatte den Anschein, als seien die Geschlechtsorgane nicht in der Lage, die Hormonsignale von der Hypophyse zu »entschlüsseln«, wenn die Hormone nicht alle anderthalb Stunden in periodischen Wellen abgesondert wurden. Eine ständige und ununterbrochene Sekretion der gonadotropen Hormone hat eher eine hemmende als eine stimulierende Wirkung auf die Funktion der Keimdrüsen.

Folglich scheint der Schlaf eine wichtige Rolle bei der Steuerung der Hormonsekretion zu spielen. Während des Schlafes werden die endokrinen oder innersekretorischen Organe belebt und sondern dann Hormone in den Blutstrom ab, die den ganzen Körper beeinflussen.

5. Der 25-Stunden-Tag

Nachdem wir den Rhythmus der Schlafstadien in seiner gesamten Komplexität untersucht haben, können wir uns jetzt dem Rhythmus des Schlafens und Wachens zuwenden. Obwohl Erwachsene dazu neigen, die Regelmäßigkeit, mit der wir schlafen, als etwas Selbstverständliches hinzunehmen, ist das in unseren frühen Lebensjahren nicht der Fall. Natürlich löst die Geburt eines Babys Gefühle der Freude und Erfüllung in einer Familie aus, aber für die glücklichen Eltern bringt sie auch eine Umstellung ihrer Schlafgewohnheiten über einen längeren Zeitraum mit sich. Sie müssen auf ihren gewohnten ungestörten Nachtschlaf verzichten und nach wenigen Stunden immer wieder aufstehen, um für die Bedürfnisse des Neuankömmlings zu sorgen. In Wartezimmern von Ärzten und Kinderkliniken sind die Schlafgewohnheiten von Säuglingen ein Dauerthema. Dort können wir völlig erschöpfte Eltern antreffen; das sind vor allem die Eltern, die vor kurzem die Geburt ihres ersten Kindes gefeiert und die Hoffnung aufgegeben haben, daß ihr Kind jemals normale Schlafgewohnheiten annimmt. Sie rufen die Großeltern zu Hilfe und ziehen sich für eine Nacht Schlaf oder auch zwei in das nächste Hotel zurück, um wieder neue Kräfte tanken zu können. Aber früher oder später paßt sich fast jedes Baby den Wünschen seiner Eltern an: Es schläft in der Nacht und bleibt am Tag wach. Bei den meisten Babys vollzieht sich dieser Anpassungsprozeß an die Umwelt allmählich während seiner ersten sechs Lebensmonate. Im ersten Monat hat das Baby einen Schlaf-Wach-Rhythmus von vier Stunden, und einige Eltern und Kinderärzte empfehlen, diesen Rhythmus zu planen, indem sie das Baby alle vier Stunden füttern, was dem »natürlichen« Schlafrhythmus entspricht. Doch statt zwei- oder dreimal wird es mit der Zeit nur noch ein- oder zweimal in der Nacht wach, und gleichzeitig verkürzen sich auch seine Schlafperioden am Tag. Im Alter von ungefähr sechs Monaten beginnt das Baby zur großen Erleichterung der Eltern, fast die ganze Nacht durchzuschlafen, und sein Schlaf-Wach-Rhythmus pegelt sich ebenfalls bei 24 Stunden ein.

Erlernt der Säugling die Schlaf- und Wachgewohnheiten aus seiner Umgebung, oder wird der Schlaf-Wach-Rhythmus auch von einer inneren »biologischen Uhr« gesteuert? Einer der ersten Forscher, die dieser Frage nachgingen, war Nathaniel Kleitman, der glaubte, der Schlaf-Wach-Rhythmus sei erlernt. Um die Ausbildung dieses Rhythmus bei Säuglingen zu untersuchen, erforschte Kleitman den Schlaf von Säuglingen, die nach ihrem eigenen Willen über ihre Schlafenszeiten entschieden. Er ließ sie von ihrem Instinkt gesteuert schlafen und erwachen und ließ sie füttern, wenn sie durch Schreien und Unruhe andeuteten, daß sie hungrig waren. In seinem Buch *Sleep and Wakefulness (Schlafen und Wachen)*, das zum ersten Mal 1939 erschien und 1963 neu aufgelegt wurde, faßte Kleitman unter Bezugnahme auf über 4 000 wissenschaftliche Quellen alle damals über den Schlaf bekannten Erkenntnisse zusammen. Auf dem Umschlag der zweiten Auflage ist das Muster des 24stündigen Schlafrhythmus einer seiner Versuchspersonen originalgetreu dargestellt. Wie wir aus der Abbildung entnehmen können, verlängern sich die Perioden des Nachtschlafes eines Säuglings ab dem vierten Lebensmonat, während die Schlafperioden am Tag gleichzeitig kürzer werden. Aber wer von uns mit einem scharfen Blick gesegnet ist, kann noch etwas anderes entdecken: diagonale Konfigurationen, die die fortwährende Verschiebung der Wachperioden von einem Tag auf den nächsten anzeigen. Wenn der Säugling an einem Tag um 14 Uhr erwachte, erwachte er am nächsten Tag um 14.15 Uhr, am darauffolgenden Tag um 14.30 Uhr und so weiter. Kleitman selbst war sich dessen bewußt und schrieb diese Konfigurationen dem Mondzyklus zu.

Noch viele Jahre nach der Veröffentlichung seines Buches wurden diese »Milchstraßen« von den Schlafforschern nicht zur Kenntnis genommen. Erst nachdem die charakteristischen Merkmale der biologischen Uhr, die das Schlafen und Wachen steuert, bekannt waren, konnte man diese Erscheinung erklären. In den ersten Lebensmonaten werden Schlafen und Wachen von der biologischen Uhr gesteuert, deren Periodizität sich nicht im Rhythmus von 24 vollen Stunden bewegt – anders gesagt, die Dauer des Zyklus beträgt nicht drei, vier oder sechs Stunden. Wenn das der Fall wäre, würden die Schlaf- und Wachperioden Tag für Tag gleich sein. Wenn der Säugling zum Beispiel einen Zyklus von 3,5 Stunden hat und an einem bestimmten Tag um

7 Uhr morgens erwacht, wird er am darauffolgenden Tag um 7.30 Uhr aufwachen, am Tag danach um 8 Uhr und so weiter. Ebenso wird es bei all den anderen Wach- und Schlafzeiten zu einer Abweichung von etwa einer halben Stunde kommen; und das ist in der Aufzeichnung als Diagonale zu erkennen.

Bernie Webb und ich führten eine ähnliche Untersuchung wie Kleitman durch. Bei einer größeren Gruppe von Säuglingen, denen wir die gleiche Freiheit wie Kleitmans Babys gegeben hatten, nämlich nach ihrem Willen aufzuwachen und zu schlafen, erforschten wir die Konsolidierung des Schlaf-Wach-Rhythmus. Am Anfang hatten wir große Zweifel, ob sich Mütter fänden, die an dem Experiment teilnehmen würden, doch unsere Zweifel zerstreuten sich schnell. Wie sich herausstellte, arbeiteten viele Mütter freiwillig begeistert mit; einige sagten sogar, der Umstand, daß ihre Babys frei über Schlafen und Wachen entscheiden könnten, hätte ihnen ihr eigenes Leben sehr viel leichter gemacht. Die Mütter führten mindestens zwei Monate lang genau Protokoll über alle Schlafperioden und Fütterzeiten ihres Babys, und bei der Auswertung der Protokolle stellten wir fest, daß der Schlaf-Wach-Rhythmus ganz ähnlich wie der auf dem Umschlag von Kleitmans Buch war. Keines der Babys, das an der Untersuchung beteiligt gewesen war, wies einen vierstündigen Rhythmus auf, sondern einen Rhythmus, der entweder etwas kürzer oder länger war – dreieinhalb beziehungsweise viereinhalb Stunden. Einige Mütter beachteten auch das und konnten so ihren Tagesplan nach den vorausberechneten Schlaf- und Fütterzeiten ihrer Babys gestalten.

Im ersten Lebensjahr des Säuglings vollziehen sich zwei größere Veränderungen in seinem Schlaf-Wach-Rhythmus. Es beginnen sich eine einzige und ununterbrochene Schlafperiode sowie eine Periode ununterbrochenen Wachens abzuzeichnen, und gleichzeitig entwickelt sich allmählich ein Koordinierungsmuster zwischen dem Schlaf-Wach-Rhythmus und den Anforderungen der Außenwelt. Das Tempo der Veränderung ist bei jedem Baby anders. In unserer Untersuchung stellten wir fest, daß es große Unterschiede im Alter gibt, in dem der schnelle Rhythmus vom Schlaf-Wach-Rhythmus eines Erwachsenen abgelöst wird. Einige Babys paßten sich innerhalb von zwei bis drei Monaten an die Gewohnheiten an, die ihnen ihre Umwelt diktierte, während andere das nicht einmal nach einem Jahr schafften.

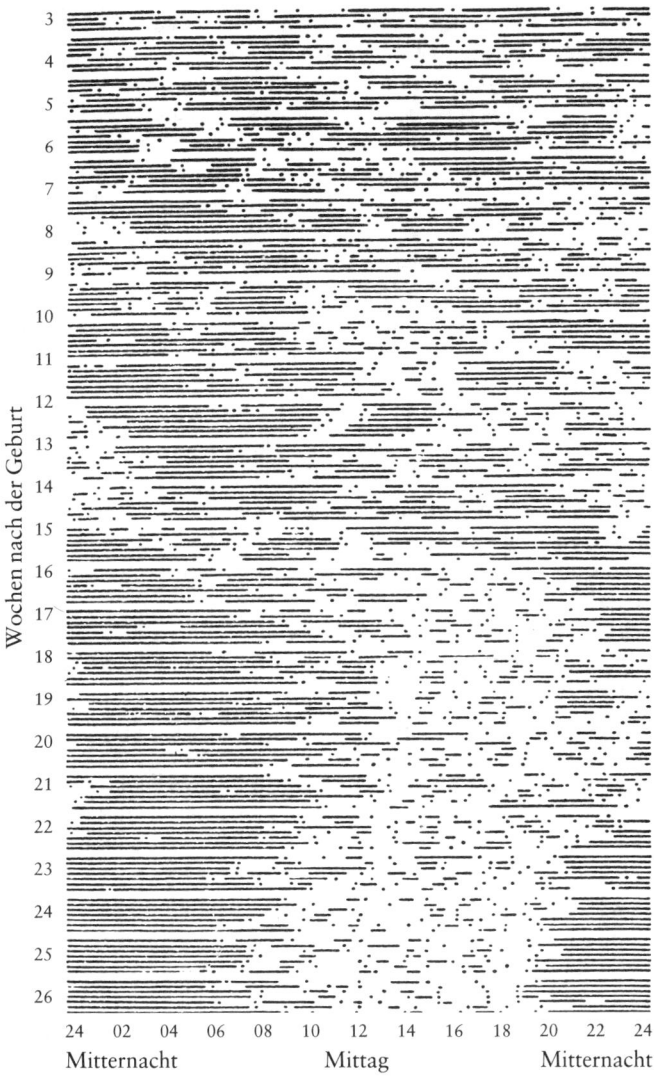

Konsolidierung des Schlaf-Wach-Rhythmus bei einem Kleinkind:
Die schwarzen Linien zeigen den Schlafzustand an, die Punkte
Zeiten der Nahrungsaufnahme, die weißen Flächen kenn-
zeichnen die Wachzeiten. (University of Chicago Press, 1963)

Unsere Erfahrung in der Behandlung von Schlafstörungen bei Säuglingen hat gezeigt, daß sich einige, wenn auch wenige Babys nicht einmal im Alter von zwei oder drei Jahren angepaßt haben. Später werden wir sehen, was wir mit diesen eigensinnigen jungen Leuten tun können.

Worin liegt also die Ursache für den Schlaf-Wach-Rhythmus des Säuglings, der nicht einem Rhythmus von vollen 24 Stunden entspricht? Könnte es sein, daß die »Schlafuhr« der Erwachsenen auch keine 24-Stunden-Uhr ist? Die charakteristischen Merkmale dieser Schlafuhr müssen in vollständiger Isolierung von allen Umweltfaktoren untersucht werden, die Einfluß auf die Steuerung unserer Zeit nehmen. Im Laufe von 24 Stunden sind wir zahllosen Reizen ausgesetzt. Das schrille Klingeln des Weckers rüttelt uns am Morgen aus dem Schlaf, und wir wissen, daß wir zu spät zur Arbeit oder zur Schule kommen, wenn wir nicht rechtzeitig aufstehen. Die Schulklingel oder die Fabriksirene verkünden den Beginn des Tages, die Mahlzeiten, Kaffeepausen und Schulpausen sowie das Ende des Arbeitstages. Viele Menschen, die vor dem Fernseher einschlafen, beschreiben dieses Einschlafen als eine durch eine Reihe von Reizen bedingte Reflexreaktion, die sie mit der Sitzstellung und den vertrauten Klängen der Erkennungsmelodie der Abendnachrichten verbinden. Einige beschwören, daß sie am Morgen »genau eine Minute, ehe der Wecker klingelt«, aufwachen, eine Gewohnheit, die sich im Laufe vieler Jahre entwickelt hat.

Da wir es lernen können, unsere Hirnstromwellentätigkeit mit Hilfe der Biofeedback-Methode zu intensivieren, überrascht es nicht, daß wir auch das Einschlafen und Erwachen zu festgesetzten Zeiten erlernen können. Aber bilden sich unsere Schlafgewohnheiten allein durch das Erlernen und die Gewöhnung heraus? Wenn dem so ist, warum fällt es uns dann so schwer, neue Schlafgewohnheiten anzunehmen, zum Beispiel wenn wir mehrere Zeitzonen überfliegen oder in der Nacht arbeiten und am Tag schlafen müssen? Die einzige Methode, den Ursprung des Schlaf-Wach-Rhythmus zu erforschen, besteht in der Isolierung der Versuchspersonen von der Außenwelt und in der Untersuchung der Tatsache, wie sie sich ihre Schlaf- und Wachzeiten einrichten. In einer »zeitfreien« Umgebung, wie man es in der Fachliteratur nennt, entscheiden die Versuchspersonen selbst, wann und für wie lange sie sich schlafen legen und wann sie er-

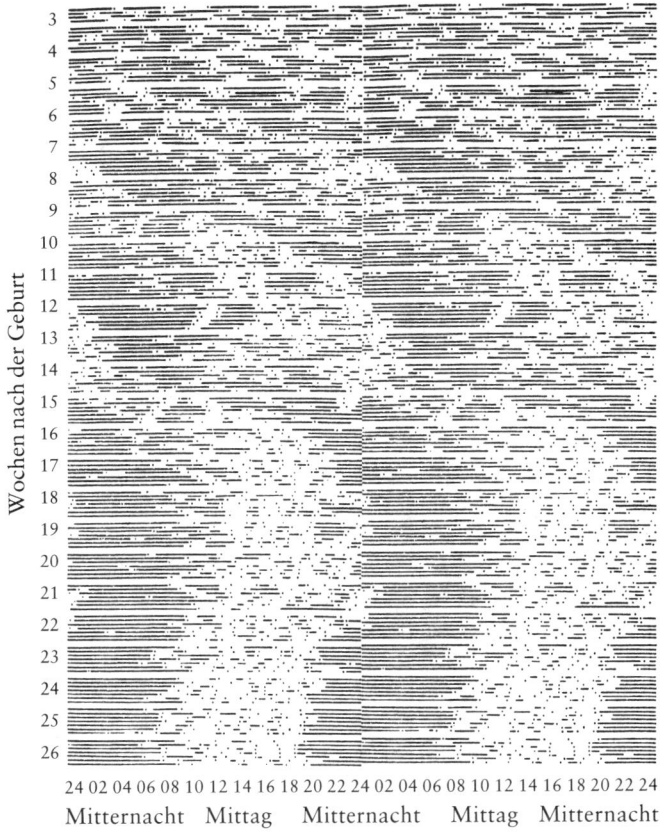

24 02 04 06 08 10 12 14 16 18 20 22 24 02 04 06 08 10 12 14 16 18 20 22 24

Mitternacht Mittag Mitternacht Mittag Mitternacht

Aufzeichnung des Schlaf-Wach-Rhythmus über 48 Stunden:
Die »Milchstraßen«, die die tägliche Verschiebung
der Schlafperioden wiedergeben, sind klar zu erkennen.
(University of Chicago Press, 1963)

wachen. Für eine begrenzte Zeit sind sie im Besitz der vollkommenen Freiheit; sie sind nicht mehr der Tyrannei von Weckern, Terminkalendern und Arbeitsplänen ausgesetzt, sondern werden »Herren über die Zeit«. Sie entscheiden, wann sie das Licht anschalten und es Tag werden lassen und wann sie es ausschalten, damit die Nacht hereinbrechen kann.

61

Schlaf in einer zeitfreien Umgebung

Die ersten Studien über die Auswirkungen der Isolation von »äußeren Hinweisen auf die Uhrzeit« auf den Schlaf-Wach-Rhythmus fanden in tiefen Höhlen statt, in denen die Versuchspersonen völlig von ihrer Umwelt abgeschnitten waren. Dort war es möglich, die Auswirkungen des Wechsels von Licht und Dunkel, von begleitenden Temperaturschwankungen und Feuchtigkeit sowie eine breite Palette von Reizen aus dem gesellschaftlichen Umfeld, denen der Mensch jeden Tag 24 Stunden lang ausgesetzt ist, vollkommen auszuschalten. Die Schlafens- und Erwachenszeit der Versuchspersonen wurde hier zum ersten Mal aufgezeichnet, ebenso die täglichen Veränderungen in der Körpertemperatur, dem Blutdruck und der Pulsfrequenz. Die Versuchspersonen wurden für einen Zeitraum von mehreren Wochen oder Monaten isoliert, in dem sie weder über das Wetter noch darüber informiert wurden, ob es außerhalb der Höhle Tag oder Nacht war.

Obwohl man annehmen könnte, daß sich der Schlaf-Wach-Rhythmus unter den Bedingungen der Isolierung von dem in einer natürlichen Umgebung unterscheidet, war die Veränderung der Schlafgewohnheiten äußerst erstaunlich. Der Schlaf-Wach-Rhythmus der isolierten Versuchspersonen wurde aufrechterhalten, aber die Dauer seines Zyklus – der Zeitabstand zwischen zwei Schlafperioden – war ausnahmslos länger als 24 Stunden, und dieser verlängerte Zyklus schwankte von Versuchsperson zu Versuchsperson. Bei einigen verlängerte sich der Zyklus auf 25 Stunden, während sich andere an einen 27- oder 28stündigen oder an einen noch längeren Zyklus angepaßt hatten. Da die Sonne etwa alle 24 Stunden aufgeht, wird eine Person mit einem 27-Stunden-Zyklus ihre Schlafenszeit an jedem geophysikalischen Tag um drei Stunden verschieben. Wenn sie also am ersten Tag ihrer Isolierung beschließt, um Mitternacht schlafen zu gehen, wird sie das am nächsten Tag um 3 Uhr morgens tun, am Tag danach um 6 Uhr und am dritten Tag um 9 Uhr. Nach acht Schlaf-Wach-Zyklen wird sie zu ihrem Ausgangspunkt zurückkehren und wieder um Mitternacht schlafen gehen. Diese Schwankung in den Schlaf- und Wachperioden ähnelt der der beobachteten Babys, die selbst über ihre Fütter- und Schlafzeiten entschieden. Den Rhythmus, der nicht von der Außen-

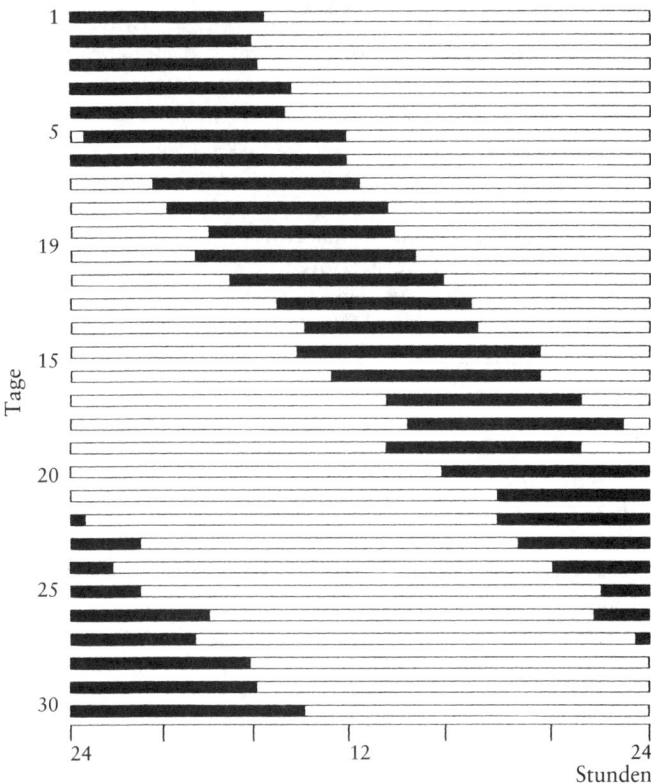

Schlaf-Wach-Rhythmus in einer »zeitfreien« Umgebung:
Die schwarzen Linien entsprechen den Schlafperioden.

welt abhängig ist und der vom 24-Stunden-Rhythmus abweicht, nennt man den »zirkadianen Rhythmus« (vom lateinischen *circa*, das »etwa« bedeutet, und *dies*, »Tag«) – das heißt einen Rhythmus von etwa einem Tag.

Kann es sein, daß diese Erscheinung für eine kleine Gruppe von Menschen, aber nicht für die gesamte Bevölkerung typisch ist? Das war eine der ersten Fragen, die hinsichtlich der Verlängerung des Schlaf-Wach-Rhythmus unter Bedingungen der Isolation auftauchte. Menschen, die aus freiem Willen einer Isolation für mehrere Wochen oder Monate zustimmen, sind vermutlich keine gewöhnlichen Menschen, und so wirkten an den ersten Experimenten nur wenige Versuchspersonen mit, von denen einige schon vorher an vielen Untersuchungen teilgenommen hatten. Der berühmteste von ihnen war Michel Siffre, ein französischer Höhlenforscher, der einige Zeit in der Midnight Cave in Texas in einer Tiefe von fast einhundert Fuß unter der Erdoberfläche zugebracht hatte. Am 14. Februar betrat er die Höhle mit Elektroden an seinem Körper, damit die für die Ermittlung seiner Schlafweise erforderlichen physiologischen Parameter aufgezeichnet werden konnten. 100 Tage lang hielt er sich ununterbrochen in der Höhle auf. Sein Schlaf-Wach-Rhythmus verlängerte sich auf 26 Stunden, obwohl die Periodizität des Zyklus im Laufe seiner Isolierung schwankte, manchmal so stark, daß die Tage 30 oder 32 Stunden lang waren. In seinem Buch *Beyond Time* (Jenseits der Zeit) hat Siffre seine Erlebnisse während der langen Isolationsperioden dokumentiert.

In den letzten Jahren sind viele neue Ergebnisse hinzugekommen, die die Annahme erhärten, daß Menschen ihren Schlaf-Wach-Zyklus verlängern können und daß das ein Ausdruck der grundlegenden Eigenschaft der biologischen Uhr ist, die das Schlafen und Wachen steuert. Seit den 70er Jahren sind Dutzende, ja Hunderte von Menschen in zeitfreien Umgebungen mit den gleichen Ergebnissen isoliert worden: Fast unmittelbar nach dem ersten Tag der Isolation von der Umwelt verlängerte sich ihr Schlaf-Wach-Rhythmus auf mehr als 24 Stunden.

Viele Untersuchungen über Schlaf-Wach-Rhythmen in einer zeitfreien Umgebung wurden in einer kleinen, malerischen deutschen Stadt mit dem Namen Erling-Andechs angestellt, die nebenbei bemerkt auch für ihre Brauerei berühmt ist. Dort hatte der deutsche Physiologe Jürgen Aschoff ein Institut für die Untersuchung von »biologischen Uhren« gegründet, das bis zu seiner Schließung gegen Ende der 80er Jahre ein Mekka für Schlafforscher aus der ganzen Welt war. Auch Aschoff begann seine Forschungsarbeit über biologische Rhythmen durch einen reinen Zufall. Als Student hatte er die Mechanismen des menschlichen Widerstands gegen Kälte studiert, und als sich seine Experimente ausdehnten, begann er die täglichen Veränderungen der Körpertemperatur eingehender zu beobachten, die in keinem Zusammenhang zu den Abläufen des Experiments standen. Da er diese spontanen Schwankungen der Körpertemperatur zu er-

*Einer der unterirdischen Wohnräume in Erling-Andechs,
in denen Forschungen über den Schlaf in einer zeitfreien
Umgebung durchgeführt wurden.*

gründen suchte, studierte er seine gesamte Physiologie-Literatur systematisch, konnte aber keine vernünftige Erklärung dafür finden. Den Büchern, die den periodischen Veränderungen der Körpertemperatur einige wenige Zeilen widmeten, entnahm er, daß es einen Streit zwischen denjenigen gibt, die behaupteten, der Ursprung dieses Rhythmus sei innerer Natur, und denen, die dagegenhielten, er sei äußerer Natur. Nachdem er alles gelesen hatte, was er über »biologische Uhren« finden konnte, kam er zu dem Schluß, daß es nur einen Nachweis über die Existenz eines inneren Rhythmus geben könne, der nicht von der Außenwelt abhängig ist. Wenn sich der Rhythmus unter konstanten Bedingungen nicht veränderte, selbst wenn die Periodizität des Zyklus von 24 Stunden abweichen würde, konnte es keinen Zweifel daran geben, daß die Außenwelt keine Auswirkung auf die biologische Uhr hat. Von dieser Vermutung ausgehend, versuchte er, Tiere aus ihrer Umgebung mit dem Wechsel von Licht und Dunkel zu isolieren, um ihren Aktivitäts-Ruhe-Rhythmus zu untersuchen.

Aschoff und seine Kollegen stellten das erste Mal im Jahr 1962 Versuche mit isolierten Menschen an. Darauf folgten über 200 ähnliche Experimente, die in unterirdischen, speziell für diesen

Zweck gebauten Wohnräumen am Institut stattfanden. Diese kleinen Wohnungen waren voll für lange Aufenthalte unter Bedingungen der völligen Isolierung von der Außenwelt gerüstet: Eine von ihnen war sogar vom Magnetfeld der Erde isoliert. Jede Wohnung konnte ganze Gruppen isolierter Versuchspersonen aufnehmen, um den wechselseitigen zwischenmenschlichen Einfluß auf den Schlaf-Wach-Rhythmus zu erforschen. Nur sieben von 232 Versuchspersonen, die an den Untersuchungen in Erling-Andechs teilnahmen, baten um die vorzeitige Beendigung des Experiments, und nur drei von ihnen deshalb, weil sie dem Druck der Isolierung nicht standhalten konnten. Als die Zeit der Isolierung zu Ende war, erklärten viele Versuchspersonen ihre Bereitschaft zur Teilnahme an weiteren Experimenten, ein sicheres Zeichen dafür, daß die Isolation ihnen keinen Schaden zugefügt hatte.

Während meiner Schlafforschungen an der Universität Florida nahm ich an einer der ersten Untersuchungen in den Vereinigten Staaten zum Schlaf-Wach-Rhythmus unter Bedingungen der Isolation teil. In dem Jahr, in dem ich als Forschungsassistent zu Bernie Webbs Mitarbeiterstab stieß, untersuchte er gerade den Schlafrhythmus in einer zeitfreien Umgebung. Im Gegensatz zu den Experimenten, bei denen die Forscher ihre Versuchspersonen mit Hilfe von Unterflursensoren oder Schlaftagebüchern im Auge behalten, wurden bei der Untersuchung in Florida die Hirnstromwellen, Augenbewegungen und der Muskeltonus während der gesamten Zeit der Isolierung ununterbrochen aufgezeichnet. Da es im Staat Florida nur wenige Höhlen gibt, verblieben die Versuchspersonen in vollkommen schalldichten Räumen, wo sie völlig von der Außenwelt abgeschnitten waren. Zu jedem Raum gehörten eine Kochnische, eine chemische Toilette und ein Waschbecken. Die Verständigung zwischen Versuchspersonen und Labortechnikern, die die Aufzeichnungsinstrumente im Kontrollraum überwachten, erfolgte mit Hilfe von Notizen, die aus den Zellen gereicht wurden. Sie bestellten ihr Frühstück, Mittagessen oder Abendbrot, wann immer sie hungrig waren, und ein Restaurant in der Nähe des Universitätsgeländes hatte »rund um die Uhr Bereitschaft«, um die Mahlzeiten zu jeder Tages- und Nachtzeit anliefern zu können.

Ich erinnere mich, daß ich im Planungsstadium starke Zweifel an der Resonanz von potentiellen Versuchspersonen äußerte,

Bernie Webb

die sich »mindestens einen Monat« in einem zellenähnlichen Raum aufhalten sollten, der nicht größer war als ungefähr vierzehn Quadratfuß. Doch zu meiner großen Überraschung klingelte das Telefon im Labor unaufhörlich, nachdem das Experiment und seine Bedingungen im Mitteilungsblatt der Universität angekündigt worden waren. Das Experiment, das für zwölf Versuchspersonen geplant war, zog Dutzende freiwilliger Studenten an, die vor dem Labor Schlange standen und Professor Webb zu überzeugen suchten, sich für sie zu entscheiden. Während der Überprüfung und Vorstellungsgespräche zeigte sich, daß alle Kandidaten vollkommen normal und keine Gruppe von Sonderlingen und Einsiedlern waren. Wie erwartet, hatte sich jede Versuchsperson nach ein oder zwei Schlafperioden auf einen Schlaf-Wach-Rhythmus von mehr als 24 Stunden umgestellt.

Eine weitere Frage, die während der Studie überprüft wurde, war, ob die Verlängerung des Schlaf-Wach-Rhythmus unter Bedingungen der Isolierung aus einer Veränderung der Energiebilanz der Versuchsperson resultiere. Da der Isolierraum keine Gelegenheit für intensive Bewegung bot, nahm die körperliche Betätigung der Versuchspersonen stark ab, was möglicherweise Einfluß auf ihre »Schlafuhren« hatte. Die Hälfte der Versuchspersonen wurde daher gebeten, sich mit Hilfe von Trainingsfahrrädern körperlich zu betätigen, damit die täglich verbrauchte

Energie etwa der einer durchschnittlichen Tagesarbeit entspräche. Ihr Schlaf-Wach-Rhythmus unterschied sich jedoch nicht wesentlich von dem der Versuchspersonen, die sich nicht körperlich betätigen mußten. Der Rhythmus verlängerte sich in beiden Gruppen im gleichen Maße, wodurch die Erklärung mit dem Energieverbrauch hinfällig wurde.

Ich persönlich hatte mich in diesem Forschungsprogramm auf eine andere Erscheinung konzentriert, die viele Forscher beschäftigte: die Veränderung, die sich im Zeitgefühl der isolierten Versuchspersonen vollzieht. Bei allen Untersuchungen in einer zeitfreien Umgebung hatten die Versuchspersonen die Dauer ihrer Teilnahme an dem Experiment stark unterschätzt. Wenn die Isolierung nach einem Monat für sie beendet war, waren sie ausnahmslos davon überzeugt, daß nur drei Wochen seit dem Beginn des Experiments vergangen waren. Solange sich die Periodizität des Schlaf-Wach-Zyklus verlängerte, wuchs die in der Isolierung »verlorene« Zeit weiter an. Meine Aufgabe war es, eine kontrollierte Untersuchung des Zeitgefühls der isolierten Versuchspersonen vorzunehmen. Nach wenigen Stunden wurden die Versuchspersonen jeweils gebeten, Zettel mit ihren geschätzten Angaben zum Wochentag und zur Tageszeit herauszureichen. Sie wurden ebenfalls gebeten, die Tageszeit zu schätzen, zu der sie das Licht ausschalteten und sich schlafen legten und zu der sie es nach dem Erwachen wieder anschalteten. Außerdem sollten sie jeden Tag Zeiträume von weniger als ein paar Minuten schätzen. Um zu vermeiden, daß die Versuchspersonen einen regelmäßigen Anhaltspunkt erhielten, mit dessen Hilfe sie die Zeit schätzen konnten, wurden diese Aufgaben in unterschiedlichen Abständen erteilt.

Eine Auswertung der Ergebnisse zeigte, daß die Versuchspersonen absolut keine Veränderung in ihrem Schlaf-Wach-Rhythmus bemerkten. Versuchspersonen, die das Licht in den frühen Morgenstunden oder tagsüber ausschalteten, um zu schlafen, schätzten die Zeit auf »ungefähr Mitternacht«, die Zeit, zu der sie in ihrer gewohnten Umgebung normalerweise zu Bett gingen. Zu welcher Stunde am Tag oder in der Nacht sie auch erwachten, stets schätzten sie, daß es »ungefähr 7 Uhr morgens« sei, die Zeit, zu der sie in der Regel aufstanden. Wenn sie jedoch sehr kurze Zeitabschnitte schätzen sollten, bewältigten sie dies gleichbleibend gut. Warum irrten sie sich dann so bei der Schätzung der Zeit, die sie in der Isolierung verbracht hatten? Die Antwort ist, daß sie sich bei der Schätzung der Tageszeit auf ihre früheren Schlafgewohnheiten verließen. Wenn eine Versuchsperson beschloß, um 6 Uhr morgens zu Bett zu gehen, und überzeugt war, daß es Mitternacht sei, irrte sie sich um sechs Stunden, und dieser Irrtum potenzierte sich in dem Maße, wie die Zeit der Isolierung zunahm und wie sich der Schlaf-Wach-Rhythmus verlängerte. Daher verloren Versuchspersonen mit Zyklen von 27 bis 28 Stunden, die etwa einen Monat im Zustand der Isolierung verbracht hatten, ungefähr eine Woche, weil sie sich der Veränderung ihrer Schlafgewohnheiten nicht bewußt waren.

Die Schlußfolgerung aus den zahlreichen Untersuchungen in zeitfreien Umgebungen lautet, daß der Schlaf-Wach-Rhythmus seinen Ursprung im Nervensystem hat: Er ist nicht erlernt und bleibt von der Außenwelt unberührt. Da sich der »biologische« Tag so sehr vom »geophysikalischen« Tag unterscheidet, müssen die zwei Uhren, die »Körperuhr« und die »Sonnenuhr«, synchronisiert werden.

Langsame Uhren und schnelle Uhren

Es muß einen Koordinierungsmechanismus zwischen der Außenwelt und der biologischen Uhr geben, der den Schlaf und den Wachzustand steuert, und dieser muß flexibel genug sein, um Abweichungen vom gewohnten Gang zu ermöglichen. Menschen, die in der Nacht arbeiten und am Tag schlafen, kehren ihren Zeitplan für die Dauer von mehreren Tagen um. Etwas Ähnliches geschieht mit denjenigen, die auf ihrem Weg von Kontinent zu Kontinent mehrere Zeitzonen überfliegen. Der Mechanismus muß in der Tat leistungsfähig sein, weil die »Körper«- und die »Sonnenuhr« jeden Tag koordiniert werden müssen und jede Unterbrechung den Schlaf-Wach-Rhythmus ernsthaft stören kann. Die Unterbrechung des Koordinationsmechanismus zwischen der Schlaf-Wach-Uhr einer Person und den Rhythmen der Umgebung führt dazu, daß sich ihre Schlafuhr in der natürlichen Umgebung so verhält, als sei die Person in eine tiefe Höhle verbannt. Eine derartige Störung hat wesentlichen Einfluß auf das Leben der Betroffenen, wie es das folgende eindrucksvolle Beispiel zeigt.

Im Jahr 1981 überwies der Fakultätsvorstand des Technion einen Studenten, der exmatrikuliert werden sollte, an das Schlaflabor. Als Ursache für diese rigorose Maßnahme wurde die »stetige Abwesenheit bei Vorlesungen und Prüfungen aufgrund seines Unvermögens, am Morgen aufzuwachen«, angegeben. Während eines Gesprächs mit dem Studenten stellte ich fest, daß sein Hauptproblem zwar das Erwachen am Morgen war, daß er aber auch stark unter unregelmäßigen Schlafgewohnheiten litt. Er berichtete mir, daß es Tage gab, an denen er wie alle anderen am Abend zu Bett ging und am nächsten Morgen rechtzeitig zur ersten Vorlesung erwachte. Aber es gab auch Nächte, in denen er überhaupt nicht einschlafen konnte und infolgedessen während der Vorlesungen einschlief. Wenn er am Morgen einschlief, verschlief er mehrere Vorlesungen hintereinander, ohne überhaupt zu wissen, wie viele inzwischen stattgefunden hatten. Er fügte hinzu, daß seine Schlafgewohnheiten keinerlei Regelmäßigkeit folgten und daß, wenn er am Tag einschlief, das nicht einfach ein Einnicken sei, sondern ein langer und anhaltender Schlaf, der manchmal mehrere Stunden anhielt. Nachdem die Labortests gezeigt hatten, daß sein Schlaf normal war, baten wir ihn, täglich über seinen Schlaf-Wach-Rhythmus Buch zu führen. Nach den ersten zehn Tagen erkannten wir die Ursache für seine Schlafstörung: Wir stellten fest, daß sich sein Schlaf-Wach-Rhythmus so verhielt, als sei er von allen äußeren Hinweisen auf die Uhrzeit abgeschnitten.

Tag für Tag »schob« der Student seine Schlaf- und Wachzeiten um drei oder vier Stunden »hinaus«. Obwohl die Veränderungen von einem Tag zum anderen weniger regelmäßig waren als jene, die man bei Experimenten unter Bedingungen der Isolierung beobachtet, konnte man die diagonalen Konfigurationen leicht erkennen, die für Versuchspersonen in der Isolierung charakteristisch sind. Die Störung in seinem Schlaf-Wach-Rhythmus war die Erklärung für seine Beschwerden. An Tagen, an denen sein Schlaf-Wach-Rhythmus mit seiner Umgebung koordiniert war, konnte er, wie alle anderen, am Abend einschlafen, aber einige Tage später, wenn sich sein Schlaf auf die Tagesstunden verschoben hatte und die Koordinierung verlorengegangen war, schlief er zwanghaft während der Vorlesungen ein und war nicht in der Lage aufzuwachen. Als wir die Störung in der zeitlichen Koordinierung seines Schlafes diagnostiziert hat-

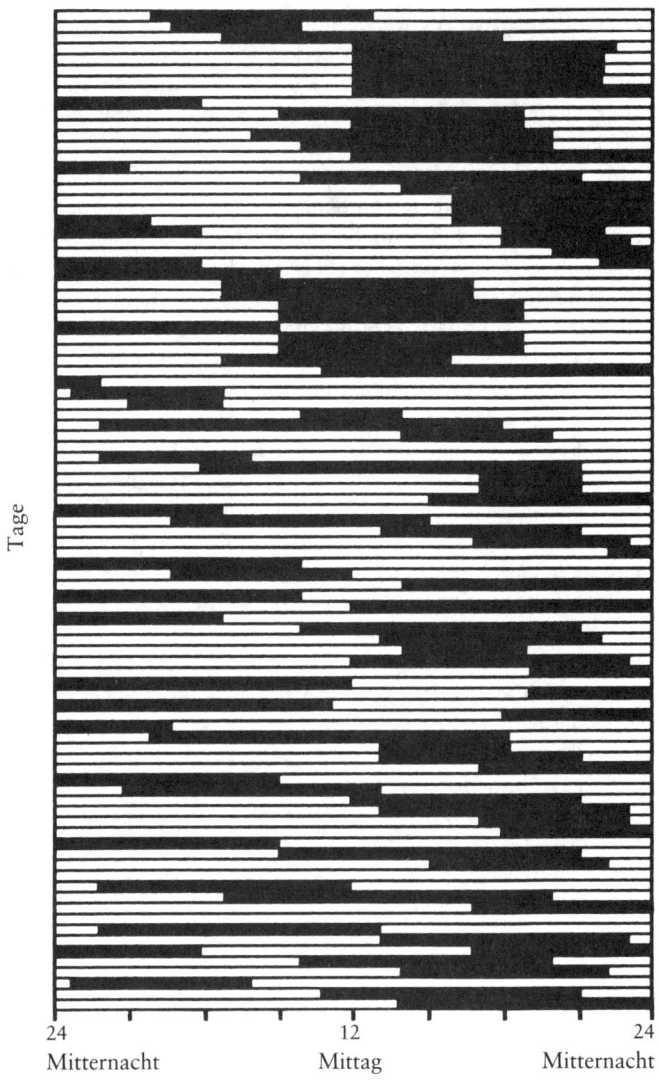

Schlaf-Wach-Rhythmus eines Patienten, bei dem sich eine fehlende Koordinierung zwischen der biologischen Uhr und der »Sonnenuhr« zeigt. Die schwarzen Balken markieren die Schlafperioden.

ten, empfahlen wir dem Fakultätsvorstand, es diesem Studenten zu gestatten, nach einem persönlichen, von seiner besonderen »Schlafuhr« bestimmten Vorlesungs- und Prüfungsplan zu arbeiten. Daraufhin konnte er sein Studium erfolgreich abschließen.

Mit Hilfe des »Schlaftagebuchs« des Studenten verfolgten wir vier volle Jahre lang seinen Schlaf-Wach-Rhythmus und entnahmen daraus, daß seine Schlaf-Wach-Uhr äußerst unregelmäßig ablief. Es gab Zeiten, in denen die Periodizität des Zyklus 26 Stunden betrug (und somit belief sich seine tägliche Schlafverzögerung auf nur zwei Stunden), aber es gab auch Zeiten, in denen die Periodizität auf 29 Stunden sprang – mit einer täglichen Verzögerung von fünf Stunden! Infolge der häufigen Veränderungen in der Dauer seines Schlafrhythmus war er nicht nur außerstande, regelmäßige Schlafenszeiten einzuhalten, sondern konnte auch nicht nach einem festen Tagesplan arbeiten. Nach vier Jahren beschlossen wir zu ermitteln, ob es in dem totalen Chaos, das sich uns anfangs bot, überhaupt eine Regelmäßigkeit gab. Mit Hilfe statistischer Computeranalysen untersuchten wir ausführlich, welche Stunden des Tages sich unser Student für seinen Schlaf ausgesucht hatte. Da seine Schlafuhr vollkommen unregelmäßig zu sein schien, erwarteten wir, daß er seine Schlafenszeiten willkürlich auswählen würde. Stellen Sie sich aber einmal unsere Überraschung vor, als wir inmitten des »Chaos« eine deutliche Regelmäßigkeit in seinen täglichen Schlafgewohnheiten feststellten. Wesentlich war, daß er dazu neigte, während zweier Zeitfenster schlafen zu gehen – entweder von 16 bis 18 Uhr oder von 4 bis 6 Uhr morgens. Während der gesamten vierjährigen Untersuchungsdauer schlief er nur viermal zu der »normalen« Zeit um 22 oder 23 Uhr.

Damals erforschten wir auch, zu welchen Zeiten sich am häufigsten Verkehrsunfälle wegen Ermüdung der Autofahrer ereignen. Zufällig stießen wir auf einen weiteren Beweis, der zeigte, daß das Schlafverlangen während der gleichen Zeitfenster drastisch zunahm. In Israel ereignen sich jährlich über 10 000 schwere Verkehrsunfälle. Obwohl nur 0,6 bis 0,8 Prozent der Unfälle auf das Einschlafen des Fahrers zurückzuführen sind, sind die Personen- und Sachschäden hier dreimal schwerer als bei Unfällen, die nicht durch Ermüdung des Fahrers verursacht werden.

Um zu untersuchen, ob es »risikoreiche« Stunden für Unfälle

gibt, die durch eine Ermüdung des Fahrers herbeigeführt werden, überprüften wir den Polizeicomputer. Die Auswertung ergab, daß sich die meisten Unfälle innerhalb zweier Tagesfenster ereignen: 3 bis 6 Uhr morgens und 15 bis 18 Uhr – fast wie die Fenster bei dem Studenten mit der gestörten Schlafuhr. Es überrascht nicht, daß das Risiko, am Steuer einzuschlafen und einen Unfall zu verursachen, in den frühen Morgenstunden stark ansteigt. Die persönliche Erfahrung vieler Menschen zeigt uns, daß das Bedürfnis nach Schlaf um diese Zeit zunimmt und somit den Fahrer in Gefahr bringt. Doch die Tatsache, daß die Risiken, am Nachmittag am Steuer einzuschlafen, größer waren als in den frühen Morgenstunden, bestärkte uns in unserem Gefühl, daß in diesen Stunden etwas im Schlaf-Wach-Rhythmus geschieht. Dieses »etwas« verstärkt das Bedürfnis nach Schlaf. Wir nahmen an, daß die Aktivierung des Schlafmechanismus während dieser Stunden nicht vom Grad der Ermüdung oder von einem Mangel an Schlaf abhängig ist, sondern vermutlich ein Ausdruck für eine innere Veränderung in der Tätigkeit der Schlafuhr. Diese Schlußfolgerung scheint durch die in vielen Ländern bewährte Gewohnheit bestätigt zu werden, ein Nachmittagsschläfchen oder eine Siesta zu halten.

»Schlaftore« und »verbotene Zonen für den Schlaf«

Wie können wir beweisen, daß die Schlafneigung während des Tages regelmäßigen Schwankungen unterliegt? Eine Methode besteht darin, Menschen die Möglichkeit zu geben, viele Male am Tag einzuschlafen, und die Zeit zu messen, die sie jeweils zum Einschlafen gebraucht haben.

Die erste Wissenschaftlerin, die die Einschlafgeschwindigkeit zur Ermittlung der Schlafneigung untersuchte, war Professor Mary Carskadon von der Brown Universität, die als Studentin von Dement, Kleitmans Nachfolger, eine Schlafforscherin der dritten Generation ist. Frau Carskadon untersuchte den täglichen Grad der Schläfrigkeit von Testpersonen, die versuchten, alle zwei Stunden zwischen 10 Uhr morgens und 20 Uhr abends in einem dunklen, schalldichten Raum einzuschlafen. In der Literatur wurde dieser Test unter dem Namen multipler Schlaflatenztest (MSLT) bekannt. Nach einem siebenstündigen Nacht-

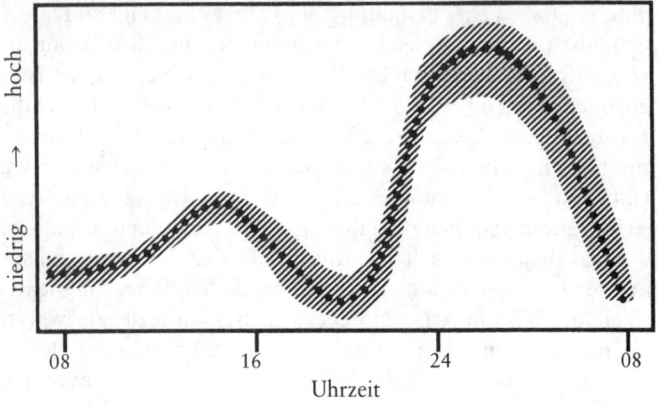

Das tägliche Muster der »Schlafneigung«, wie sie sich im 7/13-Experiment zeigte

schlaf betrug die durchschnittliche Einschlafzeit etwa 15 bis 17 Minuten, und in vielen Fällen konnten die Versuchspersonen überhaupt nicht einschlafen. Versuchspersonen, denen man Schlaf entzogen hatte, schliefen dagegen sehr schnell ein, innerhalb von fünf bis sieben Minuten; das traf auch auf diejenigen zu, die ein erhöhtes Schlafbedürfnis hatten oder unter verschiedenen anderen Störungen litten.

Nach den Berichten von Frau Carskadon tendierten die Versuchspersonen zu einem schnelleren Einschlafen am Nachmittag und hatten Schwierigkeiten, am Abend einzuschlafen. Doch die Messung der Schlaflatenz alle zwei Stunden reicht nicht aus, um eine exakte Beschreibung der Veränderungen in der Schlafneigung im Laufe des Tages zu garantieren. Wir haben daher eine Untersuchungsmethode am Technion entwickelt, die uns sehr geholfen hat, die täglichen Veränderungen in der Schlafneigung wahrzunehmen.

In einem repräsentativen Experiment kamen die Versuchspersonen am Abend ins Labor und waren die Nacht über wach. Sie standen ständig unter der strengen Kontrolle der Mitarbeiter, die ihnen keine Gelegenheit zum Einschlafen gaben. Um 7 Uhr am darauffolgenden Morgen wurden die Versuchspersonen in ihre Schlafräume geführt, wo sie innerhalb von sieben Minuten einschlafen sollten. In dieser Zeit wurden die Hirnstromwellen, Augenbewegungen und der Muskeltonus ordnungsgemäß aufgezeichnet. Nachdem die sieben Minuten vergangen waren, sollten sie ihre Schlafräume für 13 Minuten verlassen, unabhängig davon, ob sie eingeschlafen waren oder nicht. Um 7.20 Uhr wurde das Experiment wiederholt und darauf alle 20 Minuten bis zum nächsten Morgen um 7 Uhr. Man hatte also den Versuchspersonen im Laufe eines Zeitraums von 24 Stunden 72 Einschlafversuche eingeräumt, so daß das tägliche Schläfrigkeitsmuster einer jeden Versuchsperson in jedem der 72 Versuche entsprechend ihrer Schlaflatenz aufgezeichnet werden konnte.

Obwohl wir nicht um Freiwillige geworben hatten, fehlte es unseren »7/13« Experimenten nicht an Kandidaten. Das Gerücht über das bevorstehende Experiment verbreitete sich wie ein Lauffeuer im Technion, und Studenten strömten in der Hoffnung in das Labor, an einer Untersuchung teilnehmen zu dürfen, bei der sie für das Schlafen bezahlt wurden! Einige nannten sich selbst »Schlaf-Versuchskaninchen« und nahmen vier- oder fünfmal während ihres Studiums an dem Experiment teil. Da die Versuchspersonen die Nacht vor dem Experiment schlaflos verbracht hatten, hätte man erwarten können, daß sie am nächsten Tag leicht einschlafen würden, selbst wenn man ihnen nur wenige Minuten Schlaf einräumte. Die Ergebnisse der 7/13 Experimente waren jedoch komplexerer Natur und wiesen starke Schwankungen in der Einschlaffähigkeit der Versuchspersonen auf. Wir fanden heraus, daß es während des Tages drei Fenster gibt, in deren Rahmen es zu spontanen Veränderungen in der Schlaflatenz kommt: am Nachmittag, am Abend und in der Nacht.

Es war zu erwarten, daß die Versuchspersonen in der Nacht und in den frühen Morgenstunden schnell einschlafen würden, und in der Tat war es um diese Tageszeit manchmal sehr schwer, sie am Ende der ihnen zugebilligten siebenminütigen Schlafperiode zum Aufstehen zu bewegen. Noch schwieriger war es, sie 13 Minuten lang vor dem nächsten Einschlafversuch wachzuhalten. Angesichts dessen, was wir bereits über die Einschlafneigung am Nachmittag und über Verkehrsunfälle durch ermüdete Autofahrer wußten, überraschte uns die Feststellung nicht, daß die Schläfrigkeit am Nachmittag ebenfalls ansteigt, selbst bei Versuchspersonen, die in der Regel nicht um diese Zeit schlafen. Die größte Überraschung war jedoch die Veränderung des Schläfrigkeitsgrades im Laufe des Abends. Trotz ihrer Müdigkeit und des angestauten Schlafdefizits fanden es unsere Versuchspersonen schwierig, am Abend einzuschlafen. Einige konnten zwischen 20 und 22 Uhr nicht ein einziges Mal einschlafen, aber in dem Augenblick, in dem sich die Tür um 22 Uhr hinter ihnen schloß, schliefen sie ein, und von dieser Zeit an schliefen sie jedesmal schnell ein. Es war, als ob sich ein »Schlaftor«, das während des Abends geschlossen gewesen war, plötzlich weit öffnete. Das ist tatsächlich der Begriff, den wir benutzen, wenn wir diesen plötzlichen Wechsel von einem hohen Grad an Wachsamkeit zu einer Stufe höchster Schläfrigkeit beschreiben. Die Zeitspanne, die dem Tor vorangeht und in der die Versuchspersonen solche Schwierigkeiten hatten einzuschlafen, nennt man die »verbotene Zone für den Schlaf«. Sie stimmt nicht nur genau mit den Zeiten überein, in denen es der Student mit der »Schlafuhr« vermied, schlafen zu gehen, sondern auch mit den Abendstunden, in denen sich die wenigsten durch Müdigkeit bedingten Verkehrsunfälle ereignen.

Gibt es einen Beweis dafür, daß die Öffnung des Schlaftors mit einer gleichzeitigen Veränderung der Hirntätigkeit einhergeht? Jüngste Ergebnisse aus Harvard haben das vielleicht gerade bewiesen. In der Ausgabe der Zeitschrift *Science* vom 12. Januar 1996 berichtet ein Forscherteam unter der Leitung von Clifford Saper, daß man im Hypothalamus einer Ratte einen zentralen Schaltmechanismus für den Schlaf gefunden hat. Wenn der »Schalter« – eine winzige Gruppe von Nervenzellen im vorderen Hypothalamus – angestellt wird, werden alle an der Erregung beteiligten Hirnzellen abgeschaltet. Und umgekehrt: Wenn der Schalter abgestellt wird, erwacht das Gehirn. Dieser neu entdeckte Mechanismus ist jedoch nicht dafür verantwortlich, daß Menschen schläfrig werden und allmählich in den Schlaf hinübergleiten. Er funktioniert eher wie ein Phänomen des »Alles oder Nichts«. Verlockend ist der Gedanke, daß die Öffnung des Schlaftors, wie es das Muster 7/13 gezeigt hat, aus einer Veränderung der Aktivität des hypothalamischen Anschaltmechanismus resultiert. Genau zu diesem Zeitpunkt sinkt die Aktivierungsschwelle des Menschen – vielleicht unter dem Einfluß der Hirnschlafuhr – stark ab und ermöglicht somit einen schnellen und sanften Übergang vom Wachen zum Schlafen.

6. Von Sonnenuhren zu biologischen Uhren

An dieser Stelle, hoffe ich, ist der Leser überzeugt, daß der Schlafrhythmus von der Hirntätigkeit und nicht von äußeren Faktoren herrührt. Machen wir nun einen kurzen Umweg, um das neue und spannende Forschungsgebiet der Chronobiologie beziehungsweise die Lehre von den biologischen Rhythmen zu untersuchen, die in der zweiten Hälfte des 20. Jahrunderts entwickelt wurde.

Jemand, der in eine Welt hineingeboren wird, in der sich Tag und Nacht alle 24 Stunden abwechseln, kann sich andere Lebensformen nur schwerlich vorstellen. Wenn sich die Erde nicht um ihre eigene Achse drehen würde, wäre eine Seite in der Tat stets hell, während es auf der anderen dunkel bliebe. Zweifelsohne gäbe es dann unermeßliche Unterschiede zwischen denen, die im Licht, und jenen, die im Dunkeln lebten, und auch die Erschaffung zweier Tierreiche wäre eine Folge davon: Lebewesen des Lichts und Lebewesen der Dunkelheit. Keines könnte in der Umwelt des anderen existieren.

Die Umdrehung der Erde verurteilt alle Bewohner des Planeten zu einem ewigen Wechsel von Licht und Dunkel. Während des Evolutionsprozesses entwickelten sich drei Formen der Anpassung an die Erdumdrehung: die der nachtaktiven Tiere, deren Aktivität mit dem Sonnenuntergang beginnt, die der am Tag aktiven Tiere, die bei Sonnenaufgang erwachen, und die der Tiere, die zweimal am Tag aktiv sind, um die Zeit des Sonnenaufgangs und des Sonnenuntergangs.

Blinder Gehorsam gegenüber den Umweltbedingungen gefährdet Leben. Wenn das Sonnenlicht im Winter zum Beispiel tagelang nicht durch die Wolken dringen kann und das Signal für den Beginn der Tagesaktivität ausbleibt, laufen die am Tag aktiven Tiere Gefahr zu verhungern. Um sich von dieser völligen Abhängigkeit von der für unsere Umwelt typischen Erdumdrehung freizumachen, entwickelten sich im Laufe des Evolutionsprozesses endogene biologische Uhren. Hier handelt es sich um Neuromechanismen, die in der Lage sind, die Zeit zu messen und dem Organismus den Beginn und das Ende seiner Aktivität periodisch anzuzeigen. Biologische Uhren gestatten es dem Organismus, das Richtige zur richtigen Zeit mit großer Flexibilität zu tun. Sie erfüllen auch andere Funktionen, die eine enge Koordinierung mit der Außenwelt erfordern. Biologische Uhren spielen eine aktive Rolle beim Navigationsmechanismus der Zugvögel sowie bei der Art und Weise, wie Tiere die Länge des Tages messen, um die beste Zeit für die Paarung bestimmen zu können.

In Anbetracht all dieser Tatsachen ist es recht erstaunlich, daß es so lange gedauert hat, bis die Bedeutung biologischer Uhren erkannt wurde. Die Ärzte der Antike waren sich der Existenz zyklischer Veränderungen sowohl im gesunden als auch im kranken Körper des Menschen wohl bewußt. Sie suchten in den Bewegungen der Himmelskörper eine Erklärung für diese Periodizität. Hippokrates, der Vater der griechischen Medizin, folgerte daraus, daß ein Arzt erst dann Patienten behandeln dürfe, wenn er seine Vertrautheit mit den Bewegungen der Planeten unter Beweis gestellt habe, denn »das Auf- und Untergehen der Gestirne ist von großer Wirkung auf die Krankheit«.

Obwohl das erste wissenschaftliche Experiment, welches offenbarte, daß die Ursprünge der biologischen Zyklen innerlich und nicht äußerlich sind, aus dem 18. Jahrhundert stammt, wurde seine Bedeutung erst über 200 Jahre später erkannt. Im Jahr 1728 berichtete der französische Astronom Jean de Mairan vor der Königlichen Akademie der Wissenschaften in Paris von einem Experiment, das er zu den Bewegungen der Blätter der Mimose, einer Pflanze, die ihre Blätter am Tag öffnet und in der Nacht schließt, angestellt hatte. De Mairan stellte seine Pflanze in einen vollkommen verdunkelten Raum und bemerkte, daß sie ihre Blätter weiterhin öffnete und schloß, als ob sie noch immer dem Wechsel von Licht und Dunkel ausgesetzt sei, und bewies somit zum ersten Mal den zirkadianen Zyklus. In seinem Bericht versuchte de Mairan, einen Zusammenhang zwischen dieser Erscheinung und dem Schlaf von Patienten herzustellen, die über längere Zeit ans Bett gefesselt waren und weiterhin in einem regelmäßigen Rhythmus schliefen und erwachten, aber seine Hypothese hinterließ keinen großen Eindruck. Mehr als 30 Jahre vergingen, ehe ein weiterer Wissenschaftler de Mairans Experiment zu wiederholen versuchte, und der unwiderlegbare

Beweis, daß der Ursprung für den Rhythmus der Blattbewegung in der Pflanze selbst lag, wurde über ein Jahrhundert später erbracht. Bei diesem Experiment, das unter Bedingungen vollkommener Dunkelheit stattfand, öffnete die Pflanze ihre Blätter jeden Tag zwei oder drei Stunden früher und wies einen Zyklus von weniger als 24 Stunden aus. Sie werden sich erinnern, daß sich der Schlaf-Wach-Rhythmus bei Menschen unter Bedingungen der Isolation auf 25 und manchmal sogar auf mehr Stunden verlängert. Obwohl das Interesse an den biologischen Rhythmen nicht völlig erlahmte, waren diese Experimente, deren Resultate in staubigen Archiven schlummerten, nur wenigen bekannt.

Bis zum 20. Jahrhundert waren Ärzte so ziemlich die einzigen, die überhaupt Interesse an biologischen Rhythmen zeigten. Sie versuchten, eine Erklärung dafür zu finden, warum mehrere Krankheiten eine merkwürdige Tendenz zu einem zyklischen Auftreten aufwiesen, zumal diese Zyklen manchmal überraschend präzise waren. Doch die meisten Ärzte gaben sich mit der Schilderung der Symptome zufrieden und versuchten nicht, deren Ursprung zu ergründen. Die ersten, die den Ursprung von biologischen Rhythmen untersuchten, waren Forscher, die systematisch verschiedene physiologische Funktionen maßen, die im Laufe eines Zeitraums von 24 Stunden auftraten. Jemand, der zum Beispiel die Funktion der Niere untersucht, müßte in Betracht ziehen, daß sich das Urinvolumen vom Morgen bis zum Abend ständig und unabhängig von der Flüssigkeitsmenge verändert, die in diesen Zeiten aufgenommen wird. Eines der ersten Bücher über die Wunder der biologischen Uhr wurde im 19. Jahrhundert von einem englischen Arzt veröffentlicht, der Apparate zur Messung des Urins und seiner Bestandteile sowie der Bestandteile der ausgeatmeten Luft entwickelte. Derselbe Arzt, Edward Smith, zählte zu den ersten, die kontrollierte Experimente durchführten, um in Erfahrung zu bringen, wie biologische Uhren funktionieren, da er ihnen erhebliche Bedeutung für die Steuerung physiologischer Prozesse beimaß.

Wie wir in Kapitel 5 gesehen haben, gestand Jürgen Aschoff, der vielleicht mehr als irgendein anderer Forscher zur Untersuchung der Funktionsweise der für die Steuerung des Schlafens und Wachens verantwortlichen biologischen Uhr beigetragen hat, daß er sich eher unfreiwillig mit deren Untersuchung befaßt hatte. Erst nachdem ihm klar geworden war, daß während des Tages starke Schwankungen in der Körpertemperatur auftreten, das heißt Schwankungen, die sich nicht durch Veränderungen in den Umwelt- oder Versuchsbedingungen erklären lassen, begann er, ihnen Beachtung zu schenken.

Die Zahl der an biologischen Uhren arbeitenden Forscher hat sich im Laufe der Jahre ständig erhöht, und heute treffen wir sie überall auf der Welt an. Außerdem widmen sich drei wissenschaftliche Zeitschriften ausschließlich den biologischen Rhythmen.

Die Forschung hat uns gezeigt, daß der Körper über multiple Systeme verfügt, die zyklisch funktionieren. Die Zyklen schwanken stark in ihrer Dauer: das Herz, dessen Zyklus in Sekunden gemessen wird; der REM-Schlaf-Zyklus, der etwa 90 Minuten andauert; der zirkadiane Tageszyklus sowie die Monats- und Jahreszyklen, die das Reproduktionsverhalten steuern.

Die Körpertemperatur und die Schlafuhr

Obwohl die Dauer des Zyklus vieler Rhythmen annähernd gleich ist, läßt das nicht unbedingt auf die Existenz eines einzigen Mechanismus schließen. Selbst wenn zwei Rhythmen, die die gleiche Periodizität haben, anscheinend synchron verlaufen, bedeutet das nicht, daß sie von einer einzigen »Uhr« gesteuert werden. In einer natürlichen Umwelt werden alle »Zeiger« der Uhr von den geophysikalischen Zyklen beeinflußt. Um die wahren und charakteristischen Merkmale der Uhren studieren zu können, muß der Organismus von den äußeren Hinweisen auf die Uhrzeit isoliert werden. Das Verhältnis zwischen den Schlaf-Wach-Rhythmen sowie denen der Körpertemperatur kann als wesentliches Beispiel in dieser Hinsicht dienen.

Der erste, der die Körpertemperatur für medizinische Zwecke maß, war der im 16. Jahrhundert lebende venezianische Arzt Sanctorius Sanctorius, der das erste bekannte Thermometer erfand, indem er eine Röhre mit einer Glaskugel verband, die Flüssigkeit enthielt. Als die Kugel dem Patienten in die Hand gegeben oder in den Mund gesteckt wurde, stieg die Flüssigkeit in der Röhre an und gestattete dem Arzt somit die Beobachtung jeglicher Veränderungen der Körpertemperatur. Obwohl der

Arzt jetzt in der Lage war, die Chancen seines Patienten auf Genesung abzuschätzen, ging die eigentliche Bedeutung der Veränderungen der Körpertemperatur nicht über die allgemeingültige Krankheitsauffassung der damaligen Zeit hinaus: ein gestörtes Gleichgewicht zwischen den vier Körperflüssigkeiten, die den menschlichen Körper ausmachen.

Der Bruch mit der griechischen Medizin veränderte die Sicht auf die Messung der Körpertemperatur. Die Vorstellung, daß jede Krankheit ihre eigene Körpertemperatur hat, wich einer Betrachtungsweise, wonach die Körpertemperatur ein allgemeines Anzeichen für Krankheiten war. Uns liegen keine zuverlässigen Informationen darüber vor, wer als erster feststellte, daß die Körpertemperatur gesunder Menschen nicht konstant ist, sondern sich im Laufe des Tages ständig verändert. Jedoch gilt es als fast sicher, daß die Entdeckung in die Zeit fällt, in der Thermometer zum ersten Mal für medizinische Zwecke eingesetzt wurden. Die ersten im 19. Jahrhundert veröffentlichten Bücher, die sich mit der Temperaturmessung für medizinische Zwecke befaßten, enthalten klare Hinweise auf die Tatsache, daß die Körpertemperatur am Nachmittag oder am frühen Abend ihren Höhepunkt erreicht und dann kurz vor dem Erwachen in den frühen Morgenstunden auf ihren niedrigsten Punkt abfällt. Der Unterschied zwischen dem höchsten und dem niedrigsten Wert kann einen ganzen Grad betragen (37,4° bis 36,4 °C), obgleich die Schwankung in den meisten Fällen nicht über einen halben Grad hinausgeht. Veränderungen im täglichen Rhythmus der Körpertemperatur rühren nicht von Veränderungen in der Umgebungstemperatur während des Übergangs vom Tag zur Nacht oder von der Betätigung der Muskeln während des Tages her. Der Rhythmus setzt sich selbst dann fort, wenn eine Person in derselben Stellung verharrt, wenn ihr über eine längere Zeit Schlaf entzogen wird oder wenn sie fastet.

Manchmal stellt man mit Erstaunen fest, wie tief die Meinung verwurzelt ist, daß eine Veränderung der Körpertemperatur ausschließlich die Folge einer Krankheit sei. Im Laufe meiner Vorlesungen über den Rhythmus der Körpertemperatur vor Medizinstudenten bin ich häufig auf Skepsis und sogar völligen Unglauben gestoßen. Ich bat sogar eine Klasse, ihre Körpertemperatur alle zwei Stunden während eines ganzen Tages zu messen, einfach deshalb, weil mehrere Studenten nicht von den Ergebnissen überzeugt waren, die ich ihnen vorgestellt hatte.

Was geschieht mit dem Rhythmus der Körpertemperatur in einer zeitfreien Umgebung? Zur großen Freude der frühen Forscher paßten sich die Veränderungen im Rhythmus der Körpertemperatur sehr eng an die Veränderungen im Schlaf-Wach-Rhythmus an. Die Periodizität des Körpertemperaturzyklus verlängerte sich genau in demselben Maß wie der Schlaf-Wach-Rhythmus, und das ließ auf die Möglichkeit schließen, daß eine einzige biologische Uhr für beide Rhythmen verantwortlich war. Neben der Verlängerung des Zyklus war auch eine Veränderung in der Koordinierung zwischen beiden zu verzeichnen. Menschen, die in einer natürlichen Umwelt leben, gehen schlafen, wenn die Kurve ihrer Tageskörpertemperatur zu sinken beginnt, aber noch einige Stunden von ihrem Tiefstwert entfernt ist, der in den frühen Morgenstunden gegen 4 oder 5 Uhr, kurz vor dem Erwachen, eintritt. Unter Bedingungen der Isolation kommt es zu einer Veränderung im Tagestiefstwert: Er bewegt sich zum Anfang des Schlafes hin, und eine Versuchsperson entscheidet sich dann für den Schlaf, wenn ihre Körpertemperatur ihren niedrigsten Tageswert erreicht hat. Einige Wissenschaftler betrachteten das als eine logische Erklärung für die Veränderung, die im Schlafrhythmus der Versuchsperson eingetreten war. Irgendwie spürte die Versuchsperson das Absinken ihrer Körpertemperatur, und das war ein inneres Signal für die Wahl der Schlafenszeit.

Wissenschaftliche Theorien, so logisch sie auch sein mögen, werden aufgestellt, um widerlegt werden zu können. In dem Maß, wie man Meßwerte über das Schlafen und Wachen und die Rhythmen der Körpertemperatur unter Bedingungen der Isolation sammelte, wurde klar, daß eine einzige Uhr unmöglich beide Rhythmen steuern konnte. In Zeiten der Isolation, die länger als zwei oder drei Wochen andauerte, trennten sich die beiden Rhythmen, wobei jeder seine eigene Periodizität beibehielt. Es war unmöglich, die Zeit der Trennung vorherzusagen. Würde sie wenige Tage oder erst Wochen nach dem Beginn der Isolation eintreten? Und dennoch war es ganz einfach, anhand der Ergebnisse der Trennung eine Regelmäßigkeit festzustellen.

In jedem Fall der Trennung verlängerte sich die Periodizität des Schlaf-Wach-Rhythmus im Vergleich zur Periodizität des

Zyklus vor der Trennung – zum Beispiel von 26 auf 27 Stunden –, während sich die Periodizität des Körpertemperaturzyklus von 26 auf 24,5 oder 25 Stunden verkürzte. Diese Ergebnisse veranlaßten Richard Kronauer, einen Mathematiker aus Harvard, und den Chronobiologen Charles Czeisler zu der Annahme, daß zwei verschiedene biologische Uhren das Schlafen und Wachen sowie die Körpertemperatur steuerten. In einer natürlichen Umgebung hatten beide eine Periodizität von 24 Stunden, und beide waren auf die natürlichen Bedingungen von Licht und Dunkel abgestimmt; auch in der Anfangsphase der Isolation waren sie koordiniert, so daß sich ihr gemeinsamer Zyklus näher an die Periodizität des Körpertemperaturzyklus anlehnte und der Schlaf stets einsetzte, wenn die Körpertemperatur ihren Tiefstpunkt erreicht hatte. In einem späteren Stadium der Isolationszeit trennten sie sich, und dann nahm jeder seine eigene Periodizität an.

Später entdeckte man, daß jede der Uhren für eine zusätzliche Anzahl von Systemen verantwortlich ist. Die für die Körpertemperatur zuständige Uhr überwacht die Sekretion des Hormons Kortisol, die Ausscheidung von Kalium aus den Nieren und das Erscheinen des REM-Schlafes, während die Schlafuhr für die Sekretion des Wachstumshormons verantwortlich ist. Wie vorher bereits erwähnt, wird das Wachstumshormon im ersten Teil der Nacht abgesondert und Kortisol im zweiten Teil. Da in der Anfangsphase der Isolation die Dauer des gemeinsamen Zyklus stärker an den Zyklus der Körpertemperatur angelehnt ist, nannten Kronauer und Czeisler die biologische Uhr, die die Körpertemperatur steuert, »den starken Oszillator«, und die, die das Schlafen und Wachen steuert, wurde als »der schwache Oszillator« bezeichnet.

Das Trainieren der inneren Uhr

Die elementaren charakteristischen Merkmale der menschlichen Schlaf-Wach-Uhr und der Aktivität-Ruhe-Uhr bei Tieren (deren zyklische Periodizität ebenfalls von den 24 Stunden abweicht) erfordern eine tägliche Anpassung der Periodizität des Zyklus, um ihn auf den geophysikalischen Tag abstimmen zu können. Wie vollzieht sich diese Anpassung?

Der wichtigste Umweltfaktor, der die Funktion der biologischen Uhren beeinflußt, ist der Wechsel von Tag und Nacht beziehungsweise von Licht und Dunkel. Die Bedeutung des Lichts ist so groß, daß sich die biologische Uhr, die für den Aktivität-Ruhe-Zyklus verantwortlich ist, bei niederen Tieren im Auge selbst befindet. Bei Vögeln, deren biologische Uhr sich vom Auge in das Gehirn verlagert hat, enthält die Uhr lichtempfindliche Nervenzellen, und es ist anzunehmen, daß diese aus der Zeit überlebt haben, als das Auge die Funktion der biologischen Uhr erfüllte. Säugetiere besitzen eine besondere Nervenbahn zur Übertragung von Umweltlicht-Informationen von der Netzhaut zur biologischen Uhr, die sich im Bereich des Hypothalamus befindet. Diese Nervenbahn ist von der Bahn abgetrennt, auf der Informationen von der Netzhaut zur Sehrinde übertragen werden.

Das Licht ist daher von größter Bedeutung für das Trainieren der inneren Uhren. Bei nachtaktiven Tieren kann der Aktivität-Ruhe-Rhythmus zum Beispiel antrainiert werden, damit er sich dem 24-Stunden-Zyklus anpaßt, indem die Tiere kurzen Lichtblitzen von besonders niedriger Intensität ausgesetzt werden. Ein extremes Beispiel dafür liefern Fledermäuse, deren biologische Uhr so trainiert werden kann, daß sie sich durch einen einzigen Lichtblitz, dem sie in vorherbestimmten Abständen für weniger als eine Tausendstelsekunde ausgesetzt werden, an einen vom 24-Stunden-Tag abweichenden Zyklus anpassen!

Im Gegensatz zu den Ergebnissen über den Einfluß des Lichts auf die biologischen Uhren von Tieren haben die ersten Untersuchungen an Menschen gezeigt, daß ihre biologische Uhr nicht lichtempfindlich war. Wenn Menschen unter Bedingungen der Isolation durch das An- und Ausschalten von Tischlampen dem Wechsel von Licht und Dunkel ausgesetzt wurden, blieb das ohne Auswirkung auf ihre Schlaf-Wach-Uhr. Die Forscher schlossen daraus, daß, anders als bei Tieren, bei Menschen die bedeutendsten Faktoren für das Antrainieren der inneren Uhren sozialer Natur seien. Erst in den letzten Jahren hat man erkannt, daß das ein Trugschluß war, denn die biologischen Uhren von Menschen reagieren genauso auf Licht wie die von Tieren; der einzige Unterschied besteht in der dafür notwendigen Lichtstärke. Man stellte fest, daß eine viel höhere Lichtstärke erforderlich war, um den Rhythmus der biologischen Uhr des Menschen beeinflussen zu können.

Diese Entdeckung wurde erst gemacht, nachdem klar war, daß Melatonin, ein besonderes Hormon, das in der Zirbeldrüse tief im Gehirn produziert wird, als Vermittler zwischen dem Licht und den biologischen Uhren fungiert.

Die Zirbeldrüse und das Dunkelheitshormon

Die Geschichte von der Untersuchung der Zirbeldrüse und des von ihr produzierten Hormons, des Melatonin, ist außerordentlich. Bis Mitte des 20. Jahrhunderts waren sich die Forscher allein in der Tatsache einig, daß die menschliche Zirbeldrüse zu einer frühen Verkalkung neigt und somit als Bezugspunkt bei Röntgenaufnahmen des Schädels herangezogen werden kann. Da die Zirbeldrüse die einzige Drüse ist, die zwischen den beiden Gehirnhemisphären liegt, glaubte der französische Philosoph René Descartes, daß sie der Sitz des »rationalen Verstandes« sei. Man war der Ansicht, daß die Zirbeldrüse ein evolutionärer Atavismus aus einem früheren Entwicklungsstadium sei, doch damit gab sich Mark Altschule, ein Doktor aus Harvard, nicht zufrieden, und er beschloß, die wissenschaftliche Literatur über die Drüse systematisch zu studieren. Nach Durchsicht von mehr als 1 800 Beiträgen in zwölf Sprachen wurde ihm klar, daß die Zirbeldrüse eindeutig mit mindestens drei Prozessen in Verbindung steht: mit der Genitalfunktion der Eierstöcke bei Frauen und der Hoden bei Männern; der Aufhellung der Hautpigmentierung bei Tieren und einer möglichen Steuerung der Hirntätigkeit. Altschule und sein Kollege Julian Kitay veröffentlichten ihre Ergebnisse in einem Buch, das eine Wende im Stellenwert der Zirbeldrüse einleitete.

Zeitgleich mit Altschules Arbeit – jedoch völlig ohne Bezug zu ihr – stieß der Dermatologe Aaron Lerner von der Yale-Universität, der sich für die die Hautpigmentierung beeinflussenden Faktoren interessierte, zufällig auf einen wissenschaftlichen Beitrag über die Wirkungen von Zirbeldrüsenextrakt auf die Hautpigmentierung von Fröschen und beschloß daraufhin, dessen aktive Substanz zu isolieren. Im Jahr 1956 gelang es ihm, die Substanz aus etwa 250 000 Drüsen zu isolieren, die er Melatonin nannte, da sie von dem Neurotransmitter Serotonin abgeleitet ist und Einfluß auf das Melanin in der Haut hat.

Mark Altschules Buch und Lerners Entdeckung des Melatonin bildeten bald die Grundlage der modernen Zirbeldrüsenforschung, und später jagte eine Entdeckung die andere. Nach einer Reihe von Jahren standen die Zirbeldrüse und das Melatonin im Mittelpunkt des Interesses von Forschern aus vielen unterschiedlichen Gebieten.

Es schien, als sei die Zirbeldrüse der Umwandler, der aufgrund der Produktion von Melatonin Veränderungen von Licht und Dunkel in physiologische und hormonelle Veränderungen im Körper übertrug. Da das Hormon in der Dunkelheit produziert und seine Produktion mit dem Anbruch des Tageslichts eingestellt wird, zeigt der Melatoninspiegel die Anzahl der Tages- und Nachtstunden im Blutstrom an. Während der langen Winternächte ist der Melatoninspiegel im Blut hoch, in den kurzen Sommernächten hingegen niedrig. Somit sind wir eher in der Lage, den Zusammenhang zwischen der Zirbeldrüse und den Geschlechtsorganen zu verstehen, da ein hoher Melatoninspiegel die geschlechtliche Entwicklung verzögert. Während der Wintermonate, wenn die Tage kurz sind und viele wildlebende Tiere einen Großteil ihrer Zeit in der Dunkelheit verbringen, ist der Melatoninspiegel im Blutstrom sehr hoch, und gleichzeitig ist dann die geschlechtliche Entwicklung gehemmt. Sobald die Tage im Frühling und im Sommer wieder länger werden und die Umweltbedingungen der Fortpflanzung förderlich sind, sinkt der Melatoninspiegel allmählich ab, die Geschlechtsorgane werden funktionsfähig, und die Zeit der Paarung und des Brütens setzt ein. Das alte Sprichwort »Im Frühling kreist die Phantasie eines jungen Mannes nur zu leicht um die Liebe« hat also eine solide physiologische und hormonelle Grundlage. Daher überrascht es nicht, daß Tiere in den Polargebieten, die für die extrem unterschiedliche Dauer ihrer Sommer- und Wintertage bekannt sind, eine besonders große Zirbeldrüse haben.

Laborversuche haben gezeigt, daß Tiere durch Veränderungen in der Beleuchtung ihres Käfigs getäuscht werden können. Je nachdem, wie sie dem Licht ausgesetzt sind, verhalten sie sich, als wäre es »Winter« oder »Sommer«. Seit Jahren greifen Geflügelzüchter, die ihre Hühnerställe in der Nacht beleuchten, um die Eierproduktion zu steigern, zu dieser List und führen so ihre Tiere hinters Licht.

Die Wirkung des Melatonin auf die Hautpigmentierung steht

ebenfalls mit der ganzen Skala der physiologischen Veränderungen in Verbindung, die das Sexualverhalten von Tieren begleiten. Während der Paarungszeit verändern viele Tiere die Farbe ihrer Haut oder ihres Fells, um ihre sexuelle Anziehungskraft zu erhöhen.

Angesichts der evolutionären Bedeutung des Lichts hatte es den Anschein, als verhielten sich Menschen aufgrund ihrer mangelnden Lichtempfindlichkeit ungewöhnlich. Einige versuchten, dieses Phänomen dem menschlichen Sexualverhalten zuzuschreiben, das weder von den Jahreszeiten noch von der Länge des Tages beeinflußt wird. Der Durchbruch kam mit der Entdeckung, daß die Melatoninproduktion bei Menschen unterdrückt wird, wenn sie besonders hellem Licht ausgesetzt sind.

Al Lewy, ein Psychiater des Staatlichen Gesundheitsdienstes der Vereinigten Staaten und zur Zeit in Portland, Oregon, tätig, untersuchte die Auswirkungen des Lichts auf den Melatoninspiegel von Menschen, die im Laufe der Nacht Licht von unterschiedlicher Stärke ausgesetzt waren. Seine Ergebnisse zeigten, daß Licht eine Unterdrückung der Melatoninproduktion bei Menschen zur Folge hat, aber die erforderliche Lichtstärke war in der Tat viel höher als die, die für die Unterdrückung der Melatoninproduktion bei Tieren benötigt wurde.

Die Beleuchtungsstärke wird in einer Einheit gemessen, die man Lux nennt. Im Laufe eines normalen Tages sind wir stark schwankenden Lichtstärken ausgesetzt. Die Stärke des Tageslichtes beträgt zum Beispiel einige hunderttausend Lux, während die Leselampe auf unserem Nachttisch höchstens 100 Lux hat. Unser visuelles System verfügt über besondere Sensoren für das Sehen bei hohen wie auch bei niedrigen Lichtstärken, und es funktioniert unter beiden Bedingungen gut. Doch die Zirbeldrüse kann das schwache Licht überhaupt nicht »sehen«, und die für die Unterdrückung der Melatoninproduktion erforderliche Mindestlichtstärke beträgt 2 500 Lux. Ein Licht dieser Stärke können wir an einem klaren Tag mehrere Minuten nach Sonnenaufgang einen Meter vor unserem Schlafzimmerfenster messen.

Lewys Ergebnisse zeigten auch, daß die Einwirkung von 2 500 Lux oder mehr nicht nur die Melatoninproduktion unterdrückt, sondern auch die biologische Uhr des Menschen verändert. Die Einwirkung von hellem Licht am Abend zögert den Tiefstwert der Tageskörpertemperatur hinaus, der in den frühen Morgenstunden eintritt, und damit die Schlafenszeit. Wir werden sehen, daß man mit Hilfe von hellem Licht nichtangepaßte biologische Uhren, die die Ursache für Schlafstörungen und Schlaflosigkeit sind, neu einstellen kann.

Besteht also ein Zusammenhang zwischen der Sekretion von Melatonin und der Steuerung des menschlichen Schlaf-Wach-Rhythmus? Es gibt einen gewissen Beweis dafür. In einer Studie, die wir an einer Schule für blinde Kinder in Jerusalem durchgeführt haben, untersuchten wir den Zusammenhang zwischen der täglichen Sekretion von Melatonin und Schlafstörungen bei blinden Jugendlichen. Wir stellten fest, daß die Jungen und Mädchen, die unter Schlafstörungen litten, ebenfalls ein anormales Melatoninsekretionsmuster aufwiesen; der Höhepunkt der Melatoninsekretion erfolgte nicht in der Nacht – wie bei Sehenden –, sondern während des Tages. Der Schlafrhythmus eines der Jungen, der unter schweren Schlafstörungen litt und mit Melatonin behandelt wurde, verbesserte sich so sehr, daß er nicht mehr wiederzuerkennen war.

Später erbrachte Orna Tzischinsky, eine Doktorandin aus meinem Labor, den Beweis, daß das Öffnen des Schlaftors in der Nacht bei normal sehenden jungen Erwachsenen wahrscheinlich durch den nächtlichen Anstieg der Melatoninsekretion herbeigeführt wird. Außerdem konnte man mit exogenen Melatoningaben am frühen Abend die Öffnung des Tors auf frühere Zeitpunkte vorverlegen. Diese Versuchsergebnisse lassen darauf schließen, daß die Sekretion von Melatonin eine viel größere Rolle in der Regulierung des Schlafes spielen kann, als vorher angenommen wurde.

Zusammenfassend können wir sagen, daß die inneren Uhren des Menschen durch soziale Faktoren und den durch die Umwelt bedingten Wechsel von Licht und Dunkel beeinflußt und mit ihnen koordiniert werden. Jeden Tag stellt sich die innere Uhr in Übereinstimmung mit der Außenwelt neu ein. Werden die inneren Uhren hellem Licht ausgesetzt, kann ihr Verhalten verändert werden; eine Einwirkung von Licht am Abend verzögert sowohl die Schlafenszeit als auch den Tiefstwert im täglichen Rhythmus der Körpertemperatur. Die Einwirkung von hellem Licht am Morgen hat ein entgegengesetztes Resultat zur

Folge, sie verlegt die Schlafenszeit und den Tiefstwert im täglichen Rhythmus der Körpertemperatur nach vorn. Auf diese Art
und Weise hält der Licht-Dunkel-Zyklus seine Kontrolle über
die endogene biologische Uhr aufrecht.

7. Träume – Geschöpfe des Gehirns

Seit Anbeginn der Geschichte beschäftigt sich die Menschheit mit dem Ursprung und der Bedeutung der Träume. Primitive Gesellschaften begriffen ihre Träume als einen Teil ihres Lebens. Wenn ein nordamerikanischer Indianer im Traum von einer Schlange gebissen worden war, behandelte er den Schlangenbiß unmittelbar nach dem Erwachen selbst. Einige Stämme glaubten, die Träume entsprängen der Seele, die den Körper während des Schlafes verläßt, um durch die Welt zu wandern, und mit dem Erwachen des Schläfers ihre Rückkehr ankündigt. Daher war es verboten, einen Schläfer unvermittelt zu wecken, da es sein konnte, daß die Seele noch nicht in seinen Körper zurückgekehrt war. In den alten Religionen, von den Sumerern und Babyloniern bis zu den Griechen, galten Träume als Kommunikationsmittel zwischen Göttern und Sterblichen. Träume waren ein Hilfsmittel für Weissagungen und das Verstehen der Absichten und Wünsche der Götter. Ein verzweifelter Saul beklagte sich beim Propheten Samuel mit den Worten: »Und Gott ist von mir gewichen und antwortet mir nicht, weder durch Propheten noch durch Träume.« (1 Samuel 28 : 15).

Aus allen Teilen des Nahen Ostens begaben sich Menschen auf Pilgerfahrten zu besonderen rituellen Stätten, von denen die Tempel in Delphi in Griechenland und Memphis in Ägypten die berühmtesten waren, um dort zu träumen. Die Pilger schliefen in den Tempelbezirken in der Hoffnung, daß die Götter oder die Seelen der Verstorbenen in ihren Träumen erscheinen würden. Am Morgen deutete die Hohepriesterin die Träume und gab den Träumern Anweisungen für ihr künftiges Handeln. Später glaubten die Menschen, daß Träume von den Wirkungen physischer oder äußerer Reize auf das schlafende Gehirn herrührten, und maßen daher den Träumen einen diagnostischen Wert in bezug auf den körperlichen Zustand des Träumers bei. Das Interesse an Träumen nahm vor allem im 19. Jahrhundert zu, als man den Traum als Verbindungsglied zwischen dem normalen Gedankengang und den Halluzinationen des Geistesgestörten und Geisteskranken zu betrachten begann. Zweifelsohne erreichte das Interesse an Träumen seinen Höhepunkt, nachdem Freud den Träumen in seiner Theorie von der Psychoanalyse grundsätzliche Bedeutung zugeschrieben hatte. In seinem 1900 veröffentlichten Buch *Die Traumdeutung* behauptete Freud, daß Träume »der Königsweg zum Wissen um die unbewußten Aktivitäten des Geistes seien«.

Die Popularität und die Bedeutung der Träume im 20. Jahrhundert gehen ebenfalls in hohem Maß auf Freud und die Psychoanalyse zurück. Der Patient, der auf der Couch des Psychiaters liegt und seine Träume erzählt, ist heute Gegenstand zahlloser Witze und Karikaturen, aber Freud zufolge reicht es nicht aus, den Traum einfach zu erzählen, da der Bericht des Patienten den latenten Inhalt des Traums in der Tat verschleiert oder tarnt, und dieser kann nur durch die Psychoanalyse aufgedeckt werden.

Der REM-Schlaf – ein Fenster in die Welt der Träume

Die Entdeckung des REM-Schlafes durch Aserinsky und Kleitman im Jahr 1953 in Verbindung mit der Tatsache, daß beim Erwachen aus diesem Schlafstadium ein klarer und eingehender Bericht über einen Traum gegeben werden kann, gestattete es den Forschern zum ersten Mal, den Augenblick des »Traums« zu ermitteln. Man kann sich ohne weiteres die Aufregung vorstellen, die alle an Träumen Interessierten packte, als klar wurde, daß Träume nicht zufällig die ganze Nacht über auftauchen, sondern in einem ganz bestimmten und leicht erkennbaren Schlafstadium. Die Entdeckung des REM-Schlafes brachte die Psychiater und Psychologen viel näher an die Ursprünge des Traums selbst, und so überraschte es kaum, daß vor allem die an Träumen interessierten Schlafforscher in ihre Labors eilten, um die Vorgänge während des REM-Schlafes zu untersuchen. Sie mußten sich nicht mehr auf das Gedächtnis ihrer Patienten verlassen, um etwas über deren Träume zu erfahren; wenn sie sie zur richtigen Zeit weckten, konnten sie die Träume aus erster Hand hören.

Die Methode war äußerst einfach: Der Forscher mußte lediglich die ganze Nacht über die Apparate überwachen, die die

Hirnstromkurven, die Augenbewegungen und den Muskeltonus der Versuchsperson aufzeichneten. Genau dann, wenn das Aufzeichnungsblatt die charakteristische Konfiguration des REM-Schlafes auswies, mußte der Forscher den Patienten wecken. Wie wir bereits gesehen haben, ist diese Konfiguration leicht zu erkennen und kaum zu verwechseln. Einige Minuten nach dem Eintreten des REM-Schlafes öffnete der Forscher die Tür zum Schlafzimmer, rief die Versuchsperson ruhig bei ihrem Namen und fragte sie nach dem Erwachen: »Haben Sie etwas geträumt?« Erst einige Jahre später wurde diese Frage aus Gründen, die bald klar und deutlich wurden, abgeändert in: »Ging Ihnen etwas durch den Kopf?« Und in der Tat war dieses Warten auf den Beginn des REM-Schlafes für gewöhnlich nicht umsonst. In 80 bis 85 Prozent der Fälle konnten die Versuchspersonen, die aus dem REM-Schlaf erwachten, klar und ausführlich über ihre Träume berichten.

Wenn Träume also während des REM-Schlafes erscheinen, warum können wir uns dann nicht jedesmal an sie erinnern, wenn wir aus diesem Schlafstadium erwachen? Obwohl die Handlung des Traums in einem leicht zugänglichen Gedächtnisspeicher abgelegt wird, verbleibt sie nach dem Erwachen der Versuchsperson aus dem REM-Schlaf nur für sehr kurze Zeit dort. Wenn wir die Aufmerksamkeit der Versuchsperson von der Handlung eines Traums ablenken oder die Schilderung ihres Traums hinauszögern, schließen sich die »Gedächtnisspeicher«, so daß sich die Spuren des Traums verwischen. Daher erwachen Menschen in vielen Fällen mit dem deutlichen Gefühl aus dem Schlaf, daß sie geträumt haben, können sich aber an nichts erinnern. Das erklärt auch, warum man sich leichter an Träume erinnern kann, wenn man jäh aus dem Schlaf gerissen wird. Wenn Menschen allmählich wach werden und dieser Prozeß einige Minuten dauert, kann ihre Aufmerksamkeit in andere Bahnen gelenkt werden, so daß die Handlung des Traums verblaßt.

In den 60er Jahren ging es bei den meisten Untersuchungen in den Schlaflabors um das geplante Erwachen aus dem REM-Schlaf, da man Traumberichte erhalten wollte. Als sich jedoch immer mehr Material über Träume angesammelt hatte, wurde klar, daß sich die Laborträume stark von denen unterschieden, die während einer Behandlung auf der Couch des Psychiaters geschildert wurden. Die Laborträume waren viel kürzer, weniger »seltsam« und inhaltsärmer als die Träume, von denen die psychologische und psychiatrische Literatur zu berichten wußte. Die meisten handelten von Alltagsdingen, und wenige enthielten merkwürdige Details, die vom normalen Denken während des Wachzustands abwichen. Das Bild, das sich anhand des Inhalts der Träume bot, zeigte, daß die meisten auf denselben Abbildern und Ereignissen beruhten, denen wir in unserem Alltag begegnen. Menschen träumen von den Themen und Gegenständen, die ihnen am Herzen liegen: Anwälte träumen von Gerichtssälen, Richtern und Verbrechern; Ärzte träumen von Operationssälen, Krankenhausgängen und weißgekleideten Schwestern; Studenten träumen von Vorlesungen und Prüfungen. Daher überrascht die Feststellung nicht, daß diejenigen, die von hochwichtigen nationalen und globalen Angelegenheiten träumen, in der Regel Politiker sind! Der bekannte amerikanische Schlafforscher Fred Snyder faßte seine reichen Erfahrungen in einer Studie über den Inhalt der Träume folgendermaßen zusammen: »Unsere Ergebnisse über die Inhalte von Träumen zeigen, daß sie ein wahres Spiegelbild unseres Lebens im Wachzustand sind.«

Einige erklärten dieses Phänomen mit der angewandten Befragungsmethode. Die Tatsache, daß der Schläfer mitten aus dem REM-Schlaf geweckt werden muß, um den Traum nicht zu verpassen, erinnert an einen Kinofilm, den man bis zur Mitte und nicht bis zum Ende sieht. Andere erklärten es so: Der Traum, an den man sich spontan erinnert, ist in der Regel der letzte einer Nacht, und wahrscheinlich ist er im Vergleich zu denen am Anfang der Nacht außergewöhnlich.

Gibt es dann einen Unterschied zwischen den Traumberichten aus der frühen REM-Periode der Nacht und denen der späteren Perioden? Man hat tatsächlich festgestellt, daß sich im Laufe der Nacht eine Entwicklung im Wesen der Träume von einer Traumperiode zur nächsten vollzieht. Nach dem Erwachen aus der ersten Traumperiode ist der Bericht gewöhnlich kurz und handelt von der Gegenwart, und in den meisten Fällen fehlt es dem Traum an einer Handlung beziehungsweise an zentralen Charakteren. Wird jemand spät in der Nacht aus dem REM-Schlaf geweckt, sind die Berichte reicher an Einzelheiten und Handlungen. Traumberichte in den frühen Morgenstunden enthalten viele Details, zentrale Charaktere und Gefühlszustände spielen eine größere Rolle, und im Vergleich zu den Träumen aus der ersten Nachthälfte beschäftigen sie sich häufig stärker mit der frühen Kindheit des Träumers. An diese Träume in den letzten Stunden der Nacht vor dem Erwachen erinnert sich der Schläfer spontan.

Träume, Gedanken oder Halluzinationen?

Als Aserinsky und Kleitman zum ersten Mal schnelle Augenbewegungen während des Schlafes wahrnahmen, war es nur natürlich, daß sie annahmen, die Bewegungen stünden mit Träumen in Verbindung. Dement überprüfte diese Vermutung auf die einfachste und direkteste Art und Weise: Er weckte die Versuchspersonen, wenn sich ihre Augen bewegten, und fragte sie, ob sie geträumt hätten. Im Jahr 1957 veröffentlichten Dement und Kleitman den ersten Artikel, in dem sie den Zusammenhang zwischen schnellen Augenbewegungen und Träumen beschrieben. 152 von 191 Versuchspersonen, die aus dem REM-Schlaf erwacht waren, schilderten ihre Träume deutlich und detailliert. Wurden sie jedoch insgesamt 160mal aus anderen Schlafstadien geweckt, konnten sie nur elfmal von einem Traum berichten. Diese 80prozentige Erfolgsrate bei der Erinnerung an Träume während des REM-Schlafes wurde durch weitere Studien erhärtet. Man gelangte zu dem Schluß, daß Träume nur während des REM-Schlafes auftreten und daß es sich in anderen Schlafstadien bei der teilweisen Erinnerung an sie um Traumfragmente aus dem vorhergehenden REM-Schlaf handelt, die später in den angrenzenden Schlafstadien Gestalt annehmen.

Dieser These pflichteten nicht alle bei. Einige behaupteten, der offensichtliche Zusammenhang resultiere aus einem methodologischen Fehler. Wenn die Versuchspersonen aus anderen Schlafstadien erwachten, veranlaßten die Forscher sie unbewußt zu einer negativen Antwort auf die Frage: »Haben Sie geträumt?« Wenn Menschen aufwachen und ihnen diese Frage gestellt wird, werden ihre Antworten unter anderem davon abhängen, was sie sich unter dem Begriff *Traum* vorstellen. Obwohl die Annahme weitverbreitet ist, daß ein Traum eine Art kognitive Tätigkeit ist, die sich während des Schlafes vollzieht, kann die genaue Definition dieser Aktivität von Person zu Person stark abweichen. Da sind diejenigen, die jede kognitive Tätigkeit während des Schlafes – unabhängig von ihrem Inhalt – als Traum verstehen. Andere berichten nur dann von einem Traum, wenn die kognitive Tätigkeit Vorkommnisse einschließt, die von der Alltagsrealität abweichen. Es ist wahrscheinlich, daß Menschen, die aus anderen Schlafstadien als aus dem REM-Schlaf erwachen, es abstreiten, »geträumt« zu haben, da ihre Erlebnisse sich nicht in ihre Vorstellung von einem Traum einordnen lassen.

David Foulkes, der zuerst an der Universität Chicago und danach an der Universität Wyoming arbeitete, untersuchte diese Möglichkeit als erster wissenschaftlich. Er formulierte die den Versuchspersonen gestellten Fragen um; statt sie zu fragen: »Haben Sie geträumt?«, fragte er: »Ging Ihnen vor dem Erwachen etwas durch den Kopf?« Somit war die Antwort der Versuchsperson nicht auf Träume beschränkt. Im Vergleich zu den ersten Laboruntersuchungen, die auf die visuellen Träume beschränkt gewesen waren, kam es bei Foulkes' Untersuchungen und denen weiterer Forscher tatsächlich zu einem weit höheren Prozentsatz an Berichten nach dem Erwachen aus anderen Schlafstadien als aus dem REM-Schlaf. Als die Berichte über den REM-Schlaf mit denen über andere Schlafstadien verglichen wurden, zeigte sich, daß sie sich in ihrem Wesen stark unterschieden. Versuchspersonen, die aus einem anderen Schlaf als dem REM-Schlaf erwachten, schilderten in den meisten Fällen ihre Gedanken beziehungsweise Fragmente von Gedanken oder Ideen. Dagegen zeichneten sich die Berichte über den REM-Schlaf in der Regel durch die Entwicklung einer Handlung und ein Übermaß an Details und Gefühlen aus. Ein Student zum Beispiel, der einige Nächte im Schlaflabor des Technion verbrachte, erklärte nach dem Erwachen aus dem Schlafstadium 2 am Anfang der Nacht: »Mir ging die Mathematikprüfung von gestern durch den Kopf.« Ein vollkommen identisches Thema erschien in der Schilderung eines anderen Studenten, der aus seinem dritten REM-Schlaf erwachte: »Ich träumte, daß ich im Ullman-Gebäude saß und Mathematik studierte. Ich kannte den Dozenten, aber ich war nicht in der Lage, irgend jemanden sonst in meiner Umgebung zu identifizieren. Mein Taschenrechner lag auf dem Tisch, und in dem Moment, als Sie mich weckten, versuchte ich gerade aus irgendeinem Grund, ihn mit Mayonnaise und Ketchup zu bestreichen.«

Die Tatsache, daß die Versuchspersonen, die aus anderen

Schlafstadien als dem REM-Schlaf erwachten, in den meisten Fällen etwas berichten konnten, wurde von einigen Forschern als Beweis dafür gewertet, daß der Bewußtseinsstrom niemals abreißt. Das Gehirn ist in allen Stadien des Schlafens und Wachens kognitiv tätig. Der Grund, warum die Berichte nach dem Erwachen aus dem REM-Schlaf reicher an Details und Handlungen sind als die Berichte nach dem Erwachen aus dem Stadium 2, so behaupteten sie, ist darin zu suchen, daß die Wiedergewinnung der kognitiven Tätigkeiten von der kortikalen Erregung abhängig ist. Höhere Erregungsebenen, wie im REM-Schlaf, werden mit der Schilderung von mehr Details in Verbindung gebracht.

Eine weitere Form der kognitiven Tätigkeit, die mit dem Übergangsschlaf oder dem Schlafstadium 1 verknüpft ist, nennt man »hypnagogische Halluzinationen« oder auch Einschlafhalluzinationen. Während des Einschlafprozesses, der allmählich verläuft und mehrere Minuten andauert, vollzieht sich eine große Veränderung im Denkprozeß. Der konzentrierte Gedanke, der im Wachzustand vorherrscht, wird immer mehr zu einem assoziativen und weniger scharfen Gedanken, bis er schließlich bildhaft wird. Die Bilder können schnell wechseln und von Thema zu Thema springen. In vielen Fällen besteht eine deutliche Kontinuität zwischen den letzten sensorischen Eindrücken unmittelbar vor dem Einschlafen und dem Inhalt der Einschlafhalluzinationen. Wie wir sehen werden, können diese Halluzinationen durch Anwendung äußerer Stimuli verändert werden.

Die Ursprünge von Träumen

Aus welchen Quellen werden die Träume gespeist? Hat das geplante Aufwecken aus dem REM-Schlaf unser Wissen über den Stoff, aus dem die Träume sind, vorangebracht? Freud behauptete, daß der Traum von den Rückständen des Tages genährt wird, denselben unbedeutenden Informationsbruchstücken, die im Laufe des Tages beinahe unabsichtlich aufgenommen wurden. Werden also die Ereignisse des vergangenen Tages in den Träumen der darauffolgenden Nacht erscheinen? Nicht immer. Der erste Forscher, der diese Erscheinung bemerkte, war der berühmte französische Neurophysiologe Michel Jouvet. Jouvet, der während des Zweiten Weltkrieges in der französischen Ré-

Michel Jouvet

sistance gekämpft hatte, studierte in Lyon Medizin. Er spezialisierte sich auf dem Gebiet der Chirurgie, arbeitete eine Zeitlang als Neurochirurg und führte später bei Labortieren chirurgische Eingriffe mit erstaunlicher Präzision aus, um deren Schlafmechanismen untersuchen zu können. Im Jahr 1991 verlieh ihm das Technion die Ehrendoktorwürde in Anerkennung seiner Leistungen bei der Untersuchung der neurophysiologischen Mechanismen, die den Schlaf steuern. Jahrelang hat Jouvet seine eigenen Träume jeden Morgen wahrheitsgetreu aufgezeichnet. Bisher hat er mehr als 2 500 gesammelt. Viele werden sich fragen, wie es möglich ist, so viele Träume aufzuzeichnen, ohne von den Diensten eines Schlaflabors Gebrauch zu machen, aber es ist erwiesen, daß die Merkfähigkeit durch Autosuggestion und eine sehr starke Willenskraft gesteigert werden kann. Diejenigen, die sich um jeden Preis an ihre Träume erinnern wollen und das »beschließen«, können auf eine hohe Erfolgsquote verweisen.

Als Jouvet seine Träume zu analysieren begann, beobachtete er, daß die Ereignisse, die in seinen Traumgeschichten erschienen, gewöhnlich mit dem Vortag oder mit einer Begebenheit aus der Woche zuvor in Verbindung standen. Diese Regelmäßigkeit trat besonders deutlich zutage, wenn Jouvet ins Ausland reiste. Als gefragter Dozent fliegt er durch die ganze Welt von einem wissenschaftlichen Kongreß zum anderen, und als er seine Träume während seiner Reisen analysierte, bemerkte er, daß die Erlebnisse in den neuen Städten in der Regel nicht sofort in den Träumen erschienen, sondern erst eine Woche nach der Ankunft an seinem Reiseziel. Wenn er zum Beispiel in die Vereinigten Staaten geflogen war, träumte er in der ersten Woche weiter von Themen, die mit Lyon und Frankreich im Zusammenhang standen, und erst danach begann er, von Ereignissen in seiner neuen Umgebung zu träumen.

Jouvets Beobachtungen bestätigten sich später in zwei weiteren Studien, in die er eine große Gruppe von Versuchspersonen einbezogen hatte. In beiden Studien stellte sich heraus, daß die Träume ihre Nahrung nicht allein aus den Ereignissen des Vortags bezogen, sondern auch aus Vorfällen, die sechs bis acht Tage zurücklagen. Der Golfkrieg und die Scud-Raketen-Angriffe auf Israel boten mir eine einmalige Gelegenheit, Jouvets Beobachtungen von der verzögerten Aufnahme der Tagesereignisse in die Traumgeschichten indirekt zu überprüfen.

Während des Krieges unterrichtete ich 70 Studenten in einem Kurs an der Medizinischen Fakultät des Technion. Unmittelbar nachdem die ersten Raketen in Tel Aviv und Haifa eingeschlagen hatten, bat ich die Studenten, einen Fragebogen über die Qualität ihres Schlafes auszufüllen und ihre Träume während der ersten Kriegswoche zu schildern. Trotz der Tatsache, daß erst zwei oder drei Tage seit dem ersten Raketenangriff auf Israel vergangen waren, handelten nur wenige der geschilderten Träume vom Krieg. In der fünften Kriegswoche wurde der Fragebogen erneut an die Studenten ausgegeben, und dann hatten fast die Hälfte der geschilderten Träume den Krieg direkt oder indirekt zum Thema. Interessant ist die Feststellung, daß sich der Inhalt der Träume auch hier auf die Themen jener Tage konzentrierte, die die Menschen am meisten beunruhigten. Infolge der Drohungen des irakischen Präsidenten Saddam Hussein war die Gasmaske zu einem festen Bestandteil der Grundausrüstung der Israelis geworden, und eine ihrer größten Ängste während des Krieges war es, ihre Maske während eines Raketenangriffs nicht bei sich zu haben. Und in der Tat war die Gasmaske das Thema, von dem die Träume während des Golfkrieges am häufigsten handelten. Ein Beispiel sei hier genannt: »Ich träumte, daß ich mich gerade duschte, als Fliegeralarm ausgelöst wurde. Ich rannte tropfnaß aus der Dusche, konnte mich aber nicht entscheiden, ob ich mich zuerst abtrocknen oder meine Gasmaske aufsetzen sollte.« Ich hatte einen ähnlichen Traum während des Krieges. Ich fuhr in einem Bus, und meine Gasmaske lag neben mir auf dem Fußboden. Als ich ausstieg, bemerkte ich, daß ich sie im Bus liegengelassen hatte, und in dem Augenblick, als ich dem Bus hinterherzulaufen begann, kündigte die Sirene plötzlich Fliegeralarm an.

Es gibt keine überzeugende Erklärung dafür, warum die Erlebnisse des Tages mit der beschriebenen Verzögerung in die Traumgeschichten aufgenommen werden. Auch wissen wir nicht, ob der Prozeß selektiv ist – anders gesagt, ob die »Traummaschine« die Gedächtnisspeicher absucht und die Informationen auswählt, aus denen sich der Traum aufbaut, oder ob der Grund für die Verzögerung in einer besonderen Speicherbank zu suchen ist, die nur im Abstand von einigen Tagen aktualisiert wird und aus der dann Einzelheiten für den Traum ausgewählt werden. Es ist zum Beispiel möglich, daß sich einige unserer Träume auf dieselben Hintergrunderinnerungen stützen, ganz ähnlich wie im Theater, wo ein Teil der Bühnenrequisiten fest montiert ist und während der gesamten Vorstellung an seinem Platz bleibt, obwohl die Szenen und die Schauspieler wechseln. Um diese Fragen zu klären, wird noch viel Forschungsarbeit erforderlich sein.

Der Traum von den Schafen

Bei allem vorher Gesagten gibt es natürlich immer Ausnahmen. In diesen Fällen erscheinen Erlebnisse und Informationen aus den letzten Augenblicken vor dem Einschlafen in den Träumen der jeweiligen Nacht. Ich möchte erwähnen, daß diese Erlebnisse in vielen Fällen aus dem Schlaf der ersten Nacht im Schlaflabor resultieren. Der Schlaf im Labor ist kein alltägliches Erlebnis, das sich mit dem Schlaf außerhalb der eigenen vier Wände, etwa in einem Hotel oder in einem Sommerlager, vergleichen läßt. Während die Personen durch die an Kopf und Gesicht befestigten Elektroden mit den Aufzeichnungsapparaten verbunden sind, legen sie sich mit dem ausdrücklichen Wissen schlafen, daß im Nebenraum eine Gruppe ungeduldiger Forscher auf die ersten Anzeichen des REM-Schlafes wartet, um sie dann zu wecken. Diese Bedingungen werden in der Regel von einer gewissen Ängstlichkeit und Besorgnis begleitet, vor allem während der ersten Nacht im Labor. Und wenn dann die Versuchsperson in der ersten Nacht aus dem REM-Schlaf geweckt wird, stellen wir für gewöhnlich tatsächlich fest, daß ein kleiner Teil des »Erlebnisses im Schlaflabor« seinen Weg in die Traumgeschichte gefunden hat. Es kann zum Beispiel sein, daß die Versuchsperson von Elektroden oder Aufzeichnungsapparaten träumt oder im Traum sogar mit den Forschern spricht. Ebenso kommen Themen vor, die mit dem Labor im Zusammenhang stehen, oder andere Versuche, die mit den Schlafversuchen assoziiert werden. Wie die folgende Geschichte zeigt, sind selbst die Forscher häufig von den Traumgeschichten überrascht.

Vor einigen Jahren bereiteten wir ein Fernsehprogramm über Träume und den REM-Schlaf vor, in dem wir den Verlauf des Schlafes beschreiben wollten, wie er auf den Aufzeichnungsapparaten im Labor zu sehen ist; weiter wollten wir das Erwachen einer Versuchsperson aus dem REM-Schlaf dokumentieren, um einen Live-Bericht über einen Traum vor der Kamera zu geben. Für die Filmaufnahmen machte sich das Fernsehteam mit seiner gesamten Ausrüstung für den nächtlichen Aufenthalt im Schlaflabor bereit. Z. N., einer unserer rangältesten Schlaftechniker, meldete sich freiwillig als Versuchskaninchen, und die Kamera verfolgte seine Vorbereitungen auf die Untersuchung im Labor. Der Interviewer leitete das Programm mit einigen Fragen ein, wie zum Beispiel: »Werden Sie im Labor einschlafen können?« »Wovon werden Sie träumen?« »Beunruhigt Sie der Test?« Zur großen Freude des Interviewers gab Z. N. auf alle Fragen eine witzige Antwort und versicherte ihm, daß er »bis zum Morgen Schafe zählen« werde, falls er nicht einschlafen könne.

Als die Vorbereitungen abgeschlossen waren, folgte die Kamera Z. N. in das Schlafzimmer. An der Wand des Korridors, der zum Schlafzimmer führte, hing ein großes Bild des bekannten israelischen Künstlers Menashe Kadishman mit dem Titel *Rosarote Schafe*. Während Z. N. an dem Bild vorbeilief, machte er die scherzhafte Bemerkung, daß die Schafe, die er vor dem Einschlafen zählen würde, wahrscheinlich auch rosafarben wären. Zum Glück für das Fernsehteam, das keine Ahnung hatte, daß Schlafforschung normalerweise mit vielen Stunden Warten einhergeht, brauchte Z. N. keine Schafe zu zählen und schlief sofort ein. Wie erwartet, setzte der erste REM-Schlaf nach etwa 90 Minuten ein, und mit der Fernsehkamera auf den Fersen näherten wir uns dem Bett von Z. N., um seinen Traumbericht für die Nachwelt aufzuzeichnen. Er erwachte mühelos, blickte überrascht in die ihn umgebenden fremden Gesichter und in die Fernsehkameras und erzählte uns, daß wir ihn mitten aus einem Traum gerissen hätten, in dem er gerade einen Patienten im Notaufnahmeraum des Krankenhauses untersucht hatte. An dieser Stelle der Geschichte zögerte er einen Augenblick, kratzte sich am Kopf und fügte hinzu: »Der Patient war kein gewöhnlicher Patient. Es war ein weißes Schaf, das eine schwarze Fliege trug …, an mehr erinnere ich micht nicht.« Nachdem ich das Schlafzimmer verlassen und den Korridor betreten hatte, wo Kadishmans rosafarbene Schafe von ihrem Platz an der Wand auf mich herabblickten, wurde mir der Ursprung des Traums bewußt. Zu dieser Zeit stand Z. N. kurz vor dem Abschluß seines Medizinstudiums, und in seinem Traum fanden sich die Schafe wieder, über die wir in den wenigen Augenblicken gesprochen hatten, ehe er sich im Laborraum schlafen legte, wo er im letzten Monat viele Stunden im Rahmen seines Studiums verbracht hatte. Den Zusatz mit der schwarzen Fliege, die das Schaf um den Hals trug, schrieb ich Z. N.s ausgeprägtem Sinn für Humor zu. Selbstverständlich konnte ich die Zuschauer nur mit größter Mühe davon überzeugen, daß der Traum von Z. N. vollkommen authentisch und keine ausgeklügelte »Schiebung« war.

Warum finden Ereignisse im Schlaflabor so schnell ihren Weg in die Traumgeschichte? Und warum müssen andere Ereignisse eine Woche lang warten, bis sie an die Reihe kommen? Eine mögliche Antwort mag im Unterschied zwischen spontan erinnerten Träumen und den Träumen nach einem planmäßigen Erwachen aus dem REM-Schlaf im Labor begründet liegen. Träume, an die man sich spontan erinnert, tauchen in der Regel während des letzten REM-Schlafes der Nacht auf, und wie ich bereits erklärt habe, handeln die letzten Träume der Nacht von der fernen Vergangenheit des Träumers, so daß die Chance gering ist, daß sie Alltagserfahrungen enthalten. Beim planmäßigen Erwachen im Labor kann man sich andererseits an Träume aus dem ersten REM-Schlaf der Nacht erinnern, also an Träume, die die augenblicklichen Erfahrungen des Träumers zum Inhalt haben. Nach dieser Erklärung findet bereits vorher eine Verzögerung statt, wo Alltagsereignisse mit Ereignissen aus der Vergangenheit des Träumers verschmelzen. Die ersten Träume, an die man sich am Morgen nicht erinnern kann, widerspiegeln im Gegensatz dazu die Vorkommnisse des Tages.

8. Alfred Maury und der Traum von der Guillotine

Die Nutzung elektrophysiologischer Aufzeichnungen zur Bestimmung des genauen Zeitpunkts des Traums machte den Weg für eine neue Untersuchungsmethode frei, die den Forschern half, den Prozeß der Traumbildung zu verstehen. Wie ich bereits erwähnt habe, glaubten Wissenschaftler in früheren Zeiten, daß Träume das Ergebnis sensorischer Eindrücke seien, die aus anderen Teilen des Körpers oder aus der Umwelt in das schlafende Gehirn eindrangen. In den meisten Fällen beruhte diese Behauptung auf eingehenden persönlichen Berichten. Manchmal dringt Lärm oder ein anderer Umweltreiz durch die Blockierungsmechanismen des Gehirns bis zum REM-Schlaf vor und verwebt sich meist assoziativ oder »in verkleideter Form« mit der Traumgeschichte. Jemand, der sich zum Beispiel an einen Traum von »einem schnell und mit lauter Sirene vorbeifahrenden Krankenwagen« erinnert, wird vielleicht feststellen, daß er vom schrillen Klingeln des Telefons geweckt wurde. Daher können uns Experimente über die Beeinflussung des Traums durch gesteuerte Reize während des REM-Schlafes vermutlich etwas über die Prozesse der Traumbildung sagen.

Einer der glühendsten Verfechter der Theorie, daß ein Zusammenhang zwischen physikalischen Reizen und Träumen besteht, war Alfred Maury, ein französischer Wissenschaftler des 19. Jahrhunderts. Maury hatte angefangen, Medizin zu studieren, und obwohl er sein Studium nicht abgeschlossen hatte, verkehrte er in medizinischen Gesellschaften Frankreichs und schrieb regelmäßig Beiträge für medizinische und wissenschaftliche Zeitschriften. Sein Hauptinteresse galt Träumen und ihrer Bedeutung. Maury war überzeugt, daß Träume einfach von physiologischen Veränderungen im Gehirn und im Nervensystem herrührten, nachdem diese während des Schlafes Eindrücke von den Sinnesorganen empfangen hatten. Seine Überzeugung vom Einfluß des Körpers auf das Gehirn während des Schlafes war durch nichts zu erschüttern. »Die Leute vergessen, daß der Geist ohne den Körper weder etwas begreifen noch empfinden kann, so wie der Körper das Essen ohne den Magen nicht verdauen kann«, argumentierte er.

Wie viele Wissenschaftler dieser Zeit führte Maury Experimente an sich selbst aus. Nach seinen eigenen Worten war er der ideale Traumforscher: »Sehr wenige Menschen träumen so schnell und so viel wie ich. Die Spuren der meisten meiner Träume bleiben über viele Monate hinweg deutlich ... gerade so wie zu der Zeit, als ich sie träumte.« Diese Qualitäten und die Liebe zur wissenschaftlichen Arbeit veranlaßten Maury um die Mitte des 19. Jahrhunderts zu einer Reihe von Experimenten, die in der Regel folgendermaßen abliefen: Er legte sich auf sein Bett oder setzte sich bequem in seinen Sessel und versuchte einzuschlafen. Sein Assistent weckte ihn stets unmittelbar nach dem Einschlafen, und Maury erstattete ihm dann an Ort und Stelle darüber Bericht, was ihm nach dem Einschlafen durch den Kopf gegangen war. Bei einigen Experimenten setzte der Assistent eine Reihe von Reizen ein – stimmliche Laute, Kitzeln mit einer Feder, oder er hielt eine Kerze unter Maurys Füße –, um zu untersuchen, welchen Einfluß die Reize auf den Inhalt des Traums hatten.

Einige dieser Reize verwandelten sich in Maurys Gehirn in amüsante Phantasien. Wenn sein Assistent ihm die Fußsohlen mit einer Kerze ansengte, schilderte er, wie ihn Räuber gefangengenommen und gefoltert hätten, damit er sein Geldversteck preisgäbe. Wurde ihm Parfüm dicht unter die Nase geträufelt, versetzte ihn das rasch in den Laden eines Kairoer Gewürzhändlers mit all seinen Farben und Gerüchen. Manchmal erlebte er exotische Abenteuer, die er nicht rekonstruieren konnte oder vielleicht auch nicht erzählen wollte!

Heute wissen wir, daß Maury nicht die Träume während des REM-Schlafes untersuchte, sondern hypnagogische Halluzinationen, Einschlafhalluzinationen, die eine bestimmte Ähnlichkeit mit Träumen aufweisen. Seine Berichte lehren uns, daß sensorische Eindrücke tatsächlich Einfluß auf Einschlafhalluzinationen nehmen können. Wie wir bald sehen werden, ist dieser Einfluß weit größer als jener, den sensorische Eindrücke auf den Traumprozeß haben. In seinem 1861 veröffentlichten Buch *Le sommeil et les rêves* (Schlaf und Träume) faßte Maury seine Beobachtungen zusammen: Die Träume seien lediglich eine Begleiterscheinung der sensorischen Eindrücke, die vor und während des

Schlafes aufgenommen wurden. Strikt wies Maury die Möglichkeit zurück, daß Träume überhaupt eine Bedeutung hätten. Seiner Meinung nach bestand die psychologische Bedeutung von Träumen allein in der Rekonstruktion von Eindrücken, die während des Schlafes aus der inneren oder äußeren Umwelt in den Geist eindrangen. Diese Eindrücke wurden mit der Kindheit oder anderen Erinnerungen assoziiert und schufen somit die Traumgeschichte.

Es ist durchaus möglich, daß Maurys Name niemals eine so große Bedeutung erlangt hätte, wenn da nicht ein besonderer Traum gewesen wäre, der jahrzehntelang die Meinungen über Träume und die Art ihrer Entstehung prägte: der Traum von der Guillotine.

Wir wissen nicht genau, wann sich dieser Traum ereignete, aber Maury sagte, er sei ihm erschienen, als er eine Nacht krank im Bett lag und von seiner Mutter gepflegt wurde. In diesem Traum sah sich Maury selbst in die Zeit der Schreckensherrschaft während der Französischen Revolution versetzt, »deren Symbol die Guillotine war«. Nachdem er zahlreiche Hinrichtungen miterlebt hatte, wurde er vor das Tribunal unter dem Vorsitz von Robespierre und Marat geladen, das ihn des Verrats schuldig sprach. Danach wurde er auf ein Podest zu den anderen Verurteilten geführt. Sein Kopf wurde auf die »Lünette« gelegt, und er sah, wie das Fallbeil heruntersauste und seinen Nacken traf. Er erwachte mit großem Schrecken und stellte fest, daß der Baldachin über seinem Bett heruntergefallen war und der Stab genau die Stelle seines Nackens getroffen hatte, an der das Fallbeil der Guillotine ihn getroffen hätte, wäre er tatsächlich enthauptet worden. Getreu seiner Überzeugung, daß der Traum seinen Ursprung in sensorischen Eindrücken hat, behauptete Maury, daß sich der ganze Traum von der Guillotine in der äußerst kurzen Zeit zwischen dem Schlag auf seinen Nacken und seinem angsterfüllten Erwachen ereignet hätte.

Es kann keinen Zweifel daran geben, daß Maurys Traum von dem herabfallenden Baldachin beeinflußt war, aber wir können mit derselben Gewißheit sagen, daß der Traum nicht dadurch hervorgerufen wurde. Sehr wahrscheinlich ist, daß der Schluß des Traums völlig anders verlaufen wäre, wenn der Baldachinstab nicht diese Stelle getroffen hätte. Der Traum von den Helden der Französischen Revolution und den Massenprozessen selbst, die meistens mit einer Enthauptung endeten, war höchstwahrscheinlich von Erlebnissen aus Maurys Kindheit und seiner Bewunderung für die Helden der Revolution beeinflußt. Sein Buch enthält auch Beschreibungen von anderen Träumen über die Französische Revolution, obgleich diese weit weniger dramatisch waren als der Traum von der Guillotine. Selbst Sigmund Freud erwähnt den Traum von der Guillotine in seiner *Traumdeutung*. Getreu seinen Vorstellungen von den Ursprüngen des Traums behauptete Freud, der Traum von der Guillotine brächte Maurys heimlichen Wunsch zum Ausdruck, einen Heldentod zu sterben als Ersatz für die Frustration, die er als gescheiterter Politiker erlebte.

Die Neutralität der Traummechanismen

Dank des Fensters, das mit der Entdeckung des physiologischen REM-Schlafes in die Welt des Traums aufgestoßen wurde, ist eine Rekonstruktion von Maurys Experimenten unter Anwendung eines gesteuerten Verfahrens möglich geworden, bei dem man die schlafende Versuchsperson genau zum Zeitpunkt des Traums bestimmten Reizen aussetzt. Viele Forscher versuchten, in den Verlauf des Traums einzugreifen; einige tröpfelten kaltes Wasser auf die Füße des Träumers, während andere Lärm machten und Musik spielten oder den Schläfer bei seinem Namen riefen. Einige klebten die Augenlider ihrer Versuchspersonen mit Heftpflaster fest, so daß diese mit geöffneten Augen schlafen mußten, um ihnen dann während des REM-Schlafes mit kurzen Lichtimpulsen in die Augen zu leuchten. Man stellte fest, daß die äußeren Reize bestenfalls einen partiellen oder sogar nur einen unwesentlichen Anteil an der Traumgeschichte hatten. Es gab keinen einzigen Fall, in dem die äußeren Reize das zentrale Thema des Traums ausmachten, und in vielen Fällen tauchte der Reiz überhaupt nicht im Traum auf. Die Enttäuschung über das Unvermögen, die Aufmerksamkeit des Träumers von der Erschaffung des Traums in sensorische Informationskanäle zu lenken, veranlaßte Allan Rechtschaffen, einen der bedeutendsten Schlafforscher unserer Zeit, den Prozeß der Traumbildung als »zielbewußten Prozeß« zu bezeichnen.

Die Möglichkeit, daß Reize, die im Körper selbst entstehen,

wesentlichen Einfluß auf die »Bearbeitung« der Träume haben könnten, wurde ebenfalls zurückgewiesen. Micha Gross, der von der Universität Zürich in mein Labor gekommen war, um seine Dissertation fertigzustellen, untersuchte diese Frage unter gesteuerten Bedingungen. Er analysierte die Träume von Patienten, die unter Schlafapnoen litten. Diese spezielle Schlafstörung, auf die ich im Kapitel 19 näher eingehen werde, ist durch Hunderte von Atemaussetzern gekennzeichnet, von denen jeder zwischen 20 und 40 Sekunden anhält. Es kann kein Zweifel daran bestehen, daß die Aussetzung des Atems in der Tat ein starker körperlicher Reiz ist, der schnell in das Gehirn vordringt. Während der Apnoe sinkt der Sauerstoffgehalt des Blutes ab, so daß sich drastische Veränderungen sowohl in der Herzfrequenz als auch des Blutdruckes vollziehen. Aufgrund dieser Veränderungen, die im Gehirn wahrgenommen werden, erwacht der Schläfer und entgeht somit einer Erstickung. Da die Schlafapnoe in jedem Schlafstadium, so auch während des REM-Schlafes, auftritt, untersuchten wir die Träume von Patienten, die an diesem Syndrom des Atemstillstands während des Schlafes litten, und nahmen an, daß ihre Traumgeschichten Einzelheiten über die Atemschwierigkeiten, Erstickungsgefühle oder die Furcht und Unruhe infolge dieser Belastung enthalten würden. Unsere Überraschung war nur mit Mühe zu beschreiben, als wir feststellten, daß nicht ein einziger Traum von den Hunderten an Schlafapnoen leidenden Patienten auch nur indirekt Details über Atemvorgänge und Erstickungen enthielt. Auch wurden keine bedeutsamen Träume mit ausgeprägten Angstzuständen aufgezeichnet. Das erhärtete Rechtschaffens Behauptung von der Zielgerichtetheit des Traumbildungsmechanismus während des Schlafes. Dieser Mechanismus ist fast vollständig von den für die sensorische Rezeption verantwortlichen Hirnbereichen isoliert.

Die Erinnerung an Träume –
und das Vergessen von Träumen

Es herrscht Übereinstimmung darüber, daß jemand, der aus dem REM-Schlaf erwacht, sich mit etwa 80prozentiger Sicherheit an seinen Traum erinnert. Dennoch hat nicht jeder Mensch dieselbe Fähigkeit, sich an Träume zu erinnern. Einige erlangen darin eine hohe Meisterschaft und erinnern sich jeden Morgen an ihre Träume, während andere davon überzeugt sind, daß sie überhaupt nicht geträumt haben, weil sie sich einfach monatelang nicht an einen einzigen Traum erinnern können.

Worin liegt die Ursache für diese unterschiedlichen Fähigkeiten von Menschen, sich an Träume zu erinnern? Wie wir gesehen haben, ist die Erinnerung an einen Traum vor allem von der Zeit des Erwachens aus dem Schlaf abhängig. Menschen, die dazu neigen, während des REM-Schlafes aufzuwachen, werden sich mit größerer Wahrscheinlichkeit an ihre Träume erinnern als die, die aus anderen Schlafstadien erwachen. Aber die Erinnerung an Träume hängt auch von der Tiefe des Schlafes ab. Diejenigen, die sehr tief schlafen, erinnern sich mit geringerer Wahrscheinlichkeit an ihre Träume als leichte Schläfer, und in diesem Zusammenhang ist zu bemerken, daß wir bei unserer Untersuchung der Träume von Schlafapnoe-Patienten festgestellt haben, daß sie sich eher an ihre Träume erinnerten, wenn sie wiederholt unter Apnoen litten als wenn sie nach einer erfolgreichen Behandlung ihres Leidens ungestört schliefen. Ihre Atmungsstörung hatte einen flachen Schlaf zur Folge, und aus diesem Schlaf konnten sie leichter erwachen als nach der Behandlung, als ihr Schlaf tiefer wurde und daher ihre Fähigkeit abnahm, sich an ihre Träume zu erinnern.

Das Erinnerungsvermögen wird nicht nur vom Zeitpunkt beeinflußt, an dem wir am Morgen erwachen, und von der Tiefe unseres Schlafes, sondern auch von unserem Wunsch und unserer Bereitschaft, uns an Träume zu erinnern. Menschen, die während einer psychologischen Behandlung über ihre Träume sprachen, fanden heraus, daß sie sich plötzlich besser an ihre Träume erinnern konnten. Teilnehmer an Untersuchungen, deren Träume gesammelt wurden, berichteten, daß ihre bloße Teilnahme an der Untersuchung ihr Erinnerungsvermögen erhöht hatte. Der beste Rat, den ich daher Menschen geben kann, die sich an ihre Träume erinnern wollen, ist, sich schlafen zu legen, nachdem sie sich fest dazu entschlossen haben! Sie sollten ein Notizbuch und einen Bleistift auf ihren Nachttisch legen, damit sie die Handlung ihres Traums unmittelbar nach dem Erwachen aufschreiben können, solange die Erinnerung noch frisch ist.

Die Fähigkeit, sich an einen Traum zu erinnern, steht auch

mit seinem Inhalt in Zusammenhang. Wir neigen dazu, uns besser an die Träume zu erinnern, in denen viel geschieht, die außergewöhnlich und sonderbar sind und sowohl unsere Interessen als auch unsere Gefühle ansprechen. Träume, die kurz, banal und ohne Gefühle sind, werden in der Regel schnell vergessen. Ebenso wie wir in der Lage sind, die Erinnerung an Träume zu fördern, können wir auch unterstützend auf ihr Vergessen einwirken. Durch Autosuggestion können Menschen, die unter unangenehmen Träumen und Alpdrücken leiden, die Erinnerung an ihre Träume abschwächen. Bei Menschen, die traumatische Erlebnisse hatten, können Träume so gründlich »ausgelöscht« werden, daß das Erinnerungsvermögen des Schläfers selbst nach dem Erwachen aus dem REM-Schlaf gedämpft ist.

Trauma und Träume

Der Begriff *posttraumatischer Traum* steht für eine besondere Art eines Traums, der meist schreckenerregend ist und in dem der Träumer zwanghaft zum Ort des Traumas zurückkehrt. Solche Träume sind bei Menschen weitverbreitet, die an einem kriegsbezogenen posttraumatischen Syndrom leiden – zum Beispiel frühere Kriegsgefangene oder Überlebende des Holocausts. Ein 55jähriger Überlebender des Holocausts aus Holland schilderte einen posttraumatischen Traum in meinem Labor, der sich mir tief ins Gedächtnis eingeprägt hat. Er verbrachte mehrere Nächte im Schlaflabor des Technion, so daß wir die Ursache für seine Schlafstörungen herausfinden konnten. Als der Techniker ihn aus dem REM-Schlaf weckte, um seinen Traum aufzuzeichnen, erzählte der Proband seinen Traum deutlich und ausführlich mit stockender, tränenerstickter Stimme. In seinem Traum rekonstruierte er eine wahre Begebenheit aus seinem Leben, die sich ereignet hatte, als er sechs Jahre alt war. Um ihn vor den Nazis zu retten, hatten ihn seine Eltern von einer christlichen Nachbarsfamilie adoptieren lassen, die daraufhin ihr Dorf fluchtartig verließ und in ein anderes, weit entferntes Dorf zog, wo niemand wußte, welcher Religion das Kind angehörte. Einige Wochen später lief der Junge die Dorfstraße entlang, als er zufällig einen Nachbarn aus seinem Heimatdorf traf, der wußte, daß er Jude war. Als ihm klar wurde, wen er getroffen hatte, erstarrte er kurz in Panik und floh umgehend in den nahen Wald, wo er sich mehrere Tage lang versteckt hielt. Er war überzeugt, daß der Nachbar den Nazis seinen Aufenthaltsort verraten würde. In den nächsten 40 Jahren erschienen ihm dieses Zusammentreffen mit dem Nachbarn und die Begegnung ihrer Blicke fast in jeder Nacht im Traum. Der Traum endete stets in dem Augenblick, in dem ihn der Nachbar ergreifen wollte, um ihn der Gestapo zu übergeben. Die Angst und der Schrecken in der Stimme des Probanden waren kaum zu beschreiben, als er seinen Traum schilderte. Nachdem er seine Geschichte zu Ende erzählt hatte, dankte er dem Techniker dafür, daß er ihn zur rechten Zeit geweckt hatte, denn »dieses Mal war er beinahe gefaßt worden«. Ähnliche Alpträume wurden von vielen Überlebenden des Holocausts unmittelbar nach dem Krieg geschildert, aber in einigen Fällen traten sie im Laufe der Jahre immer seltener auf.

Mehrere Jahre lang untersuchten wir zahlreiche Überlebende des Holocausts, die über Schlafstörungen klagten, im Schlaflabor des Technion, aber erst seit kurzer Zeit untersuchen wir ihre Träume systematisch. Es ist keineswegs einfach, die Erlebnisse und Erinnerungen derer zu erforschen, die durch die Hölle des Nazismus gegangen sind, denn viele von ihnen vermeiden es, selbst nahen Verwandten einen Einblick in diese Erlebnisse zu gewähren. Hannah Kaminer, eine klinische Psychologin, die solche Patienten im Rahmen ihrer Dissertation in meinem Labor befragte, war die ideale Person für eine derartige Untersuchung. Ihr gelang es, persönliche Beziehungen zu vielen Überlebenden aufzubauen, und dank ihres sensiblen Vorgehens erklärten diese sich einverstanden, mehrere Nächte im Labor zu verbringen, damit Hannah Kaminer ihre Träume untersuchen konnte. Einige von ihnen gestanden, daß sie sich zum ersten Mal seit dem Krieg bereit gefunden hatten, über ihre Erlebnisse in den Konzentrationslagern zu sprechen. Drei Gruppen von Freiwilligen nahmen an der Untersuchung teil: Eine bestand aus Überlebenden des Holocausts, denen die Anpassung an ein neues Leben nach dem Krieg gelungen war; die zweite setzte sich aus Überlebenden zusammen, die nach dem Krieg Schwierigkeiten im Familienleben, an ihrem Arbeitsplatz, in ihren sozialen Beziehungen und mit ihrer Gesundheit hatten; und die dritte umfaßte gebürtige Israelis des gleichen Alters wie die Überlebenden, die kein Trauma in der Vergangenheit erlitten hatten. Jeder

Teilnehmer verbrachte fünf Nächte im Labor, um dann über seine Träume zu berichten, und wir waren auf große Unterschiede in der Art der Träume innerhalb der drei Gruppen gefaßt. Daher war unsere Überraschung riesengroß, als wir die Ergebnisse auswerteten. Die Überlebenden des Holocausts, die sich gut an das Leben in Israel angepaßt hatten, erinnerten sich lediglich an 33 Prozent ihrer Träume, während die mit Anpassungsschwierigkeiten sich an etwa 55 Prozent ihrer Träume erinnerten. Die gebürtigen Israelis erinnerten sich, wie erwartet, an 78 Prozent. Der Prozentsatz der vergessenen Träume in der gut angepaßten Gruppe war sehr hoch. Während die gebürtigen Israelis sich immerhin erinnerten, tatsächlich geträumt zu haben, selbst wenn sie nicht in der Lage waren, ihren Traum nach dem Wecken aus dem REM-Schlaf zu schildern, wies die Gruppe der gut angepaßten Überlebenden die Möglichkeit heftig zurück, überhaupt geträumt zu haben. Dieses ungewöhnliche Ergebnis ist äußerst interessant, denn niemals zuvor wurde in einer Untersuchung ein so niedriger Prozentsatz von Traumberichten nach einem planmäßigen Erwachen aus dem REM-Schlaf registriert.

Es ist wichtig hervorzuheben, daß wir – abgesehen vom Vergessen der Träume – überhaupt keine Unterschiede im Aufbau und der Qualität des Schlafes zwischen den gut angepaßten Überlebenden und der Gruppe der gebürtigen Israelis festgestellt haben. Beide Gruppen wiesen genau denselben Umfang an REM-Schlaf auf. Die Überlebenden, die sich weniger gut angepaßt hatten, schliefen schlecht; sie hatten Schwierigkeiten beim Einschlafen, und ihr Schlaf war durch häufiges Erwachen gestört. Die Analyse der Trauminhalte verstärkte unseren Eindruck über den Traumprozeß, denn dieser wies grundsätzliche Unterschiede zwischen den zwei Gruppen der Überlebenden und den gebürtigen Israelis aus. Die wenigen von den gut angepaßten Überlebenden geschilderten Träume waren kurz, handelten von banalen Alltagsthemen und offenbarten keinerlei Gefühle. Die Überlebenden selbst nahmen sie nach dem Erwachen beinahe völlig gleichgültig auf. Die Hälfte der Träume, die von den schlecht angepaßten Überlebenden geschildert wurden, zeugten dagegen von Beklemmung; einige davon waren richtige Alpträume und betrafen häufig den Holocaust. Einer der Freiwilligen, ein Überlebender von Auschwitz, schilderte den folgenden

Traum nach dem Erwachen aus dem REM-Schlaf: »Ich stand auf der Rampe des Bahnhofs Auschwitz, als plötzlich Dr. Mengele [der Nazikriegsverbrecher] auftauchte und Leute nach links, zu den Leichenverbrennungsöfen, oder nach rechts, in die Zwangsarbeitslager, zu schicken begann. Ich wußte nicht, welchen Weg ich nehmen sollte, und begann, zwischen den zwei Gruppen hin- und herzurennen. Einer der Hunde der Gestapo-Wachen sprang mich an und wollte mich gerade beißen. In dem Augenblick weckten Sie mich.«

Das war eine lebensnahe Rekonstruktion von der Ankunft dieses betreffenden Überlebenden in Auschwitz. Wir kamen zu dem Schluß, daß das »Auslöschen« der Träume dem Wohl der gut angepaßten Überlebenden diente, da die traumatischen Erlebnisse aus ihrer Vergangenheit nicht an die Oberfläche dringen und somit auch ihren Schlaf nicht störten konnten. Während ihres Schlafes übernahm diese Gruppe die Strategie, die zahlreiche Überlebende über Jahre hinweg in den Stunden ihres Wachseins angewandt haben: jedes Gespräch über die Holocaust-Erlebnisse vermeiden. Das war nicht einfach. Viele Überlebende empfanden Schuld und Scham über ihre Unfähigkeit, mit anderen, selbst mit ihren engsten Verwandten, über ihre Holocaust-Erfahrungen zu sprechen. In vielen Familien war das Ausweichen vor jeglichen Gesprächen über die Vergangenheit ein schmerzlicher Zankapfel, vor allem bei der jüngeren Generation, die sich nicht damit abfinden wollte. Eines der ergreifendsten Ergebnisse der Veröffentlichung unserer Untersuchung waren die Briefe, die wir von Überlebenden des Holocausts erhielten. Sie dankten uns für die Untersuchung und meinten, die Ergebnisse hätten ihnen etwas von der Bürde der Schuld genommen, die sie angesichts ihrer Unfähigkeit empfanden, über ihre Qualen in den Lagern zu sprechen. Nachdem deutlich geworden war, daß sie mit dem erfolgreichen Unterdrücken ihrer Erinnerung an das Grauen – sowohl während des Wachzustands als auch während des Schlafes – den Weg gefunden hatten, der ihnen eine volle Anpassung an das Leben nach dem Holocaust verhieß, fühlten sie sich sehr viel besser. Diejenigen Überlebenden aber, denen es nicht gelungen war, ihre Erinnerung zu unterdrücken, hatten weniger Erfolg bei ihrer Anpassung. Diese Erklärung vom Auslöschen der Träume der gut angepaßten Überlebenden des Holocausts wurde von den konservativeren

Psychiatern und Psychologen überhaupt nicht begeistert aufgenommen, da sie der Meinung waren, der Traum und seine Deutung spielten eine zentrale Rolle bei der Behandlung des posttraumatischen Patienten. Die Möglichkeit, daß das Auslöschen traumatischer Erinnerungen und das Unterdrücken von Träumen den Überlebenden bei ihrer Anpassung helfen könnten, lief den Grundannahmen der konservativen Betrachtungsweise zuwider.

Yaron Dagan, ein klinischer Psychologe, führte in meinem Labor eine ähnliche Untersuchung wie die über die Auslöschung der Träume bei Überlebenden des Holocausts durch. Er untersuchte Menschen, die nach dem Krieg im Libanon im Jahr 1982 an einem kriegsbedingten posttraumatischen Syndrom litten. Im Gegensatz zu einer Gruppe gleichaltriger junger Freiwilliger, die sich an die meisten ihrer Träume erinnerten, konnten sich die posttraumatisch Geschädigten nur an etwa die Hälfte erinnern. Da die Tiefe des Schlafes Einfluß auf die Erinnerung an Träume hat, untersuchten wir auch dieses Phänomen bei den ehemaligen Kriegsteilnehmern. Die Ergebnisse zeigten, daß ihr Schlaf tatsächlich tiefer als der der gesunden Freiwilligen war. Das ist eine der möglichen Erklärungen für die geringe Zahl ihrer Träume. Während der Untersuchung stießen wir darauf, daß Milton Kramer, ein amerikanischer Schlafforscher, der sich ausführlich mit der Erforschung der Träume von traumatisierten Patienten befaßt hatte, von ähnlichen Erkenntnissen über den »tieferen Schlaf« von posttraumatischen Opfern des Vietnamkrieges berichtete. Jedoch waren diese Ergebnisse zu den Akten gelegt worden, da sie im Widerspruch zu den damaligen Erkenntnissen über Schlafstörungen unter posttraumatischen Bedingungen standen.

Der Tennis-Traum

Augenbewegungen, die zu den markanten Anzeichen für den Traumschlaf zählen, haben die Neugier vieler Forscher geweckt. Spielen Augenbewegungen während des Traumschlafes dieselbe Rolle, die sie während des Wachzustands spielen? Folgen die Augen der Handlung im Traum, oder besteht überhaupt kein Zusammenhang zwischen der Traumgeschichte und den

Augenbewegungen? Die Bedeutung der Augenbewegungen war am einfachsten und direktesten zu untersuchen, wenn man nach einer Verbindung zwischen der Traumgeschichte und der Richtung der Augenbewegungen suchte. Die Bewegungen des Augapfels werden durch Elektroden aufgezeichnet, die oberhalb und unterhalb sowie rechts und links der Augen befestigt werden, so daß es uns möglich ist, sowohl die vertikalen als auch die horizontalen Augenbewegungen zu verfolgen und zu untersuchen, ob sie mit der Handlung der Traumgeschichte in Verbindung stehen. Einige Untersuchungen stützen die Theorie des Zusammenhangs zwischen der Richtung der Augenbewegungen und der Traumgeschichte. Zuerst stellten wir fest, daß aktive Träume, die durch zahlreiche Ereignisse und ein hohes Maß an Aktivität gekennzeichnet waren, stärkere Augenbewegungen hervorriefen als passive Träume mit wenigen Aktivitäten. Zweitens fanden wir heraus, daß bei einigen Träumen die Richtung der Augenbewegungen entsprechend den Geschehnissen in den Träumen verfolgt werden kann.

Das mit Abstand überzeugendste Beispiel vom Zusammenhang zwischen den Augenbewegungen während des REM-Schlafes und der Traumgeschichte ist der »Pingpong«-Traum, der im Schlaflabor Stanford aufgezeichnet wurde und den William Dement in seinem Buch *Some Must Watch While Some Must Sleep* (Einige müssen wachen, während einige schlafen müssen) beschreibt. Dement führt das Beispiel von einer Serie von 26 Augenbewegungen von links nach rechts und von rechts nach links an, nach denen die Versuchsperson geweckt und gebeten wurde, ihren Traum zu schildern. Sie berichtete, daß sie gerade bei einem Tischtennisspiel zugeschaut hatte, und kurz vor dem Wecken hatte sie den Ball einige Sekunden lang von einer Seite zur anderen verfolgt. Ein ähnlicher Fall wurde im Schlaflabor des Technion aufgezeichnet. In einer unserer Untersuchungen bemerkten wir Augenbewegungen, die an Dements Pingpong-Konfiguration erinnerten. Obwohl wir nicht vorhatten, den Probanden zu wecken, konnten wir der Versuchung nicht widerstehen. Wir weckten ihn und fragten, wovon er geträumt hätte. Seine erste Antwort war sehr merkwürdig. Er hatte geträumt, daß er in einer bekannten israelischen Popgruppe Gitarre spielte. Er stand auf der Bühne, und die Show sollte beginnen. Er beschrieb den Saal und die anderen Mitglie-

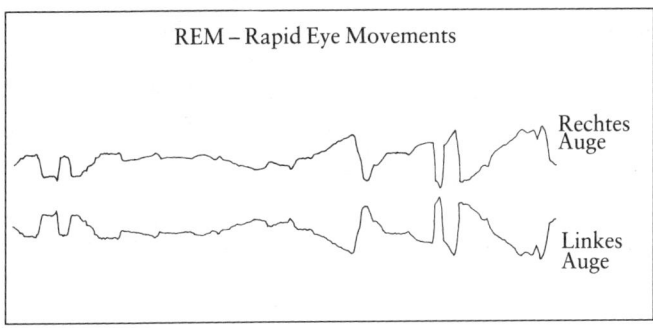

REM – Rapid Eye Movements

Rechtes
Auge

Linkes
Auge

Schnelle Augenbewegungen (Rapid Eye Movements) während des Traumschlafes

der der Gruppe. In diesem Augenblick schoß mir ein ketzerischer Gedanke durch den Kopf: Vielleicht gibt es trotz allem keinen Zusammenhang zwischen den Augenbewegungen und der Traumgeschichte? Aber dann fuhr der Proband mit seinem Bericht fort: »Gerade ehe Sie mich weckten, sah ich, daß es ein Problem gab. Ich verstand nicht, was geschehen war, aber sie fingen nicht zu spielen an, und da schaute ich immer wieder nach rechts und nach links zu den anderen Mitgliedern der Gruppe und wartete auf das Einsatzsignal, aber es kam nicht.« Die Konfiguration seiner Augenbewegungen während der letzten Sekunden vor seinem Erwachen stimmte also mit seinen Traum-Blicken nach links und nach rechts überein.

Trotz dieser zwei überzeugenden Beispiele müssen wir darauf hinweisen, daß es bei den meisten Aufzeichnungen von Augenbewegungen während des REM-Schlafes schwierig ist, eine Regelmäßigkeit oder eine eindeutige Richtung festzustellen. Das ist nicht ungewöhnlich, denn selbst im Wachzustand ist es schwer, eine Regelmäßigkeit in den Aufzeichnungen der Augenbewegungen festzustellen, außer wenn die Versuchsperson eine ganz bestimmte Tätigkeit verfolgt, wie ein Tennis- oder ein Tischtennisspiel.

Einen dritten Beweis über das Bestehen eines Zusammenhangs zwischen den Augenbewegungen und der Traumgeschichte liefern Schlafuntersuchungen von blinden Versuchspersonen. In den Träumen von Blinden, besonders bei denen,

115

die seit ihrer Geburt blind sind oder die ihr Augenlicht in ihrer Kindheit eingebüßt haben, finden sich keine Bilder oder Vorgänge. Ihre Träume sind durch Geräusche, Tastsinne und emotionale Erfahrungen bestimmt. Wenn wir den Schlaf von Blinden im Schlaflabor untersuchen, stellen wir fest, daß sich ihre Augen während ihres nicht-bildlichen Traumschlafes nicht bewegen. In einer Untersuchung im Schlaflabor des Technion erkannten wir eine Wechselbeziehung zwischen der Häufigkeit der Augenbewegungen während des Traumschlafes und der Anzahl der Jahre, seit denen die Versuchsperson blind ist: Je länger sie blind war, um so spärlicher waren ihre Augenbewegungen.

Während des Traumschlafes finden zwei Arten von Augenbewegungen statt: einzelne, isolierte Bewegungen und Bewegungsgruppen. Bei Blinden fehlen die Bewegungsgruppen, wogegen Einzelbewegungen während ihres Traumschlafes beobachtet werden können. Wir kamen daher zu dem Schluß, daß die zwei Arten von Augenbewegungen während des Traumschlafes möglicherweise eine unterschiedliche Rolle spielen. Während die Bewegungen, die in Gruppen auftauchen, tatsächlich mit den Traumbildern in Zusammenhang stehen, konnten bisher weder der Ursprung noch die Funktion der Einzelbewegungen ermittelt werden.

Eine der Vermutungen über die Rolle der Einzelaugenbewegungen lautet, daß sie mit dem Prozeß der Informationsrückgewinnung aus dem Datenspeicher des Gehirns in Verbindung stehen, um die Traumgeschichte aufbauen zu können. Der Zusammenhang zwischen den Augenbewegungen und dem Erinnerungsprozeß kann durch ein einfaches Experiment bewiesen werden. Wenn wir die Augen einer Versuchsperson beobachten, der eine Frage gestellt wird, bei der sie sich an ein Bild erinnern muß – zum Beispiel: »Wessen Bild befindet sich auf einer Fünfdollarnote?« –, können wir erkennen, daß der Erinnerungsprozeß von einer Augenbewegung begleitet wird. Die Versuchsperson bewegt ihre Augen, als ob sie die gewünschte Information irgendwo in der Ferne sucht. Daher ist es wahrscheinlich, daß zumindest einige Augenbewegungen während des Traumschlafes mit dem Prozeß der Informationsrückgewinnung oder der Verarbeitung dieser Informationen in Verbindung stehen, um den Traum aufbauen zu können.

Die Ergebnisse von zwei anthropologischen Studien über den REM-Schlaf von Naturvölkern erhärten einen möglichen Zusammenhang zwischen den Augenbewegungen während des REM-Schlafes und der Verarbeitung von Informationen. Zwei kühne Forscher stellten Untersuchungen über die Schlafkonfigurationen von senegalesischen und indonesischen Stämmen an, deren Lebensstil sich seit Tausenden von Jahren nicht verändert hat. Der einzige Unterschied, den sie zwischen den Schlafmerkmalen der Bewohner der westlichen Welt und denen der zwei Stämme bemerkten, war der andersgeartete Aufbau der Augenbewegungen während des REM-Schlafes. Die Angehörigen beider Stämme wiesen weniger Augenbewegungen während des Traumschlafes auf. Die beiden Forscher, Michel Jouvet und Olga Petre Quadens, eine belgische Neurologin, kamen zu demselben Schluß: Augenbewegungen während des Traumschlafes sind unter anderem ein Ausdruck für die Verarbeitung der Informationen, die während des Tages aufgenommen wurden und in der Nacht vom Traumbildungsmechanismus wiedergewonnen werden. Da die Angehörigen primitiver Stämme nicht der Flut von Informationen und Reizen ausgesetzt sind wie die Bewohner der modernen westlichen Welt, findet während ihres Schlafes nur eine sehr geringe Informationsverarbeitung dieser Art statt. Wie wir noch sehen werden, deuten Experimente an Tieren auf einen Zusammenhang zwischen dem physiologischen »Traumschlaf« und der Informationsverarbeitung sowie der Konsolidierung von Erinnerungsspuren im Gehirn hin.

9. Träumen – eine besondere Wirklichkeit

Ich kann meine Abhandlung über Träume nicht abschließen, ohne ein Thema zu erwähnen, das fast immer angesprochen wird, wenn ich einen Vortrag halte. Der Frage geht in der Regel eine persönliche Geschichte voraus, die etwa so lautet: »Einmal träumte ich, daß mein Bruder eine Auslandsreise machte. Auf dieser Reise hatte er einen Verkehrsunfall, bei dem er sich mehrere Kopfverletzungen zuzog. Zwei Wochen später bewahrheitete sich mein Traum in allen Einzlheiten.« Der Erzähler der Geschichte fügt meist noch mehr Details hinzu – zum Beispiel, daß das Auto im Traum dasselbe wie das während des tatsächlichen Unfalls war.

Ein weiteres Beispiel für diese Art persönlicher Geschichten ist: »Ich hatte ein Problem an meinem Arbeitsplatz, über das ich mir ziemlich lange den Kopf zerbrach. Als ich jedoch an einem Morgen erwachte, hatte ich die Lösung für das Problem gefunden; sie war mir im Traum erschienen.«

Im Laufe meiner Vorträge habe ich Traumgeschichten über Todesfälle, Krankheiten, gefundenes Geld, wissenschaftliche Entdeckungen, geplante Reisen, Hochzeiten und Scheidungen gehört, die sich den Erzählern der Geschichten zufolge alle bewahrheitet oder die ihnen zumindest einen Hinweis für die Lösung ihres Problems gegeben hatten. Das könnte den Eindruck erwecken, als unterschieden sich die modernen Zivilisationen nur wenig von ihren antiken babylonischen, assyrischen, ägyptischen oder griechischen Vorgängern, die die Träume alle als praktisches Hilfsmittel zur Vorhersage der Zukunft oder zur Erteilung von Ratschlägen für ihr Alltagsleben verstanden. Die alten Ägypter hinterließen uns ein umfassendes Traumbuch. Heute befindet sich der aus Theben in Oberägypten stammende Chester-Beatty-Papyrus im Britischen Museum; er wurde um 1350 v. Chr. geschrieben und enthält etwa 200 Träume. Der Papyrus unterscheidet zwischen guten und bösen Träumen und überliefert die Symbole, mit deren Hilfe die Ägypter ihre Träume deuteten.

Einigen wohlbekannten mündlichen Berichten zufolge können Träume tatsächlich zur Lösung von Problemen beitragen, selbst von wissenschaftlichen Problemen, und ebenso können sie eine Quelle der Inspiration für die künstlerische Kreativität sein. Die berühmteste dieser Geschichten ist die von der Entdeckung des Benzolrings durch den deutschen Chemiker Friedrich August Kekule von Stradnitz. Der Molekülverband des Benzols stellte die organische Chemie im vergangenen Jahrhundert vor eines der kompliziertesten Probleme. Der Aufbau der organischen Moleküle hing von ihren physikalischen und chemischen Eigenschaften ab; bei allen waren die Atome in einer geraden Linie miteinander verbunden. Kekule fand heraus, daß das Benzolmolekül als Ring dargestellt werden muß; nach seiner Aussage machte er diese Entdeckung in einem Traum. Auf einem wissenschaftlichen Kongreß im Jahr 1890 schilderte er den Vorgang folgendermaßen (wie in Grubers Artikel in der *Geschichte der Wissenschaft* zitiert): »... und wieder drehten sich die Atome vor mir ... Vor meinem geistigen Auge, das mit zahllosen, einander ähnelnden Bildern angefüllt war, konnte ich große, eigenartige Gebilde und lange Ketten erkennen. Die Gebilde krümmten sich wie Schlangen. Plötzlich geschah etwas. Eine Schlange packte ihren eigenen Schwanz und bildete eine ringähnliche Form, die vor meinen Augen herumwirbelte. Mir war zumute, als hätte mich der Blitz getroffen, und ich erwachte.« Kekule faßte seinen Vortrag auf dem Kongreß mit den Worten zusammen: »Laßt es uns lernen zu träumen, meine Herren, dann werden wir vielleicht die Wahrheit erfahren.«

Von Lösungen für wissenschaftliche Probleme einmal abgesehen, sind Träume auch eine Quelle der Inspiration für die Literatur und Musik gewesen. Robert Louis Stevenson machte sich seine Träume für seine schriftstellerische Tätigkeit zunutze. Als er jung war, hatte er hauptsächlich Alpträume, später aber wichen sie angenehmeren Träumen über Reisen und Landschaften, und seitdem begann er, in seinen Träumen ganze Geschichten zu erschaffen. Er konnte auch in Fortsetzungen träumen und den Traum einer Nacht in der nächsten zu Ende träumen. Fast die gesamte Fabel von *Der seltsame Fall des Dr. Jekyll und Mr. Hyde* entstammte einem einzigen Traum. Stevenson berichtete: »Ich hatte lange Zeit versucht, eine Geschichte über den jedem Menschen innewohnenden Dualismus zu schreiben. Manchmal beherrscht er das gesamte Denken eines Menschen ... Zwei Tage lang hatte ich mir das Hirn zermartert, um eine Art Fabel zu finden. In der zweiten Nacht erschien sie mir im Traum: Hyde, der aufgrund seiner Verbrechen gejagt wurde, schluckte den Zaubertrank und verwandelte sich vor den Augen seiner Verfolger in Dr. Jekyll. Den Rest der Fabel ergänzte ich, nachdem ich erwacht und bei vollem Bewußtsein war.«

Guiseppe Tartini, ein Violinist und Komponist des 18. Jahrhunderts, berichtete die folgende Geschichte über eine seiner bekanntesten Kompositionen. In einer Nacht träumte er, daß er einen Pakt mit dem Teufel geschlossen hätte, der sich seinerseits verpflichtete, ihm zu dienen. Um sich über die musikalischen Talente des Teufels zu vergewissern, gab er ihm eine Violine und befahl ihm zu spielen. Der Teufel spielte daraufhin mit einer so vollendeten Meisterschaft, daß Tartini in höchster Erregung erwachte, sein eigenes Instrument zur Hand nahm und versuchte, das Spiel des Teufels nachzuahmen. Obwohl es ihm nicht vollständig gelang, die Höhen der Virtuosität des Teufels zu erreichen, hatte ihn sein Traum zur Komposition seines berühmtesten Werkes inspiriert, und es überrascht nicht, daß er es *Trillo del Diavolo* (Die Teufelstrillersonate) nannte.

Es ist schwer zu sagen, wieviel an diesen Geschichten wahr ist, denn sie sind so angelegt, daß sie die »Gläubigen« in ihrem eigenen Glauben an ihre Träume bestärken sollen. Im Laufe der Zeit gehen Teile der Informationen verloren, die wesentlich für die Einschätzung sind, ob es sich bei dem fraglichen Vorgang tatsächlich um einen Traum oder um einen anderen, mit dem Schlaf im Zusammenhang stehenden geistigen Prozeß gehandelt hat.

Einige Geschichten stehen zumindest nicht mit einem Traum während des REM-Schlafes in Verbindung, sondern eher mit den Wachträumen während des Einschlafens. Kekules Geschichte begann zum Beispiel mit einem Traum, den er hatte, nachdem er seinen Kopf auf den Schreibtisch gelegt hatte, um ein kurzes Schläfchen zu machen. Da uns kein Beweis vorliegt, daß Kekule unter Narkolepsie litt, einer Krankheit, bei der der REM-Schlaf sofort nach dem Einschlafen eintritt, besteht kein Grund zu der Annahme, daß ihm seine »Offenbarung des Ringes« während des REM-Schlafes erschien. Diejenigen, die an die Lösung von

Problemen im Traum glauben, werden noch mehr enttäuscht sein, wenn sie zu hören bekommen, daß Kekule die Idee vom Benzolring von einem älteren französischen Forscher gestohlen hatte. Auch Stevensons Geschichte ist fraglich, da er jahrelang unter chronischer Schlaflosigkeit litt und viele Stunden in einem Zustand der Schläfrigkeit verbrachte, in denen er einzuschlafen versuchte. Er behauptete, er hätte während dieser Einschlaf-bemühungen zahlreiche Visionen gehabt, die er in allen Einzelheiten beschrieb. Es ist durchaus möglich, daß ihm die Figuren des Dr. Jekyll und Mr. Hyde in einer dieser langen, schlaflosen Nächte, und nicht in einem Traum, erschienen. Aber wie wir gleich im Fall des Herrn R. sehen werden, gibt es Menschen, die geschichtenähnliche Träume haben, und ihre produktiven Träume können ohne weiteres eine Fülle an Fabeln und Geschichten liefern.

Trotz der Zweifel an dem Wahrheitsgehalt der Geschichten von Erfindungen in Träumen können wir die Möglichkeit nicht verwerfen, daß die Träume uns tatsächlich Hilfe bei der Lösung von Alltagsproblemen geben und auch eine Inspiration für Entdeckungen oder kreative Arbeit sein können. Wenn wir bedenken, daß das Rohmaterial der Traumgeschichten aus den Themen besteht, die uns während des Tages beschäftigen, ist es möglich, daß sie dem Träumer in neuen und originellen Formen unbekannte Gesichtspunkte und vielleicht sogar Lösungen für seine Alltagsprobleme aufzeigen. Die folgenden Beispiele veranschaulichen diese Möglichkeit.

Ein Abteilungsleiter in einer großen Fabrik hatte ein Problem: Einer seiner Mitarbeiter war für seine Arbeit ungeeignet. Lange Zeit grübelte er darüber nach, was er mit diesem Mann machen sollte. Ihn entlassen? Ihn in eine andere Abteilung versetzen? Wenn ja, in welche Abteilung? Und so weiter. Aus vielen und unterschiedlichen Gründen war es für ihn schwierig, eine Entscheidung zu treffen, und das beschäftigte ihn im Schlaf weiter. An einem Morgen erwachte er mit der Gewißheit aus einem Traum, die Lösung für sein Problem gefunden zu haben. Er hatte geträumt, daß er mit allen Angestellten seiner Abteilung auf einem Kostümfest gewesen war, und unter ihnen befand sich auch der Mitarbeiter, der die Ursache für das Problem war. Das Kostüm des »Problemangestellten« war der Knüller des Abends und erinnerte ihn an die Uniform der Postangestellten.

Als er erwachte, kam ihm zum Bewußtsein, daß ein Arbeitsplatz in der Poststelle des Werks genau das richtige für diesen Mann wäre! Es besteht kein Zweifel daran, daß der Traum ihm half, das Problem zu lösen, auch wenn es ein ganz gewöhnlicher Traum war. Wenn wir uns nur an einen kleinen Teil unserer Träume erinnern könnten, wären wir vermutlich verblüfft, wie viele Alltagsereignisse sich in ihnen wiederfinden und wie viele Lösungen sie uns für unsere Probleme bieten. Trotzdem würde ich nicht empfehlen, so lange auf die Lösung eines Problems zu warten, bis sie in einem Traum erscheint, denn das könnte sehr lange dauern.

Wenn es möglich wäre, den Inhalt und den Ablauf von Träumen zu steuern, könnten wir dann nicht die Lösung von Problemen beschleunigen? Anscheinend glaubt man in vielen Kulturen an die Fähigkeit des Menschen zur Steuerung der Abläufe von Träumen. In seinem Buch *Die Reise nach Ixtlan* trifft der berühmte Anthropologe Carlos Castañeda auf Don Juan, den alten indianischen Zauberer der Yaqui, der den Krieger die Bedeutung des Träumens lehrt: »Ein Krieger ist ein Mann, der nach Macht strebt, und einer der Wege zur Macht besteht im *Träumen* ..., obwohl er sie nicht Träume nennt, er nennt sie Wirklichkeit«, sagt Don Juan. »*Träumen* ist für einen Krieger Wirklichkeit, denn im Traum kann er bewußt handeln, er kann wählen und verwerfen, er kann aus einer Vielfalt von Dingen wählen, die zur Macht führen, und dann kann er sie beeinflussen und benutzen, während er in einem gewöhnlichen Traum nicht bewußt handeln kann.« Castañeda fährt unbeirrt fort: »Wollen Sie dann sagen, Don Juan, daß das *Träumen* Wirklichkeit ist?« »Natürlich ist es Wirklichkeit«, antwortet Don Juan. »So wirklich wie das, was wir jetzt gerade tun?« – »Ich kann sagen, daß es vielleicht noch wirklicher ist. Während des Träumens ... kann man steuern, was immer man will.«

Vermutlich stammen Don Juans etwas undurchsichtige Bemerkungen über die Fähigkeit zur Steuerung der Träume aus der alten indianischen Mythologie. Es ist nicht selten, daß sich Menschen in dem Moment, da ein Traum sich tatsächlich abspielt, der Tatsache bewußt sind, daß sie träumen, und sogar in den Verlauf des Traums eingreifen können. Es gibt ebenfalls Menschen, wenn auch wenige, die regelmäßig mehrmals im Monat »luzide Träume« haben, wie sie in der Literatur genannt werden. Steven Laberge, der seine Dissertation am Schlaflabor in Stanford abschloß, ist einer der wenigen Glücklichen, die mit dieser Fähigkeit ausgestattet sind. Er konnte sich bei der Untersuchung dieses Phänomens im Schlaflabor auf persönliche Erfahrungen stützen.

Luzides Träumen

Laberge entdeckte, daß ein luzider Traum in der Tat während des REM-Schlafes erscheint, und normalerweise zeichnet er sich durch besondere Anzeichen der Hirntätigkeit aus, wie kräftige Alpha-Wellen und eine große Dichte der Augenbewegungen, die auf ein hohes Niveau der Erregung hinweisen. In vielen Fällen ereignet sich ein luzider Traum dann, wenn die Traumgeschichte den Träumer erschreckt oder ihm sogar Angst eingejagt hat, aber das Ermessen, daß »es nur ein Traum ist«, schwächt die Furcht zweifellos ab. Trotz des großen Interesses am luziden Traum stieß Laberge vor der Veröffentlichung seiner Laborergebnisse in der wissenschaftlichen Literatur auf einige Schwierigkeiten. Viele behaupteten, daß das hohe Niveau der Erregung ein Anzeichen für den halbwachen Zustand der Versuchsperson nach dem Traumschlaf, aber nicht für einen tatsächlichen Traum sei. Um zu beweisen, daß die fragliche Versuchsperson wirklich träumte, testeten Laberge und seine Kollegen die Fähigkeit der Versuchsperson, ihren Traum genau dann zu melden und zu schildern, wenn er sich ereignete. Sie stellten fest, daß Versuchspersonen, die eine Tendenz zu luziden Träumen zeigten, tatsächlich dazu in der Lage waren, indem sie während ihres REM-Schlafes mit den Augen zwinkerten, und außerdem konnten die Versuchspersonen während ihrer luziden Träume komplizierte Aufgaben nach den Anweisungen ausführen, die sie vor dem Einschlafen erhalten hatten. Die Erfüllung der Aufgaben während der luziden Träume wurde durch elektrophysiologische Aufzeichnungen überprüft. Wenn eine Versuchsperson vor dem Einschlafen zum Beispiel den Befehl erhalten hatte, ihren Finger vor ihren Augen langsam von einer Seite zur anderen zu bewegen, erschienen in der elektrischen Aufnahme von den Augenmuskeln während des REM-Schlafes langsame Augenbewegungen. Diese entsprachen genau den Augenbewegungen, die dem

Finger folgten, als die Versuchsperson hellwach war und die Hand wirklich bewegte. Das subjektive Erlebnis des luziden Traums ähnelte in diesem Fall dem Erlebnis, das die Versuchsperson im Wachzustand hatte. Der Träumer war sich voll der Bewegung des Fingers und der ganzen Hand bewußt, obwohl die Hand in Wirklichkeit natürlich überhaupt nicht bewegt wurde.

So wie das Erinnerungsvermögen an Träume durch Motivation und Suggestion gesteigert werden kann, lassen erste Anzeichen darauf schließen, daß auch die Erinnerung an luzide Träume gesteigert werden kann. Größere Chancen werden solche Menschen haben, die stark motiviert sind, luzide Träume zu träumen. Kann der luzide Traum so gelenkt werden, daß er uns hilft, uns unseren täglichen Problemen besser und kreativer zu stellen? Einige glauben das. Rosalind Cartwright, eine der produktivsten Traumforscherinnen, setzte den Traum als therapeutische Methode ein. Sie stellte die Hypothese auf, daß Träumer einen bösen Traum erkennen können, während sie sich noch im Traumprozeß befinden, und ihn abblocken können. Wenn Träumer es zudem lernen, ihre bösen Träume zu identifizieren, können sie es auch lernen, dem Drehbuch des Traums eine positivere Richtung zu geben.

Der sonderbare Fall des Herrn R.

Die Traumliteratur enthält zahlreiche Fälle von berühmten Träumern, die ihre nächtlichen Erlebnisse über viele Jahre hinweg in Traumbüchern dokumentiert haben. Michel Jouvet bietet ein erstklassiges Beispiel dafür. Ein anderer bemerkenswerter Träumer war der Marquis d'Hervey de Saint Denis, ein französischer Professor des 19. Jahrhunderts für orientalische Sprachen, der seine Träume von seinem 13. Lebensjahr an aufzeichnete und dafür Freuds Bewunderung auf sich zog. Der Marquis, der ein luzider Träumer war, besaß die erstaunliche Fähigkeit, seine Träume zu steuern, sich ihrer voll bewußt zu sein und nach Belieben aufzuwachen, um den Traum so nah als möglich am Zeitpunkt seines Geschehens festzuhalten.

In den letzten Jahren wurden wir im Schlaflabor des Technion Zeuge eines anderen außerordentlichen Phänomens. Ebenso wie Saint Denis ist Herr R. in der Lage, am Ende seiner Träume zu erwachen und sie genau aufzuzeichnen. Einige dieser Träume sind außergewöhnlich, denn im Gegensatz zu seinen regelmäßigen Träumen erscheinen in ihnen weder Herr R. selbst noch Menschen, die er kennt. Diese Träume bestehen aus vollständigen, logischen Geschichten, die meist ein einziges Thema von Anfang bis Ende behandeln, aber Herr R. ist weder emotional betroffen, noch spielt er eine Rolle im Geschehen; er ist lediglich Zuschauer. Die Geschichten sind zahlreich und mannigfaltig; einige sind sehr phantasiereich und voller Humor. Ein hervorragendes Beispiel dafür ist sein Traum vom 20. September 1981, dessen Schilderung wir wörtlich zitieren:

»Bei den Eskimostämmen ist es Brauch, die alten Menschen, die dem Stamm zur Last fallen, in die Verbannung zu schicken. Praktisch kommt das einem Todesurteil gleich. Ein Eskimo, der noch nicht so alt war und sich noch aktiv am Stammesleben beteiligte, hatte ein peinliches Leiden – er war nämlich gegen Kälte empfindlich –, ein Leiden, das in jeder anderen Gesellschaft sicherlich nicht ungewöhnlich gewesen wäre. Ein paarmal wurde er beim Stehlen von Fischtran aus dem Lagerhaus des Stammes ertappt. Daraufhin bat er darum, den Thermostat der Zentralheizung auf die höchste Stufe zu stellen. Da der Stamm diese Ausgaben aber nicht übernehmen konnte, beschloß man, den kälteempfindlichen Eskimo in die nördlichen Schneefelder in den Tod zu schicken. Im Gegensatz zu den anderen Verbannten, die auf einem Eisberg darauf warteten, daß der Tod sich ihrer erbarme, tat der Eskimo alles, um zu überleben. Nachdem er zwei Tage marschiert war, stieß er auf eine Expedition, die mit einem Hundeschlitten zum Nordpol vordringen wollte. Die Teilnehmer der Expedition waren so von der Geschichte des Eskimos gerührt, daß sie ihm einen elektrisch beheizten Spezialanzug schenkten, damit er seine Kälteempfindlichkeit bezwingen könne. Der Eskimo war so glücklich über sein Geschenk, daß er sich wieder auf den Rückweg zu seinem Stamm begab. Als er müde wurde, legte er sich in eine Spalte im Schnee und schlief ein. Er dachte nicht an die Wärme, die sein herrlicher neuer Anzug erzeugte. Die Wärme ließ das Eis unter ihm schmelzen, und so fiel er in das Loch, das sich unter ihm gebildet hatte, und ertrank darin. Als seine Stammesgenossen an die Stelle kamen, konnten sie sich nicht erklären, wie ein Loch in Gestalt eines menschlichen Körpers in das Eis gekommen war. Wie konnte das Wasser

auf dem Grund des Loches warm sein? Nach langem Berat-
schlagen schenkten sie schließlich der Erklärung ihres Häupt-
lings Glauben: Ihr Stammesgenosse war infolge seiner Sünden
ertrunken und geradewegs zur Hölle gefahren. Das hinderte sie
jedoch nicht daran, immer wieder zu dem Loch zurückzukeh-
ren, um sich aus dem heißen Wasser dort Tee zu brauen.«

Auch wenn diese Geschichte einem Einfall im Wachzustand
und nicht dem Schlaf zu verdanken gewesen wäre, hätten uns
ihre Originalität und Gedankenfülle beeindruckt.

In anderen Fällen waren Herrn R.s Traumgeschichten kürzer
als das vorhergehende Beispiel; manchmal waren es nur kurze
Sätze, meist Aussprüche mit einem moralischen Grundsatz oder
Schlagwörter wie: »Am besten kann man in Paris am Boulevard
Ravioli speisen [sic].«

Als ich das erste Mal von Herrn R.s Traumgeschichten las, die
er alle in seiner Muttersprache deutsch geträumt hatte und die
dann ins Englische übersetzt wurden, kamen mir Zweifel, ob
man sie wirklich als Träume bezeichnen könnte. Deshalb schlug
ich vor, ihn für einige Nächte ins Schlaflabor einzuladen, damit
wir ihn aus dem REM-Schlaf wecken und einen Traumbericht
unter kontrollierten Bedingungen erhalten konnten. Zu meiner
großen Überraschung bekräftigten die Ergebnisse der Laboruntersuchungen Herrn R.s Berichte. In 13 von 15 Fällen, in denen wir ihn aus dem REM-Schlaf geweckt hatten, schilderte er
Träume; neun von 13 Träumen waren insofern normal, als er
die »Hauptrolle« in ihnen spielte oder Leute aus seinem Be-
kanntenkreis darin vorkamen. Vier Berichte paßten in die Kategorie des geschichtenähnlichen Traums, und zwei ähnelten sehr
stark den Geschichten, die er schon früher geschildert hatte.

Als wir ihn einmal aus dem Traumschlaf weckten, sagte er
uns, daß er unmittelbar vor dem Erwachen den folgenden Satz
gesehen hatte: »Mückenstiche in den Vereinigten Staaten sind
schmerzhafter als Stiche von israelischen Mücken, weil die Vereinigten Staaten viel größer als Israel sind.« Die größte Überraschung aber erwartete uns nach den Schlafaufzeichnungen der
Nacht vom 28. zum 29. November 1984. Herr R. erwachte aus
seinem fünften REM-Schlaf und berichtete, daß er sich an keinen Traum erinnere. Er murmelte ein Wort, das »ihm nicht aus
dem Sinn ging«, wie er sagte. Das Wort lautete »Karbid«. Der
Schlaftechniker, der große Erfahrung in der Befragung von Ver-

suchspersonen nach ihrem Erwachen aus dem REM-Schlaf hatte, versuchte, weitere Informationen aus ihm herauszubekommen, aber vergebens. Alles, was Herr R. sagen konnte, war das eine Wort: Karbid. Er fügte hinzu, daß es »eine Art übelriechendes Gas« sei. Karbid riecht wirklich besonders beißend und kann normalerweise nach dem Gasschweißen von Metall wahrgenommen werden. Herr R. wies jede Möglichkeit zurück, jemals in seinem Leben auf diesem speziellen Gebiet gearbeitet zu haben. Er wußte, was Karbid ist, konnte aber keinen Grund nennen, warum ihm gerade dieses Wort im REM-Schlaf erschienen war.

Drei Tage nach der Untersuchung von Herrn R.s Schlaf, am 3. Dezember, ereignete sich das schlimmste Industrieunglück der Geschichte im indischen Bhopal. Bei einer Explosion in einer Chemiefabrik starben mehr als 4 000 Menschen, und weitere 20 000 wurden verletzt. Die Fabrik gehörte einem amerikanischen Konzern mit dem Namen »Union Carbide«. Ich kann mich noch an den Schock erinnern, der über mich kam, als ich die Nachricht im Radio hörte. Dieser Zufall war erstaunlich. Wie groß ist die Wahrscheinlichkeit, daß der Name des Konzerns, dem die Fabrik gehörte, im Traum eines Mannes erwähnt wurde, dessen Träume ohnehin so sonderbar und ungewöhnlich waren? Sofort rief ich Herrn R. an, um in Erfahrung zu bringen, ob auch er die Nachricht gehört hatte, was der Fall war. Seine erste Reaktion war: »Es ist nur ein Zufall. Ich glaube nicht an Wahrsagerei.«

Herrn R.s seltsamer Traum war einer der Fälle, die ein auf seinen guten Ruf bedachter Wissenschaftler unter der Rubrik »unwahrscheinliche Beobachtungen« zu den Akten legt. Ich bin überzeugt, wäre das nicht bei einer meiner Versuchspersonen geschehen, hätte ich die Geschichte nur schwerlich geglaubt. Und dennoch trug es sich genauso zu, wie ich es beschrieben habe, und ich bin der Meinung, daß diese Beschreibung nicht interpretiert werden sollte. Ich versuche keinesfalls, daraus zu schließen oder auch nur anzudeuten, daß die Zukunft durch Träume erahnt oder vorhergesagt werden kann. Es ist beinahe sicher, daß das ein einmaliger Zufall war, aber ich überlasse es meinen Lesern, ihre eigenen Schlußfolgerungen daraus zu ziehen.

Bis zum heutigen Tag steht Herr R. mit uns in Verbindung und schickt uns im Abstand von wenigen Monaten seine son-

derbaren Traumberichte, die inzwischen auf über 400 angewachsen sind. Er hat festgestellt, daß die Träume im Laufe der
Jahre seltener geworden sind, und heute wacht er nur noch alle
paar Wochen am Ende einer Traumgeschichte auf. Ich habe
keine überzeugende Erklärung für diese Erscheinung, und so reiht
sie sich in die anderen Berichte über ungewöhnliche Träume
ein, die wir aus der wissenschaftlichen Literatur kennen. Das
sind Träume, die vom facettenreichen Wesen der vielgestaltigen
Welt zeugen, die jede Nacht in unserem Gehirn entsteht.

10. Träumen Fische?

Eine Methode, die uns hilft, die Bedeutung des Schlafes zu verstehen, ist die Untersuchung des Schlafes von Arten, die auf einer niederen stammesgeschichtlichen Stufe stehen. Eine vergleichende Studie dieser Art zeigt uns die grundlegenden Grenzen, die die angewandten Methoden in sich bergen. Die Erkenntnisse von den spannenden Veränderungen, die sich während des Übergangs vom Wachzustand zum Schlaf in der Tätigkeit des Nervensystems vollziehen, gebieten den Gebrauch sehr klarer und genauer Definitionen des Begriffs *Schlaf* sowie Kriterien, anhand derer wir den Übergang »zwischen dem Wachzustand und dem Schlaf« bestimmen können. Bei vielen Gelegenheiten bittet man mich um eine wissenschaftliche Definition des Schlafes, und dann beginne ich gewöhnlich mit der Beschreibung der Veränderungen in der elektrischen Hirntätigkeit, die sich während dieses Übergangs vollziehen, ehe ich die Verhaltensveränderungen schildere, die das Einschlafen begleiten.

Wenn es auch einfach ist, Schlaf vorzutäuschen, lassen sich die elektrophysiologischen Aufzeichnungsapparate nicht betrügen. Und tatsächlich hat die elektrische Hirntätigkeit einiger Tiere während des Schlafes Ähnlichkeit mit der von Menschen; bei den primitiven Nervensystemen von Insekten, Fischen oder selbst von Amphibien und Reptilien jedoch kann keine entsprechende Aktivität festgestellt werden. Wie können wir aber ohne die Hilfe von Hirnstromwellenaufzeichnungen entscheiden, ob Fische oder Insekten schlafen? Vielleicht schlafen sie überhaupt nicht?

Längere Beobachtungen von Fischen zeigen, daß beträchtliche Schwankungen im Aktivitätsniveau während des Tag-und-Nacht-Zyklus zumindest in einigen Fällen unbestritten sind. Es gibt Zeiten, in denen sich Fische ständig bewegen, während sie zu anderen Zeiten auf den Grund des Aquariums sinken, wo sie fast bewegungslos verharren. Wenn wir versuchen, sie in diesem Zustand zu stören, werden wir feststellen, daß ihre Reizschwelle hoch ist. Einige behaupten sogar, die Tatsache, daß man einen Haifisch ohne Furcht am Schwanz packen kann, während er auf dem Grund eines Aquariums ruht, sei der beste Beweis dafür, daß der Haifisch schlafe. Jedoch kenne ich keinen Forscher, der sein Leben aufs Spiel setzen würde, um das in einem kontrollierten Experiment nachzuweisen!

Insekten, Fische, Amphibien und Reptilien erfüllen alle die Verhaltenskriterien für den Schlaf: Bewegungslosigkeit, eine stereotpye artenspezifische Körperhaltung, eine erhöhte Weckschwelle und eine schnelle Veränderung des Zustands nach einer intensiven Stimulation.

Nachgewiesen ist das Schlafverhalten bei Bienen, Wespen, Fliegen, Libellen, Heuschrecken, Schmetterlingen und Motten, die alle Perioden der Bewegungslosigkeit aufweisen. Ferner folgt auf ein erzwungenes Wachverhalten bei Küchenschaben und Skorpionen eine ausgleichende Verlängerung der Bewegungslosigkeit, die Ähnlichkeit mit der Verlängerung der Schlafdauer nach einem Schlafentzug hat. Aber die charakteristischen Merkmale der elektrischen Aufzeichnungen des Nervensystems dieser Arten weisen in Perioden der Ruhe oder der Aktivität nicht die typischen Abweichungen der Säugetiere auf.

Bei Reptilien finden wir die ersten Anzeichen für eine elektrische Hirntätigkeit, die möglicherweise der Vorläufer derjenigen der Säugetiere ist. Im Gehirn des Kaimans sind während der Bewegungslosigkeit hohe Amplituden und steile Zacken aufgezeichnet worden. Interessanterweise war nach einem erzwungenen Wachen ein Anstieg dieser Elemente festzustellen, was darauf hindeutet, daß diese, ähnlich der Beziehung zwischen den hochamplitudigen Delta-Wellen und dem Tiefschlaf von Säugetieren, für den Verhaltensschlaf typisch sind. Annähernd gleiche hochamplitudige Zacken wurden bei Schildkröten festgestellt. Jedoch muß erwähnt werden, daß nicht alle Forscher darin übereinstimmen, daß diese Zacken mit dem Verhaltensschlaf in Verbindung stehen. Da bei Reptilien die Körpertemperatur in diesem Zustand sinkt, glauben einige, diese Zacken würden dadurch hervorgerufen.

Die meisten Forscher, die den Schlaf von Tieren untersucht haben, stimmen darin überein, daß der »echte Schlaf« – eine Verhaltensänderung, die von charakteristischen Abweichungen in der elektrischen Hirntätigkeit begleitet wird – erst nach der Ausbildung des Vorderhirns in der Evolution auftauchte, und auch das nur bei Warmblütern.

Die charakteristischen elektrophysiologischen Merkmale des paradoxen Schlafes und der anderen Schlafstadien zeigen sich deutlich in der Vogelwelt. Da uns kein eindeutiger Beweis vorliegt, ob Tiere überhaupt träumen, werde ich in diesem Kapitel den Begriff *paradoxer Schlaf* benutzen, um damit das Schlafstadium zu bezeichnen, das dem REM-Schlaf bei Menschen entspricht. Bei Hühnern wird der Übergang vom Wachen zum Schlafen zum Beispiel von einer erhöhten elektrischen Spannung der Hirnstromwellen, einem leichten Abfall des Nackenmuskeltonus und einer niedrigeren Pulsfrequenz begleitet. Während des paradoxen Schlafes kommt es dagegen zu einem starken Abfall des Nackenmuskeltonus, einer Beschleunigung der Frenquenz der Hirnstromwellen und einem sprunghaften Anstieg der Augenbewegungen. Bei anderen Vögeln tritt selten ein Abfall des Nackenmuskeltonus ein. Trotz ähnlicher charakteristischer elektrophysiologischer Merkmale unterscheidet sich der Zyklus der Schlafstadien von Hühnern stark von dem der Säugetiere. Während die Dauer des paradoxen Schlafes bei Säugetieren in Minuten gemessen wird und er bei Menschen bis zu einer halben Stunde anhalten kann, dauert diese Art Schlaf bei Hühnern und Vögeln im allgemeinen nicht länger als 10 bis 15 Sekunden. Daher macht die relative Dauer des REM-Schlafes bei Hühnern nicht mehr als drei bis zwölf Prozent ihres gesamten Schlafes aus, was wahrscheinlich nur wenigen Minuten innerhalb von 24 Stunden entspricht. Auch die Schlaf-Wach-Zyklen sind andersgeartet. Viele Vögel weisen keine langen, ununterbrochenen Schlafepisoden auf, sondern bei ihnen verbinden sich kurze Schlafepisoden mit Perioden, in denen sie mit offenen Augen schlafen und in denen ihre elektrische Hirntätigkeit der des Wachzustandes gleicht, jedoch ohne dabei ihre typische Schlafstellung zu verändern. Man nennt das den »Wach-Schlaf«, weil er es dem Vogel gestattet, in regelmäßigen Abständen zu wachen, während er gleichzeitig in einem unbekannten Schlafprozeß verharrt.

Außerdem beobachtet man häufig, wie einige Vögel für kurze Zeit mit nur einem geschlossenen Auge schlafen, und man kann davon ausgehen, daß eine Gehirnhälfte in diesem kurzen Augenblick elektrische Anzeichen des Schlafes aufweist, während die andere Anzeichen des Wachzustandes anzeigt. Vielleicht hat sich diese Art einäugiger Schlafperioden als Folge der Anpassung an die Bedürfnisse der Zugvögel entwickelt. Radargeräte, die zur Beobachtung von Zugvögeln eingesetzt wurden, zeigten, daß europäische Mauersegler die Nacht im Flug verbringen. Einige glauben, daß sie in dieser Zeit schlafen, und es ist auch möglich, daß Seevögel auf einem Flügel schlafen. Auch wenn es bisher nicht erwiesen ist, hilft dieses kurze Öffnen der Augen während des Schlafes dem Vogel möglicherweise, seinen Kurs ohne Abweichung zu halten, während sich das Gehirn gleichzeitig die Vorteile der mit dem Schlaf verbundenen Prozesse zunutze machen kann.

Der Wach-Schlaf, der einäugige Schlaf, der kurze Schlaf und die besondere Art des paradoxen Schlafes bei Vögeln liefern alle den Beweis dafür, daß sich der Schlaf an die speziellen Lebensbedingungen des Organismus anpaßt. Im Laufe der Evolution hat sich der Schlaf ähnlich wie andere Instinkte entwickelt, die im Einklang mit den Lebensstilen und den Lebensbedingungen aller Arten entstanden sind. Vögel, die sich während des Schlafes in der Regel niederhocken oder hoch oben sitzen, haben aufgrund ihrer eigenartigen Schlafbedingungen möglicherweise weniger paradoxen Schlaf entwickelt. Aus dem gleichen Grund bildet sich bei ihnen während der kurzen Dauer ihres paradoxen Schlafes auch der Muskeltonus nicht zurück. Hoch oben sitzende Vögel können sich einfach keine langen Perioden mit erschlafften Muskeln leisten, die für den paradoxen Schlaf typisch sind. Es wäre interessant, diese Hypothese durch die Untersuchung des paradoxen Schlafes des Emus, Kiwis und des Straußes zu überprüfen, die alle ausgestreckt auf dem Boden schlafen.

Wie schlafen Antilopen und Bären?

Obwohl die grundlegenden charakteristischen Schlafmerkmale bei fast allen Säugetieren gleich sind, bestehen zwischen den verschiedenen Arten große Unterschiede hinsichtlich der Schlafdauer, der relativen Dauer des paradoxen Schlafes sowie des Schlafes in den anderen Stadien. Bei mehr als 150 Arten ist der Schlaf wissenschaftlich untersucht worden, und ebenso wurde die Zeit gemessen, die jede Art in den verschiedenen Schlafstadien verbringt. Als das Verhältnis zwischen den typischen

Schlafmerkmalen und den anderen charakteristischen Merkmalen jedes einzelnen Tieres untersucht wurde – wie Größe, Gewicht des Gehirns bei der Geburt, Tragezeit und so weiter –, stellte man fest, daß verschiedene Faktoren mit dem paradoxen Schlaf und dem durch langsame und synchrone Hirnstromwellen gekennzeichneten Schlaf in Verbindung stehen. Die Schlafdauer war abhängig von der Größe des Tieres: Je größer das Tier war, desto kürzer war der Schlaf. Irene Tobler von der Universität Zürich, die berühmte Tierschlafforscherin unserer Tage, berichtete, daß Elefanten lediglich drei bis sechs Stunden pro Nacht schlafen, von denen sie zwei Stunden stehend verbringen. Wie der Elefant bringen die meisten großen Tiere einen erheblichen Teil ihrer Schlafdauer bis zum Eintritt in den paradoxen Schlaf im Stehen zu, und erst dann legen sie sich hin. Warum schlafen große Tiere so wenig? Eine mögliche Erklärung dafür ist ihr Nahrungsbedarf. Große Tiere brauchen ausreichend Nahrung, um überleben zu können, und das trifft besonders auf Pflanzenfresser zu, deren Futter kalorienarm ist. Da sie einen großen Teil ihrer Zeit mit der Nahrungssuche verbringen, verbleibt ihnen entsprechend weniger Zeit für den Schlaf. Jedoch sollte auch erwähnt werden, daß große Tiere im Vergleich zu kleineren Lebewesen niedrigere Stoffwechselraten haben. Deshalb läßt sich die Schlafdauer möglicherweise eher aus dem umgekehrten Verhältnis beim Stoffwechsel als aus der Notwendigkeit der Futtersuche oder anderen Verhaltensfaktoren erklären.

Andererseits ist die relative Dauer des paradoxen Schlafes mit dem Grad der Gefahr verbunden, dem das Tier in seiner Umwelt ausgesetzt ist – ob es ein Beute- oder Raubtier, Jäger oder gejagtes Tier ist. Hat das betreffende Tier eine größere Anzahl natürlicher Feinde, die es jagen, vermindert sich sein paradoxer Schlaf in der Regel. Der »Gefahren«-Faktor im paradoxen Schlaf wurde mit der Erhöhung der Weckschwellen während dieser Zeit erklärt, in der das schlafende Beutetier gefährdet ist. Zu bemerken ist jedoch, daß diese Tiere Raubtieren nicht während des Schlafes zum Opfer fallen, sondern daß normalerweise die verwundbareren, wie die noch nicht voll entwickelten, körperlich schwachen oder alten Tiere, zur Beute werden.

Interessanterweise schwankt der paradoxe Schlaf auch in Abhängigkeit vom Grad der Entwicklung bei der Geburt. Bei

Arten, die relativ voll entwickelt zur Welt kommen, wie Meerschweinchen oder Schafe, ist der paradoxe Schlaf zum Zeitpunkt der Geburt niedrig und erreicht fast das Niveau der erwachsenen Tiere. Bei Arten, die nicht voll entwickelt zur Welt kommen, wie Ratten, Katzen und auch Menschen, ist die anfängliche Dauer des paradoxen Schlafes sehr hoch. Kätzchen verbringen in ihren ersten zehn Lebenstagen 90 Prozent ihrer Zeit mit paradoxem Schlaf. Daher sind einige Wissenschaftler der Ansicht, daß der paradoxe Schlaf eine Fortsetzung von fötalem Leben oder eine Form des fötalen Schlafes ist.

Wenn wir die Art und Weise, in der Tiere schlafen, mit anderen charakteristischen Verhaltensmerkmalen vergleichen, werden wir im allgemeinen starke Ähnlichkeiten feststellen. Um dieses Prinzip zu veranschaulichen, werde ich den Schlaf eines Raubtieres, wie eines Bären, mit dem eines häufigen Beutetieres, der Antilope, vergleichen. Der Lebensrhythmus des Bären, der keine Feinde in seiner natürlichen Umwelt zu fürchten braucht, ist äußerst langsam und steht in direktem Gegensatz zu dem der Antilope. Junge Bären entwickeln sich nach ihrer Geburt langsam, brauchen sehr lange, bis sie auf eigenen Füßen stehen und sich von ihrer Mutter trennen können, und die Geburt selbst findet in einer Höhle statt, die entsprechend vorbereitet wurde. Bären fressen und trinken gemächlich, und die Paarung von zwei erwachsenen Tieren kann Stunden dauern. Im Einklang mit dem Lebensstil und dem Verhalten des Bären hat sich sein Schlaf zu einem entsprechend langen und tiefen Schlaf entwickelt. Die Antilope lebt im Gegensatz dazu in ständiger Gefahr und achtet infolgedessen stets auf das leiseste Geräusch. Bei ihr vollzieht sich die Geburt äußerst schnell in freiem Gelände ohne vorherige Planung oder besondere Vorbereitungen, und die neugeborene Antilope steht innerhalb weniger Sekunden nach der Geburt auf eigenen Füßen und läuft bereits umher. Die Antilope frißt und trinkt sehr schnell, und der Paarungsakt von zwei erwachsenen Tieren nimmt nur wenige Sekunden in Anspruch. Der Schlaf der Antilope ist kurz, häufig unterbrochen und dauert jeweils nur wenige Minuten. Wir erwarten noch elektrophysiologische Untersuchungen über den Schlaf des Bären und der Antilope, um zu überprüfen, ob die relative Dauer des paradoxen Schlafes und anderer Schlafstadien mit dieser Beschreibung übereinstimmt.

Das beste Beispiel für die Anpassung des Aktivität-Ruhe-Rhythmus eines Tieres an seinen Lebensstil und seine Umwelt ist zweifelsohne der Winterschlaf. Diese Erscheinung ist für viele Tiere in den Polarregionen typisch. Während der langen Wintermonate gehen sie in einen Ruhezustand über, der viele Jahre lang als eine besondere Form des Schlafes verstanden wurde. Heute wissen wir, daß der Winterschlaf ein Zustand ist, der sich völlig vom Schlaf unterscheidet. Genaugenommen handelt es sich um eine drastische Verminderung der Tätigkeit aller lebenserhaltenden physiologischen Systeme, um den Energieverbrauch so gering wie möglich zu halten. Diese Verminderung der Aktivität hat einen hohen Anpassungswert, vor allem in den Monaten, in denen die Nahrungssuche aufgrund der örtlichen klimatischen Bedingungen unmöglich ist. Und dennoch sind Winterschlaf und Schlaf eng miteinander verknüpft, denn der Winterschlaf beginnt während des Schlafes.

Halb wach und halb schlafend

Schlafuntersuchungen bei Tieren haben gezeigt, daß der paradoxe Schlaf offenbar vor etwa 180 Millionen Jahren zum ersten Mal aufgetreten ist. Diese Annahme beruht auf dem Vorhandensein des paradoxen Schlafes beim Opossum, einem nordamerikanischen Beuteltier, das als »lebendes Fossil« beziehungsweise Überlebender aus einer frühgeschichtlichen Zeit gilt.

Bisher gibt es nur zwei Arten von Säugetieren, bei denen kein paradoxer Schlaf in derselben Form wie bei anderen Säugetieren nachgewiesen werden konnte. Hier handelt es sich um den Delphin, der als äußerst intelligent gilt, und den Echinus oder Seeigel, eines der drei noch existierenden eierlegenden Säugetiere – ein vorgeschichtliches Evolutionsrelikt, das das Übergangsstadium von den Reptilien überlebt hat. Der Echinus schläft zwölf Stunden am Tag. Sein Schlaf ist ruhig und durch langsame Wellen gekennzeichnet. (Jüngste Forschungen lassen darauf schließen, daß ein paradoxer Schlaf beim Echinus faktisch möglich ist, aber diese Ergebnisse sind umstritten, und die Frage ist nach wie vor nicht entschieden.) Der Schlaf des Delphins ist eigenartig, nicht nur wegen des fehlenden paradoxen Schlafes, sondern auch aufgrund seiner einmaligen Hirntätigkeit. Fast alle dokumentierten Untersuchungen über Meeressäugetiere wurden in Moskau von Prof. Lew Muchametow und seinen Kollegen durchgeführt, denen es nach Jahren des Experimentierens und der Überwindung zahlreicher technischer Probleme gelang, die elektrische Hirntätigkeit eines schlafenden Delphins aufzuzeichnen. Muchametow und seine Arbeitsgruppe waren von der Entdeckung überrascht, daß der Delphin mit nur einer Gehirnhälfte schläft, während die andere Hälfte hellwach bleibt. Die elektrische Hirntätigkeit des schlafenden Delphins ähnelt der von Landsäugetieren und zeichnet sich durch eine hohe Spannung und langsame Hirnstromwellen aus, aber diese Aktivität tritt eben immer nur in einer Hälfte auf. Gleichzeitig zeigt die elektrische Aktivität in der zweiten Hälfte – niedrige Spannung, schnelle Wellen – einen Wachzustand an. Die zwei Hälften wechseln sich alle ein bis drei Stunden während des Schlafes ab: Zuerst schläft die linke Hälfte, dann die rechte, aber niemals beide zugleich. Die Dauer des Schlafes in den Hälften schwankt und hält manchmal zwei Stunden oder länger an. Delphine, die in Aquarien gehalten werden, schwimmen während des Schlafes in der Regel im Kreis und immer in dieselbe Richtung, als ob ein Automatismus vorläge. Wird eine Gehirnhälfte am Schlaf gehindert, erfolgt ein Ausgleich nur in dieser Hälfte, ohne daß sich das Schlafmuster der zweiten Hälfte ändert.

Auch hier – wie beim Schlaf von Vögeln – können wir uns nur überrascht zeigen, wie sich der Schlaf an die ungewöhnlichen physiologischen Bedürfnisse des Delphins angepaßt hat. Der Grund, warum der Delphin mit nur einer Gehirnhälfte schläft, liegt in der Steuerung seiner Atemfunktion. Die Atemtätigkeit von Säugetieren unterliegt der Kontrolle von zwei Gehirnzentren, dem willkürlichen und dem autonomen, die sich beide im Hirnstamm befinden. Diese beiden Zentren regulieren den Atemvorgang, um so eine regelmäßige Zufuhr von Sauertoff und den Abtransport von Kohlendioxyd zu sichern. Das willkürliche Zentrum ist hauptsächlich während des Wachzustands aktiv, und mit seiner Hilfe können wir unseren Atem nach unseren Wünschen anhalten und wieder aufnehmen. Die Aktivierung des Zentrums ermöglicht dem Menschen die erforderliche Koordinierung zwischen der Sprache und der Atemtätigkeit.

Während des Schlafes stellt das willkürliche Atemzentrum seine Tätigkeit ein, und das autonome Zentrum übernimmt

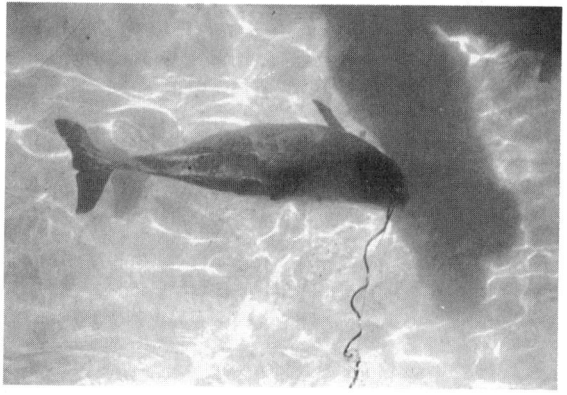

Foto oben: Lew Muchametow mit einem seiner Delphine
Foto unten: Delphin in Schlafposition; das Kabel, an das er
angeschlossen, dient der Aufzeichnung des Schlafes

dessen Funktion. Die Arbeitsweise dieses Zentrums ähnelt im
Prinzip der einer automatischen Kurssteuerung in einem Flugzeug, das heißt, Tiefe und Rhythmus der Atmung schwanken
entsprechend dem Sauerstoff- und Kohlendioxydspiegel im Blut.
Spezielle Sensoren messen unaufhörlich den Spiegel der Gase im
Blut und übertragen die Informationen an das Kontrollzen-
trum, das die Atemfrequenz entsprechend beschleunigt oder verlangsamt, unabhängig vom Willen. Wie wir sogleich sehen wer-

137

den, wird eine der schwersten und häufigsten Schlafstörungen durch eine Fehlfunktion des autonomen Atemzentrums während des Schlafes verursacht. Aber im Gegensatz zu Menschen und anderen Säugetieren, deren Atemzentren dual funktionieren, verfügt der Delphin nur über eines dieser Zentren, das willkürliche Zentrum. Die fortwährende Erregung des Gehirns ist eine Voraussetzung für eine kontinuierliche Tätigkeit des willkürlichen Zentrums, so daß sich der Delphin den Luxus des Tiefschlafes in beiden Gehirnhälften zugleich nicht leisten kann. Als Muchametow und seine Kollegen einem Delphin ein Schlafmittel verabreichten, führte es den Schlaf in beiden Hälften herbei, aber die Folge davon war, daß der Delphin Schwierigkeiten beim Atmen hatte. Das Fehlen des paradoxen Schlafes bei Delphinen könnte sich vielleicht auch aus ihren besonderen Lebensbedingungen erklären. Wie bereits erwähnt wurde, ist der Delphin während des Schlafes in ständiger Bewegung und schwimmt weiter, und dieser Vorgang könnte bei Eintritt einer Lähmung des Muskeltonus unterbrochen werden, wie es während des paradoxen Schlafes geschieht. Es ist ebenfalls erwiesen, daß der Schlaf mit nur einer Gehirnhälfte auch bei anderen Arten von Meeressäugetieren auftritt, wie zum Beispiel bei einer bestimmten Robbenart.

Träumen Katzen?

Wie wir gesehen haben, kommt der paradoxe Schlaf nicht allein bei Menschen vor. Mit Ausnahme des Delphins und des Echinus, wo er nicht vorhanden ist oder vielleicht in anderer Form auftritt, kann er bei allen Säugetieren und den meisten Vögeln eindeutig nachgewiesen werden. Zudem ist es häufig einfacher, den paradoxen Schlaf bei Tieren, wie der Katze oder dem Hund, als bei Menschen festzustellen. Bei Hunden kann der paradoxe Schlaf zum Beispiel selbst ohne die Hilfe von elektrophysiologischen Aufzeichnungen wahrgenommen werden. Während des paradoxen Schlafes sind Hunde aktiver als Menschen; sie bewegen ihre Beine, Ohren und Barthaare, wedeln mit dem Schwanz und scheinen manchmal sogar zu bellen oder zu winseln, so daß der Beobachter ohne weiteres meinen könnte, das Tier erlebe etwas während seines Schlafes.

Liefert diese gesteigerte Aktivität des Hundes während des paradoxen Schlafes den Beweis dafür, daß er träumt? Obwohl wir keine direkte Antwort auf diese Frage haben, gibt es eine Art indirekten Beweis dafür, daß der paradoxe Schlaf bei Tieren tatsächlich mit einem traumartigen Erlebnis verknüpft ist. Die erste kontrollierte wissenschaftliche Studie, die dieser Frage nachging, war im höchsten Grad neuartig, aber aus Gründen, die nach wie vor unklar sind, liegt uns lediglich ein vorläufiger Bericht vor. Um zu untersuchen, ob Affen während des paradoxen Schlafes ein traumartiges Erlebnis haben, versuchten Forscher, einem Affen beizubringen, jedes Mal an einem Griff zu ziehen, wenn er Bilder in einem Film sah oder wenn Bilder auf eine Leinwand projiziert wurden. Als das Tier das beherrschte, wurde eine elektrophysiologische Aufzeichnung von seinem Schlaf vorgenommen, so daß es über seinen Traum »Bericht erstatten« konnte. Der Affe zog während des paradoxen Schlafes instinktiv am Griff, als würde er einen Film sehen. Diese Beobachtungen enthielten einen gewissen Beweis dafür, daß der Affe während des paradoxen Schlafes etwas erlebte, das Ähnlichkeit mit den Filmen hatte, auf die er zu reagieren gelernt hatte. Ich weiß nicht, warum nur eine kurze Zusammenfassung von dieser Studie veröffentlicht wurde, aber es ist möglich, daß sich die ersten Ergebnisse in den weiteren Beobachtungen nicht bestätigten oder daß etwas mit dem Affen passiert war und die Studie vorzeitig abgebrochen werden mußte. Es ist nicht verwunderlich, daß eine Studie dieser Art viele Monate intensiver Ausbildung des Tieres erfordert, ehe die Schlafuntersuchungen beginnen können.

Ein weiterer Beweis, daß Tiere ein traumartiges Erlebnis ähnlich dem menschlichen Traum haben, wurde durch Michel Jouvets Arbeit mit Katzen erbracht. Die Katze, die den größten Teil des Tages mit Schlafen verbringt und einen hohen Anteil an paradoxem Schlaf aufweist, ist mit ziemlicher Sicherheit die »Meisterträumerin«.

In einem mit äußerster Präzision ausgeführten chirurgischen Eingriff gelang es Jouvet, die Nervenbahnen zu durchtrennen, die während des paradoxen Schlafes die Impulse übertragen, die die spinalen motorischen Nervenzellen hemmen. Infolge des chirurgischen Eingriffs konnte die Katze ohne die Rückbildung des Muskeltonus in den paradoxen Schlaf eintreten, und dann wurde eine erstaunliche Erscheinung beobachtet: Als die Katze das Stadium des paradoxen Schlafes erreicht hatte, erhob sie sich und begann das komplexeste Verhaltensspektrum zu inszenieren, das in keiner Beziehung zu den Geschehnissen in ihrer Umgebung stand. Nachdem Jouvet zahlreiche Katzen beobachtet hatte, kam er zu dem Schluß, daß sich bestimmte Verhaltensmuster, wie Angriff, Verteidigung und Erkundung, die nach der Unterbindung der hemmenden Impulse im paradoxen Schlaf auftreten, stets wiederholen. Bei einem Beobachter würde es den Anschein erwecken, als ob das Tier unsichtbare Feinde in seinem Käfig angriff; die Katze machte einen Buckel, ihr Fell sträubte sich, und sie knurrte bedrohlich. Einige Sekunden später wich sie in Panik zurück, als spüre sie einen verborgenen Angreifer. In einigen Fällen erhob sich die Katze und begann, überall im Käfig zu schnuppern, so als ob sie ihn das allererste Mal untersuche. Auf Versuche, die Aufmerksamkeit des Tieres während des Traums mit Lichtblitzen abzulenken oder es mit Futter zu locken, erfolgte keine Reaktion. Das Verhalten der Katze war vollkommen mechanisch; einige Beobachter erinnerte es an das Schlafwandeln des Menschen. Auch Schlafwandler, meist Kinder und Jugendliche, verhalten sich mechanisch, ohne auf ihre Umwelt zu reagieren. Das Schlafwandeln tritt jedoch nicht während des paradoxen Schlafes auf, sondern immer in den Tiefschlafstadien 3 und 4 und kann daher nicht mit der Unterbrechung des Mechanismus erklärt werden, der den Muskeltonus hemmt.

Jouvets Erkenntnisse über Katzen, die später an Adrian Morrisons Labor in Philadelphia untermauert wurden, weisen auf die intensive Nerventätigkeit im motorischen Rindenareal während des paradoxen Schlafes hin. Die motorische Paralyse, eine Lähmung der willkürlichen Muskulatur, die während des paradoxen Schlafes auftritt, dient dem Schutz des schlafenden Organismus. Was würde die vollkommen spontan in der Hirnrinde erzeugte Aktivierung des Verhaltensmusters verhindern, wenn keine Hemmung einträte? Hier wird die Bedeutung des Schutzmechanismus hervorgehoben, denn die größten Gefahren, die schlafwandelnden Kindern drohen, sind Verletzungen aufgrund ihres Strauchelns, Fallens und Stolperns über die verschiedensten Gegenstände.

In den letzten Jahren haben Wissenschaftler bei Menschen

Verhaltensmuster beobachtet, die an das merkwürdige Verhalten von Jouvets Katzen erinnerten. Die ersten, die dieses Phänomen beschrieben, waren Carlos Schenk und Mark Mahowald und ihre Kollegen aus Minneapolis; sie berichteten über Menschen, vorwiegend Männer, die in ihr Schlaflabor gekommen waren und über ihr gewalttätiges Verhalten während des Schlafes klagten. Nach den Aussagen ihrer Partner wachten sie in der Nacht auf und begannen ohne ersichtlichen Grund, äußerst gewalttätig zu werden, sie zerschlugen alles, was ihnen im Weg stand. Auf einer wissenschaftlichen Konferenz über den Schlaf stellte Schenk ein Videoband vor, das ein derartiges »gewalttätiges Erwachen« belegte. Die außerordentliche Kraft, die hinter diesem Verhalten der Versuchsperson stand, und die Tatsache, daß alles vollkommen »spontan« geschah, ließen niemanden unbeeindruckt. Aufnahmen von Menschen, die während des Schlafes unter Zorn- und Gewaltanfällen litten, zeigten, daß sich diese Anfälle stets nach einem kurzen Erwachen aus dem REM-Schlaf ereigneten. Obwohl der Grund für diese Unterbrechung der Traumschlafmechanismen nicht völlig klar ist, bestanden in einigen Fällen Anzeichen einer Hirndegeneration.

Worin liegt der Grund für die intensive Tätigkeit im motorischen Rindenareal während des paradoxen Schlafes? Jouvet, der vom systematischen motorischen Verhalten seiner im Hirnstamm verletzten Katzen beeindruckt war, stellte die Hypothese auf, daß eine der Rollen des paradoxen Schlafes darin bestünde, die mit dem instinktiven Verhalten verknüpften neuralen Netzwerke zu schulen. Instinkte sind eine angeborene Verhaltensform – in anderen Worten, Muster des motorischen Verhaltens, die nicht erlernt, sondern dem Nervensystem schon vor der Geburt aufgeprägt worden sind. Die Verhaltensmuster zahlreicher Arten, wie zum Beispiel Angriff, Verteidigung oder Paarung, sind instinktiv, und das Tier führt diese Handlungen von Geburt an aus, ohne darin unterwiesen worden zu sein. Ein weiteres instinktives Verhaltensmuster ist das erste Lächeln des Menschen, das während des REM-Schlafes in seinem Gesicht aufleuchtet; Säuglinge zeigen das perfekte »Traumlächeln«, ohne es vorher erlernt zu haben. Jouvet stellte Vermutungen darüber an, ob diese neuralen Netzwerke während des paradoxen Schlafes unabhängig von den Muskeln aktiviert werden, die mit den Nervenzellen verbunden und durch den Hirnstamm gehemmt sind. Diese Aktivierung gleicht dem Probelauf eines Großcomputerprogramms, mit dem man sich vergewissert, ob der Computer in einem betriebsfähigen Zustand ist. Die »Einlaufzeit« ermöglicht dem Programmierer die Aufdeckung etwaiger unvorhergesehener Probleme und die volle Ausnutzung der verschiedenen Funktionen des Computers, ehe er angeschlossen wird. Jouvet zufolge werden die mit den Instinkten verknüpften neuralen Netzwerke aufgrund der ausschlaggebenden Bedeutung der Instinkte für das Überleben der Arten in jeder Nacht überprüft.

Wie wir sehen werden, ist das nur eine der vielen Theorien über die Rolle des paradoxen Schlafes, die in den letzten Jahren entwickelt wurden.

11. Das Schlafbedürfnis

Einige Menschen kommen ins Schlaflabor und bitten uns wegen ihrer Schlafstörungen um Hilfe; sie beklagen sich bitter, daß sie »seit Monaten und vielleicht sogar seit Jahren auch nicht für einen Augenblick ein Auge zugetan haben«. Viele, die an Schlaflosigkeit leiden, sind überzeugt, daß sie tagelang überhaupt nicht geschlafen haben, aber bis jetzt hat sich nicht ein einziger Mensch gefunden, der mehr als ein paar Tage unter völliger Schlaflosigkeit gelitten hat. Tatsächlich ist es möglich, länger ohne Nahrung als ohne Schlaf auszukommen.

Der Schlaf ist unbestreitbar ein Grundbedürfnis, aber seine Dauer schwankt oft erheblich von Mensch zu Mensch. In einer seiner Abhandlungen behauptete der Rabbi Moses ben Maimon, auch Maimonides genannt, daß wir ein Drittel des Tages, das heißt acht Stunden, schlafen müßten. Auch die glücklichen Bewohner von Sir Thomas Morus' »Utopia« schliefen genau acht Stunden. Diese Mythen sind offensichtlich der Ursprung für die magische Stundenzahl, die der Mensch angeblich schlafen muß.

Im Jahr 1980 führten wir am Technion eine Umfrage über die Schlafgewohnheiten von 1 500 Industriearbeitern durch. Wir stellten fest, daß der israelische Arbeiter im Durchschnitt nicht acht, sondern sechseinhalb Stunden an Wochentagen schläft und fast acht Stunden am Wochenende. Oberschüler schlafen nicht länger. In einer kürzlichen Umfrage bei etwa 6 500 Schulkindern ermittelten wir, daß ein Viertel der Oberschüler im Jugendalter nicht mehr als sechs Stunden pro Nacht schläft. Daher überrascht es nicht, daß drei Viertel von ihnen regelmäßig am Tag schlafen. Können wir aus unserer Studie schlußfolgern, daß Jugendliche und Industriearbeiter zu wenig schlafen? Können wir einen Zusammenhang zwischen der Schlafdauer und der Produktivität beziehungsweise den Arbeitsunfällen oder den schulischen Leistungen der Jugendlichen herstellen? Wie ich darlegen werde, können wir das in einigen Fällen bestimmt tun.

Der kürzeste in der Fachliteratur dokumentierte Schlaf ist der von Miss M., einer 70jährigen Gemeindeschwester im Ruhestand aus London, die nur ungefähr eine Stunde am Tag schlief. Als die Untersuchung lief, zeigte sie sich sehr überrascht, als die mit den Laboruntersuchungen betrauten Techniker abgelöst werden mußten, um ihren Schlaf nachzuholen! Sie hatte einfach kein Verständnis für Leute, die so lange schliefen und »so viel Zeit verschwendeten«. Ray Meddis und seine Kollegen, die von dem ungewöhnlichen Fall berichteten, gaben zu, daß sie »in sehr großer Verlegenheit seien, den Fall von Miss M. zu erklären«.

Ein weiteres Phänomen, das jedoch niemals in einem Labor untersucht wurde, war ein Mann, der mit noch weniger Schlaf als in dem oben erwähnten Fall auskommen konnte. Im Jahr 1974 fand der erste internationale Kongreß von Schlafforschern aus der ganzen Welt in Edinburgh statt. Mehrere Forscher besuchten vor dem Kongreß ein Londoner Waisenhaus, dessen Direktor nach seinem Auftritt in einem Fernsehfilm der BBC Berühmtheit erlangt hatte, da er, wie im Film gezeigt wurde, insgesamt nur 15 Minuten am Tag schlief. Die Forscher wollten dieses Wunder mit eigenen Augen sehen, denn der Direktor des Waisenhauses hatte jede bekannte Theorie über die Anzahl der für einen Menschen erforderlichen Stunden Schlaf bis ins Mark erschüttert. Er hatte damit auch ein Fenster aufgestoßen, das möglicherweise die Aussicht auf ein Leben ohne Schlaf eröffnete. Ich gehörte zu den Glücklichen, die das Waisenhaus besuchen durften, und tatsächlich fand ich den Direktor äußerst beeindruckend. Als ich ihm um 23 Uhr einen Besuch abstattete, spielte er gerade mit einer Gruppe von etwa 50 Kindern. Alle Anwesenden waren bereit zu schwören, daß »der Direktor niemals schläft«, und auch ich gewann den Eindruck, daß er nur wenige Minuten am Tag schlief. Er erzählte mir von seiner Dienstzeit als Oberstleutnant bei der Britischen Luftwaffe und erwähnte, daß seine Kameraden seine außerordentlichen Schlafgewohnheiten voll ausgenutzt hätten und ihn zum ständigen Offizier im Nachtdienst ernannt hatten!

Als ich ihn zu überreden versuchte, zu Untersuchungen in unser Schlaflabor nach Israel zu kommen, warf er mich beinahe hinaus. Anscheinend hatten alle Schlafforscher, die ihn besucht hatten, ihm mehr oder weniger denselben Vorschlag unterbreitet. Er sagte mir ganz unverblümt: »Ich bin weder eine Ratte noch ein Versuchskaninchen, das sich von Labor zu Labor herumreichen und seinen Schlaf untersuchen läßt. Ob Sie es glauben oder nicht, so bin ich, und so schlafe ich.«

Aber das sind Ausnahmen, die für das äußerste »untere« Ende der Skala der kontinuierlichen Schlafdauer stehen. Heute herrscht zwischen den Forschern aus den verschiedenen Ländern Übereinstimmung darüber, daß das Schlafbedürfnis, wie die meisten biologischen Eigenschaften, einer Normalverteilung unterliegt. Es wird in Form einer glockenförmigen Kurve dargestellt und bewegt sich zwischen ungefähr viereinhalb und zehneinhalb Stunden, wobei der Durchschnitt zwischen sechseinhalb und achteinhalb Stunden liegt. Zur mittleren Gruppe gehören etwa 65 Prozent der Erwachsenen.

Mehrere Forscher haben zu ermitteln versucht, ob es zwischen Kurz- und Langschläfern Unterschiede im Persönlichkeitstyp gibt. Ernest Hartmann, ein amerikanischer Psychiater, hat sehr viel Zeit und Mühe auf dieses Thema verwandt. Er verglich Menschen, die durchschnittlich fünf Stunden pro Nacht schliefen, mit solchen, die neun Stunden oder länger schliefen.

Hartmann berichtete, daß sich Kurz- und Langschläfer in ihrem Persönlichkeitstyp durchaus unterschieden. Menschen, die weniger Stunden schliefen, waren leistungsstark, tatkräftig und aktiv; sie fanden große Befriedigung in ihrer Arbeit und in ihrem Leben und neigten nicht zu Klagen. Die Versuchspersonen, die länger schliefen, waren weniger homogen. Einige verkörperten den Typ des »ewigen Studenten«, der die meiste Zeit seines Lebens an der Universität verbringt und von einem Kurs zum anderen wechselt; einige könnte man als inbrünstige Nonkonformisten bezeichnen, und diese neigten dazu, das Experiment, die politische und die wirtschaftliche Lage und andere Dinge in Frage zu stellen und zu beklagen.

Können wir dann annehmen, daß die Länge des Schlafes für die Persönlichkeitsunterschiede zwischen Lang- und Kurzschläfern verantwortlich ist? Oder verhält es sich vielleicht umgekehrt, und die leistungsstarken und tatkräftigen Menschen, die stets beschäftigt sind und »niemals zu arbeiten aufhören«, schlafen nur deshalb weniger, weil Schlaf für sie »Zeitverschwendung« bedeutet? Wer ist die Henne, und wer ist das Ei? Leider wurden Hartmanns Erkenntnisse nicht von anderen Forschern geteilt.

Bernie Webb, der ebenfalls den Zusammenhang zwischen Persönlichkeitsprofilen und der Schlafdauer untersuchte, kam zu dem Schluß, daß hier keinerlei Zusammenhang besteht. Er faßte seine enttäuschenden Erkenntnisse in *Sleep, the Gentle Tyrant* (Schlaf, der sanfte Tyrann) zusammen: »Ebenso wie es Menschen mit großen und kleinen Ohren gibt, gibt es wohl auch von Natur aus Langschläfer und Kurzschläfer. Solche Unterschiede haben wahrscheinlich wenig Einfluß auf andere Merkmale (oder sind das Resultat davon), wie zum Beispiel Unterschiede in der Größe der Ohren oder der Haarfarbe.« Auf keinen Fall aber überrascht die Feststellung, daß sich die Lebensstile und Gewohnheiten von extrem kurzen Schläfern von denen der extrem langen Schläfer unterscheiden. Schließlich müssen Leute, die nur fünf Stunden pro Nacht schlafen, Wege finden, um ihre zusätzlichen Stunden des Wachens auszufüllen.

Auch die Erforschung des Lebens einiger berühmter historischer Persönlichkeiten verschafft uns kein klares Bild. Es ist absolut keine Übereinstimmung festzustellen: Geniale Erfinder und hervorragende Soldaten gehörten entweder zum einen oder zum anderen der zwei Extreme: Langschläfer oder Kurzschläfer. Sowohl der Erfinder der Glühbirne, Thomas Alva Edison, als auch Napoleon Bonaparte waren Kurzschläfer; für Edison war Schlafen Zeitverschwendung, und er ging sogar so weit zu behaupten, daß Menschen, die viel schliefen, Narren seien. Hätte er Albert Einstein gekannt, hätte er seine Meinung vermutlich geändert, denn Einstein gehörte zur Gruppe der Langschläfer.

Verkürzung der Schlafzeit

Eine weitere Frage, die sehr viele Menschen beschäftigt, lautet: Wie viele Stunden Schlaf braucht ein Mensch, um voll leistungsfähig zu sein? Leider gibt es darauf keine eindeutige Antwort. Wir sollten uns nicht gleich ängstigen, wenn ein Baby zu wenig schläft; wenn der Säugling während seiner wachen Stunden lebhaft und glücklich ist, hat er ausreichend Schlaf. Ein Mensch, der fünf oder sechs Stunden pro Nacht schläft, tagsüber rege und tatkräftig ist und weder unter chronischer Ermüdung leidet noch ein starkes Schlafbedürfnis hat, wird mit großer Wahrscheinlichkeit nicht mehr Schlaf brauchen.

Wieder eine andere Frage lautet: Kann ein Mensch, der es ge-

146

wohnt ist, jede Nacht eine bestimmte Anzahl von Stunden zu schlafen, seine Schlafgewohnheiten ändern? Diese Frage ist in einem Land wie Israel, wo Wehrpflicht besteht, von entscheidender Bedeutung. Oberschüler, die ihre Reifeprüfung abgelegt haben, gewöhnen es sich häufig an, bis gegen Mittag zu schlafen. Dann kommen sie zur Armee, wo sie in der Regel etwa sechs Stunden pro Nacht schlafen und zwischen 5 und 6 Uhr am Morgen aufstehen müssen. Einige behaupten, sie könnten sich überhaupt nicht an das Leben in der Armee gewöhnen, schon aus dem einfachen Grund, weil sie so früh aufstehen müßten. Inwieweit kann man dann Schlafgewohnheiten ändern oder neu gestalten?

Die Möglichkeit einer Verkürzung der Schlafzeit scheint sehr attraktiv zu sein. Wenn eine solche Verkürzung ohne schädliche Nebenwirkungen erreicht werden könnte, wäre es uns möglich, länger zu arbeiten. Der britische Schlafforscher Jim Horne unterteilte den Schlaf in zwei Arten: den »Kernschlaf« oder unentbehrlichen Schlaf und den »Luxusschlaf«. Horne zufolge braucht der Organismus nur den Schlaf, der lebenswichtig ist und der vorwiegend aus Tiefschlaf besteht, während man den restlichen Schlaf in die Kategorie des Luxusschlafes einordnen und verkürzen könnte, ohne daß der Körper Schaden nehme. Mit dieser Erscheinung verhält es sich wie mit dem Essen, sagt Horne. Obwohl es stimmt, daß Nahrung für den Organismus lebenswichtig ist, essen wir nicht einfach nur, um zu leben, sondern aus vielen anderen Gründen und in Mengen, die über den Bedarf des Körpers hinausgehen.

Überraschenderweise haben die Auswirkungen ständiger Einschränkungen der Schlafdauer weniger Aufmerksamkeit erregt als der vollkommene Schlafentzug, obwohl letzterer im Alltag weitaus seltener vorkommt. Einige Forscher haben zu ergründen versucht, was geschieht, wenn die Schlafdauer über einen längeren Zeitraum um, sagen wir, 20 bis 30 Prozent verkürzt wird. Bernie Webb und Bob Agnew erforschten 60 Tage lang die Auswirkungen der Verkürzung der Schlafdauer bei jungen Erwachsenen von siebeneinhalb oder acht auf fünfeinhalb Stunden. Sie stellten fest, daß die Verkürzung der Schlafdauer – die hauptsächlich den REM-Schlaf betraf, der nur 25 Prozent der Basiswerte ausmachte – keine größeren Folgen für das Verhalten der Versuchspersonen hatte. In ihrem Beitrag *Psychophy-*

siologie kamen die beiden Wissenschaftler zu dem Schluß: »Es ist nicht wahrscheinlich, daß ein paar Stunden von vorübergehendem oder selbst regelmäßigem Schlafverlust über einen relativ langen Zeitraum aufgrund von Arbeitsanforderungen, Persönlichkeitsstörungen oder Schlaflosigkeit größere Auswirkungen auf das Verhalten haben.«

Aus naheliegenden Gründen hat auch die Kriegsmarine der Vereinigten Staaten ausführliche Untersuchungen zu diesem Thema angestellt. Drei Marineangehörige, die es gewohnt waren, acht Stunden pro Nacht zu schlafen, wurden für das erste Experiment der Kriegsmarine ausgewählt. Man hatte ihnen eine Belohnung zugesagt, wenn es ihnen gelänge, in einem Zeitraum von vier bis fünf Monaten ihr Schlafpensum alle drei Wochen um dreißig Minuten zu verkürzen. Die Forscher wollten den Grenzwert ermitteln, an dem die Versuchspersonen »mürbe würden«, und beobachten, wie die allmähliche Verkürzung des Schlafes deren Verhalten beeinflußte. Den Freiwilligen wurde es freigestellt, aus der Studie auszusteigen, wenn sie den kritischen Punkt ihrer Schlafdauer erreicht hatten. Ein weiteres Ziel der Studie, das vor den Versuchspersonen geheimgehalten wurde, bestand darin zu untersuchen, ob sie nach Einstellung der Zahlungen ihre veränderten Schlafgewohnheiten beibehalten würden.

Alle drei Versuchspersonen verkürzten ihre Schlafdauer während des Experiments in der Kriegsmarine; einer erreichte vier Stunden Schlaf, und die anderen beiden schafften fünf Stunden. Der Preis, den sie in den Endphasen des Experiments zahlten, war hoch: Bei allen dreien waren wesentliche Anzeichen für ein Schlafdefizit, wie Müdigkeit und Gereiztheit, festzustellen. Das überraschendste Ergebnis des Experiments aber war, daß acht Monate nach seiner Beendigung und nach der Belohnung der Versuchspersonen alle drei Teilnehmer berichteten, ihr tägliches Schlafpensum um eine oder um anderthalb Stunden verkürzt zu haben. Inzwischen hatten sie anscheinend gelernt, mit weniger Schlaf auszukommen und machten sich so ihre zusätzlichen wachen Stunden zunutze.

Im Anschluß an diese Ergebnisse führte das Regiment der USA-Kriegsmarine in San Diego ein weiteres Experiment mit fünf Studentenehepaaren durch, die an der Universität Kalifornien in San Diego studierten und in der Regel siebeneinhalb bis acht Stunden pro Nacht schliefen. Diesmal wurden den Versuchspersonen andere Anpassungszeiten vorgegeben; die erste halbstündige Verkürzung von acht auf siebeneinhalb Stunden erfolgte innerhalb von zehn Tagen und die zweite innerhalb von drei Wochen. Sobald die Versuchspersonen weniger als sechs Stunden Schlaf pro Nacht erreicht hatten, gab man ihnen für jede weitere Verkürzung um dreißig Minuten einen Monat Zeit. Wie beim ersten Experiment wurde festgestellt, daß alle Paare auf weniger als sechs Stunden Schlaf pro Nacht kamen; ein Paar schaffte fünf Stunden und ein anderes sogar viereinhalb Stunden.

Die Gereiztheit und die Müdigkeit, die während des ersten Experiments beobachtet worden waren, zeigten sich auch in den Endphasen des zweiten Experiments. Einige Paare konnten die Überanstrengung nicht verkraften und mußten mindestens eine Stunde am Tag schlafen, aber ein Jahr nach Abschluß des Experiments war nicht eine der Versuchspersonen zu ihren früheren Schlafgewohnheiten zurückgekehrt. Der »große Gewinner« war ein Mann, dessen Schlaf sich auf fünfeinhalb Stunden pro Nacht anstelle von acht eingependelt hatte und der behauptete, er fühle sich wohl, sei voll leistungsfähig und erkenne jetzt, daß er früher täglich zweieinhalb Stunden für unnötigen Schlaf verschwendet hatte. Wenn wir diese Verkürzung mit der Zahl der Tage in einem Monat, der Zahl der Monate in einem Jahr und schließlich mit der Anzahl der Jahre der Lebenserwartung der Versuchsperson multiplizieren, war sein »Gewinn« wirklich riesengroß.

Ist das so? Können wir die Schlafzeit tatsächlich ohne Gefahr einschränken und wertvolle Wachstunden »gewinnen«? Die in den allerletzten Jahren durchgeführten Studien haben diese stark vereinfachende Auffassung widerlegt. Menschen, die ihren Schlaf verkürzen, zahlen einen Preis in Form von erhöhter Schläfrigkeit während des Tages, auch wenn sie jede schädliche Nebenwirkung ausdrücklich abstreiten mögen. Schläfrigkeit ist ein schwer zu beschreibendes Gefühl; die zunehmende Kenntnis vom Zusammenhang zwischen Schlafstörungen und übermäßiger Schläfrigkeit am Tag (siehe Kapitel 19) hat uns gezeigt, daß viele Menschen ihr tägliches Leben buchstäblich im Halbschlaf verbringen, ohne sich dessen bewußt zu sein oder es zugeben zu wollen. Ich bin mit Dutzenden Patienten zusammengetroffen, die heftig abstritten, sich schläfrig zu fühlen, und wenn ihre Ehepartner nicht so hartnäckig gewesen wären, hätten sie sich wohl niemals in einer Schlafklinik beraten lassen. Es ist immer wieder erstaunlich mitzuerleben, wie Paare in einen hitzigen Streit geraten, wenn es um das Thema der übermäßigen Schläfrigkeit geht: Während der eine sie hartnäckig ableugnet, erinnert sich der andere genau an die Zeit und den Ort, wo der Ehepartner eingenickt ist. Es besteht kein Zweifel darüber, daß Menschen, die zu wenig schlafen und den Schlaf als Zeitverschwendung betrachten, damit leben können, wenn sie ausreichend motiviert sind.

Das Leugnen der Schläfrigkeit wird nicht mehr als Beweis für eine ausreichende Munterkeit anerkannt. Mit der Anwendung des in Kapitel 5 beschriebenen multiplen Schlaflatenztests hat Mary Carskadon gezeigt, daß die Beschränkung der Schlafdauer auf fünf Stunden in sieben aufeinanderfolgenden Nächten die Neigung zur Folge hatte, tagsüber zu schlafen, vor allem während der letzten zwei Tage des Experiments. Bei der Hälfte der Versuchspersonen wurde der Grad der Schläfrigkeit als »pathologisch« gewertet – das heißt, sie erreichten dieselbe Stufe der Schläfrigkeit wie Patienten mit Schlafstörungen. Die übrigen Versuchspersonen erreichten »Schläfrigkeitsgrenzwerte«. In der gesamten Gruppe halbierte sich die Latenz, tagsüber einzuschlafen, von 14,3 Minuten am Anfang der Studie auf sieben Minuten nach sieben Nächten Schlafbeschränkung.

Adi Gonen, ein Doktorand an meinem Labor, wandte ein solches Verfahren an, um bei jungen Erwachsenen nach ihrer Einberufung in die Armee Veränderungen in der Schläfrigkeit zu erforschen. Er ermittelte die Schläfrigkeitsstufen von Oberschulabgängern, als sie achteinhalb bis zehn Stunden pro Nacht schliefen, und dann wieder drei Monate nach dem Beginn ihrer militärischen Ausbildung, als ihnen laut Armeevorschriften sechs Stunden Schlaf zugestanden wurden. Adi beobachtete bei jeder einzelnen seiner Versuchspersonen einen starken Anstieg der Schläfrigkeit. Da die Ausbildung nicht mit schwerer körperlicher Anstrengung verbunden war, mußte man die erhöhte Schläfrigkeit wohl auf die reduzierte Schlafdauer zurückführen.

Die oben genannten Beobachtungen legten den Schluß nahe, daß viele Menschen, vor allem junge Erwachsene, unter einem chronischen Schlafdefizit leiden. Das wurde eigentlich schon vor

20 Jahren von Webb und Agnew bemerkt, lange ehe das Problem der übermäßigen Schläfrigkeit und ihr Preis bei den Schlafforschern in Mode kamen. Viele von uns, die am Wochenende lange schlafen oder tagsüber ihr Schläfchen machen, wann immer es möglich ist, geben sich keinem Luxusschlaf hin, sondern versuchen nur, ihre Schlafkonten auszugleichen.

»Akrobatensprung« – 80 Stunden ohne Schlaf

In den letzten Jahren wurden viele Studien mit dem Ziel durchgeführt, die Auswirkungen der reduzierten Schlafdauer oder des völligen Schlafentzugs auf das Verhalten und die Funktionsweise des Körpers zu untersuchen. Experimente zum Schlafentzug bei Menschen dauern in der Regel zwei bis drei oder höchstens vier Tage. Nach einer genauen Überprüfung der Ergebnisse dieser Studien stellt man mit einiger Verwunderung fest, daß ein völliger Schlafentzug über mehrere Nächte weder im Verhalten noch im körperlichen Zustand der Versuchspersonen zu dramatischen Veränderungen führt. Die Ergebnisse dieser Studien deuten auf einen gewissen Abfall in den Tagesfunktionen hin, was durch träge Reaktionen und eine Verlangsamung der Denkgeschwindigkeit manifest wird. Es wurde beobachtet, daß Versuchspersonen eher versagten, wenn ihnen komplexe Aufgaben übertragen wurden, die ihnen ein hohes Maß an Aufmerksamkeit und große Gedächtnisleistungen abverlangten, als wenn ihnen ganz einfache Aufgaben gestellt wurden, die sie automatisch ausführen konnten. Auch Stimmungswandel waren zu beobachten: Depression und ein erhöhter Spannungszustand sowie eine gesteigerte zwischenmenschliche Sensibilität. Menschen mit Schlafentzug neigen dazu, sich in sich selbst zurückzuziehen und auf Belanglosigkeiten aggressiv zu reagieren. Mit Zunahme der Stunden und Tage ohne Schlaf nimmt auch das Gefühl der Ermüdung und Schläfrigkeit zu. Diese Gefühle wechseln auch in Abhängigkeit von der Tageszeit. Die schwierigste Zeit für Schlafentzugexperimente sind die frühen Morgenstunden, in denen, wie Sie sich erinnern werden, die Körpertemperatur und der Grad der Munterkeit ihren Tiefpunkt erreichen. Um diese Zeit müssen die Labortechniker ihre gesamte Kraft und Energie aufbringen, um ihre Versuchspersonen wachzuhalten, da deren

Verlangen nach Schlaf dann so groß ist, daß der Schlaf sie in vielen und mannigfaltigen Formen überwältigt. Möglicherweise ist ein nächtlicher Spaziergang eine Lösung, um gegen zufallende Augenlider anzukämpfen, aber er wirft ein Problem auf, wenn wir die Ergebnisse der Studie auswerten. Es wird schwierig zu differenzieren: Waren die im Verhalten der Versuchsperson beobachteten Veränderungen allein das Resultat des Schlafentzugs, oder waren sie auch eine Folge der erhöhten und fortwährenden motorischen Aktivität, die erforderlich war, um sie wachzuhalten?

Eine der Erscheinungen, die große Aufmerksamkeit erregte, war das Auftreten von Halluzinationen und verzerrten Wahrnehmungen. Obwohl nur eine kleine Zahl der Versuchspersonen von ihnen betroffen war, riefen sie bei den Laborassistenten sowohl Aufsehen als auch Besorgnis hervor. Das Ziel eines Experiments, bei dem ich zugegen war, bestand in der Untersuchung der Auswirkungen von mehr als 80 Stunden Schlafentzug auf die Funktionsfähigkeit von Soldaten unter Kampfbedingungen. Die 64 jungen Soldaten, die sich freiwillig für das Experiment gemeldet hatten, waren entschlossen, ihren Auftrag erfolgreich zu erfüllen. Sie wollten ihren Offizieren und den vielen Psychologen und Ärzten, die sie während des gesamten Experiments begleiteten, beweisen, daß ihre Funktionstüchtigkeit nicht beeinträchtigt werden würde. Die erste Nacht und der Tag danach verliefen ohne Zwischenfälle. Die Moral der Soldaten war hoch, und sie zeigten kaum Anzeichen von Einnicken oder unfreiwilligem Einschlafen. Dieses Bild veränderte sich in der zweiten Nacht drastisch und in der dritten noch mehr. Im Laufe dieser Nächte, und vor allem in den frühen Morgenstunden vor dem Sonnenaufgang, mußten die Assistenten die Soldaten ständig im Auge behalten, um sich davon zu überzeugen, daß sie nicht einschliefen. Einige schliefen im Stehen, Sitzen und sogar im Laufen ein. In der dritten Nacht des Experiments traf ich mich um 2 Uhr mit einer Gruppe Soldaten zu einem Gespräch. Sie schaukelten von einer Seite zur anderen, um wachzubleiben, während sie standen. Als sie meine Fragen beantworteten, sprach die Erschöpfung aus ihrer Stimme; sie sprachen langsam und unter großer Anstrengung. In demselben Gespräch berichteten einige Soldaten, daß sie seit ein paar Stunden mit sich selbst oder mit verschiedenen Gegenständen in ihrer Umgebung sprechen würden, die sie sich als Menschen vorstellten, und das hätte sie verwirrt und erschreckt. Ein Soldat beschrieb ein unheimliches Erlebnis, das er wenige Minuten vor unserem Treffen hatte. Während er zusammen mit seinen Kameraden marschierte, hatte er sich plötzlich vor sich selbst marschieren sehen. Er sagte, das sei so gewesen, als hätte er sich in zwei verschiedene Menschen geteilt, wobei einer den anderen beobachtete!

Mehrere Forscher haben dieses Phänomen der verzerrten Wahrnehmung und der Halluzinationen unter Bedingungen eines längeren Schlafentzugs geschildert. Jemand nannte es die »Schlafentzugspsychose« und behauptete, daß ein längerer Schlafentzug schwere Geistesstörungen hervorrufen könne, jedoch muß betont werden, daß diese Erscheinung nicht so häufig auftritt, wie einige annehmen. Sie tritt nur bei ganz wenigen auf, und sobald der Tiefpunkt der Nacht vorüber ist, verschwindet sie wieder, ohne Spuren zu hinterlassen. Und nachdem die Sonne aufgegangen war, änderte sich das Verhalten der Soldaten tatsächlich schlagartig. Am vierten Tag des Experiments erfüllten die Soldaten ihre militärischen Aufgaben nach mehr als 80 Stunden ohne Schlaf mit derselben Fertigkeit und Geschwindigkeit wie am ersten Tag, als sie nach sieben Stunden Schlaf ausgeruht waren. Nach Abschluß des Experiments schliefen die Teilnehmer lediglich acht bis zehn Stunden. Wie zahlreiche Forscher berichtet haben, unterscheidet sich der Schlaf nach einem längeren Zeitraum des Wachens vor allem in der Spannung der langsamen Hirnstromwellen vom regelmäßigen Schlaf.

Auf den ersten Blick bewiesen die Ergebnisse des militärischen Experiments über den Schlafentzug (das den treffenden Decknamen »Akrobatensprung« erhalten hatte), daß militärische Aufträge selbst nach vier Tagen ohne Schlaf noch auf einem hohen Niveau ausgeführt werden können. Für die Teilnehmer früherer Kriege war das keine große Überraschung. Die Fähigkeit, unter Kampfbedingungen über mehrere Tage hinweg auch ohne Schlaf einsatzfähig zu sein, ist bekannt. Man sollte bedenken, daß die Motivation unter diesen Bedingungen unglaublich hoch ist und daß Angst, Streß und körperliche Anstrengung dazu beitragen, die Schläfrigkeit abzuwehren. Die Obergrenze für eine ununterbrochene Aktivität ohne Schlaf unter Bedingungen, in denen die Energiereserven vollkommen aufgebraucht werden, scheint bei etwa vier Tagen zu liegen.

Schlafentzug in den Büchern der Rekorde

In den Aufzeichnungen der modernen Schlafforschung sind zwei Versuche dokumentiert, bei denen Testpersonen sich das Ziel gesetzt hatten, mehr als 200 Stunden wach zu bleiben. Im Jahr 1959 versuchte ein Rundfunksprecher namens Peter Trip, 200 Stunden nicht zu schlafen, um Geld für den Amerikanischen Dimes-Marsch zu sammeln. Dazu begab er sich in eine durchsichtige Übertragungskabine, die auf dem New Yorker Times Square aufgestellt worden war, damit ihn die Passanten während seines gesamten Marathonversuchs beobachten konnten. Erst gegen Ende des Experiments begann er, Anzeichen für eine Verhaltensdegeneration zu zeigen, als in der Nacht deutliche Signale für eine von Halluzinationen begleitete Psychose auftraten. Trip fing an, Verdacht zu schöpfen, daß seinem Essen ein Betäubungsmittel beigemischt wurde, damit er einschliefe. William Dement, der die Geschichte von Peter Trip in *Some Must Watch While Some Must Sleep* wiedergab, sagte von sich selbst, daß er sich manchmal, wenn er über längere Zeit in Nathaniel Kleitmans Labor wach bleiben mußte, plötzlich dabei ertappte, daß er seinen Kollegen mißtraute und sie eines Komplotts gegen ihn verdächtigte. Da ihm als Schlafforscher die trügerischen Wirkungen des Mangels an Schlaf voll bewußt waren, sagte er sich dann immer: »Es besteht kein Grund zu dieser Vermutung. Ich weiß, daß sie lächerlich ist, und ich weiß, daß der fehlende Schlaf die Ursache für diesen Wahn ist.« Doch die irrationalen Befürchtungen und die genaue Kenntnis ihres Ursprungs schlossen einander nicht aus.

Der zweite Versuch, einen Rekord im Wachbleiben aufzustellen, wurde wissenschaftlich dokumentiert. Im Jahr 1965 setzte sich Randy Gardner, ein 17jähriger Jugendlicher aus San Diego, das Ziel, den im *Guinness-Buch der Rekorde* verzeichneten Rekord von 260 Stunden zu brechen. In dem Maße, wie Randys Versuch seinen Fortgang nahm, erhöhte sich das Interesse der Öffentlichkeit und der Wissenschaftler. Nach 70 Stunden reisten Fernsehteams mit ihren Kameras und Reporter als Beobachter in Dements Labor in Stanford an. Wie erwartet, hatte Randy in der Nacht größte Schwierigkeiten, wach zu bleiben, und es kostete ihn übermenschliche Anstrengungen, die Anfälle zwanghafter Schläfrigkeit zu überwinden. Dement, der das Experiment genau verfolgte, um sicherzugehen, daß Randy nicht schlief, erzählte, eine seiner beeindruckendsten Erinnerungen an das Experiment sei ein Basketballspiel mit Randy um 3 Uhr in der letzten Nacht gewesen. Randy schlug ihn, und Dement behauptete, der Sieg des jungen Mannes hätte bewiesen, daß seine motorischen und körperlichen Funktionen nicht beeinträchtigt gewesen waren. Nachdem Randy einen neuen Rekord von 264 Stunden aufgestellt hatte, gab er eine Pressekonferenz und beantwortete die Fragen an ihn mit viel Humor. Nach der Pressekonferenz begab sich Randy in das Schlaflabor der USA-Kriegsmarine in San Diego, wo er zehn Stunden und 40 Minuten schlief. Als er erwachte, fühlte er sich ausgeruht und war den ganzen Tag über voller Schwung und Energie; in der Nacht darauf schlief er nur acht Stunden, was sein übliches Maß war. Während des gesamten Experiments wurden keine anormalen Erscheinungen, wie Halluzination, illusionäre Verkennungen oder extreme Stimmungsschwankungen, beobachtet.

Aus den Resultaten des »Akrobatensprungs« und des Kraftakts von Randy Gardner kann man die Schlußfolgerung ziehen, daß Menschen, die fest dazu entschlossen sind, mehrere Tage hintereinander ohne Schlaf auskommen können, besonders wenn sie Unterstützung in Form von ständiger Überwachung und anregenden Stimuli bekommen. Da der Schlaf in der kritischen Zeit der frühen Morgenstunden einzig und allein durch intensive körperliche Betätigung abgewehrt werden kann, ist die körperliche Kondition sehr wichtig. Körperlich gesunde Menschen sind einfach besser gerüstet, längere Zeitspannen ohne Schlaf durchzustehen.

Die Kultur des brennenden Lichts

Das Experiment »Akrobatensprung« begann an einem Sonntag und dauerte nach mehr als 80 Stunden Schlafentzug bis zum Mittwochmorgen. Die Teilnehmer neigten eher zu der Annahme, daß der Schlaf für militärische Aktivitäten vielleicht nicht so wichtig sei, wie die Schlafforscher behaupteten. War es möglich, mehrere Tage problemlos ohne Schlaf funktionsfähig zu sein?

Dieser Glaube ist natürlich in vielen militärischen Kulturen auf der ganzen Welt tief verwurzelt. Das israelische *Militärische*

Glossar enthält den Begriff *Kultur des brennenden Lichts*, der für die allgemein übliche Praxis steht, Stabsberatungen bis in die frühen Morgenstunden abzuhalten, so daß es für die Offiziere beinahe zwingend ist, sich erst schlafen zu legen, lange nachdem der letzte Mann ihrer Mannschaft zu Bett gegangen ist. Das Licht, das im Zimmer des Brigade- oder Bataillonskommandeurs brennt, ist seit langem ein Symbol für Sorgfalt und Fleiß. Keiner seiner Untergebenen wird es wagen, zu Bett zu gehen, solange das Licht des Kommandeurs noch brennt.

Kaum war ich nach dem »Akrobatensprung« nach Hause gekommen, als mich ein befreundeter Arzt anrief, der damals gerade einen Kurs für höhere Offiziere abhielt. Es war recht seltsam. Da stand ich nun, nach einer Woche Aufenthalt in der Negev noch voller Wüstenstaub und noch immer tief beeindruckt von dem Experiment, und am anderen Ende der Leitung sprach Dr. V. und bat mich in einer dringenden Angelegenheit, die die Schlafzeiten in einem Armeekurs betraf, um Hilfe. Zunächst war ich überzeugt, daß er vom »Akrobatensprung« gehört hatte und in seiner humoristischen Art seine Bewunderung für das Experiment zum Ausdruck bringen wollte, aber es stellte sich heraus, daß er wirklich ein Problem hatte. Die Teilnehmer seines Kurses litten an einem chronischen Schlafdefizit. Dr. V. zufolge hatten sie in den letzten zwei Wochen nur zwei bis drei Stunden pro Nacht geschlafen; die Männer schliefen während der Vorlesungen und Übungen und selbst in risikoreichen Situationen, wie beim Autofahren, ein. Als sie sich beim kommandierenden Offizier des Kurses beschwerten, lautete dessen lakonische Antwort: »Auch ich schlafe nicht länger als zwei Stunden pro Nacht; wenn ich das kann, können Sie es auch.«

Die Annahme, daß jeder die gleiche Menge Schlaf braucht, entbehrt jeder Grundlage. Jemand, der sechs Stunden Schlaf pro Nacht braucht, wird mit zwei bis drei oder selbst fünf Stunden Schlaf pro Nacht nicht über längere Zeit voll leistungsfähig sein können. In einer solchen Situation besteht die unmittelbare Gefahr des zwanghaften Einschlafens am Tag, vor allem in Zeiten der Untätigkeit, aber auch häufig in aktiven Phasen. Einige dieser Schlafabschnitte dauern nur wenige Sekunden, aber sie stellen ein hohes Sicherheitsrisiko dar. Während des Autofahrens reichen zwei oder drei Sekunden, in denen der Fahrer einnickt, schon aus, um das Fahrzeug in einen Graben zu fahren!

Ich schlug Dr. V. vor, sich noch einmal an seinen kommandierenden Offizier zu wenden und ihn um eine Diskussion zum Thema Schlaf als Bestandteil des Kurses zu bitten, an der auch Spezialisten auf diesem Gebeit teilnehmen sollten; auch ich erklärte mich zur Teilnahme bereit. Ich weiß nicht, ob mein Vorschlag aufgegriffen wurde, aber die Tatsache, daß Dr. V. nicht mehr auf mich zurückkam, war wohl eine Bestätigung dafür, daß sich in der Frage der Schlafzeiten etwas getan hatte.

Es besteht kein Zweifel, daß Menschen, die an einem chronischen Schlafdefizit leiden, nicht voll funktionsfähig sind. Sie sind müde und neigen zu Gereiztheit und Depression. In den Dauerbefehlen der israelischen Streitkräfte heißt es, daß Soldaten mindestens sechs Stunden Schlaf pro Nacht zu bewilligen sind und daß ihnen nach Nachtoperationen oder -übungen außerdem ein Ausgleich für den verlorengegangenen Schlaf zu gewähren ist. Offiziere, vor allem der unteren Dienstgrade, müssen darüber belehrt werden, daß ein Schlafdefizit über einen längeren Zeitraum weder dem Heldentum förderlich ist noch bessere Soldaten aus ihnen macht.

Das Bestehen auf ausreichendem Schlaf ist nicht nur für das Militär von Bedeutung. Kürzlich fand eine öffentliche Debatte über das Thema der Schlafdauer von Berufsgruppen statt, die für die Sicherheit der Öffentlichkeit eine besondere Verantwortung tragen, wie Kraftfahrer, Piloten und Ärzte. Bei einem Kraftfahrer, der an einem chronischen Schlafdefizit leidet, besteht die Wahrscheinlichkeit, daß er einen Verkehrsunfall verursacht – nicht nur deshalb, weil er einen Augenblick lang einschläft, sondern auch infolge seiner mangelnden Aufmerksamkeit und seiner langsamen Reaktion in einer Gefahrensituation. Daher ist es nur logisch, wenn die Gesetze die Schlafdauer von Fahrzeugführern im öffentlichen Dienst festlegen und die Stundenzahl begrenzen, die sie hinter dem Steuer verbringen dürfen.

Es überrascht ein wenig, daß die Medizin der einzige Berufszweig ist, in dem die Mitarbeiter ohne Rücksicht auf ihren Schlaf weiterarbeiten müssen. Assistenzärzte müssen nach ihrem Nachtdienst ungeachtet ihrer Ermüdung den ganzen darauffolgenden Tag Dienst tun, so als ob sie die ganze Nacht geschlafen hätten. In einer im Schlaflabor des Technion durchgeführten Untersuchung ermittelten wir, daß Assistenzärzte, die in der Notaufnahme eines großen Krankenhauses Nachtdienst hatten, durchschnittlich nur zweieinhalb Stunden pro Nacht schliefen. Nachden sie ihr Pensum in der Nachtschicht erfüllt hatten, arbeiteten sie am nächsten Tag noch weitere acht Stunden oder länger, ohne auch nur über ihr Schlafdefizit nachzudenken, und da die meisten Assistenzärzte mindestens zweimal in der Woche Nachtdienst hatten, kamen wir zu dem Schluß: Assistenzärzte leiden an einem chronischen Schlafdefizit, das ihre Tätigkeit als Mediziner erheblich beeinträchtigen kann. Da es auf der Hand liegt, daß die langen Nächte, die Krankenhausärzte im Dienst sind, sich auf ihre normale Funktionsfähigkeit während des Tages auswirken, wurde diese Arbeitsweise in den letzten Jahren zunehmend von der Öffentlichkeit und dem Berufsstand der Mediziner kritisiert. Der Staat New York änderte als erster in der Welt die Dienstvorschriften für Ärzte und begrenzte deren Arbeitszeit nach dem Nachtdienst. Eingeführt wurde diese Veränderung nach einem Unglücksfall, in dessen Folge eine 18jährige Patientin (Libby Zion) wegen angeblicher Fahrlässigkeit während ihrer Behandlung in den frühen Morgenstunden verstarb. Der Vater der Patientin, ein Anwalt und Journalist, startete einen kompromißlosen, öffentlichen Feldzug für veränderte Arbeitszeiten der Ärzte – und seine Bemühungen waren von Erfolg gekrönt. Vom 1. Juli 1989 an wurde die Arbeitszeit von Assistenzärzten im Staat New York auf 80 Wochenstunden begrenzt. Seitdem haben viele andere Krankenhäuser die Dienstpläne ihrer Assistenzärzte aus eigenem Entschluß geändert, aber noch ist kein anderer Bundesstaat dem Beispiel der New Yorker Gesetzgebung gefolgt.

Die Rolle des Schlafes

Die Ergebnisse der ersten Untersuchungen über einen völligen Schlafentzug bei jungen Hunden, die am Ende des vergangenen Jahrhunderts durchgeführt wurden, waren ungemein aufsehenerregend. Nach etwa sieben oder zehn Tagen ohne Schlaf starben die Tiere, aber die Todesursache war unbekannt. Eine Autopsie, die normalerweise zur Aufklärung der Todesursache beigetragen hätte, ergab keinerlei Anzeichen für eine Veränderung im Hirngewebe oder in anderen lebenswichtigen Organen.

Die relativ spärlichen Erkenntnisse über die Auswirkungen

von Schlafentzug bei Menschen stehen offenbar im Widerspruch zu den Ergebnissen von Henri Pieron, der am Ende des vergangenen Jahrhunderts bewies, daß ein acht- bis zehntägiger Schlafentzug bei Tieren zum Tod führte. Worin liegt dann die Bedeutung des Schlafes?

In den letzten Jahren wurden große Fortschritte darin gemacht, die Bedeutung und die Rolle des Schlafes zu begreifen. Diese Fortschritte sind die Früchte der Forschungsarbeit des erfahrenen Schlafforschers Allan Rechtschaffen und seiner Kollegen von der Universität Chicago. Wie bereits erwähnt, besteht bei jeder Studie über den Schlafentzug eines der schwierigsten methodischen Probleme darin, zwischen dem Resultat des Schlafentzugs selbst und dem Resultat der körperlichen Betätigung zu trennen, die erforderlich ist, damit die Versuchsperson wach bleibt. Als Untersuchungen über den Schlafentzug an Tieren durchgeführt wurden, regte man daher die Tiere in der Regel zur Fortsetzung ihrer motorischen Tätigkeit an, um den Schlaf von ihnen fernzuhalten. Rechtschaffen hatte eine glänzende Idee, wie man die Wirkungen des »reinen« Schlafentzugs untersuchen und dabei die unerwünschten Wirkungen der künstlich erzeugten motorischen Tätigkeit bei den Labortieren ausschalten könne. Wenn man einen Computer einsetzt, läßt sich die Konfiguration der für das Schlafen und Wachen typischen Hirnstromwellen leicht erkennen. Rechtschaffen und seine Kollegen bauten einen Apparat in Form einer Drehscheibe mit einem Durchmesser von 46 cm. Die Scheibe war durch eine Trennwand geteilt und wurde auf einer Welle befestigt und über eine flache Schale gelegt, die bis zu einer Höhe von zwei bis drei Zentimetern mit Wasser gefüllt war. Auf die Drehscheibe wurden zwei Ratten gesetzt, eine links und eine rechts der Trennwand, denen man vorher Elektroden in das Gehirn implantiert hatte, die mit dem Computer verbunden waren.

Das Schlafentzugexperiment lief folgendermaßen ab: Einer Ratte wurde die Rolle des Versuchstiers zugewiesen, während die andere sie überwachte. Wenn der Computer die typischen Schlafanzeichen in der Konfiguration der Hirnstromwellen des Versuchstiers erkannte, aktivierte er die Drehscheibe, die sich dann langsam zu drehen begann, so daß die Ratte geweckt und infolgedessen gezwungen wurde, gegen die Drehrichtung der Scheibe zu laufen, um nicht ins Wasser zu fallen. Wenn die Ratte

Allan Rechtschaffen

nicht aufwachte, wurde sie ins Wasser gestoßen, wo sie dann
sofort erwachte. Ähnlich wurde mit dem Überwachungstier auf
der anderen Seite der Trennwand verfahren, da es sich auf derselben Drehscheibe befand. Während der Schlaf der Versuchs-
ratte stark beschnitten war, konnte die Überwachungsratte immer dann schlafen, wenn das Versuchstier wach war und die
Drehscheibe ruhig stehenblieb. Auf diese Weise gelang es Rechtschaffen, dem Versuchstier viele Tage lang Schlaf zu entziehen,
während das Überwachungstier entweder überhaupt keinen
Schlaf oder sehr viel weniger Schlaf einbüßte. Da beide Tiere genau derselben Behandlung ausgesetzt waren, könnte man annehmen, daß die Stimulation bei beiden mit Ausnahme des
Schlafentzugs völlig gleich war. Rechtschaffens Ergebnissen zufolge starben nur die Versuchstiere nach zwei bis drei Wochen
Schlafentzug. Ebenso wie bei Pierons jungen Hunden waren
weder im Hirngewebe noch in den lebenswichtigen inneren Organen schwerwiegende Abnormitäten festzustellen, die möglicherweise einen Anhaltspunkt für die Todesursache gegeben hätten. Die wichtigsten Veränderungen, die bei den Versuchstieren
beobachtet wurden, betrafen ihr Fell und ihr allgemeines Ausse-
hen. Als ich Rechtschaffens Labor besuchte, führte er mich
durch alle Räume. In jeder Ecke stand ein Versuchsapparat,
und in ihm befanden sich je zwei Ratten. Ich erkannte auf den

ersten Blick, welche von ihnen das Versuchstier und welche das Überwachungstier war. Das Fell der Versuchstiere war dünn und schmutzig, obwohl die Tiere sich auch weiterhin geputzt hatten.

Wie in einem Krimi von Agatha Christie forschten Rechtschaffen und seine Kollegen nach der Todesursache. Zuerst vermuteten sie, daß Hypothermie, ein Abfall der Körpertemperatur, die Ursache sei, da bei allen Versuchsratten ein Rückgang der Körpertemperatur zu verzeichnen war. Aber auch wenn die Versuchsratten mit einem elektrischen Heizkörper warm gehalten wurden, starben sie. Somit war die Hypothermie nicht unbedingt die Todesursache. Der Zerfall von Körpergeweben infolge eines beschleunigten Stoffwechsels sowie systemische Infektionen wurden nach mehreren aufwendigen Versuchen ebenfalls ausgeschlossen.

Wenn die direkten Todesursachen der Ratten, denen Schlaf entzogen worden war, auch im dunkeln blieben, lieferten Rechtschaffens Untersuchungen dennoch neue Informationen über die möglichen Funktionen des Schlafes. Unter anderem wurde übereinstimmend beobachtet, daß der Futterverbrauch der Versuchstiere anstieg, während sie gleichzeitig abnahmen. Diese Veränderungen deuten darauf hin, daß die an Schlafentzug leidenden Ratten einen erhöhten Stoffwechselumsatz aufwiesen, so als hätten sie einen erhöhten Energiebedarf. Kurz vor dem Tod war der Energieverbrauch bei den Tieren, denen Schlaf entzogen worden war, tatsächlich zwei- bis dreimal höher als im Normalfall. Was führte zu dem erhöhten Energiebedarf bei den Versuchstieren, denen Schlaf entzogen worden war? Er könnte entweder durch einen übermäßigen Wärmeverlust oder durch eine Veränderung im Richtwert der zentralen Thermoregulation hervorgerufen worden sein. In Rechtschaffens Labor wurde in einem genialen Versuch nachgewiesen, daß die Zielgröße des Hirnmechanismus, der die innere Wärme auf einer konstanten Stufe hält, sich bei Schlafentzug tatsächlich erhöht. Sie nahmen das Versuchstier, das mindestens zwei Wochen lang nicht geschlafen hatte, von der Drehscheibe und untersuchten die Funktion des Gehirnzentrums, das die Temperatur regelt. Bei diesem Versuch benutzten sie einen sogenannten »Wärmekorridor« – einen ein Meter langen Behälter, von dem ein Ende auf 60 °C erwärmt war, während die Temperatur des anderen um den

Gefrierpunkt lag. Wenn eine Ratte, die nicht unter längerem Schlafentzug gelitten hatte, in die Mitte des Behälters gesetzt wurde, entschied sie sich für einen Aufenthalt in dem Bereich mit einer Temperatur von 30 °C, und dort schlief sie auch. Wurde aber die Ratte mit dem Schlafentzug in den Wärmekorridor gesetzt, wählte sie ihren Aufenthalt in dem Bereich, wo die Umgebungstemperatur bei 50 °C lag! Die Überwachungstiere flohen aus diesem Bereich, so schnell ihre Beine sie tragen konnten. Die Gehirnzentren, die die inneren Thermostate steuern, hatten sich bei den Versuchstieren also verändert, so daß die Ratten jetzt einen Aufenthalt bei höheren Temperaturen vorzogen.

Rechtschaffen und seine Kollegen kamen zu dem Schluß, daß Schlafentzug eine Funktionsstörung in den Gehirnzellen herbeiführt, die für die »Temperaturregelung« verantwortlich sind. Als Rechtschaffen in weiteren Versuchen nur den paradoxen Schlaf verhinderte, wurde deutlich, daß der Entzug von paradoxem Schlaf keine Veränderung der zentralen Thermoregulation bewirkt, aber die Ursache für eine Störung des Wärmehaushalts ist. Die Versuchstiere waren nicht in der Lage, ihre Körpertemperatur stabil zu halten, und litten unter übermäßigem Wärmeverlust.

Als die Tiere, denen man Schlaf entzogen hatte, kurz vor ihrem Tod von der Drehscheibe genommen wurden und schlafen durften, konnten alle diese Veränderungen interessanterweise rückgängig gemacht werden, während die Tiere starke Rebound-Effekte von paradoxem Schlaf aufwiesen. Am ersten Tag, an dem die Tiere ohne Unterbrechung schlafen durften, war ihr paradoxer Schlaf fünf- bis zehnmal länger als gewöhnlich. Rechtschaffen kam 1989 zu dem Schluß, daß »der Bedarf an paradoxem Schlaf über dem Bedarf an anderen Schlafstadien liegen kann, wenn ein bedrohlicher oder längerer Verlust an paradoxem Schlaf vorliegt oder wenn das Überleben auf dem Spiel steht«.

Diese Erkenntnisse warfen ein neues Licht auf die Rolle des Schlafes, zumindest bei Ratten und möglicherweise bei anderen kleinen Säugetieren. Hieraus folgt, daß der Schlaf für die Regulation und Stabilität des inneren Umfelds des Organismus lebenswichtig ist. Die komplizierten Mechanismen, die diese Stabilität aufrechterhalten, benötigen Schlaf, ebenso wie viel einfachere

Mechanismen in elektronischen und mechanischen Systemen einer regelmäßigen Wartung bedürfen. Ohne Schlaf verliert das System sein Gleichgewicht, und das kann zum Tod führen. Weitere Untersuchungen werden Aufschluß darüber geben, wie viele Erkenntnisse von Rechtschaffen auf den Menschen anwendbar sind.

12. Die Exzentrizität des REM-Schlafes

Wie ich bereits vorher beschrieben habe, zeichnet sich der REM-Schlaf durch eine offenbar ungewöhnliche Kombination von physiologischen Veränderungen aus: den Rückgang des Muskeltonus, das Erscheinen von Hirnstromwellen, die einen Wachzustand während des Schlafes anzeigen, schnelle Augenbewegungen, häufige Veränderungen der Atem- und Pulsfrequenzen sowie Erektionen des Penis beim Mann. Studien, in denen der Energieverbrauch des Gehirns sowie die Hirndurchblutung während des Schlafes unter Anwendung empfindlicher Technik untersucht wurden, zeigten, daß der REM-Schlaf selbst unter Berücksichtigung dieser Parameter dem Wachzustand ähnlicher als dem Schlaf ist.

Doch damit endet die Exzentrizität des REM-Schlafes noch lange nicht. Als die Aktivität des vegetativen Nervensystems während des REM-Schlafes untersucht wurde, kam eine erstaunliche Tatsache zutage: In jenen Bereichen des Gehirns, die die lebenswichtigsten physiologischen Prozesse steuern, findet eine »Regression« statt. Um die lebenswichtigen Prozesse in Gang halten zu können, ist es von grundsätzlicher Bedeutung, daß die Körpertemperatur und der Blutgasspiegel ihre optimalen Werte beibehalten. In Kapitel 11 haben wir gesehen, daß eine Beschädigung der Mechanismen, die die Regulation der Körpertemperatur unter Bedingungen eines längeren Schlafentzugs steuern, zum Tod führen kann. Als die Regulationsmechanismen sowohl für die Körpertemperatur als auch für den Blutgasspiegel untersucht wurden, stellte sich heraus, daß sie in jedem Schlafstadium, mit Ausnahme des REM- oder paradoxen Schlafes, normal funktionierten.

Die normale Funktionsweise der Regulationsmechanismen wird folgendermaßen überprüft: Eine Versuchsperson legt sich in einem klimatisierten Raum schlafen, und während der verschiedenen Schlafstadien wird die Zimmertemperatur entweder erhöht oder gesenkt; außer im REM-Schlaf ähnelt die physiologische Reaktion der Versuchsperson auf die Veränderungen der Zimmertemperatur in allen Schlafstadien der Reaktion einer Versuchsperson im Wachzustand. Wenn sich die Temperatur erhöht, beginnt die Versuchsperson zu transpirieren, und die Kapillaren in ihrer Haut erweitern sich, um die Abgabe der Wärme zu beschleunigen. All das findet während des Schlafes statt, dessen Verlauf davon nicht beeinträchtigt wird. Erhöht sich die Zimmertemperatur während des REM-Schlafes, setzt keine Veränderung in den Temperatur-Regulationsmechanismen ein. Wird die Zimmertemperatur noch weiter erhöht, wacht die Versuchsperson bei einer bestimmten kritischen Temperatur auf, und erst nach dem Erwachen fangen die für die Körpertemperatur verantwortlichen Regulationssysteme zu arbeiten an. Wenn wir das Zimmer abkühlen, statt es zu erwärmen, werden wir eine ähnliche Reaktion beobachten. In den Schlafstadien 2, 3 und 4 setzen bei der Versuchsperson physiologische Veränderungen ein, die die Funktion haben, die Körpertemperatur aufrechtzuerhalten. Die Versuchsperson fängt zu zittern an, ihre Haare stehen zu Berge, und ihre Kapillaren ziehen sich zusammen, um den Wärmeverlust soweit als möglich einzudämmen. Alle diese Veränderungen finden während des Schlafes statt, ohne daß die Versuchsperson erwacht. Während des REM-Schlafes treten sie nicht auf. Während des REM-Schlafes sind die Thermostate im Gehirn – die Nervenzellen, die die Temperaturveränderungen wahrnehmen – abgeschaltet und übermitteln daher keine Informationen an die für die Körpertemperatur verantwortlichen Regulationsmechanismen.

Zu einer ähnlichen »Abschaltung« kommt es in den Nervenzellen, die den Blutgasspiegel »messen«. Um die Funktion des Atemregulationssystems während des Schlafes zu untersuchen, wurde den Versuchspersonen ein Gasgemisch zugeführt, in dem die relative Konzentration von Kohlendioxyd verändert worden war. Als die Konzentration des Kohlendioxyds während des Schlafes erhöht wurde, entsprach die Atemreaktion in allen Phasen, mit Ausnahme des REM-Schlafes, der des Wachzustands: Die Atemfrequenz erhöhte sich, und die Atmung wurde zunehmend tiefer. Im Gegensatz dazu trat während des REM-Schlafes keine Veränderung ein – bis zum Zeitpunkt des Erwachens der Versuchsperson.

Die Veränderungen, die sich während des REM-Schlafes in bezug auf die Steuerung der Regulationsprozesse des inneren

Milieus neben den bereits vorher erwähnten Veränderungen vollziehen, erhärten die Ansicht, daß der REM-Schlaf ein außergewöhnlicher existentieller Zustand ist, der sich völlig vom Wachzustand und den Schlafstadien 2 bis 4 unterscheidet.

Was bedeuten diese Veränderungen? Wie kann man sie erklären? Ist das Gehirn vollständig von den äußeren und inneren Sinnesorganen abgeschnitten, wenn es große Mengen Energie verbraucht und seine Blutversorgung ansteigt?

Ist es möglich, daß die gesamte Energie des Gehirns während des REM-Schlafes für so lebenswichtige Prozesse verausgabt wird, daß die Evolution einen Zustand geschaffen hat, in dem der Organismus für eine jeweils kurze Zeit auf die Steuerung seines inneren Milieus verzichtet?

Was würde geschehen, wenn der REM-Schlaf selektiv verhindert würde? Könnten wir ohne ihn weiterleben?

Selektive Verhinderung des REM-Schlafes

Für die Forscher ist es äußerst hilfreich, daß der Anfang und das Ende des REM-Schlafes mit größter Genauigkeit ermittelt werden können. Möglicherweise können wir mit Hilfe der selektiven Verhinderung des REM-Schlafes etwas über seine Bedeutung erfahren, zumal es unter Laborbedingungen relativ einfach ist, einen REM-Schlafentzug herbeizuführen. Der Schlaf der Versuchsperson muß überwacht und aufgezeichnet werden, und immer, wenn der Techniker Hirnstromwellen und die für den REM-Schlaf typischen Augenbewegungen in der elektrophysiologischen Aufzeichnung bemerkt, weckt er die Versuchsperson auf, hält sie fünf bis zehn Minuten wach und läßt sie dann wieder einschlafen. Bei der nächsten REM-Phase wiederholt er diesen Prozeß und entzieht damit der Versuchsperson den größten Teil ihres REM-Schlafes. Trotzdem wird die Versuchsperson ihren REM-Schlaf für kurze Zeit genießen können, denn es dauert mindestens eine Minute, bis der Techniker ihn erkennt und die Versuchsperson wecken kann. Dennoch wird sie statt 100 Minuten ungestörten REM-Schlafes nur wenige Minuten davon ausnutzen können. Wir müssen natürlich sichergehen, daß die Versuchsperson den Laborassistenten nicht hinters Licht führt und ihren verlorenen REM-Schlaf am Tage nachholt.

Alle Untersuchungen über den REM-Schlafentzug haben zwei bedeutende Ergebnisse hervorgebracht: Erstens, je länger der Entzug dauert, um so öfter muß die Versuchsperson geweckt werden, um den REM-Schlaf zu verhindern. Wenn sie in der ersten Nacht nur wenige Male – sagen wir, durchschnittlich zehn- bis 20mal – geweckt werden muß, wird man sie in der dritten Nacht des Experiments 60mal aus dem Schlaf rütteln müssen. Die Ursache dafür ist der zunehmende Drang nach dem REM-Schlaf. Sobald die Versuchspersonen ihre Augen geschlossen haben und versuchen einzuschlafen, treten sie ohne Verzögerung in den REM-Schlaf ein. Deshalb ist es sehr schwierig, Menschen länger als fünf Nächte hintereinander REM-Schlaf zu entziehen.

William Dement, der das erste Experiment zum REM-Schlafentzug bei Menschen durchführte, nannte in einem Beitrag in der Zeitschrift *Science* den Grund für den Abbruch des Experiments: »Wir mußten das Experiment abbrechen, denn es war uns absolut unmöglich, die Versuchsperson zu wecken und ihren REM-Schlaf zu behindern, obwohl wir ihre Augenbewegungen für kurze Momente hätten unterbinden können. Wir setzten sie aufrecht ins Bett und schrien ihr ins Ohr, und in dem Augenblick, als wir damit aufhörten, tauchten die schnellen Augenbewegungen sofort wieder auf. Das Träumen konnte nur verhindert werden, indem wir sie aus dem Bett zerrten und gewaltsam durch das Zimmer führten, bis sie aufwachte, und sie so wach halten konnten.« In einer solchen Situation kommt es zu einem die ganze Nacht währenden Kampf zwischen dem Techniker, der für den Versuch verantwortlich ist und die Versuchsperson am Eintritt in den REM-Schlaf hindern muß, und der Versuchsperson, die mit allen Mitteln versucht, genau das zu tun. Dann verliert das Experiment natürlich an Wert, weil in einer solchen Situation nicht nur der REM-Schlaf, sondern auch jeder andere Schlaf unterbunden wird.

Das zweite Ergebnis der Untersuchungen über den REM-Schlafentzug führte ebenfalls zu dem Schluß, daß ein biologisches Bedürfnis nach REM-Schlaf besteht. Wenn die Versuchspersonen am Ende der Entzugsperiode ungestört schlafen dürfen, machen sie ihren Verlust an REM-Schlaf wieder wett. Der erste REM-Schlaf taucht früher auf, ungefähr 40 Minuten nach dem Einschlafen und manchmal schon nach 20 Minuten. Anstelle der 100 »Norm«-Minuten genießen sie dann rund 150 Minuten REM-Schlaf.

Die Auswirkungen der Verhinderung von REM-Schlaf

Dement führte sein Experiment auf eine ganz originelle Art aus. Da es eine fast pausenlose Überwachung der Versuchspersonen erforderlich machte, mietete er eine große Wohnung in New York, in die er mit seiner ganzen Familie einzog. Ein Schlafzimmer reservierte er für die Versuchspersonen, und im Badezimmer ließ er die Aufzeichnungsapparate installieren. So konnte er seine Versuchspersonen Tag und Nacht überwachen und sie jedesmal wecken, wenn sie in den REM-Schlaf eintraten. Mit dieser Methode gelang es ihm, seine Versuchspersonen fünf oder sechs Nächte hintereinander am Eintritt in den REM-Schlaf zu hindern, und eine Versuchsperson schaffte sogar sieben Nächte ohne REM-Schlaf. Die wichtigste Erkenntnis, die dieses Experiment erbrachte, war der unstrittige Beweis, daß Menschen den REM-Schlaf brauchen, und das bestätigte sich im zunehmenden Drang der Versuchspersonen, in den REM-Schlaf einzutreten.

Dements Experiment wurde vor allem wegen einer speziellen Beobachtung mit ungeheurem Beifall aufgenommen, die sich später aber leider als Randerscheinung und als nicht repräsentativ erwies. Einer der Probanden äußerte plötzlich den Wunsch, einen Nachtklub zu besuchen und pornographische Literatur zu lesen, und bekundete außerdem große Lust auf Sex, was alles sehr ungewöhnlich für ihn war. In einem Beitrag schilderte Dement die Versuchsperson in allen Einzelheiten und behauptete, daß eine Verhinderung des REM-Schlafes wahrscheinlich eine radikale Veränderung der Persönlichkeit herbeiführen könne. Angesichts des großen Interesses an Träumen und ihrem Platz in Freuds Theorie erbrachte Dements Erkenntnis eine Art unwiderlegbaren Beweis dafür, daß Träume in der Tat für die Erhaltung des inneren Gleichgewichts notwendig sind und daß ihre Verhinderung dieses Gleichgewicht erschüttern kann. Zahlreiche Versuche zur Untermauerung von Dements Erkenntnissen scheiterten jedoch. Die Ergebnisse vieler Studien über die Persönlichkeitsveränderung infolge eines Mangels an REM-Schlaf

William Dement

waren sehr unterschiedlich und reichten von einer allgemeinen Veränderung, die sich in Mißtrauen und höchster Reizbarkeit äußerte, bis hin zu einer beachtlichen Verbesserung des mentalen Zustands von depressiven Patienten. Dennoch treffe ich immer noch Lehrer, die sich auf Dements Fall berufen, um ihre Studenten von der Bedeutung des REM-Schlafes zu überzeugen.

Während meines Studiums zum Doktor der Psychologie stieß ich zuerst auf Dements Beiträge über den Schlaf, und sie waren der wichtigste Ansporn für mich, viele schlaflose Nächte im Labor zu verbringen. Sie waren fesselnd geschrieben, und es lag auf der Hand, daß sich ihr Autor vollkommen mit dem Fach seiner Wahl identifizierte. Aus diesem Grund überraschte Dements ungewöhnliches Experiment »im Heim« in keiner Weise. Aber er war nicht der einzige: Die Pioniere der Schlafforschung der 60er und 70er Jahre waren hauptsächlich Psychologen und Psychiater, die im Laufe der Jahre zu einer festen Familie zusammenwuchsen. Sie alle waren von dem Streben erfüllt, ihre Arbeit so schnell wie möglich voranzubringen. Die Entdeckung des REM-Schlafes läßt sich mit der Entdeckung eines unbekannten Kontinents vergleichen: Wohin man den Blick auch richtet, stets eröffnen sich neue und unbekannte Ausblicke. Jedes neue Experiment im Schlaflabor versprach aufregende Erkenntnisse, die einem einzig und allein selbst gehörten. Dieses Gefühl, Neuland zu erkunden, kann zu einer Sucht werden.

Die Begleitumstände meines ersten Zusammentreffens mit Dement sagen viel über seinen Charakter aus. Damals, im Jahr 1972, bereitete ich mich gerade auf meine Promotion an der Universität Florida vor. Ich saß in meinem Büro im Labor und zermarterte mir den Kopf über die Meßwerte meines Experiments von der vorherigen Nacht, als sich die Tür öffnete und ein Mann hereinkam, den ich nicht kannte. Zwei hervorstechende Merkmale machten einen tiefen Eindruck auf mich: sein dicker Schnurrbart und sein wehender Haarschopf. Er fragte mich, wo Professor Bernie Webb sei, und entschuldigte sich, weil er seinen Besuch nicht vorher beim Professor angekündigt hatte, aber da er gerade in Florida Urlaub machte, wollte er kurz vorbeischauen. Webb war gerade zu einer seiner häufigen Vortragsreisen nach Europa geflogen. Der Besucher war enttäuscht, und als er schon gehen wollte, sagte er: »Bitte grüßen Sie ihn von Bill Dement.«

Sicher können Sie sich meine Aufregung unschwer vorstellen; da saß ich nun, ein Doktorand am Anfang seiner wissenschaftlichen Arbeit, Auge in Auge mit dem Mann, der mir mit seinen fesselnden Beiträgen den Anstoß dazu gegeben hatte, unzählige Nächte im Schlaflabor zu verbringen. Ehe ich mich anders besinnen konnte, antwortete ich: »Würde es Ihnen etwas ausmachen, Herr Professor Dement, einen Blick auf die Ergebnisse meines Experiments zu werfen?« Ohne zu zögern, zog er einen Stuhl heran und setzte sich neben mich, und kurze Zeit später befand ich mich bereits mitten in einer begeisterten Diskussion mit dem Hohepriester der Schlafforschung über die Auswirkungen des Erwachens aus dem REM-Schlaf und dem Tiefschlaf auf Aufgaben der Wahrnehmung.

Etwa eine Viertelstunde später nahm Dement plötzlich seinen Kopf in beide Hände – ihm war eingefallen, daß seine Frau draußen im Wagen wartete und er ihr versprochen hatte, »Bernie nur Guten Tag zu sagen«!

Als ich Dement viele Jahre später an unser zufälliges Treffen erinnerte, konnte er nicht verstehen, warum unsere Begegnung für mich so außergewöhnlich gewesen war, denn er fand alles, was mit dem REM-Schlaf im Zusammenhang stand, einer Diskussion oder eines Gesprächs wert, auch mit einem jungen Studenten.

Der REM-Schlaf und die Erregung des Gehirns

Wie ich bereits erwähnt habe, hat die selektive Verhinderung des REM-Schlafes häufig eine therapeutische Wirkung auf depressive Patienten. Gerald Vogel, ein Psychiater aus Georgia und einer von Rechtschaffens Studenten, berichtete als erster über diese Erscheinung. Wenn Patienten mit endogenen Depressionen ein oder zwei Nächte lang REM-Schlaf entzogen worden war, so wies Vogel nach, verbesserte sich ihr mentaler Zustand. Die Patienten wurden aktiver, und ihre Stimmung hob sich. Auch Schlafstörungen verschwanden. Manchmal verging die Depression ganz und gar. Als der Schlaf von depressiven Patienten mit Hilfe von elektrophysiologischen Aufzeichnungen im Schlaflabor untersucht wurde, stellte sich eindeutig heraus, daß er sich vom Schlaf gesunder Menschen unterscheidet. Ihr Schlaf enthält nur in sehr geringem Umfang Tiefschlaf der Stadien 3 und 4, und ihr REM-Schlaf setzt früher ein, etwa 20 bis 40 Minuten nach dem Einschlafen im Vergleich zu 80 bis 90 Minuten bei gesunden Menschen. Die Dauer des ersten REM-Schlafes ist länger als im Normalfall, viel ungestümer und zeichnet sich durch eine Vielzahl von Augenbewegungen aus, das erste Anzeichen für den REM-Schlaf. Das ist ein weiterer Beweis dafür, daß Augenbewegungen während des Traumschlafes nicht unbedingt nur die »Traumgeschichte« widerspiegeln.

Wie kommt es, daß eine Verhinderung des REM-Schlafes den Zustand von depressiven Patienten verbessert?

Um diese Frage beantworten zu können, müssen wir zuerst die Untersuchungsergebnisse über die Verhinderung des Traumschlafes bei Tieren erörtern.

Die dabei angewandte Methode ist einfach und sogar originell. Der paradoxe Schlaf einer Ratte kann durch die Anwendung der sogenannten Umgestülpten-Blumentopf-Methode verhindert werden. Sie werden sich erinnern, daß der REM-Schlaf durch einen starken Abfall des Muskeltonus, einschließlich der Halsmuskulatur, gekennzeichnet ist. Die Ratte wird also auf einen umgestülpten Blumentopf mit einem Durchmesser von sieben bis zehn Zentimetern gesetzt, und dieser wird in die Mitte eines mit Wasser gefüllten Behälters gestellt. Das Wasser reicht fast bis zum Rand des Topfes. Da der Topf nur einen geringen Durchmesser hat, ist die Ratte gezwungen, ihren Kopf unter

Einsatz ihrer Halsmuskeln über der Wasserfläche zu halten. Das kann sie – mit Ausnahme des paradoxen Schlafes – auch während des Schlafes tun, denn obwohl ihre Muskelspannung in den anderen Schlafstadien stark abfällt, ist sie dennoch vorhanden. Wenn die Ratte aber in den paradoxen Schlaf eintritt, kann sie ihren Kopf nicht mehr hochhalten, so daß er mit dem Wasser in Berührung kommt und sie aufwacht. Auf diese Weise kann der paradoxe Schlaf bei Ratten über eine sehr lange Zeit verhindert werden, viel länger als bei Menschen. Während der Versuche, die ich im Kapitel 11 beschrieben habe, entdeckte Rechtschaffen, daß die selektive Verhinderung des paradoxen Schlafes 40 bis 60 Tage nach dem Beginn des Versuchs zum Tod der Ratten führte.

Wie steht es mit der Verhinderung des paradoxen Schlafes über einen kürzeren Zeitraum? In diesen Fällen ist erwiesen, daß die Verhinderung von paradoxem Schlaf bei Tieren, wie Mäusen oder Ratten, eine erhöhte Erregung des Gehirns bewirkt. Diese Erscheinung läßt sich auf verschiedene Weisen überprüfen. Bei einer dieser Methoden wird die Auswirkung des Entzugs von paradoxem Schlaf auf die Konvulsionsschwelle mit Hilfe des Elektroschocks untersucht. Wenn der Kopf einer Ratte einem starken Elektroschock ausgesetzt wird, setzen bei dem Tier ähnlich wie bei einem Epileptiker Muskelzuckungen (Konvulsionen) ein. Die Konvulsionsschwelle wird mittels der Stärke des Schocks gemessen, der erforderlich ist, um den Anfall auszulösen, und bei einem Tier, dem paradoxer Schlaf entzogen wurde, sinkt sie erheblich. Daher können wir bei einem Tier, das unter Entzug von paradoxem Schlaf leidet, den Anfall bereits mit einem viel schwächeren Schock auslösen als nach einem normalen Schlaf oder dem Entzug eines anderen Schlafstadiums. Außerdem kann die Kompensation von paradoxem Schlaf bei Ratten nach einer Zeit des Entzugs verringert werden, wenn man das Tier während der Entzugsperiode mehreren Schocks aussetzt. Der Elektroschock dient als eine Art Ersatz für den paradoxen Schlaf, der dem Tier entzogen wurde.

Auch Experimente mit Katzen bestätigen einen Zusammenhang zwischen paradoxem Schlaf und Erregung. Dement und seine Kollegen hinderten Katzen am paradoxen Schlaf, indem sie die Versuchstiere jedesmal weckten, wenn sie in den paradoxen Schlaf eintraten. Nach mehreren Tagen zeigten die Tiere ein übersteigertes Sexualverhalten, sie begannen zügellos zu fressen und verbrauchten weit mehr Futter als vor dem Experiment und als die Überwachungstiere, denen Schlaf aus anderen Stadien entzogen worden war. Dement stellte fest, daß die Unterdrükkung von paradoxem Schlaf bei Katzen zu einer Erregung ihres Sexual- und Nahrungstriebes führt. Wie Sie sich erinnern werden, hat Michel Jouvet bereits nachgewiesen, daß die Abtrennung des Mechanismus, der die Skelettmuskeln hemmt, bei Katzen im Zustand des paradoxen Schlafes zur Entfaltung eines ganzen, hauptsächlich instinktiv bedingten Verhaltensspektrums führt. Daher ist es wahrscheinlich, daß die Unterbindung des paradoxen Schlafes, in dem die mit den Instinkten verbundenen neuralen Netzwerke trainiert worden sind, eine Hyperaktivierung des für das Nahrungs- und Sexualverhalten zuständigen »Vollzugsprogramms des Gehirns« hervorgerufen hat.

Angesichts dieser Erkenntnisse über den Zusammenhang zwischen paradoxem Schlaf und den Erregungsebenen des Gehirns können wir die therapeutische Wirkung begreifen, die ein Entzug an REM-Schlaf auf depressive Patienten hat. Diese Menschen leiden an einer abgeschwächten Erregung des Gehirns sowie an verminderten Impulsen, so daß jede Steigerung der Erregung eine Besserung ihres Zustands zur Folge hat. Daher überrascht es nicht, daß eine der wirksamsten Behandlungsmethoden bei Depressionen der Elektroschock ist. Wie wir gesehen haben, führen die während des paradoxen Schlafes zugeführten Elektroschocks zu einer Verringerung der anschließenden Kompensation an REM-Schlaf.

REM-Schlaf und Gedächtnisfunktion (Engramme)

Ein zusätzlicher Beweis für die Verbindung zwischen dem REM-Schlaf und der Erregung des Gehirns wurde in Untersuchungen erbracht, in denen der Zusammenhang zwischen dem Gedächtnis und dem REM-Schlaf erforscht wurde. Obwohl es keine genaue Erklärung für die biochemischen Prozesse im Gehirn gibt, die den Unterbau für die Speicherung und Wiedergewinnung des Gedächtnisses bilden, wurde in den letzten Jahren intensiv daran geforscht, wie Informationen im Nervensystem gespeichert werden. Ganz allgemein können wir zwischen mindestens zwei Gedächtnisarten unterscheiden: dem Kurzzeit- und dem Langzeitgedächtnis. Das Kurzzeitgedächtnis bildet den ersten Gedächtnisspeicher, und er ist in der Regel auf fünf bis neun Informationseinheiten begrenzt, die nicht länger als 30 Sekunden im Gedächtnis bewahrt werden. Wenn wir die Informationen nicht wiederholen, geraten sie in Vergessenheit. Der Langzeitgedächtnisspeicher bildet dagegen die »zentrale Informationsbank«, in ihr werden die Informationsbruchstücke verwahrt, die wir uns im Laufe unseres Lebens angeeignet haben: aus der Kindheit, dem Schulunterricht, dem Alltagsleben sowie visuelle und akustische Informationen oder auch motorische Fertigkeiten, wie radfahren und schwimmen. Nachdem jedes Thema verarbeitet, eingeordnet und in einen Katalog aufgenommen worden ist, wird es im Gehirn gespeichert. Die Art und Weise der Informationsspeicherung im Gehirn ist äußerst vielschichtig, und allem Anschein nach hat jede Informationsart ihren eigenen, speziellen Speicherbereich.

Die Forschungen der letzten Jahre haben gezeigt, daß die Konsolidierung der Gedächtnisspuren im Langzeitgedächtnisspeicher mit einer Periode intensiver Nerventätigkeit in bestimmten Teilen des Gehirns, von denen der Hippokampus am meisten erforscht ist, sowie mit anschließenden biochemischen Prozessen und strukturellen molekularen Veränderungen in verschiedenen Teilen des Gehirns in Verbindung steht. Mehrere Untersuchungen haben auf die Möglichkeit hingewiesen, daß sich die Konsolidierung der Gedächtnisspuren zumindest für bestimmte Arten des Lernens während des REM-Schlafes vollzieht. Einige Untersuchungen weisen aus, daß die selektive Verhinderung des paradoxen oder REM-Schlafes die Konsolidierung des Gedächtnisses und das anschließende Lernen beeinträchtigt; andere Studien zeigen, daß der paradoxe Schlaf während eines erfolgreichen Lernprozesses zunimmt.

Viele der letztgenannten Untersuchungen wurden von den französischen Forschern Elizabeth Hennevin, Vincent Bloch und Pierre Leconte ausgeführt. Das von ihnen angewandte Verfahren lief im allgemeinen folgendermaßen ab: Vor dem Experiment überwachten sie ihre Versuchstiere mehrere Tage lang sorgfältig, um ihren Grundbedarf an paradoxem und nichtparadoxem Schlaf zu ermitteln. Danach waren Trainingsstunden geplant, und der Schlaf im Anschluß daran wurde genau zur gleichen Tageszeit wie am Vortag aufgezeichnet. So demonstrierten die Forscher, daß die Mäuse und Ratten nach einer Reihe von Lernprozessen ihren Anteil an paradoxem Schlaf erhöht hatten. Im »aktiven Vermeidungstraining« lernen Ratten zum Beispiel, daß sie immer, wenn ein Blinklicht aufleuchtet oder ein Summton zu hören ist, in einen bestimmten Bereich ihres Käfigs flüchten müssen, um einem Elektroschock zu entgehen. Als die Ratten diese Aufgabe erlernten, stellten die Forscher während der dreistündigen Aufzeichnung im Anschluß an die tägliche Trainingszeit fest, daß die Dauer des paradoxen Schlafes der Tiere erheblich zugenommen hatte. Nachdem der Lernprozeß abgeschlossen war und die Versuchstiere die Aufgabe fast ohne Fehler ausführten, pendelte sich der paradoxe Schlaf wieder auf den Stand vor dem Training ein. Die Kontrolltiere, die denselben Elektroschocks und Blinklichtern oder Summtönen ausgesetzt gewesen waren, aber nicht am Training teilgenommen hatten, zeigten keinen solchen Anstieg. Ähnliche Ergebnisse wurden erreicht, als die Versuchstiere lernten, auf einen Hebel zu drücken, um Wasser zu bekommen, oder als sie ihren Weg durch ein kompliziertes Labyrinth finden mußten. Als der Schlaf nach den Unterweisungsstunden aber um drei Stunden hinausgeschoben wurde, beeinträchtigte das den Lernprozeß, und es war keine Zunahme des paradoxen Schlafes zu verzeichnen.

Bloch, Hennevin und Leconte faßten ihre Untersuchungen folgendermaßen zusammen: »Es hat den Anschein, daß ein ausreichender paradoxer Schlaf, der unmittelbar auf einen Lernprozeß folgt, eine der wesentlichen Grundlagen für die Festigung des Gedächtnisses ist.«

Mit der selektiven Verhinderung von paradoxem Schlaf wurde ein ergänzender Beweis für dessen Bedeutung für den Lernprozeß erbracht. Das Experiment wurde folgendermaßen durchgeführt: Ratten wurden in einem bestimmten Test unterwiesen und unmittelbar danach mit der Methode des »umgestülpten Blumentopfs« am paradoxen Schlaf gehindert. Nach zwei oder drei Stunden wurden sie von den Blumentöpfen genommen und wieder in ihre Käfige gesperrt. Als die Tiere 24 Stunden später getestet wurden, war ihre Merkfähigkeit im Vergleich zu jenen Kontrollratten mangelhaft, die sofort nach dem Training wieder in ihre Käfige kamen oder erst auf den umgestülpten Blumentopf gesetzt wurden, nachdem sie zwei Stunden ungestört in ihrem Käfig verbracht hatten. Chester Pearlman und Ramon Greenberg, die eine der ersten Untersuchungen zum Entzug von REM-Schlaf durchführten, kamen zu dem Schluß, daß der unmittelbar auf die Unterweisung folgende REM-Schlaf wesentlich für die Konsolidierung der Gedächtnisspuren im Gehirn ist. Die Beobachtung, daß die Tiere, bei denen der paradoxe Schlaf erst zwei Stunden nach dem Training unterbunden wurde, keine Beeinträchtigung aufwiesen, deutet darauf hin, daß sich das Gedächtnis in den ersten zwei Stunden nach dem Training im Gehirn konsolidiert.

Ein weiterer Beweis, daß die Verhinderung des paradoxen Schlafes in einem kritischen Stadium der Gedächtniskonsolidierung zu einer Störung führt, wurde durch folgenden Versuch erbracht: Versetzt man Ratten, unmittelbar nachdem sie es gelernt haben, eine bestimmte Aufgabe auszuführen, einen intensiven Elektroschock, bewirkt er das »Auslöschen« des soeben Gelernten, aber nur dann, wenn der Schock direkt nach Abschluß des Lernprozesses erfolgt. Der Schock bleibt wirkungslos, wenn er zwei bis drei Stunden nach dem Lernprozeß verabreicht wird, weil er keine Wirkung auf die Langzeitgedächtnisspeicher, sondern nur auf den Prozeß der Gedächtniskonsolidierung hat. Wenn die Behauptung richtig ist, daß die Verhinderung des paradoxen Schlafes den Prozeß der Gedächtniskonsolidierung beeinträchtigt, könnte man annehmen, daß der Elektroschock eine größere Wirkung auf die Tiere hat, denen drei Stunden paradoxer Schlaf entzogen wurde, als auf die Kontrolltiere, die nicht am paradoxen Schlaf gehindert wurden. Und das war tatsächlich der Fall. Als die Tiere im Anschluß an die Verhinderung des paradoxen Schlafes noch einem Elektroschock ausgesetzt wurden, waren ihre Gedächtnisspuren vollkommen ausgelöscht.

In anderen Untersuchungen wurde festgestellt, daß der Zusammenhang zwischen Gedächtniskonsolidierung und paradoxem Schlaf weit komplexer ist. Für das Erlernen bestimmter Aufgaben erwies sich die Verhinderung des paradoxen Schlafes als nachteilig, während andere nicht davon berührt wurden. Die Verhinderung des paradoxen Schlafes hatte zum Beispiel keinen Einfluß auf die Erfüllung einer Aufgabe, die von großer Bedeutung für das Überleben war. Wenn einer Ratte an einer bestimmten Stelle in ihrem Käfig ein Elektroschock versetzt wurde, erkannte die Ratte sie von diesem Augenblick an als »gefährlich« und flüchtete immer wieder von dieser Stelle, wenn sie zu ihr zurückgebracht wurde. Auf diese Aufgabe hatte die Verhinderung des paradoxen Schlafes keine Wirkung, weil das Erkennen gefährlicher Stellen in der natürlichen Umwelt entscheidend für die Überlebensfähigkeit des Tieres ist.

Vielleicht waren die Ergebnisse von Versuchen, die nach einer Verbindung zwischen dem REM-Schlaf und der Gedächtniskonsolidierung beim Menschen forschten, aus diesem Grund meist negativ. Wahrscheinlich ist, daß der REM-Schlaf bei Menschen nur für bestimmte Arten des Lernens und Erinnerns erforderlich ist. Einige Erkenntnisse lassen darauf schließen, daß er in der Tat eine Rolle bei besonderen Lernaufgaben spielt. Denken Sie nur einmal an die Menschen, die an Aphasie leiden und infolge einer Hirnschädigung einen Teil ihres Wortschatzes vergessen haben. Beobachtungen von Aphasie-Patienten während des Sprachlernprozesses haben gezeigt, daß sich der REM-Schlaf der Patienten, denen es gelang, einen großen Teil der vergessenen Wörter wieder zu lernen, im Laufe des Lernprozesses verlängerte, während der REM-Schlaf der Patienten, die sich ihren verlorengegangenen Wortschatz nicht wieder aneignen konnten, unverändert blieb. Erst kürzlich wurde festgestellt, daß das intensive Erlernen einer neuen Sprache bei jungen Menschen eng mit einer Zunahme ihres REM-Schlafes verknüpft ist. Diese Erkenntnisse erinnern an die Forschungsergebnisse von Leconte, Hennevin und Bloch über die Verlängerung des paradoxen Schlafes von Mäusen und Ratten in der Zeit ihrer Unterweisung. Weiteren Aufschluß über einen Zusammenhang zwischen dem REM-Schlaf und der intellektuellen Fähigkeit gaben Versuche mit geistig zurückgebliebenen Kindern. Die Dauer des REM-Schlafes ist bei diesen Kindern in der Regel kürzer als bei normal entwickelten Kindern des gleichen Alters, und außerdem ist er durch weniger schnelle Augenbewegungen gekennzeichnet.

Die Möglichkeit, daß nur bestimmte Arten des Lernens bei Menschen mit dem REM-Schlaf verbunden sind, wurde vor kurzem in einer sorgfältig kontrollierten Laborstudie bestätigt. Am israelischen Weizmann-Wissenschaftsinstitut trainierte eine Arbeitsgruppe unter Leitung von Avi Karni und Dov Sagi Freiwillige in der schnellen Ortung von Symbolen, die in Bildern verborgen waren, welche mit hoher Geschwindigkeit am Rand ihres Sehfeldes aufleuchteten. Diese besondere Art des Lernens ist einmalig, denn bereits acht bis zehn Stunden nach einem Trainingsabschnitt zeigen sich deutliche Leistungssteigerungen bei den Teilnehmern. Bei den Freiwilligen, die in dieser auf die Wahrnehmung gerichteten Aufgabe unterwiesen wurden und sich anschließend schlafen legten, war die erhoffte Verbesserung am nächsten Tag zu erkennen. Ebenso wurde bei jenen Freiwilligen eine Verbesserung festgestellt, die mehrfach aus anderen Schlafstadien als dem REM-Schlaf geweckt wurden. In deutlichem Gegensatz dazu stellte sich bei den Versuchspersonen, deren REM-Schlaf unterbunden wurde, keine Verbesserung ein. Die Forscher meinten daraufhin, daß sich bei dieser Aufgabe die Konsolidierung des Lernprozesses hauptsächlich während des REM-Schlafes vollzieht. Somit ist es möglich, daß der REM-Schlaf besonders für solche Arten des Lernens wichtig ist, bei denen gewisse Verfahrensweisen erlernt werden, durch die der Mensch sich Fertigkeiten in der Motorik und der Wahrnehmung aneignet. Da Säuglinge in ihren ersten Lebensmonaten derartige neue motorische und wahrnehmende Fertigkeiten sehr schnell erlangen, erklärt sich so möglicherweise auch der hohe Anteil des REM-Schlafes in diesem besonderen Abschnitt unseres Lebens.

Trotz der relativ geringen Erkenntnisse, die uns aus Untersuchungen über den Zusammenhang zwischen dem Gedächtnis und dem REM-Schlaf bei Menschen vorliegen, wurden in den letzten Jahren einige theoretische Annahmen entwickelt, die Anerkennung und Zustimmung fanden. Die am weitesten verbreitete Theorie ist die von Francis Crick, dem zusammen mit J. D. Watson der Nobelpreis für Medizin verliehen wurde. Als Mitarbeiter von Watson war er an der Entdeckung des genetischen Codes der DNA-Säure beteiligt, der auf der Anordnung der Basen beruht. Im Jahr 1983 veröffentlichten Crick und sein Mathematiker-Kollege Graeme Mitchison in der Zeitschrift *Nature* einen Beitrag über den REM-Schlaf. Crick und Mitchison behaupteten, der REM-Schlaf habe die Funktion, die Erinnerungen im Gehirn zu ordnen. Ihrer Theorie zufolge läßt sich der Gedächtnisspeicher des Gehirns mit dem riesigen Nervennetzwerk vergleichen, das zahllose Verbindungen schafft, und an jeder dieser Verbindungen werden miteinander verknüpfte

Informationsbruchstücke gespeichert. Während des REM-Schlafes werden die Informationsnetze geordnet; unbedeutende Informationen, die sich im Laufe des Tages rein zufällig angesammelt haben, werden im Netz »gelöscht«. Ohne diesen Prozeß des nächtlichen Auslöschens, meinten Crick und Mitchison, würde die Informationsfülle, die Tag für Tag in das Gehirn strömt, wahrscheinlich die Speicherbanken »blockieren«. Sie behaupteten, daß die Träume während des REM-Schlafes Gegenstände zum Thema haben, die für die Entfernung aus den Gedächtnisspeichern vorgesehen sind.

Ich werde nicht näher darauf eingehen, wie die Speicherbanken während des REM-Schlafes gesichtet werden, denn das würde Kenntnisse in der Mathematik erfordern, die eigens für dieses neue Gebiet der »Nervennetzwerktheorie« entwickelt wurde; aber am Ende ihres Artikel erklärten Crick und Mitchison kategorisch, daß die Verhinderung des REM-Schlafes über einen längeren Zeitraum zu schweren Wahrnehmungsstörungen bei Menschen führen würde, ähnlich wie sie für Schizophrene typisch sind. Ihrer Ansicht nach waren die Versuche zur selektiven Verhinderung des REM-Schlafes bei Menschen nicht lang genug, als daß sie tatsächlich Veränderungen in den Wahrnehmungs- und Gedächtnisprozessen der beteiligten Versuchspersonen hervorgerufen hätten. War das wirklich so?

Y. H. – Ein Mann ohne REM-Schlaf

Etwa einen Monat nach der Veröffentlichung von Cricks und Mitchisons spekulativem Beitrag veröffentlichten meine Kollegen und ich einen Aufsatz in *Neurology*, der Zeitschrift der Amerikanischen Akademie für Neurologie. Gegenstand des Aufsatzes waren die außergewöhnlichen Ergebnisse eines Versuchs an einem jungen Mann, dessen Schlaf am Schlaflabor des Technion aufgezeichnet worden war. Mit diesem Beitrag forderten wir all jene zum Streit heraus, die die Idee von der absoluten Notwendigkeit des REM-Schlafes für Menschen verfochten.

Y. H. war in das Schlaflabor des Technion überwiesen worden, weil er nachts in Panik erwachte und dabei laut schrie. Diese besondere Störung konnte von Alpträumen während des REM-Schlafes oder von einer Störung herrühren, die nicht als pathologisch gilt und normalerweise vor allem bei Kindern im Tiefschlaf auftritt. Manchmal macht sie aber auch Erwachsenen zu schaffen, hauptsächlich in Streßsituationen. Y. H. war ein ehemaliger Frontkämpfer der Israelischen Streitkräfte, der sich während des »Zermürbungskrieges« Anfang der 70er Jahre am Suezkanal Gehirnverletzungen von einem ägyptischen Schrapnell zugezogen hatte. Er war an einen Rollstuhl gefesselt und hatte Schwierigkeiten mit seiner Sprache und im Gebrauch seiner Hände. Ziel unserer Untersuchungen war es, die Ursache für sein panisches Erwachen zu ermitteln. Am 1. Juli 1982 wurde Y. H. zum ersten Mal am Schlaflabor des Technion untersucht, und in dieser ersten Nacht fanden wir keinen Hinweis auf einen REM-Schlaf.

Es ist äußerst selten, daß in einer Laboraufzeichnung absolut kein REM-Schlaf festzustellen ist. Manchmal ist das für Patienten typisch, die entweder mit hohen Dosen Antidepressiva oder Schlafmitteln behandelt werden oder unter dem Einfluß harter Drogen stehen. Y. H. nahm weder Medikamente, noch litt er unter Depressionen, und als er erwachte, berichtete er uns, daß er gut und normal geschlafen hätte. Angesichts der ungewöhnlichen Beobachtung beschlossen wir, eine zusätzliche Aufnahme zu machen, aber auch sie enthielt keine Hinweise auf einen REM-Schlaf. Von dem fehlenden REM-Schlaf abgesehen, war die Schlafaufzeichnung vollkommen normal.

Als ich mit Y. H. über die Ergebnisse seiner zweiten Schlafuntersuchung sprach, zeigte er sich nicht übermäßig bestürzt. Spontan erwiderte er: »Okay, ich habe keinen REM-Schlaf, na und?« Ich erinnere mich, wie ich versuchte, ihm dieses überwältigende medizinische Ereignis vor Augen zu führen. Ich sagte ihm, wenn er tatsächlich keinen REM-Schlaf habe, sei das ungefähr so, als würde ein Kardiologe versuchen, den Herzschlag eines Patienten abzuhorchen, und dabei feststellen, daß er keinen hat! Bei diesem Vergleich brach Y. H. in Gelächter aus, aber dann siegte sein Pioniergeist, und großzügig willigte er ein, noch einmal sechs Nächte im Schlaflabor zu verbringen. Wir beschlossen, eine Computertomographie vorzunehmen sowie eine Aufnahme von der elektrischen Tätigkeit im Hirnstamm zu machen, damit wir das Schrapnell in seinem Gehirn genau lokalisieren konnten. Obwohl wir in wenigen Nächten einige Hinweise auf einen REM-Schlaf fanden, machte sein Anteil nie mehr als zwei bis fünf Prozent seines gesamten Schlafes aus, während er bei gesunden Menschen im gleichen Alter 20 bis 25 Prozent erreicht. Nach Auswertung der Untersuchungsergebnisse von acht Nächten stellten wir außerdem fest, daß die Dauer des Schlafes von Y. H. sehr kurz war. Er schlief nur viereinhalb bis fünf Stunden, zeigte aber den ganzen Tag über keine Anzeichen für einen Mangel an Schlaf.

Die größte Überraschung sollte aber noch kommen: Die Computertomographie machte deutlich, daß sich neben den Granatsplittern in der linken Gehirnhälfte und im Kleinhirn noch ein weiterer, bis dahin unbekannter Splitter im Gehirn von Y. H. befand. Dieser Splitter wurde in der Brücke des Hirnstamms (Pons) genau an der Stelle lokalisiert, die Jouvet nach seiner Arbeit mit Katzen in den 70er Jahren als den Ort des Mechanismus identifiziert hatte, der die Aktivierung des REM-Schlafes steuert (siehe Kapitel 13). Das war der unwiderlegbare Beweis dafür, daß sich der REM-Schlafmechanimus von Menschen genau an derselben Stelle wie bei anderen Tieren befindet.

Die Veröffentlichung des Falls von Y. H. in der wissenschaftlichen Literatur löste eine Flut von Briefen aus, die im wesentlichen die Bedeutung der Ergebnisse und ihre Auswirkungen auf die zahlreichen Theorien über den REM-Schlaf zum Inhalt hatten. Die Tatsache, daß der Beitrag fast zur gleichen Zeit wie der Aufsatz von Crick und Mitchison über die Bedeutsamkeit des REM-Schlafes für die Anordnung des menschlichen Speichersystems veröffentlicht wurde, hatte wahrscheinlich zu dem wachsenden Interesse an diesem Thema beigetragen. Viele wollten wissen, ob Y. H. an Gedächtnisstörungen oder an einer Beeinträchtigung seiner Denkprozesse litt, aber das Gedächtnis von Y. H. funktionierte wunderbar. Unmittelbar nachdem er sich die Verletzungen zugezogen hatte, beendete er die Oberschule und wurde an der juristischen Fakultät immatrikuliert, die er erfolgreich abschloß. Da er Schwierigkeiten im Gebrauch seiner Hände hatte, verließ er sich während seines Studiums hauptsächlich auf sein Gedächtnis.

Im Jahr 1984 verbrachte ich einen Studienurlaub im Labor von Allan Hobson, das zur Psychiatrischen Fakultät der Harvard-Universität gehört. Hobson, der Psychiater und Neurophysiologe ist, und sein Kollege Bob McCarley hatten auf der Grundlage ihrer neurophysiologischen Arbeit ein mathematisches Modell entwickelt, das den Wechsel zwischen dem REM-Schlaf und den anderen Schlafstadien erklärte. Auch sie erschütterten den Berufsstand der Psychiater mit einem Beitrag bis ins Mark; darin behaupteten sie, der Traum sei lediglich ein Ausdruck einer besonderen Hirntätigkeit, die Ähnlichkeit mit der Hirntätigkeit von schwachsinnigen Patienten aufweise.

Damals jährte sich die Entdeckung vom Aufbau der DNA-Säure zum 30. Mal, und Francis Crick war zu einer Grundsatzvorlesung nach Boston eingeladen worden, wo dieses historische Ereignis gefeiert wurde. Da Crick bei der Vorbereitung seines Vortrags über die Bedeutung des REM-Schlafes Unterstützung von Allan Hobson erhalten hatte, war er überglücklich, für Hobsons Arbeitsgruppe ein »Privatseminar« über seine Ideen zur Bedeutung des REM-Schlafes abzuhalten. Nachdem er seine Argumente für die Bedeutung des REM-Schlafes für die Sichtung der Speichersysteme vorgetragen und behauptet hatte, daß ein Mensch ohne REM-Schlaf deutliche Anzeichen für einen gestörten Denkprozeß aufweisen müsse, stellte ich den Fall von Y. H. vor, der in jenem Monat veröffentlicht worden war. Der Fall überraschte Crick ohne Frage sehr; aber zunächst äußerte er Zweifel. Vielleicht haben wir das Erinnerungsvermögen und die Denkprozesse von Y. H. nicht aufmerksam genug beobachtet. Könnte er möglicherweise an leichten Störungen leiden, die wir nicht wahrgenommen hatten? Als ich auf meiner Meinung beharrte und sagte, daß Y. H. keine Wahrnehmungsstörungen habe und daß sein Gedächtnis und sein Denken unübertroffen seien, erwiderte Crick: »Das ist eine Ausnahme, die nicht unbedingt die Regel bestätigt. Vielleicht sollten wir ein paar Jahre warten, um die Auswirkungen des fehlenden REM-Schlafes zu untersuchen.« Vier Jahre später bekam ich tatsächlich einen Brief von Crick, in dem er anfragte, ob Y. H. weiter unter meiner Kontrolle stünde und ob eine Veränderung in seinem Zustand eingetreten sei. Da Y. H. und ich Freunde geblieben waren und uns alle paar Jahre trafen, wußte ich, daß er als Anwalt sehr viel Erfolg hatte. Ich wußte auch, daß er ein Fachmann für die Lösung kniffligster Kreuzworträtsel geworden war und sich auf diesem Gebiet einen Namen gemacht hatte, und das paßte sicherlich nicht ganz in das Bild der »Denk- und Gedächtnisstörungen«.

Um Cricks Neugierde – und zu einem gewissen Grad auch meine eigene – zufriedenzustellen, rief ich Y. H. an und bat ihn, einen weiteren Beitrag zur Wissenschaft in Form eines erneuten mehrtägigen Aufenthalts im Schlaflabor zu leisten. Begeistert stimmte er, ohne zu zögern, zu. Im Jahr 1988 führten wir eine weitere Versuchsserie mit Y. H. durch, die fünf Nächte dauerte. Die Ergebnisse entsprachen genau denen, die wir sechs Jahre zuvor ermittelt hatten. In drei Nächten fanden wir keinen Hinweis auf einen REM-Schlaf, während wir in den zwei anderen nur einige wenige isolierte Minuten feststellen konnten. Vier Jahre später setzte sich Y. H. aus eigenem Antrieb mit dem Labor in Verbindung, als er plötzlich wieder unter lauten Schreien aus dem Schlaf erwachte. Und genau wie wir zehn Jahre zuvor konstatiert hatten, handelte es sich um Nachtangst (Pavor nocturnus), die für den Tiefschlaf typisch ist. In keiner der Aufnahmen von den drei Nächten konnten wir einen REM-Schlaf erkennen.

Der Fall von Y. H. ist zweifelsohne aufschlußreich und verwirrend zugleich. Er ist aufschlußreich, weil er eindeutig die Grenzen jeglicher Verallgemeinerung sprengt, die wir uns bei Laboruntersuchungen von Tieren und Menschen auferlegen mögen, und verwirrend, weil er uns zwingt, über die Weisheit der Natur nachzudenken. Warum hat die Evolution in einem Zeitraum von 150 bis 200 Millionen Jahren eine so sonderbare Form von Leben entwickelt, wenn wir auch ohne sie sehr gut auskommen können? Könnte es sein, daß die Funktion des REM-Schlafes nicht so lebenswichtig ist, wie wir zu glauben meinen? Handelt es sich vielleicht nur um ein »fossiles« Relikt der Hirntätigkeit, das in den frühen Stadien unserer Entwicklung notwendig war, irgendwann während des Übergangs von den kaltblütigen Reptilien zu den Vögeln und Säugetieren?

REM-Schlaf – ein Schlaf in allen Entwicklungsstadien?

Auf einem wissenschaftlichen Kongreß über die Bedeutung des REM-Schlafes erklärte William Dement, den wir bereits kennen, ziemlich entmutigt: »Wenn es wirklich wahr ist, daß der REM-Schlaf keine für das Leben und die Anpassung entscheidende Rolle spielt, kommen wir zu dem unvermeidlichen Schluß, daß der REM-Schlaf einer der grandiosesten Irrtümer der Evolution ist.«

Worin liegt dann der Sinn und Zweck der Bewahrung des REM-Schlafes, wenn der schlafende Organismus dem steten Wandel der Umwelt ausgesetzt ist und der REM-Schlaf keine lebenswichtige Funktion hat? Wie können wir den Evolutionsdruck auf seinen Fortbestand erklären, wenn seine Nachteile offenbar größer als alle möglichen Vorteile sind?

Einige haben versucht, dieses Rätsel zu lösen, indem sie behaupteten, dem REM-Schlaf komme allein in kritischen Entwicklungsstadien des zentralen Nervensystems eine lebenswichtige Bedeutung zu. Diese Theorie ist mit dem Namen des Psychiaters Howard Roffwarg verbunden, der ebenfalls dem ersten Schlafforscherteam um Dement und Rechtschaffen angehörte. Roffwarg und seinen Kollegen zufolge zeigt der Fakt, daß der tatsächliche Umfang des REM-Schlafes in den ersten Tagen nach der Geburt sehr groß ist und wahrscheinlich auch im Fötalstadium auftritt, daß er eine entscheidende Rolle in der Entwicklung des Nervensystems spielt. Untersuchungen an Tieren haben ergeben, daß die normale Entwicklung des Nervensystems von der Rezeption der sensorischen Informationen in den kritischen Stadien dieses Prozesses abhängig ist. Kätzchen, die unmittelbar nach der Geburt in völliger Dunkelheit ohne jegliche visuelle Stimuli aufwuchsen, wiesen Anzeichen einer Degeneration der Nervenzellen in der visuellen Hirnrinde auf. Daher ist es wahrscheinlich, daß der REM-Schlaf die Funktion hat, die Rezeption der Sinnesreize in der Hirnrinde zu gewährleisten, die in der kritischen Entwicklungsphase so notwendig für die volle Ausbildung der Nervenzellen sind. Der Hirnstamm, dessen Entwicklung vor der vollen Ausbildung der Hirnrinde abgeschlossen ist, ist für deren Bombardierung mit Sinnesreizen während des REM-Schlafes verantwortlich. Da es bei Tieren fast unmöglich ist, den REM-Schlaf unmittelbar nach der Geburt für einen längeren Zeitraum zu unterbinden, können wir bei ihnen nicht nachprüfen, was man inzwischen »die ontogenetische Theorie des REM-Schlafes« nennt.

Bei meinem Versuch, eine Antwort auf das Rätsel des REM-Schlafes zu geben, berufe ich mich auch auf die Gedanken anderer Forscher zu diesem Thema. Wenn Nathaniel Kleitman gefragt wurde: »Welche Funktion hat der Schlaf?«, erwiderte er gewöhnlich: »Sagen Sie mir, welche Funktion der Wachzustand hat, und dann werde ich Ihnen die Funktion des Schlafes erklären.« Können wir dem Wachzustand irgendeine Funktion zuschreiben? Hat diese Frage neben ihrer philosophischen Relevanz irgendeine physiologische Bedeutung? Meine eigenen Ansichten über die Funktion des REM-Schlafes sind denen von Kleitman über die Funktion des Schlafes im allgemeinen ähnlich. Meiner Meinung nach wurde der REM-Schlaf von Anbeginn an nicht geschaffen, um ein besonderes Bedürfnis zu befriedigen. Ich glaube, daß er ein unvermeidliches Resultat des Übergangs vom unterbrochenen oder mehrphasigen Schlaf, der für die meisten Tiere und Menschenbabys in den ersten Monaten ihres Lebens typisch ist, zum ununterbrochenen einphasigen Schlaf ist.

In seinem Buch *The Panda's Thumb* (Der Daumen des Panda) veröffentlichte Stephen Jay Gould, ein bedeutender Biologe an der Harvard-Universität, einen fesselnden Aufsatz mit dem Titel »Natural Selection and the Human Brain: Darwin vs. Wallace« (Die natürliche Auslese und das menschliche Gehirn: Darwin versus Wallace). Gould ergriff darin voll und ganz Partei für Charles Darwin in dessen großem Streitgespräch mit Alfred Russel Wallace über die Evolution des menschlichen Gehirns. In diesem Streitgespräch ging es um die Frage, ob man das menschliche Gehirn im Einklang mit den Prinzipen der natürlichen Auslese auch als Produkt der Evolution betrachten könne oder ob das Gehirn, wie Wallace behauptete, mit Hilfe eines Eingriffs Gottes geschaffen worden sei. Gould behauptete, die natürliche Auslese könne ein Organ »für« eine bestimmte Funktion oder eine Gruppe von Funktionen hervorbringen, aber in diesem »Ziel« erschöpfe sich nicht unbedingt das volle Potential des Organs. Aufgrund ihrer Komplexität kann eine Struktur, die für einen speziellen Zweck konzipiert ist, viele andere Aufgaben erfüllen. Er beendete seinen Aufsatz mit folgenden Worten: »Ich streite nicht ab, daß es in der Natur Harmonien gibt. Aber auch die Struktur hat ihre vorborgenen Fähigkeiten. Für eine Funktion geschaffen, kann sie weitere erfüllen – und in dieser Flexibilität liegt sowohl die Vertracktheit als auch die Hoffnung für unser Leben.«

Als ich Goulds Aufsatz las, fand ich, daß er sich vollkommen mit meiner Auffassung über den REM-Schlaf deckte. Er erinnerte mich an Kleitmans Behauptung über den Zusammenhang zwischen dem REM-Schlaf und den Träumen. Kleitman war der

Ansicht, Träume seien nur ein Nebenprodukt der starken Erregung der Hirnrinde während des REM-Schlafes, ebenso wie die Sprache ein Nebenprodukt der Luftbewegungen sei, nämlich, wenn die Stimmbänder beim Atmen in heftige Bewegung versetzt werden. Deshalb könne man nicht ins Feld führen, sagte Kleitman, der REM-Schlaf sei nur geschaffen worden, damit Menschen träumen können. Meiner Meinung nach tauchte der REM-Schlaf das erste Mal im Stadium der Evolution auf und bot eine Lösung für das Problem, die zahlreichen und kurzen Schlafabschnitte zu einem einzigen, ununterbrochenen Abschnitt zusammenzuführen. Erst später kamen viele andere, unterschiedliche Funktionen hinzu, die, um Goulds Worte zu gebrauchen, seine »verborgenen Fähigkeiten ausnutzten«.

Worauf gründe ich dann meinen Anspruch, daß der REM-Schlaf der »Leim« ist, mit dem der mehrphasige Schlaf zum einphasigen Schlaf verbunden wird? Wie ich bereits erwähnt habe, haben die charakteristischen physiologischen Merkmale des REM-Schlafes erstens größere Ähnlichkeit mit den charakteristischen Merkmalen des Wachzustands als mit denen des Schlafes. Die Erregung des Gehirns zeigt sich in den Hirnstromwellen, den schnellen Augenbewegungen und in der fehlenden Stabilität des vegetativen Nervensystems, die an Gemütslagen während des Wachzustands erinnert. Während des REM-Schlafes verliert das Gehirn die Kontrolle über die Regulationsmechanismen. Diese Erscheinung läßt sich auf dieselbe Art erklären. Eliot Phillipson von der Universität Toronto, der einen bedeutenden Beitrag zur Klarstellung der Funktion der Atemregulationsmechanismen während des Schlafes geleistet hat, wies nach, daß die Atmung während des REM-Schlafes von demselben Gehirnmechanismus gesteuert wird, der während des Wachzustands aktiv ist, und nicht von den »automatischen« Mechanismen im Hirnstamm, die die Atmung in den anderen Schlafstadien überwachen.

Zweitens dauert eine REM-Schlafphase in jenem Lebensabschnitt am längsten, in dem sich der Schlaf zu einem einphasigen Schlaf stabilisiert, also in den ersten Lebensmonaten. Danach nimmt sein relativer Umfang allmählich ab. Im Gegensatz zu dem ersten REM-Schlaf eines Erwachsenen, der stets rund anderthalb Stunden nach dem Schlaf der Stadien 1, 2, 3 und 4 erscheint, kann der REM-Schlaf beim Säugling zudem sofort nach dem Einschlafen eintreten. Genau diese Erscheinung fiel Eugene Aserinsky auf, und sie führte direkt zur Entdeckung des REM-Schlafes.

Mehrere Erkenntnisse stützen die Behauptung, daß der REM-Schlaf ein »Tor« zum Wachzustand während des Schlafes ist, ein Tor, das sehr leicht zum Erwachen führt. Im Jahr 1975 führten Jacob Zomer und Arieh Oksenberg, zwei Studenten, die sich auf ihren Magisterabschluß vorbereiteten, ein Experiment in meinem Labor durch. Sie untersuchten die Fähigkeit eines Probanden, zu einer vorher bestimmten Zeit ohne die Hilfe eines Weckers oder eines anderen äußeren Faktors aufzuwachen. Viele Menschen behaupten, dazu in der Lage zu sein, und so verwandten wir viel Zeit auf die Suche nach glaubwürdigen Versuchspersonen. Die Untersuchungsergebnisse bestätigten die Behauptungen der Probanden. Es war äußerst beeindruckend, wie genau sie zu einem bestimmten Zeitpunkt erwachten; die meisten wurden etwa zehn Minuten vor oder nach den festgesetzten Zeiten wach. Aber nicht weniger beeindruckend war die Beobachtung, daß sie größtenteils aus dem REM-Schlaf erwachten. Wenn wir zum Beispiel eine Versuchsperson baten, um 3.30 Uhr morgens aufzuwachen, kam sie der festgesetzten Zeit am nächsten – sagen wir, um 3.15 Uhr –, wenn sie aus dem REM-Schlaf erwachte. Diese Erkenntnisse wurden später durch weitere Untersuchungen in den Vereinigten Staaten und Japan erhärtet. Wir können daraus schließen, daß wir während des REM-Schlafes auf die eine oder die andere Art mit der Realität in Verbindung bleiben und sogar mit Hilfe innerer Signale entscheiden können, wann wir aufwachen wollen. Interessanterweise vertrat Fred Snyder in einer der ersten Theorien über den REM-Schlaf die Ansicht, der REM-Schlaf sei entstanden, um dem Organismus ein regelmäßiges Absuchen seiner Umgebung nach eventuellen Anzeichen für eine Gefahr zu ermöglichen.

Ein weiterer Beweis dafür, daß der REM-Schlaf ein Tor zum Wachzustand während des ununterbrochenen Schlafes ist, wurde durch Beobachtungen von Versuchspersonen erbracht, die sich zwar frei bewegen, jedoch aus ihrer Umgebung keinerlei Hinweise auf die Uhrzeit entnehmen konnten. Unter diesen Bedingungen erwachten sie viele Male aus dem REM-Schlaf, weit häufiger als in ihrer natürlichen Umgebung. Ähnliche Beobachtungen wurden von Tom Wehr vom Nationalen Institut für geistige Gesundheit der USA berichtet, der den Schlaf von Testpersonen untersuchte, die längere Zeit im Dunkeln lebten.

Sowohl das spontane Erwachen aus dem REM-Schlaf als Reaktion auf die Forderung, zu einer vorher festgesetzten Zeit aufzuwachen, als auch das spontane Erwachen aus dem REM-Schlaf unter Bedingungen der Isolation zeigen, daß der REM-Schlaf einen sanften und schnellen Übergang vom Schlaf zum Wachzustand ermöglicht, was die Behauptung erhärtet, man könne den REM-Schlaf als Tor zum Wachzustand während des Schlafes betrachten.

Weitere Ergebnisse des Schlaflabors des Technion machen deutlich, daß das Erwachen aus dem REM-Schlaf noch einen weiteren Vorteil hat. Als wir die Funktionen von Menschen nach dem Erwachen aus dem REM-Schlaf untersuchten, stellten wir fest, daß sie Aufgaben, wie zum Beispiel die Orientierung in einem Raum, sehr gut bewältigten. Wurden diese Aufgaben, die von der rechten Gehirnhälfte gesteuert werden, aber nach dem Erwachen aus den Tiefschlafstadien 3 und 4 ausgeführt, war die Erfolgsrate niedriger. In anderen Worten, jemand, der aus dem REM-Schlaf erwacht, findet sich sofort in seiner Umgebung zurecht, und das ist von entscheidender Bedeutung für einen sanften Übergang vom Schlaf zum Wachzustand.

Die Fähigkeit des Menschen, leicht zu erwachen und sofort auf dem Höhepunkt seiner Sinneswahrnehmung zu sein, ist ein deutlicher Beweis für das Vorhandensein dieser »Tore zum Wachzustand« während des Schlafes, und diese Tore haben Ähnlichkeit mit den »Toren zum Schlaf« während des Wachzustands, die wir bereits erörtert haben. Sind diese Schlaftore vorhanden, wie das sekundäre Schlaftor, das im Laufe des Nachmittags erscheint, ist es relativ einfach einzuschlafen. Sowohl die Tore zum Wachzustand während des Schlafes als auch die Tore zum Schlaf während des Wachzustands ermöglichen einen flexibleren Übergang vom Schlaf zum Wachzustand und umgekehrt. Wenn die Tore auch nicht immer als zweigleisige Brücke zwischen Schlafen und Wachen genutzt werden, dienen sie dennoch der Unterstützung aller notwendigen physiologischen Veränderungen, die ein schnelles und gründliches Erwachen oder Einschlafen garantieren, wann immer es erforderlich ist.

Der REM-Schlaf ist daher nicht einfach eine Laune des Gehirns oder ein grandioser Irrtum der Evolution. Höchstwahrscheinlich ist er eines der beeindruckendsten Beispiele für die Flexibilität der Evolution und ihre Fähigkeit zur vollen Nutzung der verborgenen charakteristischen Merkmale der bestehenden Bedingungen und Strukturen. Obwohl es nicht Sinn und Zweck des REM-Schlafes war, eine Rolle bei der Steuerung und Regulierung der Instinkte, der Konsolidierung der Gedächtnisspuren, der Regulierung der Gehirnerregung oder der Erschaffung von Träumen zu spielen, ermöglichen seine besonderen charakteristischen Merkmale als Tor zum Wachzustand während des Schlafes zahlreiche unterschiedliche Funktionen.

13. Die Schlafzentren

Im Laufe der Geschichte wurden zahlreiche Vermutungen über die Lage des Organs geäußert, das für den Schlaf verantwortlich ist – angefangen von der Theorie Aristoteles', wonach die Abkühlung des Herzens die Ursache für den Schlaf sei, bis hin zur Überzeugung von Platon und Galenus, daß der Schlaf aufgrund der »Blockierung der Poren des Gehirns durch faulige Dämpfe von der Nahrung« hervorgerufen werde, und den Theorien des 19. Jahrhunderts von »zu viel Blut« und »zu wenig Blut«. Der erste Hinweis, daß ein spezielles Zentrum im Gehirn den Schlaf verursache, stammt von Konstantin von Economo und geht auf eine schreckliche Epidemie im frühen 20. Jahrhundert zurück. Die Geschichte von der Enzephalitis lethargica oder der »Schlafkrankheit« wurde vor kurzem erneut von dem Neurologen Oliver Sacks in seiner Veröffentlichung von *Awakenings* (Erwachen) aufgegriffen. Sacks erzählt die Geschichte in seinem Buch äußerst spannend, aber es ist schade, daß er sich ausschließlich auf die von dieser Krankheit Betroffenen konzentriert und der vielseitigen und schillernden Persönlichkeit von Economo, dem Entdecker der Krankheit, der gut und gern den Helden eines abendfüllenden Films abgeben könnte, keinerlei Raum gewidmet hat.

Von Economo wurde 1876 in einer aristokratischen Familie mazedonischer Herkunft in Rumänien geboren. Der junge Konstantin war ein begabtes Kind, das mehrere Sprachen fließend sprach. Obwohl ihn sein Vater zum Studium der technischen Wissenschaften nach Wien geschickt hatte, wandte er sich gegen dessen Wunsch der Medizin zu. Im Jahr 1901 schloß er sein Studium mit Auszeichnung ab und spezialisierte sich anschließend in Paris und München auf dem Gebiet der Psychiatrie. Nach Beendigung seines Studiums kehrte er nach Wien zurück, wo er die Arbeit an einer psychiatrischen Klinik aufnahm und bis zum Ende seines Lebens blieb.

Von Economo war sowohl ein Pionier der Luftfahrt als auch der Medizin. Da es im Jahr 1907 in ganz Österreich kein einziges Flugzeug gab, startete er seine Laufbahn als Luftschiffer in einem Ballon. Bereits 1908 hatte er sich einen Lebenstraum erfüllt: Er absolvierte einen Kurs als Pilot in Frankreich, und nachdem er seinen Pilotenschein bekommmen hatte, kehrte er mit einem Flugzeug, dem ersten, das je über Wien gesehen wurde, nach Österreich zurück. Daher überrascht es nicht, daß von Economo Österreichs erster Militärpilot wurde und an den Kampfhandlungen während des Ersten Weltkrieges teilnahm; seine erste Mission waren Kontrollflüge über den Alpen. Nachdem sein Bruder gefallen war, beendete er seine Karriere als Militärflieger vorzeitig und ging nach Wien zurück, wo er sich als Arzt auf Kopfverletzungen spezialisierte.

Im Jahr 1917 entdeckte von Economo die Schlafkrankheit, jene mysteriöse Krankheit, die im Winter zuvor plötzlich ausgebrochen war. Im Januar 1917 untersuchte er den ersten Patienten, der unter hohem Fieber, Halluzinationen, Sehschwäche und hochgradiger Schläfrigkeit litt. Diesem Patienten folgten bald weitere sechs. Da die Krankheit in unterschiedlichen Formen manifest wurde, waren bei diesen Patienten zunächst etliche andere Krankheiten diagnostiziert worden, die von Schizophrenie bis zur Parkinsonschen Krankheit reichten. In dieser Situation offenbarte sich von Economos außerordentliche Begabung im Umgang mit Kranken. Sofort erkannte er genau den Faktor, der all diesen Fällen gemeinsam war, und im Mai 1917 veröffentlichte er einen wissenschaftlichen Beitrag über die vor kurzem entdeckte Krankheit: die Schlafkrankheit oder Enzephalitis lethargica. In dem Beitrag schrieb er, daß der rote Faden die schweren Schlafstörungen seien, die in Form von übermäßiger Schläfrigkeit über Wochen und Monate hinweg oder aber in vollkommener Schlaflosigkeit mit tödlichem Ausgang deutlich wurden.

Die Schlafkrankheit verbreitete sich in der ganzen Welt und forderte innerhalb von zehn Jahren mehr als fünf Millionen Todesopfer. Im Jahr 1927 verschwand sie genauso plötzlich und rätselhaft, wie sie gekommen war. Die Krankheit hatte einschneidende Konsequenzen für den Schlaf; ungefähr ein Drittel der Patienten schlief über längere Zeit ein, und es war unmöglich, sie zu wecken. Die meisten starben, während sie noch schliefen. Andere wieder litten am entgegengesetzten Symptom – sie konnten überhaupt nicht einschlafen, auch nicht mit Schlafmitteln.

Einige wenige Patienten sanken in einen tiefen Schlaf, aus dem sie ungefähr wie Rip van Winkle erst Jahre später erwachten! Sacks fand einige dieser Patienten in einer Anstalt für chronisch Kranke und behandelte sie mit L-Dopa (Levadopa), das sie aus ihrem endlosen Schlaf erweckte, so als wären sie mit einem Zauberstab berührt worden. Leider endete diese Geschichte nicht so glücklich, wie sie begann, so daß Sacks gezwungen war, die Behandlung mit L-Dopa aufgrund der schweren Nebenwirkungen des Präparats einzustellen.

Von Economo begann, die Gehirne der an der Schlafkrankheit verstorbenen Patienten sorgfältig zu untersuchen und stellte bei allen Anzeichen einer Gehirnschädigung fest. Bei den Patienten, die an Schlafstörungen gelitten hatten, befand sich die Schädigung stets im selben Bereich des Gehirns, ganz nah am Hypothalamus. Dieser Bereich des Gehirns ist unter anderem für die Aufnahme von Speisen und Getränken sowie für die Funktion des vegetativen Nervensystems verantwortlich. Wenn die klinischen Symptome eine übermäßige Schläfrigkeit ausweisen, lag die Schädigung im hinteren Teil des Hypothalamus, und wenn die Symptome Schlaflosigkeit anzeigten, war die Schädigung auf den vorderen Bereich begrenzt. Von Economo schloß daraus, daß der an den Hypothalamus angrenzende Bereich mit der Steuerung des Schlafes in Verbindung steht. Er nahm an, das »Schlafzentrum« sei aktiv für die Veränderungen verantwortlich, die sich während des Übergangs vom Wachzustand zum Schlaf im Nervensystem, im Körper und im Verhalten vollziehen. Gleichzeitig wies er die Möglichkeit zurück, daß die Aktivierung des Zentrums mit der Blockierung der sensorischen Informationskanäle im Zusammenhang stünde, und stellte die Hypothese auf, die während des Wachzustands entstehenden Verbindungen, die Henri Pieron zu Beginn dieses Jahrhunderts »Hypnotoxine« genannt hatte, aktivierten das Schlafzentrum.

Von Economo ging davon aus, daß es das Hauptziel des Schlafzentrums sei, eine »Vergiftung« des gesamten Gehirns durch die Hypnotoxine zu verhindern. Das war seiner Ansicht nach die Hauptfunktion des Schlafes selbst. Sobald der Ausscheidungsprozeß der Hypnotoxine abgeschlossen war, endete der Schlaf. Von Economo erkannte ebenfalls, welche Auswirkungen Gewohnheiten und Lernprozesse auf den Schlaf und seine Steuerung haben. Als Grund dafür führte er an, daß sich der Schlaf oft ohne ein Gefühl der Müdigkeit einstelle und daß man ihn mühelos in der Mitte, das heißt vor Beendigung des Prozesses der Entsorgung der Hypnotoxine, abbrechen könne. Viele Jahre später stellte sich heraus, daß siamesische Zwillinge, die ein gemeinsames Kreislaufsystem haben, nicht immer zur gleichen Zeit schlafen und wachen. Diese Beobachtung steht der Behauptung entgegen, die Hauptursache des Schlafes seien die im Blutstrom transportierten Verbindungen, die das Schlafzentrum aktivierten.

Leider erlebte von Economo nicht mehr, wie sich seine Theorien über die schlafsteuernden Gehirnzentren in kontrollierten Untersuchungen bestätigten. Er verstarb 1931 im Alter von 55 Jahren an den Folgen eines Herzanfalls im Schlaf.

Das isolierte Gehirn

Von Economos Beobachtungen und Theorien über die Lage des Schlafzentrums hatten große Wirkung auf die Hirnforscher seiner Zeit. Zahlreiche Forscher sezierten die Bereiche, die von ihm als äußerst wesentlich für den Schlaf bezeichnet worden waren. Sie versuchten, die Schlafkrankheit künstlich herbeizuführen, was ihnen jedoch nicht gelang. Die Entdeckung der Hirnstromwellen durch Hans Berger und ihre weitverbreitete Nutzung als Hilfsmittel in der Forschung führten gegen Ende der 30er Jahre zu einer einschneidenden Veränderung in den für die Untersuchung der Funktion des Gehirns angewandten Forschungsmethoden. Die Wissenschaftler mußten sich nicht mehr ausschließlich auf die äußere Erscheinung und das Verhalten der Versuchstiere verlassen; sie konnten jetzt objektiv bestimmen, ob das Tier wach war oder schlief. Jedoch wurden die Ergebnisse nicht immer richtig interpretiert. Frederic Bremer, ein belgischer Forscher, der von Economos Beobachtungen genau verfolgte, führte als erster Experimente über die Abtrennung des Großhirns vom Hirnstamm durch. Unmittelbar nachdem die Wirkungen der Narkose abgeklungen waren, zeigte das Versuchstier zu Bremers großer Verwunderung alle Anzeichen des Schlafes, einschließlich der für den Schlaf typischen Hirnstromwellen. Das widersprach genau den Resultaten der Abtrennung des Gehirns vom Rückenmark – in anderen Worten, ein Zustand, in dem das Gehirn und der Hirnstamm miteinander verbunden blieben, aber vom übrigen Körper getrennt waren. Das hatte ein ununterbrochenes Wachsein ohne Schlaf zur Folge. Hätte sich Bremer stärker an der Anatomie orientiert, wie er Jahre später bekannte, wäre er möglicherweise zu dem Schluß gekommen, daß sich im Hirnstamm zwischen dem Rückenmark und dem Großhirn ein Mechanismus befindet, der für die Aufrechterhaltung der Wachsamkeit des Großhirns entscheidend ist. Das war der Mechanismus, der infolge des chirurgischen Eingriffs vom Großhirn abgetrennt worden war. Und dennoch war Bremer ein Gefangener der Idee, daß der Schlaf ein passiver Zustand sei, der durch die Isolierung des Gehirns von den sensorischen Informationskanälen hervorgerufen werde. Er interpretierte die Anzeichen des Schlafes folgendermaßen: Die Isolierung des Gehirns vom Hirnstamm bewirkt den Schlaf aufgrund der Abtrennung von den Nervenkanälen, die die Sinnesempfindungen von den Sinnesorganen weiterleiten. Es vergingen weitere zehn Jahre, ehe ein spezieller Mechanismus nachgewiesen wurde, der den Grad der Wachsamkeit des Großhirns im Hirnstamm steuert. Dieser Mechanismus benötigt überhaupt keine sensorischen Informationen, um den Wachzustand aufrechterhalten zu können.

Obwohl von Economo die großen Fortschritte der Hirnforschung in der zweiten Hälfte des 20. Jahrhunderts nicht mehr miterlebte, geht aus seinen Schriften hervor, daß er volle Kenntnis von den früheren Experimenten des Schweizer Wissenschaftlers Walter Rudolf Hess gehabt haben muß. Hess, der fast ebensoalt wie von Economo war, hatte sein Medizinstudium 1905 beendet und sich anschließend in der Augenheilkunde spezialisiert. Bald war ihm die Eintönigkeit seines neuen Berufes zuwider, worauf er eine Stelle als Forscher am Züricher Physiologischen Institut annahm. In seinen Untersuchungen konzentrierte er sich auf die Art der Steuerung der vegetativen physiologischen Systeme, wie den Blutdruck und die Funktion des Verdauungssystems, durch das Gehirn. Um untersuchen zu können, wie das Gehirn die verschiedenen Systeme steuert, entwickelte er eine innovative Forschungsmethode: Durch die Einführung äußerst dünner Elektroden in das Gehirn eines Tieres konnte er das Gehirn elektrisch stimulieren. Da diese Experimente an wachen Tieren ausgeführt wurden, die sich frei in ihren Käfigen bewegten, konnte Hess sehr genau dokumentieren, wie die elektrischen Reize deren Verhalten beeinflußten.

Im Gegensatz zu von Economo, der nach der Beobachtung von nur sieben Patienten die Enzephalitis lethargica entdeckt hatte, standen Hess 25 weitere Jahre für seine Experimente zur Verfügung. Für die Veröffentlichung seiner Schlußfolgerungen im Jahr 1949 wurde ihm der Nobelpreis für Medizin in Anerkennung seiner Leistungen bei der Erkenntnis der Prinzipien der Steuerung der verschiedenen physiologischen Systeme durch das Gehirn verliehen. In einem seiner Beiträge gestand Hess ein, daß er eigentlich nicht beabsicht hatte, Schlafforschung zu betreiben, und daß er fast gegen seinen Willen damit begonnen hatte, nachdem er in mehreren Fällen gesehen hatte, wie die Versuchstiere aufgrund elektrischer Reize einschliefen. Sein Interesse am Schlaf rührte wahrscheinlich auch von dem Umstand her, daß sowohl er als auch seine Mutter an Schlaflosigkeit litten. In seiner Schrift »Die biologische Ordnung und der Aufbau des Gehirns« beschrieb er eines seiner Experimente folgendermaßen: »Experiment 180 (15. März 1935): Freundliches Tier. Einführung der Elektroden ruft keine Symptome hervor. Auch eine Reizung mit 1 Volt über 30 Sekunden zeigt keine Wirkung. Dagegen zeigt eine Erhöhung der Intensität der Reizung auf 2 Volt über 30 bis 45 Sekunden eine deutliche Wirkung. Nach zwei oder drei Wiederholungen nimmt die Katze die typische Schlafstellung ein und schläft. Das geschieht sogar, während die Reizung noch anhält. Ihre Pupillen haben sich auf das Höchstmaß zusammengezogen, und ihr Verhalten entspricht in jeder Hinsicht dem eines schlafenden Tieres.«

Die Elektroden, die die Katze zum Einschlafen brachten, waren in den Hirnbereich eingeführt worden, den von Economo als den möglichen Sitz des Schlafzentrums identifiziert hatte, nämlich den vorderen Teil des Hypothalamus.

Seitdem hat sich wenig geändert. Den letzten Teil seines Lebens widmete Hess dem kompromißlosen und schließlich siegreichen Kampf der Bewegung gegen Versuche an lebenden Tieren in der Schweiz.

Tödliche Schlaflosigkeit – die Rolle des Thalamus

In den letzten Jahren ist eine weitere Gehirnstruktur zunehmend erforscht worden, die eine wichtige Rolle beim Schlaf spielt. Der eiförmige Thalamus in der Mitte des Gehirns ist der wichtigste Knotenpunkt, der die von den Sinnesorganen ankommenden Informationen mit den Sinneszentren in der Großhirnrinde verbindet. Obwohl Hess anfänglich auf die mögliche Rolle des Thalamus während des Schlafes aufmerksam machte, blieb der Thalamus aufgrund der allgemeinen Aufregung über die Entdeckungen der Steuermechanismen des REM-Schlafes und des Nicht-REM-Schlafes im Hirnstamm (auf die ich gleich kommen werde) relativ unerforscht.

Es ist dem nüchternen Scharfsinn von Elio Lugaresi aus Bologna zu verdanken, daß der Thalamus als eine für den Schlaf relevante Gehirnstruktur in den Mittelpunkt des Interesses gerückt ist. Ein 53jähriger Industriemanager konsultierte Lugaresi und seine Kollegen, da er zunehmend unter Einschlafschwierigkeiten litt. Die Schlaflosigkeit war von anderen Symptomen begleitet, wie Verstopfung, einer verstärkten Tätigkeit des vegetativen Nervensystems in Form von Transpiration sowie erhöhter Herzfrequenz, erhöhtem Blutdruck und erhöhter Körpertemperatur. Einige Monate nachdem diese Symptome zum ersten Mal aufgetreten waren, litt der Manager unter beinahe vollständiger Schlaflosigkeit, und seine wachen Stunden waren von lebhaften, traumähnlichen Episoden durchsetzt. Allmählich verlor der Patient den Kontakt zu den Menschen in seiner Umgebung, und neun Monate nach dem Einsetzen der Symptome verstarb er. Sein Vater und seine zwei Schwestern waren an denselben Leiden verstorben.

Auch in diesen Fällen war das Unvermögen zu schlafen so stark ausgeprägt, daß es sich zu einer vollständigen Schlaflosigkeit steigerte, was den Namen der Krankheit – fatale familiäre Insomnie – rechtfertigt. Bemerkenswert ist, daß die Gehirnautopsie in allen vier Fällen schwere Degenerationserscheinungen im vorderen Teil des Thalamus zutage brachte. Da die Schädigungen bei zwei Patienten nahezu ausschließlich auf den Thalamus begrenzt waren, kamen Lugaresi und seine Kollegen zu dem Schluß, daß der vordere Teil des Thalamus eine wesentliche Rolle in der Schlafsteuerung spielt. Spätere Untersuchun-

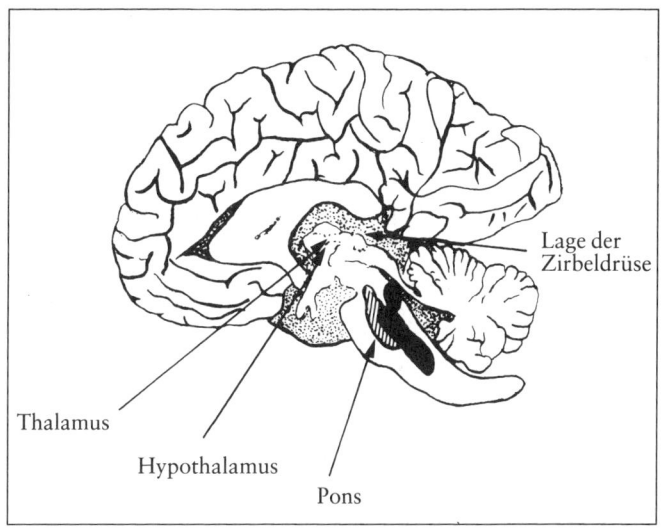

Lage der
Zirbeldrüse

Thalamus

Hypothalamus

Pons

*Zonen des Stammhirns, die den Wachzustand kontrollieren
(schwarz), den REM-Schlaf (gepunktet) und den Nicht-REM-
Schlaf (gestreift)*

gen haben gezeigt, daß es sich bei der fatalen familiären Insomnie um eine Erbkrankheit mit stets tödlichem Ausgang handelt. Lugaresis exakte Beobachtungen wurden durch Experimente bewiesen. Es ist gut dokumentiert, daß spindelförmige Hirnstromwellen, die den Beginn des Schlafes im Elektroenzephalogramm anzeigen, ihren Ursprung im Thalamus haben.

Die Zentren des Wachzustands

Ganz ähnlich wie der REM-Schlaf wurden auch die Zentren des Wachzustands durch einen bloßen Zufall entdeckt. Der Neurophysiologe Guiseppe Moruzzi aus Pisa und sein Kollege Horace Magoun aus Chicago hatten niemals beabsichtigt, das für die Steuerung des Wachzustands verantwortliche Gehirnzentrum zu untersuchen. Ihr Ziel war es offensichtlich, die vom Kleinhirn zur motorischen Hirnrinde führenden Nervenbahnen zu untersuchen. Daher führten sie Elektroden in den Bereich des Hirnstamms ein, die sie als eine Art Relaisstation entlang den beide Bereiche verbindenden Nervenbahnen betrachteten. Als sie den elektrischen Reiz aktivierten, beobachteten sie, wahrscheinlich zu ihrer Überraschung, daß der Reiz Hirnstromwellen ausgelöst hatte, die einen Zustand angespannter Wachsamkeit anzeigten. Da die Reizelektroden nicht unmittelbar neben jenen Sinnesnervenbahnen angebracht waren, die Informationen zum Gehirn leiten, nahmen sie an, sie hätten eine unbekannte Nervenbahn erregt, die die gesamte Hirnrinde, und nicht nur einen kleinen, besonderen Teil von ihr, aktiviert hatte. Es kann nicht der geringste Zweifel darüber bestehen, daß das Experiment von den richtigen Leuten beobachtet worden war! Sofort erkannten sie die Bedeutung ihrer Entdeckung. Magoun, der vorher die für den Schlaf relevanten Gehirnmechanismen untersucht hatte, wußte, daß weite Bereiche des Hirnstamms, die für die Neurophysiologen noch weitgehend Neuland waren, mit der Steuerung des vegetativen Nervensystems in Verbindung stehen. Moruzzi, der bei Frederic Bremer Neurophysiologie studiert hatte, war voll mit der Aufzeichnung der Hirnstromwellen und ihrer Bedeutung für die Bestimmung des Schlaf- und Wachzustandes vertraut.

Moruzzi und Magoun faßten ihre Entdeckung folgendermaßen zusammen: »Die Reizung der Formatio reticularis [der Name, den sie dem erregten Bereich gaben] der Hirnrinde ruft Schwankungen in den Hirnstromwellen hervor. Die hohen, langsamen Wellen verschwinden und werden von schnellen, flachen Wellen abgelöst. Diese Wellen rühren nicht von der Reizung der Sinnesnervenbahnen her, die zur Hirnrinde ziehen. Die Erregungsreaktion auf die Reizung der Formatio reticularis unterschied sich nicht von der Erregungsreaktion auf eine natürliche Reizung (wie Lärm oder Berührung). Bemerkenswert ist, daß eine ununterbrochene Aktivität der Formatio reticularis im Hirnstamm den Zustand des Wachens erklären kann. Eine verminderte Aktivität, entweder natürlich hervorgerufen oder infolge von Medikamenten, Krankheit oder eines chirurgischen Eingriffs, kann Schlaf, Somnolenz oder pathologischen Schlaf hervorrufen.«

Als sie die Struktur der Formatio reticularis untersuchten, erkannten sie, daß es sich um ein integratives System handelt, das sowohl Informationen aus allen Bahnen erhält, die Sinnesemp-findungen zum Gehirn leiten, als auch aus allen motorischen Bahnen, die Befehle vom Gehirn an die Muskeln entgegenneh-men. Auf diese Art und Weise kann die Formatio die Übertra-gung von Informationen aller Art entweder verzögern oder be-schleunigen.

Wie vollzieht sich dann der Übergang vom Wachzustand zum Schlaf? Welcher Mechanismus aktiviert und hemmt die Forma-tio reticularis? Mindestens zwei gesonderte Mechanismen kön-nen den Wachmechanismus hemmen; den ersten habe ich be-reits in meiner Beschreibung der Schlafzentren im Bereich des Hypothalamus erwähnt. Diese Mechanismen sind durch Ner-venbahnen mit der Formatio reticularis verknüpft, und durch sie kann das Schlafzentrum die Aktivität des Erregungszen-trums reduzieren und ein Einschlafen bewirken.

Ein weiteres Zentrum befindet sich in dem Bereich, der das Rückenmark mit dem Hirnstamm verbindet. Dieses Zentrum wurde 1949 in Moruzzis Labor von dem jungen Studenten Yochanan Magnes entdeckt, der später Professor an der He-bräischen Universität Jerusalem wurde. Dieser Mechanismus befindet sich im unteren Teil des Hirnstamms in einem Bereich, den man das Rhombenzephalon nennt. Eine elektrische Reizung dieses Bereichs führte bei einem Versuchstier sofort zum Schlaf, während seine Zerstörung einen dauerhaften Mangel an Schlaf hervorrief. Welcher Mechanismus auch immer den Beginn des Schlafes anregt, stets muß er die Schlafstruktur des Thalamus aktivieren, der dann Spindeln erzeugt, die den Beginn des Schla-fes anzeigen.

Mechanismen des REM-Schlafes

Bis jetzt habe ich die Mechanismen beschrieben, die mit dem Prozeß des Einschlafens und der anteiligen Aufrechterhaltung des Wachzustandes in Verbindung stehen. Auch die Ent-deckungen, die uns Aufschluß über die Funktionsweise der Me-chanismen geben, die den REM-Schlaf und die anderen Schlaf-stadien steuern, sind im wesentlichen Zufallsentdeckungen. Am Anfang seiner Forscherlaufbahn absolvierte Michel Jouvet ein Zusatzstudium bei Magoun am Institut für Hirnforschung in Los Angeles. Nach seiner Rückkehr an die Universität Lyon galt sein Hauptinteresse der Erforschung der Lage der Gehirnmechanismen, die für einfache Lernprozesse relevant sind. Um die Lernmechanismen ohne eventuelle äußere Einflüsse untersuchen zu können, führte er seine Experimente an Katzen aus, deren Gehirne vom Hirnstamm abgetrennt worden waren; sein Verfahren ähnelte dem, das bereits Bremer angewandt hatte. Zu seiner großen Überraschung stellte er fest, daß der Muskeltonus der Tiere alle 30 bis 40 Minuten für eine Zeitspanne von fünf bis sechs Minuten ohne irgendeinen äußeren Eingriff nachließ. In diesen Perioden der »Lähmung« wiesen die Katzen bei gleichzeitiger heftiger Bewegung ihrer Barthaare hohe und spitze Wellen im Brückenbereich des Hirnstamms auf.

Zahlreiche Forscher, so auch Bremer, der ähnliche Untersuchungen durchführte, waren wahrscheinlich auf dieselbe Erscheinung gestoßen, denn in der ersten Hälfte des 20. Jahrhunderts waren Experimente, bei denen das Gehirn vom Hirnstamm abgetrennt wurde, sehr verbreitet. Aber nicht alle Forscher waren so wißbegierig und genial wie Jouvet. Nach eingehender Beobachtung dieser Perioden der Lähmung nahm er sofort an, daß sie den Phasen des REM-Schlafes entsprächen, der von Aserinsky und Kleitman bereits bei Menschen und später von Dement bei Katzen beschrieben worden war. Zwei Experimente bestätigten seine Annahme. Bei Katzen mit einem normal entwickelten Gehirn waren die Perioden der Lähmung und des Ausbruchs der hohen, spitzen Wellen zudem von einer Hirnstromwellenaktivität begleitet, wie sie für den REM-Schlaf typisch ist, das heißt schnelle Augenbewegungen sowie Zuckungen der Gliedmaßen und Barthaare. Diese Erscheinungen deckten sich genau mit Dements früheren Beobachtungen bei Katzen. Im zweiten Experiment stellte Jouvet fest, daß man die Periode der Lähmung und ihre Begleiterscheinungen durch einen exakt ausgeführten chirurgischen Eingriff im seitlichen Abschnitt des Hirnstamms verhindern konnte. Dennoch beeinträchtigte dieser chirurgische Eingriff nicht den von langsamen und hohen Hirnstromwellen gekennzeichneten Schlaf. Auf diese Weise entdeckte Jouvet, daß sich der den paradoxen Schlaf steuernde Mechanismus bei Katzen im Brückenbereich des Hirnstamms befindet.

Der Fall von Y. H., den ich in einem früheren Kapitel behandelt habe, bewies ohne jeden Zweifel, daß sich der für den REM-Schlaf von Menschen verantwortliche Mechanismus an derselben Stelle wie bei Katzen befindet. Der Granatsplitter in Y. H.s Hirnstamm lag genau an dem Punkt, den Jouvet in seinen Eingriffen als den Sitz des Steuerungsmechanismus des paradoxen Schlafes von Katzen identifiziert hatte. Später nutzte Jouvet die Verfahren zur chemischen Darstellung des Gehirns, die etwa um diese Zeit zum ersten Mal erprobt wurden, um nachzuweisen, daß der mit der Steuerung des REM-Schlafes verbundene Bereich große Mengen Neurotransmitter Noradrenalin und Azetylcholin enthält (chemische Verbindungen, die von den Nervenimpulse aussendenden Nervenenden, den Synapsen, abgesondert werden). Die angrenzenden Bereiche, die man Raphekern nennt, stehen Jouvets Experimenten zufolge mit dem Schlaf in Verbindung, der durch langsame Hochspannungswellen und eine Konzentration des Neurotransmitters Serotonin gekennzeichnet ist.

14. Schlafmedizin – die ersten Schritte

Nachdem ich an der Universität Florida den Doktorgrad für Physiologische Psychologie erworben hatte, zog ich weiter in Richtung Westen an die Universität Kalifornien in San Diego, wo ich im Anschluß an meine Promotion Studien im Schlaflabor der Psychiatrischen Fakultät betrieb. Das Labor wurde von dem Psychiater Dan Kripke geleitet, der sich bereits Jahre vor uns der Arbeit am Computer als Hobby verschrieben hatte, lange ehe wir alle Meister dieses Fachs wurden. Damals interessierte sich Kripke für biologische Rhythmen, ein Thema, das auch mir am Herzen liegt. Von einem Pharmakonzern konnte er ein Forschungsstipendium für mich erwirken, so daß ich meine Studien an seinem Labor fortsetzen konnte. Obwohl ich an einer Studie über eine medikamentöse Therapie bei Schlaflosigkeit arbeitete, hatte ich noch viele Nächte frei, in denen ich mich anderen Themen widmen und gleichzeitig klinische Erfahrungen sammeln konnte.

Anfang der 70er Jahre verfügten nur einige Wissenschaftler über Laborerfahrungen in der Diagnostizierung von Schlafstörungen. Die wenigen amerikanischen Schlaflabors, die klinische Untersuchungen durchführten, testeten hauptsächlich die Wirkungen von Schlafmitteln. Die Pharmaunternehmen waren in der Tat die ersten, die das verborgene Potential der Schlafaufzeichnungen im Labor erkannten. Statt sich auf den subjektiven Bericht des Patienten über die Wirksamkeit eines Medikaments zu verlassen, konnten sie jetzt auf eine von »Schlafspezialisten« bestätigte Einschätzung zurückgreifen, die auf objektiven Beobachtungen und Auswertungen beruhte. Es versteht sich von selbst, daß allein die Tatsache, daß verschiedene Medikamente in einem Labor getestet wurden, äußerst werbewirksam war. Da sich das Schlaflabor in San Diego in einem Krankenhaus befand, konnte ich damals vielen Menschen begegnen, die unter Schlaflosigkeit litten, und auch einigen wenigen Narkolepsie-Patienten, eine Schlafstörung, die in unfreiwilligem Einschlafen und Muskelerschlaffung am Tag manifest wird. Nachdem ich die ersten Patienten untersucht hatte, wurde mir klar, daß die Frage: Was ist ein guter Schlaf? nicht leicht zu beantworten ist.

Die meisten Menschen schenken ihrem Schlaf erst dann Beachtung, wenn sie plötzlich feststellen, daß irgend etwas damit nicht in Ordnung ist. Die Störung kann vielerlei Formen annehmen: Der Schlaf kann lange auf sich warten lassen, er kann viele Male in der Nacht unterbrochen sein, oder er kann sogar mitten in der Nacht zu Ende sein. Der Schlaf kann auch zur Last werden und uns gerade dann überwältigen, wenn wir nicht schlafen wollen.

Am Anfang der Ermittlung der Art und der Ursache von Schlafstörungen steht das Gespräch mit den Patienten. Wenn sie gefragt werden, wie sie geschlafen haben, antworten sie aus ihrem Gefühl heraus und lassen sich davon leiten, was sie von dem bevorstehenden Tag erwarten. Sie »analysieren« weder den Aufbau ihres Schlafes noch die Anzahl der REM-Perioden noch die Dauer des Tiefschlafes. Wenn wir erfrischt und mit einem klaren Kopf erwachen und die Welt um uns herum klar und deutlich wahrnehmen, haben wir das Gefühl, gut geschlafen zu haben. Wenn wir nach einem solchen Schlaf erwachen, bekommt unser gewohnheitsmäßiges »Guten Morgen« eine besondere Bedeutung.

Es gibt aber Menschen, denen solche Gefühle beinahe völlig unbekannt sind, weil sie sie nur selten genießen können. Einige kämpfen Nacht für Nacht mit dem Schlaf. Sie liegen viele Stunden im Bett und versuchen einzuschlafen, oder sie schlafen schnell ein und werden schon nach ungefähr einer Stunde wieder wach und können dann nicht mehr einschlafen. Andere wieder schlafen zwar schnell und ohne Schwierigkeiten ein und glauben, die ganze Nacht geschlafen zu haben, doch empfinden sie das beim Erwachen völlig anders: Sie haben einen schweren Kopf, müde Glieder, denken langsam, und ihre Sinne sind abgestumpft. »Schlafen erschöpft mich«, behaupten sie und: »Je länger ich schlafe, um so müder wache ich auf.« Diese Menschen brauchen einige Minuten, um sich vom Schlaf zu »erholen«.

Abgesehen von der Tatsache, daß der Schlaf weder als erfrischend noch als ausreichend empfunden wird, können noch andere Dinge in der Nacht aus dem Ruder laufen. Einige Menschen tun Dinge, die dem Schlaf eigentlich fremd sind, wie Schlafwandeln und Sprechen oder mit den Zähnen knirschen.

Das sind alles Beispiele von spontanem Verhalten während des Schlafes, derer sich der Schläfer nicht bewußt ist.

Wodurch unterscheidet sich der Schlaf derer, die mit einem Lächeln erwachen, vom Schlaf derjenigen, die müde wach werden – oder, anders gesagt, worin besteht der Unterschied zwischen »guten« und »schlechten« Schläfern? Wie ich später erklären werde, gibt es für diesen Unterschied viele und mannigfaltige Gründe, sowohl psychischer als auch physischer Natur.

»Herr Doktor, ich habe die ganze Nacht kein Auge zugetan«

> »Was anderes ist unsere Schlaflosigkeit als der rasende Eigensinn unseres Geistes, Gedanken, Ketten von Schlußfolgerungen, eigene Syllogismen und Erklärungen verarbeiten zu müssen, und die Weigerung, uns dem göttlichen Stumpfsinn geschlossener Augen oder der weisen Torheit der Träume hinzugeben? Ein Mensch, der nicht schlafen kann, ... weigert sich mehr oder weniger bewußt, sich selbst dem Fluß der Dinge anzuvertrauen.«
>
> Marguerite Yourcenar: *Ich zähmte die Wölfin*

In den vorhergehenden Kapiteln haben wir gesehen, daß der Schlafbedarf zwischen den einzelnen Menschen stark schwankt. Einigen reichen fünf bis sechs Stunden, während andere neun Stunden oder mehr schlafen. In Anbetracht der stark abweichenden Stundenzahl, die Menschen in der Regel schlafen, ist es äußerst schwierig, eine Schlaflosigkeit eindeutig zu definieren. Leidet jemand, der jede Nacht sechs Stunden schläft, aber überzeugt ist, daß er acht Stunden Schlaf braucht, ebenso an Schlaflosigkeit wie derjenige, der acht Stunden schläft, sich aber nicht mit weniger als zehn zufriedengibt? Während unserer klinischen Arbeit am Schlaflabor des Technion habe ich Menschen aus beiden Gruppen getroffen, und alle waren überzeugt, an einer schweren Schlafstörung zu leiden. Die Diagnose Schlaflosigkeit beruht daher größtenteils auf den subjektiven Empfindungen der Patienten über den Umfang und die Qualität ihres Schlafes, doch wird die Diagnose durch objektive Laboraufzeichnungen unterstützt. Menschen schätzen die Qualität ihres Schlafes je nach dem Stellenwert ein, den sie dem Schlaf beimessen. Manchmal besteht zum großen Verdruß der Schlafforscher absolut nicht der geringste Zusammenhang zwischen den Empfindungen und Überzeugungen der Versuchsperson und den im Schlaflabor ermittelten Ergebnissen.

Bei der Bestimmung der Schlaflosigkeit sollten vier Aspekte besonders beachtet werden:

Erstens, was meint der an Schlaflosigkeit Leidende wirklich, wenn er sagt: »Herr Doktor, ich habe die ganze Nacht kein Auge zugetan«? Diese Beschwerde kann sich auf eine Vielzahl stark unterschiedlicher Schlafstörungen beziehen. Es gibt viele Formen der Schlaflosigkeit, von denen Einschlafschwierigkeiten, häufiges Erwachen oder eine Kombination von beiden am meisten verbreitet sind. Weniger häufig sind einige andere Formen, wie das Erwachen in den frühen Morgenstunden oder das mehrmalige Wachwerden während der Nacht. Von entscheidender Bedeutung ist es, die spezifischen Merkmale der Schlafstörung zu klären, da diese Informationen in einem gewissen Zusammenhang mit der Ursache der Störung selbst stehen können. Diese Klärung ist der erste Schritt bei der Festlegung einer geeigneten Behandlung.

Zweitens ist der Beginn der Störung festzustellen, denn auch der Zeitpunkt, zu dem die Störung einsetzte, ist von großer Bedeutung für die Diagnose. Bei einem Patienten, bei dem die Störung erst vor kurzem eingetreten ist – sagen wir, aufgrund eines einschneidenden Ereignisses in seinem Leben, wie ein Todesfall in der Familie, Arbeitslosigkeit oder eine Scheidung –, wird sich die Diagnose stark von der eines Patienten unterscheiden, dessen Störungen vor vielen Jahren begannen und zum Beispiel auf eine chronische Krankheit oder sogar auf seine Kindheit zurückgehen.

Drittens, wir müssen versuchen, die Schwere der Störung zu ermitteln. Sie schwankt von Person zu Person, und die Schwankungen sind häufig außerordentlich hoch. In einigen Fällen wird die Störung Nacht für Nacht manifest, während sie in anderen Fällen kommt und geht. Wenn die Störung tatsächlich die Tendenz aufweist, sporadisch zu erscheinen und wieder zu vergehen, sind die Bedingungen zu klären, unter denen das geschieht: Stehen sie mit Ferien, langen Reisen oder möglicherweise mit anderen aufreibenden Ereignissen in Zusammenhang?

Viertens ist auch der Grad, in dem die Schlafstörung das Verhalten und die Funktionsweise während des Tages beeinflußt, von großer Bedeutung. Die Art der Behandlung der Schlafstörung wird sich bei einem Patienten, der darüber klagt, daß er am Tag zu absolut nichts in der Lage ist, weil er »in der Nacht nicht schlafen kann«, völlig von der eines Patienten unterscheiden, dem die Störung zwar lästig ist, aber sein Arbeitsvermögen am Tag nicht beeinflußt.

Diese vier charakteristischen Merkmale – die Form, die die Störung annimmt, die Umstände und der Zeitpunkt ihres Erscheinens, der Grad der Schwere und ihre Auswirkungen auf die Funktionsweise am Tag – helfen uns, unsere erste Diagnose über die Ursache der Störung zu stellen und eine geeignete Behandlung festzulegen. Wenn jemand in das Schlaflabor des Technion kommt und über Schlaflosigkeit klagt, legen wir in der Tat großen Wert auf das erste Gespräch. In vielen Fällen können wir auf eine nächtliche Untersuchung im Labor verzichten und die Diagnose allein auf der Grundlage des Gesprächs stellen.

Jetzt werde ich die wichtigsten Schlafstörungen sowie ihre jeweiligen charakteristischen Merkmale vorstellen.

Situationsbedingte (symptomatische) Schlaflosigkeit

Der Schlaf ist ein genaues Barometer des psychischen Zustands der Versuchsperson und reagiert schnell auf Spannungs- und Angstzustände, manchmal sogar früher als alle anderen Systeme im Körper.

Wenn Schlafstörungen infolge eines bedeutsamen Ereignisses im Leben der Versuchsperson, wie eine familiäre oder eine finanzielle Krise, einsetzen, wird der Schlaflose den Zeitpunkt, zu dem die Störung das erste Mal aufgetreten ist, genau bestimmen können. Zum Beispiel: »Seit dem 1. März 1991, als ich das Scheidungsverfahren gegen meinen Mann einleitete, kann ich nachts nicht mehr einschlafen.« Oder: »Seit meine Frau verstorben ist, kann ich in der Nacht nicht länger als zwei bis drei Stunden schlafen.« Ich muß gleich am Anfang sagen, daß es nicht ungewöhnlich ist, wenn Schlafstörungen als Reaktion auf bedeutsame Ereignisse in unserem Leben auftreten. Schon aufgrund ihrer Natur lösen sie eine Übererregung und bedrückende Gedanken aus, die unseren Seelenfrieden stören, vor allem, wenn wir uns nicht beschäftigen. »Was anderes ist unsere Schlaflosigkeit als der rasende Eigensinn unseres Geistes, Gedanken, Ketten von Schlußfolgerungen, eigene Syllogismen und Erklärungen verarbeiten zu müssen ...?«, um Hadrians Definition von der Schlaflosigkeit aus dem Buch von Marguerite Yourcenar zu wiederholen. Der hohe Grad der Erregung und auch die quälenden Gedanken stören den normalen Einschlafprozeß und verhindern somit den Schlaf. Daher klagen Patienten, die an situationsbedingter Schlaflosigkeit leiden, in den meisten Fällen mehr über Einschlafschwierigkeiten und weniger über das Erwachen während des Schlafes. Wenn sie endlich eingeschlafen sind, schlafen sie in der Regel bis zum Morgen durch. Eine situationsbedingte Schlaflosigkeit, deren Ursachen bekannt sind und die vor relativ kurzer Zeit begann, sollte man deshalb als Teil der gesamten psychischen Reaktionen auf eine belastende Situation beziehungsweise auf Angstzustände betrachten.

Schlaf unter einem drohenden Raketenangriff

In den meisten Fällen befällt die situationsbedingte Schlaflosigkeit Menschen, die vor persönlichen Schwierigkeiten stehen. Ungewöhnliche Situationen treten jedoch dann ein, wenn sich große Menschengruppen in derselben Streßsituation befinden und gemeinsam zu schlaflosen Nächten verurteilt sind. Eines der eindrucksvollsten Beispiele von situationsbedingter Schlaflosigkeit, das ich je erlebt habe, ereignete sich während des Golfkrieges. An einem Abend und in der darauffolgenden Nacht fanden 38 der 39 Scud-Raketen-Angriffe auf Israel statt. Selbst für die Israelis, denen der Krieg nicht fremd ist, war die Bedrohung durch die Scud-Raketen etwas Ungewöhnliches: Die Zeit der Warnung vor einem drohenden Angriff war kurz, und die Furcht, daß die Raketen mit chemischen Sprengköpfen bestückt sein könnten, war wirklich groß. Angesichts eines eventuellen chemischen Angriffs wurden noch nie dagewesene Verteidigungsmaßnahmen in Kraft gesetzt, Maßnahmen, die schon aufgrund ihrer Art äußerste Gefahr erahnen ließen. Daher überraschte es kaum, daß viele Menschen Angst hatten, sich schlafen zu legen. Ihre größten Befürchtungen waren, sie würden entweder die Alarmsirenen nicht hören oder so langsam und verwirrt wach werden, daß sie die erforderlichen Vorkehrungen nicht treffen könnten: eine Gasmaske aufsetzen und sich in einen Schutzraum begeben. Zweifelsohne blieb die durch den Krieg ausgelöste Unruhe nicht ohne Wirkung.

Eine Umfrage aus dieser Zeit ergab, daß ein Drittel der erwachsenen Bevölkerung über Einschlafschwierigkeiten und häufiges Erwachen klagte. Am weitesten waren diese Beschwerden in Haifa und in den Bezirken von Tel Aviv verbreitet, die die Hauptangriffsziele der Scud-Raketen waren; dort traten sie dreimal häufiger als andere schlafbedingte Beschwerden vor dem Krieg auf. Da das Schlaflabor während des Krieges selbstverständlich geschlossen war, nutzten wir die Zeit für eine objektive Untersuchung der Auswirkungen der Raketenangriffe auf den Schlaf der israelischen Bevölkerung. Unter Verwendung mobiler Ausrüstungen, die es uns ermöglichten, den Schlaf von Versuchspersonen in ihren eigenen Wohnungen aufzuzeichnen, beobachteten wir 20 Erwachsene und 50 Kinder während der Dauer des Krieges. Die Ergebnisse waren erstaunlich: Beim Vergleich der Schlafaufzeichnungen von den Nächten, in denen die Angriffe stattgefunden hatten, mit denen aus den Nächten ohne Zwischenfälle stellten wir fest, daß, vom Erwachen während der Angriffe selbst einmal abgesehen, weder die Erwachsenen noch die Kinder unter einer tatsächlichen Schlafstörung litten! Unsere anfänglichen Zweifel an der Empfindlichkeit der Heimaufzeichnungsgeräte wurden zerstreut, als wir das Verhalten der Versuchspersonen überprüften, die im Schlaflabor geschlafen hatten.

Nachdem uns klar geworden war, daß der Krieg nicht nach wenigen Tagen vorüber sein würde, beschlossen wir eine Wiederholung unserer Schlaftests. Dazu rüsteten wir einen der Räume zu einem abgedichteten Raum um, damit wir ihn im Fall eines Angriffs nutzen konnten. In den Nächten, in denen Israel unter dem Feuer der Raketen lag, untersuchten wir zehn Versuchspersonen im Schlaflabor des Technion. Immer wenn in diesen Nächten Alarm gegeben wurde, weckten die Techniker die Versuchspersonen, trennten sie von den Aufzeichnungsapparaten, halfen ihnen beim Aufsetzen ihrer Gasmaske und führten sie in den abgedichteten Raum. Mir ist kein Experiment aus anderen Schlaflabors bekannt, bei dem die Auswirkungen eines nächtlichen Raketenangriffs auf die Schlafqualität untersucht worden sind, und ich zweifle, ob es jemals wieder ein solches

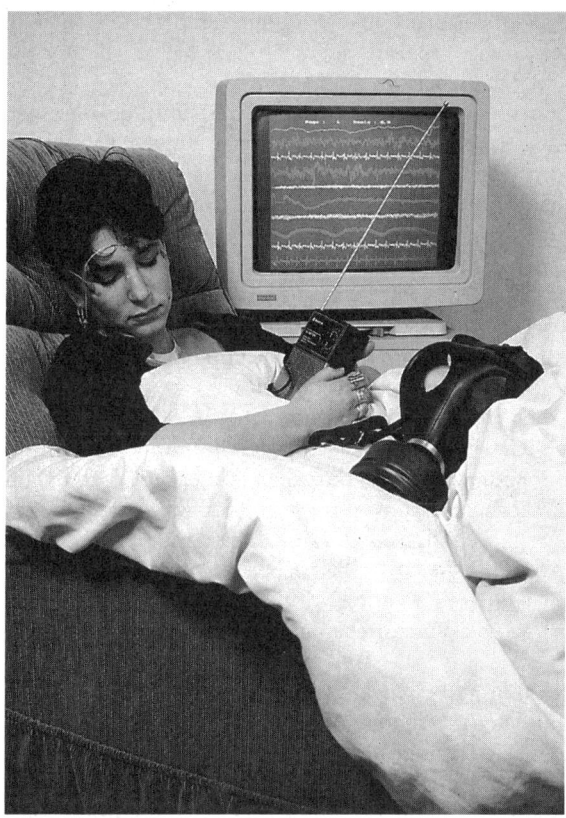

Patientin im Technion-Schlaflabor während des Golfkrieges, die Gasmaske griffbereit

Experiment geben wird. Diese zehn Versuchspersonen werden als die mutigste Probandengruppe in die Annalen der Wissenschaft im allgemeinen und der Schlafforschung im besonderen eingehen. Die Untersuchungsergebnisse stimmten mit unseren früheren Ergebnissen überein: Sowohl vor als auch nach den Angriffen unterschied sich der Schlaf der Versuchspersonen in keiner Weise vom Schlaf Tausender Testpersonen, die vor dem Krieg im Labor geschlafen hatten. Nachdem der Angriff zu Ende und Entwarnung gegeben worden war und die Techniker die

Versuchspersonen zurück in ihre Räume geführt und wieder an die Aufzeichnungsapparate angeschlossen hatten, betrug die längste Schlaflatenzperiode zwölf Minuten!

Wie können wir dann die Ergebnisse der Umfrage, die einen starken Anstieg der Schlaflosigkeit auswies, mit der Tatsache in Einklang bringen, daß objektive Untersuchungen im Labor und auch in den Wohnungen der Versuchspersonen keine Anhaltspunkte für tatsächliche Schlafstörungen lieferten? Meines Erachtens riefen die Klagen über Schlaflosigkeit ein riesiges Interesse bei den Medien hervor, was wiederum Gefühle der Unruhe und Besorgnis schürte. Die Menschen hatten einfach Angst, sich schlafen zu legen, und ihre Unruhe und Besorgnis drückten sich in Beschwerden über Einschlafschwierigkeiten und häufiges Erwachen aus dem Schlaf aus. Sobald sie aber eingeschlafen waren, schliefen sie ununterbrochen durch. War der Schlafprozeß also erst einmal in Gang gekommen, war er für Gefühle während des Wachzustands, wie Angst und Streß, unempfänglich. Um den Menschen ihre Furcht zu nehmen, mußten wir ihnen ein höheres Gefühl der Sicherheit geben und ihnen klarmachen, daß sie im Fall eines Angriffs wirklich wach werden würden, selbst dort, wo die Warnsirenen überhaupt nicht zu hören waren.

In der dritten Kriegswoche wandte sich Ehud Klein, ein mit mir befreundeter Psychiater, an mich und bat mich in einer seiner Meinung nach dringenden Angelegenheit um Hilfe. Er sagte mir, er hätte sich mit dem Chefingenieur von Radio Israel in Verbindung gesetzt und vorgeschlagen, sie sollten doch jede Nacht einen Kanal als sogenannten stillen Kanal frei lassen, der nur im Fall eines Angriffs zu senden beginnen würde. Aus ihm unbekannten Gründen war sein Vorschlag nicht sehr begeistert aufgenommen worden, und so hoffte er, daß mein Prestige als Schlafforscher in dieser Angelegenheit hilfreich sein könnte. Sofort rief ich den Chefingenieur an und versuchte, ihn zu überzeugen, daß die praktische Umsetzung von Kleins Idee der israelischen Bevölkerung Mut machen würde, den Angriffen standhaft zu begegnen. Der Ingenieur gab mir keine klare Antwort, aber die Idee hatte bereits Auftrieb bekommen und war bis in die Etagen der Rundfunkbehörde vorgedrungen, und ich sollte noch am selben Tag in der allabendlich ausgestrahlten Fernsehsendung *A New Evening* sprechen. Das Gespräch hatte die gewünschte Wirkung, und noch am selben Abend wurde der »stille Kanal« in Betrieb genommen. Umfragen während des Krieges ergaben, daß über die Hälfte der israelischen Bevölkerung sich jeden Abend mit dem »stillen« Radio neben dem Bett zur Ruhe legte. Viele bestätigten, daß der »stille Kanal« ihren Schlaf tatsächlich verändert hatte. Jetzt konnten sie sich mit der Gewißheit schlafen legen, daß sie im Fall eines nächtlichen Überraschungsangriffs rechtzeitig geweckt werden würden.

Die situationsbedingte Schlaflosigkeit geht jedoch vorüber, sobald eine Veränderung in den äußeren Bedingungen eintritt, die sie hervorgerufen haben, und deshalb nennt man sie auch zeitweilige (vorübergehende) Schlaflosigkeit. Die Gefühle, die die Raketenangriffe ausgelöst hatten, verschwanden in der Tat mit der Einstellung der Kampfhandlungen. Heute hat die Mehrheit der Israelis nur noch schwache Erinnerungen an den Golfkrieg, der wenige psychologische Spuren oder Wunden hinterließ. Ich frage mich noch immer, ob man nicht auch diejenigen mit der Methode des stillen Kanals behandeln könnte, die an »Furcht vor dem Schlaf« leiden und sich nicht vom Druck der Tagesereignisse befreien können.

An situationsbedingter Schlaflosigkeit Leidende bedürfen der Besänftigung und Beruhigung; man sollte ihnen erklären, daß ihre Reaktion vollkommen natürlich ist und keinerlei Anzeichen für eine Geistesstörung darstellt. Für schwerere Fälle, bei denen die Schlafstörung ein normales Funktionieren während des Tages behindert, gibt es eine Vielzahl von Behandlungen, aber darauf werde ich später ausführlich eingehen.

In allgemeinen Umfragen über die Verbreitung von Schlafstörungen nehmen diejenigen, die die Frage »Leiden Sie manchmal an Schlafstörungen?« bejahen, mit fast ausschließlicher Sicherheit auf die situationsbedingte Schlaflosigkeit Bezug, vor allem, wenn sie mit »manchmal« oder »häufig« antworten. Laut Umfragen aus vielen Ländern leiden etwa 15 bis 18 Prozent der erwachsenen Bevölkerung zumindest »manchmal« an Schlaflosigkeit. Interessant ist, daß in allen Umfragen mehr Frauen als Männer über Schlaflosigkeit klagen, und obwohl es viele Erklärungen für diesen Unterschied zwischen den Geschlechtern im Hinblick auf Schlafbeschwerden gibt, bin ich nicht davon überzeugt, daß wir seine Ursache genau kennen. Wahrscheinlich ist, daß die größere Verletzlichkeit des Schlafes von Frauen ein Ausdruck für die großen Unterschiede in der Persönlichkeitsstruktur und der Art der Reaktion auf Streßsituationen ist. Andererseits können diese Unterschiede auch soziologische Faktoren widerspiegeln. Zumindest in der Vergangenheit galten Männer in ihrer Eigenschaft als Ernährer als »stark« und konnten es sich nicht leisten, krank zu sein. Wenn diese soziologische Erklärung richtig ist, dürfte der Unterschied zwischen Mann und Frau allmählich kleiner werden, da sich die traditionellen Rollen der Geschlechter ändern.

Chronische Schlaflosigkeit

Obwohl die Schlaflosigkeit eine natürliche Reaktion auf eine Streßsituation sein kann und nicht unbedingt ein Anzeichen für eine Geistesstörung ist, besteht die Gefahr, daß sie einen dauerhaften und hartnäckigen Charakter annimmt, manchmal auch lange nachdem die Krise, die sie ausgelöst hat, vorüber ist. Dann sprechen wir von einer chronischen und nicht mehr von einer situationsbedingten Schlaflosigkeit. Die Umstände, unter denen eine situationsbedingte Schlaflosigkeit chronisch wird, sind von Person zu Person verschieden. Da gibt es diejenigen, die es nach wenigen, von irgendeiner Krise ausgelösten schlaflosen Nächten »lernen«, nicht zu schlafen. Das ist keineswegs überraschend, denn auch der Einschlafprozeß selbst birgt viele Elemente eines »erlernten Verhaltens« und Programmierens in sich. In einem einfallsreichen Experiment demonstrierten Barry Sterman und seine Kollegen an der Universität Kalifornien in Los Angeles, daß eine elektrische Reizung des vorderen Hypothalamusbereichs einer Katze – den, wie Sie sich erinnern werden, von Economo als eines der Schlafzentren bestimmte – einen fast sofortigen Schlaf herbeiführte. Wenige Sekunden ehe das Schlafzentrum dem elektrischen Reiz ausgesetzt wurde, ließen die Forscher einen Ton erklingen. Nachdem der Ton 38mal mit dem elektrischen Reiz gekoppelt worden war, wiesen die Hirnstromwellen der Katzen unmittelbar nach dem Erklingen des Tons und vor der Anwendung des elektrischen Reizes deutliche Anzeichen des Schlafes aus. Nach einer weiteren Trainingsperiode schlief die Katze sofort ein, sobald sie den Ton vernahm.

Dieses Experiment bewies, daß ein neutraler Reiz, der vorher ohne Wirkung auf den Schlaf gewesen war, den Schlaf grundlegend beeinflußte, nachdem er viele Male an einen elektrischen Reiz gekoppelt worden war, der das Versuchstier zum Einschlafen brachte. Ähnlich aktiviert eine ganze Reihe von Reizen die Schlafmechanismen von Menschen, die keine Schlafprobleme haben, angefangen mit dem Zähneputzen und mehreren anderen Ritualen vor dem Schlafengehen, bis sie den Kopf schließlich auf ihr Kissen legen. Wie ich bereits erwähnt habe, kann man das Einschlafen vor dem Fernseher genauso erklären. In dem Augenblick, in dem sich viele Menschen in ihren Fernsehsessel setzen, fangen sie beinahe reflexartig zu gähnen an, unabhängig davon, wie müde sie sind.

Im Fall einer Schlaflosigkeit läuft die Programmierung jedoch umgekehrt ab. Hier werden Assoziationen geschaffen, die alle Reize in bezug auf das abendliche Schlafengehen mit verschiedenen Anzeichen der Angst in Verbindung bringen, und diese verhindern und verzögern den Schlaf. Nachdem Schlaflose mit einem Gefühl von Verdruß und Unruhe zu Bett gegangen sind, ruft jeder Reiz, den sie assoziativ mit dem Schlaf verbinden, noch mehr Unruhe bei ihnen hervor. Im krassen Gegensatz zu Stermans Katzen, die darauf programmiert waren, zu dem Zeitpunkt einzuschlafen, als der Ton erklang, steigen die Herzfrequenz und der Blutdruck dieser Menschen schon an, wenn sie nur an ihren Nachtschlaf denken. Sobald sie sich die Zähne putzen und ihren Schlafanzug anziehen, ist ihre Erregung fast auf dem Höhepunkt angelangt, und wenn sie sich dann ins Bett legen und zudecken, sind sie in größter Sorge. Menschen, die es »lernen«, nicht zu schlafen, bewegen sich in einem Teufelskreis, denn in dem Maß, wie ihre Schlaflosigkeit immer schwerwiegender wird, stabilisiert sich ihre Programmierung, und die Behandlung wird schwieriger. Die Störung kann sich geben, wenn die Betroffenen weit weg von Zuhause und nicht in ihrem eigenen Bett schlafen und vor dem Schlafengehen nicht mit den allabendlichen Reizen konfrontiert werden, die ihre Ängste hervorrufen. Dann können sie problemlos einschlafen, selbst wenn sie an die Aufzeichnungsapparate in einem Schlaflabor angeschlossen sind. Das erhärtet die Meinung, daß diese Menschen an einer Schlaflosigkeit leiden, die aus einer Konditionierung resultiert.

Menschen, die ihre Alltagspflichten – wie Telefonieren oder

die Planung für den nächsten Tag – mit »ins Bett nehmen«, neigen infolge dieses einer Programmierung ähnlichen Prozesses zu Schlaflosigkeit.

Nicht allein der Programmierungsprozeß trägt dazu bei, daß eine situationsbedingte Schlaflosigkeit in eine chronische Schlaflosigkeit übergeht. Ein weiterer Faktor, der für die Verfestigung der Schlaflosigkeit mitverantwortlich ist, ist die Persönlichkeitsstruktur der Versuchsperson.

Einige finden es »schwierig«, ihre Schlafstörung aufzugeben, denn sie »tut ihnen gute Dienste« im Umgang mit ihren Mitmenschen. Für sie wird der Schlaf mit all seinen Begleiterscheinungen zur Achse, um die sich die ganze Welt dreht. Unwissentlich konzentrieren sie alle ihre Gedanken und Unternehmungen auf den Schlaf. Sie benutzen ihre Schlaflosigkeit als Druckmittel, und jeder in ihrem Umfeld beugt sich ihrem Willen. Sie versetzen die ganze Familie in einen Zustand ständiger Unruhe: Werden Mutti oder Vati heute nacht schlafen können? Wie haben sie in der vergangenen Nacht geschlafen? Hilft die neue Therapie? Mit dieser Taktik stehen Leute, die an einer Schlafstörung leiden, stets im Mittelpunkt. Es versteht sich von selbst, daß sie diesen Status aufgeben müßten, wenn sie von der Schlaflosigkeit geheilt würden, und deshalb fällt es ihnen so schwer, sich davon zu lösen.

In dem Buch *Auf der Suche nach der verlorenen Zeit* fand ich eine außergewöhnliche und wunderbare Schilderung der übersteigerten Phantasien, zu denen Schlafstörungen Anlaß geben können. Marcel Proust beschreibt seine Tante: »Ich darf nicht vergessen, daß ich niemals ein Auge zugetan habe. ›Niemals ein Auge zutun‹ war ihr großer Anspruch auf Andersartigkeit, und dazu bekannte man sich im Wortschatz unseres Hauses und respektierte sie: Am Morgen ›rief‹ Françoise sie nicht, sondern ›ging einfach zu ihr ins Zimmer‹; wenn meine Tante tagsüber ein Schläfchen machen wollte, sagten wir für gewöhnlich nur, sie wünsche ›still zu sein‹ oder zu ›ruhen‹; und im Gespräch fiel sie manchmal so weit aus der Rolle, daß sie sagte: ›Wodurch bin ich bloß wach geworden?‹ oder ›Ich habe geträumt, daß‹, und dann errötete sie stets und korrigierte sich sofort.« (Aus: *In Swanns Welt*)

Das manchmal zwanghafte Bedürfnis, Schlafstörungen auszunutzen, hängt mit der Tatsache zusammen, daß der von chronischer Schlaflosigkeit Betroffene häufig selbst Schuld an der maßlosen Übertreibung in bezug auf die Schwere seiner Störung hat. Im Schlaflabor zeigt sich das am krassesten. Wenn Schlaflose im Labor untersucht werden, sollen sie nach dem Erwachen am Morgen einschätzen, wie sie geschlafen haben, wie oft sie aufgewacht sind und wieviel Zeit verging, bis sie eingeschlafen waren. Und in der Tat findet sich nur selten ein von chronischer Schlaflosigkeit Betroffener, der sich nicht in der Einschätzung der Schwere seiner Schlafstörung irrt. Der Spielraum für mögliche Fehler ist häufig sehr groß. Ich kann mich an Fälle erinnern, wo Leute, kurz nachdem das Licht im Labor ausgeschaltet worden war, einschliefen und am Morgen dennoch der Meinung waren, sie hätten stundenlang wach gelegen. Andere wieder verbrachten den größten Teil der Nacht im Tiefschlaf und schworen trotzdem am Morgen, sie hätten in der ganzen Nacht kein Auge zugetan.

Einige aber haben wirklich Probleme, wenn sie den Schlaf vom Wachzustand unterscheiden sollen. In einer Studie des Schlaflabors über Fehlerquellen bei der Einschätzung des Schlafes stellten wir fest, daß der Irrtum in einer Reihe von Fällen durch ein kurzzeitiges Erwachen von nur wenigen Minuten entsteht, die aber als längere Wachperioden empfunden werden. So addierte eine Versuchsperson, die um 2 Uhr morgens für fünf Minuten aufgewacht war und eine Stunde später noch einmal für fünf Minuten, die beiden kurzen Wachperioden zum Beispiel zu einer längeren Periode von »mindestens einer Stunde«. Nachdem die Versuchspersonen genaue Informationen über die Qualität ihres Schlafes und die groben Fehler in ihren Einschätzungen erhalten hatten und ihnen die Ursachen dafür erklärt worden waren, konnten wir in vielen Fällen eine gewisse Verbesserung ihres Schlafes beobachten.

Eine situationsbedingte Schlaflosigkeit kann auch dann in eine chronische Schlaflosigkeit umschlagen, wenn sie mit einer unkontrollierten Einnahme von Schlaftabletten einhergeht. Wie ich im Kapitel 15 näher beschreiben werde, haben die meisten Schlafmittel eine begrenzte Wirkung. Wenn jemand unter zunehmenden Schlafschwierigkeiten leidet, konsultiert er seinen Arzt und bittet ihn um Hilfe. Ist sich der Arzt der eingeschränkten Wirksamkeit der Schlaftabletten nicht bewußt, setzt er möglicherweise eine höhere Dosierung fest, oder manchmal erhöht sie der Patient auch von sich aus, ohne den Arzt zu fragen. Nach zwei bis drei Wochen werden aber selbst die hochdosierten Medikamente ihre Wirkung beim Patienten verfehlen. Somit schließt sich der Teufelskreis bei der Einnahme von Schlaftabletten: »Medikamententoleranz«, Verschlechterung der Schlafqualität, höhere Dosierung, erneute Toleranz und eine weitere Erhöhung der Dosierung und so weiter. Trotz höherer Medikamentendosierung wird die Schlaflosigkeit nach wenigen Monaten chronisch. Jeder Versuch, die medikamentöse Behandlung einzustellen, führt zu Entzugssymptomen, einschließlich schwerer Schlafstörungen, Alpträume und großer Unruhe am Tag. Diejenigen, die den Entzug nicht durchstehen können, greifen wieder zu Schlaftabletten, dieses Mal aber in noch höherer Dosierung, oder mischen sich »Cocktails« aus mehreren Medikamenten. Diese Abfolge der Ereignisse war für viele im Labor untersuchten Schlaflosen typisch, und einige nahmen sogar jeden Abend Medikamentencocktails ein. Ich erinnere mich an zwei Probanden, die vor meinen Augen eine Mixtur aus acht verschiedenen Medikamenten schluckten, ehe sie sich einer Schlafuntersuchung im Labor unterzogen! Beide litten schon über 30 Jahre an schwerer Schlaflosigkeit.

Nicht alle Schlaflosen sind Opfer von Angstzuständen, Streß oder schlecht angepaßten Schlafgewohnheiten. Einige berichten, daß sie ihr ganzes Leben lang darunter gelitten haben, nicht einschlafen zu können. Diese Form der Schlaflosigkeit nennt man »idiopathische« oder »primäre Schlaflosigkeit«. Mit der Verwendung des Begriffs *idopathisch* räumen wir ein, daß wir wenig über den Ursprung beziehungsweise die Ursachen dieser Form der Schlaflosigkeit wissen.

Primäre Schlaflosigkeit kann qualvoll sein. Axel Munthe, der berühmte Arzt und Autor von *The Story of San Michele* (Das Buch von San Michele), litt ein Leben lang an Schlaflosigkeit. Obwohl er von Jean-Martin Charcot am Pariser La Salpêtrière die große Gabe erlernt hatte, Patienten zu hypnotisieren, half sie ihm nicht, seine eigene Schlaflosigkeit zu bezwingen: »Bald konnte ich überhaupt nicht mehr schlafen, ein Anfall von Schlaflosigkeit brach aus, so schlimm, daß ich beinahe wahnsinnig wurde. Die Schlaflosigkeit bringt ihr Opfer nicht um, wenn es sich nicht selbst umbringt – Schlaflosigkeit ist die häufigste Ursache von Selbstmord. Aber sie tötet seine Lebensfreude, zehrt an seiner Kraft und saugt ihm das Blut wie ein Vampir aus dem Gehirn und dem Herzen. Sie zwingt ihr Opfer, in der Nacht daran zu denken, was es im glückseligen Schlaf vergessen wollte. Am Tag läßt sie es vergessen, woran es denken wollte ... Voltaire hatte recht, als er den Schlaf auf die gleiche Stufe wie die Hoffnung hob.«

Mit großer Wahrscheinlichkeit leiden die von dieser Form der Schlaflosigkeit Betroffenen an einigen Anomalien in den Steuerungsmechanismen des Gehirns, die für das Schlafen und Wachen verantwortlich sind. Diese können mit einer Überaktivierung des Wachmechanismus in Zusammenhang stehen, der in die Übergangsphase vom Wachzustand zum Schlaf eingreift, oder auch mit einer unzureichenden Aktivität des Schlafmechanismus. Nach unserer Erfahrung reagieren die meisten dieser Patienten nur schwach auf eine Behandlung mit Schlafmitteln sowie auf andere Therapieformen. Aber die Mehrzahl, wie auch Munthe, findet sich mit ihrem schlechten Schlaf ab. Ich erinnere mich deutlich an einen 50jährigen Vater und seinen 20jährigen Sohn, die mir sagten, daß sie sich regelmäßig um 4 Uhr morgens in der Küche träfen, da sie beide schon ein Leben lang an Schlaflosigkeit litten. Bei beiden hatte die Schlaflosigkeit in sehr jungen Jahren eingesetzt und allen Therapieformen widerstanden.

15. Die Behandlung der Schlaflosigkeit

»Faßt ihn, ihr da! und führt ihn fort, denn ich will machen, daß er dort ohne Luft in dieser Nacht schlafen soll.«

»Mein' Seel'«, sagte der junge Mensch, »Euer Gnaden kann mich sowenig im Gefängnis schlafen machen, als Ihr mich zum König machen könnt!«

»Wie? Ich könnte dich nicht im Gefängnis schlafen machen?« antwortete Sancho, »habe ich denn nicht die Gewalt, dich einzusperren und loszulassen, wenn und wie ich nur will?«

»Wenn Ihr auch noch so viele Gewalt besitzt«, sagte der junge Mensch, »so ist sie doch nicht groß genug, mich im Gefängnisse schlafen zu machen.«

»Warum denn nicht?« versetzte Sancho; »gleich führt ihn fort, daß er mit seinen eigenen Augen seinen Irrtum sehen kann, und selbst wenn der Kerkermeister auch aus Eigennutz nachgebend zu sein wünschte, denn ich will ihm zweitausend Dukaten Strafe zuerkennen, wenn er erlaubt, daß du nur mit einem Fuße aus dem Gefängnisse kommst.«

Cervantes: *Leben und Taten des scharfsinnigen Edlen Don Quijote de la Mancha* (Übersetzung von Ludwig Tieck)

Der Dialog zwischen Sancho Pansa, dem Stallmeister von Don Quijote, den der Herzog zum Statthalter von Barataria ernannt hatte, und dem jungen Burschen, der wegen des Vergehens der Landstreicherei festgenommen wurde und der sich sowohl als schlagfertig als auch klug erweist, faßt das zentrale Problem der Behandlung der Schlaflosigkeit zusammen. Es ist unmöglich, Menschen gegen ihren Willen zum Schlafen zu zwingen. Der Schlaf muß von selbst zu uns kommen. So wie Surfer sich sorgfältig in eine günstige Position manövrieren und dann auf eine hohe Welle warten, können wir uns nur besser für den Schlaf rüsten, damit er uns übermannen kann. Einschlafschwierigkeiten sind ein Anzeichen dafür, daß wir bei unseren Schlafvorbereitungen etwas falsch machen. Daher ist es das Ziel aller Behandlungen, die Hindernisse zu beseitigen und den Patienten zu helfen, sich für den Schlaf bereitzuhalten und damit den Übergang vom Wachzustand zum Schlaf sanft zu gestalten. Wenn wir stark erregt sind, und das zeigt sich in angespannten Muskeln, »Herzklopfen« sowie in unkontrollierbaren und quälenden Gedanken, erschwert das den Einschlafprozeß. Daher greift jede Methode, die die Erregung abschwächt, unterstützend in die Behandlung der Schlaflosigkeit ein. Zu diesen Methoden zählen medikamentöse Behandlungen, Entspannung, Biofeedback, Selbsthypnose und sogar Maßnahmen zur Verbesserung der Schlafhygiene. Ich werde mit den nichtmedizinischen Methoden beginnen.

Es gibt zahlreiche Entspannungstechniken, von denen sich einige der methodischen Kontraktion und Entspannung der Muskeln verschiedener Körperteile bedienen, während andere die Konzentration auf verschiedene Körperteile unter Anwendung der Autosuggestion erfordern, um Empfindungen der Wärme, Schwere und auch ein Gefühl der Ruhe und Gelassenheit zu erzeugen. Auch mehrere Methoden der medikamentösen Behandlung und des Biofeedback unterstützen die Entspannung der Muskeln. Jedoch gilt es als beinahe sicher, daß der Mangel an normalem Schlaf in keiner Weise mit den Muskeln in Zusammenhang steht, sondern daß die Art und Weise, wie der Patient denkt, das enscheidende Moment ist. Von der Entspannung der Muskeln einmal abgesehen, ist der all diesen Behandlungsmethoden gemeinsame Faktor die Ablenkung der Aufmerksamkeit von Gedanken, die uns bedrücken, hin zu angenehmen und sich ständig wiederholenden inneren Gefühlszuständen. »Gnäd'ge Mächte! Hemmt in mir böses Denken, dem Natur im Schlummer Raum gibt!« fleht Banquo in *Macbeth*. Das Zügeln der Gedanken ist mit großer Wahrscheinlichkeit der Schlüssel zum Einschlafen. Dieser Idee liegt die älteste Methode von allen zugrunde – das Zählen von Schafen. Es gibt keinen Zweifel daran, daß die Stimulierung der Gedanken eines der häufigsten Symptome bei Schlaflosen ist. Es ist schwer einzuschlafen, wenn Ihre Gedanken ständig um die Meinungsverschiedenheiten mit Ihrem Geschäftspartner kreisen, wenn Sie abwägen, ob Sie ein paar Aktien kaufen sollen oder nicht, oder wenn Sie darüber nachgrübeln, warum Sie eine wichtige Prüfung nicht bestanden haben. Es ist ebenfalls schwierig einzuschlafen, wenn Sie im Bett liegen und »noch eine schlaflose Nacht« befürchten.

Da nicht alle von Schlaflosigkeit Betroffenen unbedingt verkrampft und nervös sein müssen, sind die verschiedenen Entspannungstechniken an die Bedürfnisse der Testperson anzupassen. Die Anwendung von Entspannungstechniken kann das Leiden von Schlaflosen, die gelassen und entspannt zu Bett gehen, noch verschlimmern. Um einen höchstmöglichen Nutzen aus den verschiedenen Methoden ziehen zu können, sind 30 Minuten Übung pro Tag unerläßlich. Damit sollte man während des Tages beginnen; erst wenn man die erforderliche Routine erworben hat, sollten die Übungen auf die Zeit vor dem Schlafengehen verlegt werden.

Schlafhygiene

Außer den therapeutischen Methoden, die die Vorbereitung auf den Schlaf zum Ziel haben, sollten Schlaflose eine Reihe einfacher Verhaltensregeln beachten, die ihnen helfen werden, sich die richtigen Schlafgewohnheiten zu eigen zu machen. Überraschenderweise können gute Gewohnheiten, die sich der Schlaflose zugelegt hat, hilfreicher als jede therapeutische Methode sein.

1. Bleiben Sie nicht zu lange im Bett liegen. Verwenden Sie die Zeit, die Sie im Bett liegen, wirklich auf den Schlaf. Stehen Sie auf, wenn Sie aufwachen. Legen Sie sich erst wieder ins Bett, wenn Sie für den Schlaf bereit sind.

2. Versuchen Sie nicht, sich zum Schlafen zu zwingen. Je stärker Sie den Versuch unternehmen einzuschlafen, um so mehr steigt Ihre Erregung, so daß der Schlaf ausbleiben wird. Generationen von Schlaflosen haben Schafe gezählt, um die Gedanken vom Schlaf abzulenken. Wenn Sie dazu neigen, vor dem Fernseher einzuschlafen, im Bett aber Probleme damit haben, sollten Sie versuchen, im Bett fernzusehen, und eine Schaltuhr an Ihrem Gerät anbringen, die es etwa eine Stunde, nachdem Sie eingeschlafen sind, ausschaltet.

3. Entfernen Sie die Uhr aus Ihrem Schlafzimmer; ihr Ticken und ihre Leuchtziffern können selbst Menschen, die nicht unter Schlaflosigkeit leiden, leicht am Einschlafen hindern.

4. Vermeiden Sie körperliche Anstrengungen in den späten Abendstunden. Es ist ein weitverbreiteter Irrtum von Schlaflosen, daß intensive körperliche Betätigung unmittelbar vor dem Schlafengehen hilfreich ist. Bedenken Sie, körperliche Betätigung steigert Ihre Erregung. Natürlich fördern regelmäßige Übungen

den Prozeß des Einschlafens, aber sie sollten spätestens zwei Stunden vor dem Schlafengehen abgeschlossen sein.

5. Meiden Sie den Genuß von Kaffee, Alkohol und Tabak vor dem Schlafengehen. Oft habe ich Menschen getroffen, die behaupteten, Kaffee schade ihnen überhaupt nicht; im Gegenteil, ohne eine Tasse Kaffee könnten sie nicht einschlafen. Es tut mir leid, Kaffeetrinker enttäuschen zu müssen, aber Koffein ist ebenso wie Nikotin ein Genußmittel, das wach hält. Der Grund, warum Menschen, die an Kaffee gewöhnt sind, seine Wirkungen nicht sofort spüren, ist der, daß nicht das Koffein selbst, sonderen seine Abbauprodukte anregend wirken. Daher spürt man die Wirkungen des Kaffees erst ungefähr eine Stunde nach seinem Genuß. Ich habe auch Leute sagen hören, daß Alkohol keine Auswirkung auf den Schlaf habe. Aber noch schlimmer sind die vielen Menschen, die mir gegenüber äußerten, daß sie damit ihre Schlaflosigkeit behandelten. Alkohol erzeugt wirklich ein Gefühl der Schläfrigkeit, so daß jemand, der vor dem Schlafengehen ein Gläschen Kognak oder Wodka trinkt, sich leicht schläfrig und für den Schlaf bereit fühlt. Aber nach der Aufspaltung des Alkohols im Körper haben die freigesetzten Verbindungen eine anregende Wirkung, so daß viele, die Alkohol zur Unterstützung des Einschlafprozesses trinken, mitten in der Nacht wach werden und nicht mehr einschlafen können.

6. Achten Sie darauf, daß Sie immer zur selben Zeit schlafen gehen und aufwachen. Feste Zeiten, zu denen Sie zu Bett gehen und aufwachen, sind von großer Bedeutung. Viele haben auch dann keine Probleme mit dem Einschlafen, wenn sie sich jeden Tag zu einer anderen Zeit schlafen legen, aber bei Schlaflosen können unregelmäßige Schlafenszeiten das Leiden noch verschlimmern. Ein gutes Beispiel dafür ist die »Schlaflosigkeit in der Nacht vom Sonntag zum Montag«, über die selbst diejenigen häufig klagen, die nicht an chronischer Schlaflosigkeit leiden. Die davon Betroffenen sind meist am Sonnabendabend ausgegangen und haben bis in die frühen Morgenstunden am Sonntag gefeiert. Dann schlafen sie bis gegen Mittag und haben infolgedessen Schwierigkeiten, am Sonntagabend einzuschlafen. Natürlich werden sie dann am Montagmorgen, wenn die neue Arbeitswoche beginnt, nur unter großen Schwierigkeiten wach.

7. Nehmen Sie keine schweren Mahlzeiten zu sich, ehe Sie zu Bett gehen. Empfohlen werden Kohlehydrate und Eiweiß, aber

keine Schokolade oder große Mengen Zucker. Trinken Sie von keinem Getränk zu reichlich, ehe Sie sich schlafen legen. Unterlassen Sie den Gang zum Kühlschrank, wenn Sie mitten in der Nacht aufwachen – er könnte zur Gewohnheit werden!

8. Schlafen Sie nicht am Tag. Das bedeutet nicht, daß etwas am Mittagsschlaf auszusetzen ist, aber bei Schlaflosen verschlimmert der Luxus des Nachmittagsschlafes das ohnehin schwere Leiden wahrscheinlich noch mehr. Wenn Sie während des Tages wach bleiben, haben sie am Abend ein größeres Schlafbedürfnis, so daß Sie dann viel leichter einschlafen können.

Schlafmittel

Schlafmittel zählten zu den ersten Arzneien, die Menschen überhaupt einnahmen. Hypnos, der antike griechische Gott des Schlafes, ist auf einem Basrelief mit einem Mohnstengel in der Hand dargestellt, aus dessen Samen die ersten Schlafmittel gewonnen wurden. Wenn die Hofdamen im Mittelalter unter Schlafschwierigkeiten litten, lutschten sie an einem Wattebausch, den sie vorher in einen »Cocktail« aus Mohnsaft und Alkohol getaucht hatten. Aus alten medizinischen Büchern ist überliefert, daß zahlreiche Pflanzen, von Kamillenblüten bis zum Blattsalat, zu einem Schlaftrunk gebraut wurden. Die Erwähnung des letzteren sorgte in einer meiner Vorlesungen für eine kleine Sensation. In einem medizinischen Seminar über Schlafstörungen machte ich eine scherzhafte Bemerkung über die Anwendung von Blattsalat als Schlafmittel und empfahl meinen Zuhörern, von nun an Rezepte für »drei oder vier Salatblätter anstelle einer Schlaftablette« auszuschreiben. Ich hatte keine Ahnung, daß der wesentliche Inhalt meiner Vorlesung an die Presse weitergegeben worden war. Meine »Empfehlung« über den Blattsalat wurde mit vollem Ernst aufgenommen, und eine der überregionalen israelischen Zeitungen brachte das Thema groß heraus. Am darauffolgenden Tag standen die Telefone im Schlaflabor nicht still. Dutzende, wenn nicht Hunderte riefen an und baten um das Rezept für den »Schlaf-Blattsalat«. Auch die Veröffentlichung eines Briefes an den Herausgeber der Zeitung, in dem eindeutig erklärt wurde, daß »Blattsalat nur Blattsalat« sei, blieb ohne Wirkung. Die Geschichte mit dem Blattsalat verbreitete sich wie ein Lauffeuer, und eine Frau rief sogar im Labor an und klagte über eine Magenverstimmung, weil sie vor dem Schlafengehen eine große Portion Blattsalat gegessen hatte! So lustig dieser Vorfall auch ist, weist er doch auf die große Zahl von Menschen hin, die Schlafmittel brauchen und bereit sind, alles zu versuchen, damit sie besser schlafen können.

Wir haben keine genauen Angaben über die Zahl der Menschen, die regelmäßig Schlafmittel nehmen. Man nimmt allgemein an, daß fünf bis acht Prozent der erwachsenen Bevölkerung in den westlichen Ländern mehrmals in der Woche zu Schlafmitteln greifen. Als ebenfalls sicher gilt, daß die Einnahme von Schlafmitteln mit dem Alter ansteigt und daß sie häufiger von Frauen als von Männern genommen werden.

Die am weitesten verbreiteten Schlafmittel gehören zur Familie der Benzodiazopine und werden unter zahlreichen Markennamen verkauft. Die Massenanwendung der Medikamente aus dieser Familie setzte in den späten 60er Jahren ein. Bis dahin stammten die am häufigsten eingenommenen Schlafmittel aus der Familie der Barbiturate, die um die Zeit der Jahrhundertwende eingeführt worden waren. Die bekanntesten waren Amobarbital (Amytal), Secobarbital (Seconal) und Pentobarbital (Nembutal). Dann versetzten die ersten wissenschaftlichen Schlafstudien dem Einsatz von Barbituraten einen empfindlichen Schlag. Untersuchungen von Barbituratnutzern in Schlaflabors hatten gezeigt, daß die Medikamente unerwünschte Veränderungen in der Struktur des Schlafes hervorriefen, da sie den REM-Schlaf und den Tiefschlaf in den Stadien 3 und 4 unterdrückten. Außerdem schliefen Daueranwender von Barbituraten, die die Medikamente über Monate und sogar Jahre hinweg genommen hatten, mit den Medikamenten schlechter als ohne sie. Mit diesen Erkenntnissen und den neuen Medikamenten aus der Familie der Benzodiazepine, die gerade auf den Markt gekommen waren, endete der Einsatz von Barbituraten zur Behandlung der Schlaflosigkeit. Die Pharmakonzerne investierten riesige Summen in die Entwicklung und Erprobung neuer Medikamente in den Schlaflabors und beriefen sich später in ihren Werbekampagnen auf die Laborergebnisse. Die Investitionen in die Entwicklung eines jeden neuen Medikaments beliefen sich mitunter auf Dutzende Millionen Dollar.

Am Anfang meiner Laufbahn als Schlafforscher war ich Augenzeuge des schrankenlosen Konkurrenzkampfes, da meine Forschungsarbeit im Schlaflabor der Universität San Diego im Anschluß an meine Promotion von einem Pharmakonzern finanziert wurde. Als Gegenleistung für das Stipendium mußte ich die Wirkungen eines bestimmten Medikaments auf chronisch Schlaflose untersuchen. Ich analysierte die Struktur ihres Schlafes auf der Grundlage der elektrophysiologischen Aufzeichnungen im Labor und protokollierte am Morgen, nachdem sie erwacht waren, ihre subjektiven Empfindungen über das Medikament.

Am Ende der Studie kam eine Vertreterin des Konzerns zu einem Gespräch zu mir. Irgendwie war unsere Begegnung merkwürdig: Statt mich über die im Schlaflabor gewonnenen Erkenntnisse im Hinblick auf die Wirksamkeit des Medikaments zu befragen, war sie nur an den Begleiterscheinungen interessiert. Die Versuchspersonen hatten nach dem Erwachen in der Tat über unangenehme Nebenwirkungen geklagt, wie Kopfschmerzen und eine Beeinträchtigung der Konzentration und des Gedächtnisses. Die Konzernvertreterin bat mich, ihr unverzüglich alle möglichen Nebenwirkungen in allen Einzelheiten mitzuteilen, zeigte aber keinerlei Interesse an der Wirksamkeit des Medikaments bei der Behandlung von Schlafstörungen. Verdutzt wandte ich mich an Dan Kripke, den Leiter des Labors, da ich einfach nicht begreifen konnte, daß der Konzern soviel Geld investiert hatte, um lediglich die Nebenwirkungen seiner Medikamente zu erforschen. Er blickte mich ungläubig an und antwortete: »Sind Sie wirklich so naiv? Glauben Sie tatsächlich, die stellen das Medikament selbst her?« Erst dann wurde mir zu meiner großen Verwunderung klar, daß der Pharmakonzern meine Studien nur finanziert hatte, um ein Produkt einer Konkurrenzfirma zu erproben. Meine Forschungsergebnisse über die Nebenwirkungen wurden der Nahrungsmittel- und Medikamentenbehörde der Vereinigten Staaten vorgelegt, um zu beweisen, daß der von dem Medikament verursachte Schaden größer als sein Nutzen sei. Ich weiß nicht, ob meine Untersuchungen etwas damit zu tun hatten, aber dieses bestimmte Medikament wurde ein paar Jahre später vom Markt genommen.

Schlafmittel können eine Schlafstörung wirksam lindern, aber von größter Bedeutung ist die Wahl des richtigen Medikaments. Zwischen den verschiedenen Medikamenten gibt es erhebliche

Unterschiede, die wichtigsten sind die Absorptionsgeschwindigkeit und die Halbwertzeit des Medikaments. Die meisten Medikamente, die heute auf dem Markt sind, werden relativ schnell absorbiert und wirken innerhalb von 20 bis 45 Minuten. Aber in der Dauer ihrer Wirksamkeit gibt es beträchtliche Unterschiede. Diese Dauer wird nach der Halbwertzeit des Medikaments gemessen – der Zeit, die erforderlich ist, bis der Spiegel der Substanz bei einer bestimmten Dosierung auf die Hälfte ihres maximalen Spiegels im Blut sinkt. Der Spiegel der Substanz im Blutstrom fällt in dem Maß, wie sie von den Körpergeweben absorbiert und von der Leber abgebaut wird. Die Halbwertzeit der heutigen Schlafmittel schwankt zwischen einer und 80 Stunden oder mehr.

Je länger die Halbwertzeit des Medikaments ist, um so größer ist das Risiko unerwünschter Restwirkungen sowohl auf die Munterkeit als auch auf die Funktionsfähigkeit am darauffolgenden Tag. Bei denjenigen, die ein Schlafmittel mit einer mehr als zwölfstündigen Halbwertzeit einnehmen, wird der Medikamentenspiegel im Blut zum Zeitpunkt ihres Erwachens noch hoch sein, und das wird ihre Funktionsweise den ganzen Tag über beeinträchtigen – vor allem den Grad ihrer Munterkeit. Viele Menschen, die Schlafmittel mit einer langen Halbwertzeit einnehmen, klagen beim Erwachen über Benommenheit und Müdigkeit. Ihr Reaktionsvermögen ist langsam. Es dauert mehrere Stunden, bis diese Symptome abklingen, sofern sie überhaupt abklingen.

Schlafmittel mit einer langen Halbwertzeit haben außerdem den Nachteil, daß sie dazu neigen, sich im Körper zu akkumulieren. Wenn jemand mehrere Tage hintereinander täglich ein Schlafmittel mit einer Halbwertzeit von mehr als 24 Stunden nimmt, wird der Medikamentenspiegel in seinem Blutstrom jeden Tag ansteigen, selbst wenn die Dosierung konstant bleibt. Nach einigen Tagen wird dann die tatsächliche Dosierung mit großer Wahrscheinlichkeit weit über der vom Arzt verordneten liegen. Damit erhöhen sich die Restwirkungen des Medikaments im Laufe des Tages. Jedoch muß darauf hingewiesen werden, daß Medikamente mit einer langen Halbwertzeit in solchen Fällen von Vorteil sind, in denen der Patient auch tagsüber Beruhigung braucht.

Ebenso können Schlafmittel mit einer kurzen Halbwertzeit bis zu zwei Stunden unerwünschte Wirkungen haben. Da der Spiegel des Medikaments so schnell im Blut absinkt, läßt die Wirksamkeit des Präparats mitten im Schlaf nach. Der Schläfer wird also mitten in der Nacht aufwachen und Schwierigkeiten haben, wieder einzuschlafen. Aus diesem Grund sind solche Medikamente für diejenigen ungeeignet, die häufig wach werden, und sollten nur bei Einschlafschwierigkeiten verordnet werden.

Angesichts der unerwünschten Wirkungen von Schlafmitteln mit einer sehr langen oder einer sehr kurzen Halbwertzeit sind Schlafmittel mit einer durchschnittlichen Halbwertzeit von vier bis sechs Stunden eindeutig vorteilhafter. Diese Medikamente garantieren einen voll wirksamen Spiegel im Blut, der die ganze Nacht über aufrechterhalten wird, jedoch ohne am darauffolgenden Tag Restwirkungen zu zeigen.

Aber selbst die Patienten, die das für ihr Leiden ideale Schlafmittel nehmen, müssen drei Grundregeln beachten, um sicherzugehen, daß das Medikament optimal wirkt und die Schlaflosigkeit sich nicht paradoxerweise verschlimmert. Die erste Regel betrifft die Zeit der Einnahme des Schlafmittels. Viele Menschen, die solche Medikamente nehmen, betrachten das als Zeichen ihrer Schwäche und als Eingeständnis für ihre Unfähigkeit, ihren Schlafstörungen ohne fremde Hilfe begegnen zu können. So ringen sie jede Nacht mit sich, ob sie eine Schlaftablette nehmen oder lieber versuchen sollen, ohne sie einzuschlafen. In vielen Fällen ist ihre Entscheidung ein Kompromiß: Sie verzichten auf die Tablette und »warten ab, was passiert«. Wenn sie ohne Tablette einschlafen können, ist das in Ordnung. Wenn nicht, finden sie sich mit ihrer Schwäche ab und nehmen die Tablette ein, zwei oder sogar drei Stunden später. Nachdem sie also die Hoffnung aufgegeben haben, ohne Hilfsmittel einschlafen zu können, greifen sie um 3 Uhr morgens zu ihrer »lebensrettenden« Tablette. Ich kann den inneren Kampf von Schlaflosen ohne weiteres verstehen und schätze sogar ihre Bemühungen, ihren Schlafproblemen ohne die Zuhilfenahme von Tabletten zu begegnen. Schiebt man die Einnahme der Schlaftablette jedoch hinaus, könnte sich die Schlafstörung noch weiter verschlimmern.

Wenn jemand mit dem festen Entschluß zu Bett geht einzuschlafen, was auch immer geschehen mag, dann ist der Entschluß selbst die Ursache für Spannungen und Unruhe, die wiederum eine aufputschende Wirkung haben. Wie ich bereits erwähnt habe, muß der Schlaf aus eigenem Willen kommen; es liegt nicht in unserer Macht, ihn zu erzwingen. Häufige Blicke auf den Wecker neben unserem Bett, mit denen wir uns vergewissern wollen, ob es an der Zeit ist, die Schlaftablette zu nehmen, sind ein bewährtes Rezept für eine schlaflose Nacht. Ist die schicksalsschwere Entscheidung erst einmal getroffen und wird die Tablette schließlich doch in den frühen Morgenstunden genommen, erhöht das außerdem das Risiko unerwünschter Nebenwirkungen im Laufe des Tages erheblich. Jemand, der um 3 oder 4 Uhr morgens eine Schlaftablette nimmt und um 7 Uhr aufsteht, um rechtzeitig zur Arbeit zu kommen, wird noch immer unter dem Einfluß des Medikaments stehen, auch wenn es nur eine kurze Halbwertzeit hat. Das kann ernste Auswirkungen auf die Funktionsweise der betreffenden Person haben, vor allem auf Tätigkeiten, die ein hohes Maß an Aufmerksamkeit erfordern, wie zum Beispiel Auto fahren.

Schlafmittel müssen daher nach einem vorher festgelegten Plan und nicht nach dem Gefühl genommen werden, das zudem von Nacht zu Nacht schwankt. Man sollte die Schlafenszeit im voraus bestimmen und die Tablette etwa 20 bis 30 Minuten vorher nehmen. An diese Regel sollte man sich während der gesamten Behandlung halten.

Die zweite Regel betrifft den Zeitraum, in dem Schlafmittel ihre Wirkung haben. Wie lange kann man Schlaftabletten ununterbrochen einnehmen? Untersuchungen in Schlaflabors haben gezeigt, daß die Wirkungsdauer der meisten Schlafmittel auf zwei bis drei Wochen begrenzt ist. Sobald dieser Zeitraum überschritten ist, entsteht eine Toleranz, so daß das Mittel im günstigsten Fall nicht mehr wirkt, im ungünstigsten Fall aber verschlimmert es die Schlafstörung. Um die Wirkungsdauer des Medikaments zu verlängern, sollte man die Einnahme nach den ersten zwei bis drei Wochen für drei oder vier Tage aussetzen und dann in der gleichen Dosierung wieder ansetzen. In dieser Pause kann die Störung erneut auftreten oder sogar schlimmer werden. Selbst wenn es auf der Hand liegt, daß das Medikament nicht mehr wirkt, darf die Dosierung auf keinen Fall ohne Konsultation eines Arztes erhöht oder ein weiteres Medikament zusätzlich eingenommen werden. Um die an Schlaflosigkeit leidenden Patienten zur richtigen Einnahme der Schlafmittel zu bewegen, sagen wir ihnen in der Regel, daß sie einen Vertrag mit dem Medikament unterzeichnen, in dem es heißt: Das Medikament verpflichtet sich, Ihren Schlaf zu unterstützen, während Sie sich verpflichten, die Regeln der Einnahme streng zu befolgen. Jede Abweichung von den Regeln gilt als »Vertragsbruch« und ist ein hinreichender Grund für die Absetzung des Medikaments.

Die dritte Regel betrifft die Einstellung der Medikamenteneinnahme nach einem längeren Zeitraum, was sowohl wegen der Toleranz gegen das Medikament als auch wegen der Abhängigkeit von ihm notwendig ist. Wichtig ist hervorzuheben, daß die mentale Abhängigkeit von einem Medikament in keinem Bezug zu seiner Wirkung steht. Menschen, die von Schlafmitteln abhängig geworden sind, würde es nicht einfallen, ohne sie schlafen zu gehen, selbst wenn zweifelsfrei erwiesen ist, daß sie mit den Medikamenten nicht besser schlafen können. In solchen Fällen erweist sich der Entzug häufig als ebenso schwierig wie der vom Alkohol oder selbst von harten Drogen. In der Entzugsperiode leidet der Patient an schweren Schlafstörungen, schreckenerregenden Träumen und Alpdrücken sowie an Angstzuständen während des Tages. Nach zwei oder drei schlaflosen Nächten werfen viele das Handtuch und greifen erneut zu Schlafmitteln, jetzt in der Regel in höherer Dosierung. Ich habe bereits zuvor geschildert, daß das eine der Möglichkeiten ist, wie sich eine temporäre zu einer chronischen Schlaflosigkeit steigern kann. Ohne einen Krankenhausaufenthalt schaffen es diese Menschen in der Regel nicht, völlig von den Schlafmitteln loszukommen. Diese müssen allmählich abgesetzt werden. Die Dosierung wird in kontrollierten Stadien langsam verringert. In den meisten Fällen erreicht der Schlaf der Patienten am Ende der Entzugsperiode eine höhere Qualität als vorher, als er von Medikamenten unterstützt wurde.

16. Physische und medizinische Ursachen der Schlaflosigkeit

Einige wenige Schlaflose leiden an einem physischen Problem, hauptsächlich an periodischen Beinbewegungen und Atmungsstörungen. Letztere, die meist mit übermäßiger Schläfrigkeit einhergehen, aber auch mit Schlaflosigkeit im Zusammenhang stehen können, werden in Kapitel 19 ausführlicher erörtert.

Bei zehn Prozent der Patienten, die wegen Schlaflosigkeit in das Schlaflabor des Technion überwiesen werden, können wir periodische Beinbewegungen während des Schlafes feststellen. Ähnliche Beobachtungen sind aus anderen Schlafkliniken berichtet worden. Bei diesem Leiden bewegen sich die Beine der Patienten alle 15 bis 20 Sekunden im Schlaf. Die Bewegungen können geringfügig sein und sich auf einen Fuß oder nur auf die Zehen beschränken, aber sie können auch das ganze Bein erfassen. Einige verursachen kurze oder lange Wachperioden. Die Schwere des Syndroms wird von der Anzahl der Bewegungen pro Nacht bestimmt, die zwischen 100 und 500 liegen. Typisch für die an diesem Leiden erkrankten Patienten sind Beschwerden über häufiges Erwachen ohne ersichtlichen Grund und Müdigkeit am Morgen. Einige klagen über Beinbeschwerden – wie Muskelkrämpfe nach dem Erwachen, Schmerzen in den Beinen oder steife Muskeln. Eine kleine Zahl von Patienten klagt über Unbehagen in den Beinen beim Sitzen und Liegen, so daß sie umherlaufen müssen, um sich Linderung zu verschaffen. Diese Erkrankung nennt man das »Syndrom der unruhigen Beine« (restless legs).

Periodische Beinbewegungen sind unter Diabetikern, Patienten mit Nierenerkrankungen und Dialysepatienten sowie unter Rheumakranken weit verbreitet. Diese Patienten sind in der Regel älter als die Patienten, die an einer situationsbedingten oder chronischen Schlaflosigkeit leiden, oder als Patienten, deren Krankengeschichte eine Geistesstörung aufweist. Patienten, die an periodischen Beinbewegungen während des Schlafes leiden, reagieren meist nicht auf eine Behandlung mit Schlafmitteln. Am wirksamsten konnte das Leiden bisher mit Clonazepam behandelt werden, einem Medikament, das man auch Epileptikern verordnet. Da eine längere Einnahme eine Toleranz gegen dieses Medikament hervorrufen kann, sollte es mit derselben Umsicht wie ein Schlafmittel eingenommen werden.

Schlaflosigkeit kann auch mit einer Vielzahl anderer medizinischer Störungen einhergehen. Obwohl die Schlaflosigkeit nicht das primäre Problem bei diesen Leiden ist, kann sich die Grundkrankheit aufgrund der Schwierigkeit, einen erholsamen Schlaf zu finden, weiter verschlimmern. So wurden Schlafbeeinträchtigungen von Patienten mit Kopfverletzungen beziehungsweise von Patienten mit Schmerzen unterschiedlicher Art, einschließlich Kopfschmerzen, geschildert. Vor allem Krebspatienten, die oft unter chronischen Schmerzen leiden, klagen häufiger als alle anderen Patienten über Schlaflosigkeit. Jedoch spielen bei diesen Patienten möglicherweise auch emotionale Faktoren eine Rolle.

In einem Krankenhaus ist die Intensivstation zweifelsohne die Station, die dem Schlaf der Patienten am wenigsten förderlich ist. Mehrere Forscher überwachten den Schlaf von Patienten auf Intensivstationen in den ersten Tagen nach einer größeren Operation. In vielen Fällen schien es, als hätten die Patienten fast überhaupt nicht geschlafen. Die Geräusche von den Apparaten und die Betriebsamkeit des Personals, das helle Licht sowie die Schmerzen der Patienten hatten mit Sicherheit alle ihren Anteil an den schlaflosen Nächten. Das muß sich ändern, wenn wir tatsächlich glauben, daß der Schlaf für die Genesung des Patienten wichtig ist.

Untersuchungen des Schlafes von Patienten mit chronischen Schmerzen haben ebenfalls gezeigt, daß sich ihre Hirnstromwellen nach einem außergewöhnlichen Muster während des Schlafes bewegen: nach dem Alpha-Delta-Schlafmuster. Wenn sich diese Patienten in den Tiefschlafstadien 3 und 4 befinden, weisen sie statt der hochamplitudigen Delta-Aktivität eine Mischung aus einer Alpha-Aktivität – die den Wachzustand anzeigt – und Deltawellen auf. Es hat den Anschein, als seien die Hirnzentren, die den Wachzustand und den Schlaf steuern, gleichzeitig aktiviert worden. Obwohl der Alpha-Delta-Schlaf mit mehreren medizinischen Leiden, wie chronischen Schmerzen, Rheumatoidarthritis und der posttraumatischen Genesung, in Verbindung gebracht wird, zieht sich ein roter Faden durch die Beschwerden der Patienten: Sie alle klagen über einen wenig erholsamen Schlaf, chronische Müdigkeit und Indisposition. So ist es auch kein Wunder, daß diese Patienten ihren Schlaf als leicht und fragmentarisch beschreiben.

Immer wenn der Schlaf mit einer medizinischen Störung einhergeht, sollte die Behandlung zuallererst der Grundkrankheit gelten. Eine unterstützende Behandlung der Schlafstörungen sollte man erst dann in Angriff nehmen, wenn die Qualität des Schlafes so schlecht ist, daß sie den Zustand und das Verhalten des Patienten beeinträchtigt.

Schlaflosigkeit und Geistesstörungen

In vielen Fällen gehören schwere Schlafstörungen auch zum klinischen Bild einer Geistesstörung. Wenn Symptomkomplexe einer Geistesstörung vorliegen, die aus einer Demenz (erworbenem Schwachsinn) resultieren, gehören Schlafstörungen zum Beispiel mit zum Erscheinungsbild der allgemeinen körperlichen Unruhe der Patienten. Mit ziemlicher Wahrscheinlichkeit erwachen sie verwirrt und desorientiert und verhalten sich manchmal spontan – schlafwandeln zum Beispiel. In einer Untersuchung von dementen Patienten im Schlaflabor des Technion stellten wir fest, daß die meisten von ihnen an Schlafstörungen sowohl hinsichtlich der Kontinuität ihres Schlafes als auch seiner zeitlichen Koordinierung leiden. Es ist nicht völlig ausgeschlossen, daß diese Schlafstörungen durch eine Degeneration der Hirnzentren hervorgerufen werden, die den Schlaf und seine Regelmäßigkeit steuern, oder durch eine Degeneration der zu ihnen führenden Nervenbahnen.

Schwere Schlafstörungen sind für solche Patienten typisch, die an Schizophrenie oder anderen Psychosen leiden. Einschlafschwierigkeiten und häufiges Erwachen entwickeln sich möglicherweise infolge einer Kombination aus Angst, verstärktem Mißtrauen und Schuldgefühlen der Patienten beziehungsweise infolge von funktionsgestörten Denkprozessen. Die Patienten haben manchmal Angst zu schlafen, da sie in dem Wahn leben, ihnen könne etwas Schreckliches geschehen. Manchmal hindern aufgewühlte Gedanken sie bei Tag und bei Nacht am Einschlafen: Der Grad der Schlafstörungen entspricht der Schwere der psychiatrischen Symptome. Untersuchungen in Schlaflabors haben ergeben, daß der Schlaf von psychotischen Patienten keine typischen Symptome aufweist; einige Berichte lassen jedoch den Schluß zu, daß die REM-Latenzstadien bei schizophrenen und ebenso bei depressiven Patienten möglicherweise verkürzt sind und daß etwa die Hälfte von ihnen über einen verringerten Tiefschlaf verfügt. In fast allen Fällen war die Schlafstörung nicht die Hauptbeschwerde des psychotischen Patienten; in der medizinischen Literatur sind jedoch psychotische Krisen dokumentiert, die sich nach einer Periode akuter Schlaflosigkeit ereigneten, anders gesagt, bereitete der Mangel an Schlaf den latent vorhandenen Boden für die mentale Krise vor. Daher ist schweren Schlafschwierigkeiten, die plötzlich bei jungen Menschen auftreten, größte Aufmerksamkeit zu schenken, vor allem, wenn sie von Klagen über scheinbar grundlose schlimme Beklemmungen, einer Funktionsstörung der Denkprozesse oder schreckenerregenden Halluzinationen begleitet werden.

Die einzige Geisteskrankheit, für die Schlafbeschwerden typisch sind und bei der sich die Schlafmuster der Patienten durch außergewöhnliche Merkmale auszeichnen, ist die Depression. Man trifft selten gemütskranke Patienten ohne einen gestörten Schlaf-Wach-Zyklus an, und die meisten klagen über Schlaflosigkeit. Die zwei Formen der Depression, bei denen der Schlaf eingehend untersucht wurde, sind die monopolare und die bipolare Depression. Letztere ist durch eine Aufeinanderfolge depressiver und manischer Episoden gekennzeichnet, bei denen der Patient plötzlich von einer schweren Depression in eine hochgradige Hyperaktivität hinüberwechselt. Allen Formen der Depression gemeinsam sind Niedergeschlagenheit, mangelndes Interesse an den Geschehnissen im Umfeld des Patienten sowie das Unvermögen, Genuß oder Freude zu empfinden. Zusätzliche Symptome sind Appetitlosigkeit, Müdigkeit, nervöse Unruhe, Schuldgefühle und eine geringe Selbstachtung sowie Konzentrationsschwierigkeiten. Selbstmordgedanken – und sogar Selbstmordversuche – sind nicht selten. Da eine Depression häufig von einem gestörten Schlaf begleitet wird, dient auch er als Symptom für die Erstellung der Diagnose.

Die Schlafaufzeichnungen von depressiven Patienten weisen eine Reihe typischer Abweichungen auf, von denen das REM-Schlaf-Latenzstadium am auffallendsten ist. Der REM-Schlaf, der im Normalfall etwa 70 bis 90 Minuten nach dem Einschlafen eintritt, zeigt sich bei depressiven Patienten bereits nach 30 bis 40 Minuten, und manchmal noch früher. Außerdem verlängert sich die Dauer des ersten REM-Schlafes bei depressiven Patienten, und er ist zudem unruhiger als bei normalen Schläfern, anders gesagt, er zeichnet sich durch eine hohe Dichte der Augenbewegungen aus. Auch der Tiefschlaf ist bei depressiven Patienten stark verkürzt, und diese Patienten neigen dazu, mitten im Schlaf aufzuwachen, ohne wieder einschlafen zu können. Manchmal hilft die Erkennung dieser Abweichungen in den Schlafaufzeichnungen bei der Erstellung der Diagnose hinsichtlich der Depression selbst, wie das folgende Beispiel zeigt.

Eine fettleibige Krankenschwester mit einem kurzen, dicken Hals kam ins Schlaflabor, da sie über Müdigkeit und Erschöpfung während des Tages und häufiges Erwachen in der Nacht klagte. Hinzu kamen lautes Schnarchen und Müdigkeit beim Erwachen. Alle diese Symptome deuteten auf die Möglichkeit hin, daß sie an einer Schlafapnoe litt, aber die Diagnose wurde verworfen, da keine Atmungsstörungen nachgewiesen werden konnten. (Die Schlafapnoe wird im Kapitel 19 ausführlich behandelt.) Am auffallendsten an der Schlafaufzeichnung war, daß der erste REM-Schlaf etwa 20 Minuten nach dem Einschlafen einsetzte. Er dauerte über 15 Minuten und war ungewöhnlich aufgewühlt. Als ich unsere Ergebnisse mit der Krankenschwester besprach, lautete meine erste Frage, ob sie in den letzten Wochen einen Stimmungsumschwung bei sich bemerkt hätte. Kaum hatte ich diese Worte ausgesprochen, als sie auch schon in herzzerreißende Tränen ausbrach. Mit großer Erregung erzählte sie mir, daß ihre Mutter seit vielen Jahren an einer schweren Depression litt, die behandelt werden müsse, und daß sie deshalb auch schon in ein Krankenhaus eingewiesen werden mußte. Auch die Krankenschwester fürchtete, an dieser Krankheit zu leiden. Statt ärztlichen Rat zu suchen, hatte sie diese Möglichkeit einfach zurückgewiesen und war überzeugt, daß die Veränderungen in ihrem Verhalten von Atmungsproblemen während des Schlafes herrührten. Die Behandlung mit Antidepressiva führte zu einer merklichen Linderung ihres Leidens, worauf auch die Schlafstörungen aufhörten.

Bei allen Schlafstörungen, die mit einer Geistesstörung einhergehen, muß sich die Behandlung in der Tat zuallererst auf die Geistesstörung richten. Obwohl eine unterstützende Behandlung der Schlafstörungen manchmal erforderlich ist, wird der Patient erst wieder besser schlafen können, wenn sich sein mentaler Zustand gebessert hat.

17. Störungen in der zeitlichen Koordinierung des Schlafes

Im Kapitel über den Schlaf-Wach-Rhythmus berichtete ich von einem Studenten, dessen Schlaf-Wach-Rhythmus mehr als 24 Stunden betrug und der infolgedessen keinen »normalen« Zeitplan einhalten konnte. Dieser Fall zeigte eine mögliche Störung in der zeitlichen Koordinierung des Schlafes: Die biologische Uhr funktioniert unabhängig von der Außenwelt, und daher legt sich der Patient jeden Tag immer später schlafen. Obwohl diese Störung äußerst selten vorkommt, weisen solche Fälle darauf hin, daß ein normaler Schlaf eine exakte Koordinierung zwischen der biologischen Uhr, die den Schlaf steuert, und der Umweltuhr erforderlich macht. Wenn die Koordinierung gestört ist, so daß der Hell-Dunkel-Zyklus der Umwelt durch die tägliche Abweichung der inneren biologischen Uhr nicht mehr mit dieser in Einklang ist, versinkt das Leben dieser Patienten im Chaos. Solange die innere Uhr ihnen vorschreibt, in der Nacht zu schlafen, gelingt es ihnen, einen normalen Zeitplan einzuhalten. Wenn die Uhr ihnen aber ein paar Tage später befiehlt, am Tag zu schlafen, kommt ihr Zeitplan durcheinander und gerät außer Kontrolle. Wenn sich die Dauer ihres Zyklus ständig – auf, sagen wir, 25 Stunden – verlängerte, so daß ihr Schlaf einer feststehenden täglichen Verschiebung von einer Stunde unterläge, könnte es möglich sein, einen Zeitplan nach ihrer »persönlichen« Uhr zu erstellen. Sie könnten dann zum Beispiel wichtige Termine nur auf die Tage des Monats legen, an denen ihre Wachstunden in die Tagesstunden fallen. Aber die meisten von dieser Störung Betroffenen haben keinen stabilen Schlaf-Wach-Zyklus; außerdem kann er sich nach jeweils wenigen Tagen plötzlich und ohne ersichtlichen Grund ändern. Das macht natürlich jede Zeitplanung unmöglich.

Es ist äußerst selten, daß überhaupt keine Koordinierung zwischen der Außenwelt und der biologischen Uhr besteht. Von den über 15 000 Menschen, die im Schlaflabor des Technion untersucht worden sind, hatten nur wenige einen Schlaf-Wach-Rhythmus von mehr als 24 Stunden. Zwei von ihnen waren blind, was kaum überrascht, denn Störungen in der zeitlichen Koordinierung des Schlafes sind besonders bei Blinden weit verbreitet. Wie wir bereits gesehen haben, ist ein Wechsel in der Umwelt zwischen Licht und Dunkel der bedeutsamste Faktor, der die biologische Uhr dazu bringt, sich an den geophysikalischen Tag anzupassen. Kann man aber den Wechsel zwischen Licht und Dunkel nicht mehr miterleben, nötigt man die biologische Uhr möglicherweise, den Zwängen der Umweltrhythmen zu »entfliehen«.

Die von allen am weitesten verbreitete Störung in der zeitlichen Koordinierung des Schlafes ist die dauerhafte Abweichung der Schlafphase vom geophysikalischen Tag. Die davon Betroffenen sind durch und durch eingefleischte »Nachteulen«. Die Schlafgewohnheiten der meisten Nachtmenschen stellen in der Regel kein Hindernis dar, aber wenn die Koordinierung zwischen der biologischen Uhr und der Umwelt erst einmal verlorengegangen ist, führt die Schlafstörung zu einer schweren Funktionsstörung. Das sichtbarste Anzeichen für das Syndrom des verzögerten Einschlafens ist die Art der Beschwerden, die die Patienten beschreiben: Sie sagen, sie könnten erst in den frühen Morgenstunden einschlafen; wenn sie dann aber einschlafen, schlafen sie ohne Unterbrechung durch und können erst gegen Mittag aufwachen. Im Gegensatz zu Patienten, die an situationsbedingter oder chronischer Schlaflosigkeit leiden und deren Beschwerden durch Schlafmittel gelindert werden können, gibt es für Patienten mit einem verzögerten Schlaf keine medikamentöse Behandlung. Diese Schlafstörung läßt sich einzig und allein dadurch bekämpfen, daß man geduldig auf die Öffnung des »Schlaftores« wartet, was häufig erst bei Sonnenaufgang geschieht.

Seit wir diese Aufzeichnungen führen, haben wir mehr als 100 Menschen untersucht, die ins Schlaflabor kamen, da sie an einem Syndrom des verzögerten Einschlafens litten. Wir fanden mehrere Faktoren heraus, die vielen von ihnen gemeinsam waren. Einige versuchten, ihrer Erkrankung dadurch beizukommen, daß sie sich eine Beschäftigung suchten, die ihnen ein normales Leben als Nachteule ermöglichte. Eine der Patientinnen war zum Beispiel Besitzerin einer Bar, die bis in die frühen Morgenstunden geöffnet hatte. Ein anderer Patient arbeitete stets in der Nachtschicht und schlief tagsüber. Erst als sie in den Ruhestand traten und wie alle anderen am Morgen aufstehen wollten, trat ihr Problem offen zutage. Und in der Tat beklagten sich die meisten dieser Patienten am heftigsten über ihre Schwierigkeiten, zu einer als normal geltenden Zeit wach zu werden – manchmal noch stärker als über ihr Einschlafproblem. Menschen, die nicht vor 16 Uhr aufwachen können, haben es schwer, in einer Gesellschaft zu funktionieren, in der der normale Arbeitstag um 8 oder 9 Uhr beginnt und um 17 Uhr endet.

Ein weiterer Faktor, der den an einem verzögerten Schlafphasen-Syndrom Erkrankten gemeinsam ist, ist das Alter, in dem die Störung zum ersten Mal auftritt. Die Patienten berichten, daß sie »immer« Schwierigkeiten beim Einschlafen und Wachwerden gehabt hätten. Einige behaupten, sich an Einschlafschwierigkeiten in ihrer Kindheit erinnern zu können. In einigen Fällen bestätigten Eltern und andere Familienmitglieder diese Erinnerungen. Eine Mutter schilderte, wie sie zu den »ungewöhnlichen Zeiten« um 1 oder 2 Uhr nachts mit ihrem dreijährigen Söhnchen spazierengegangen war; vor 3 Uhr nachts konnte sie ihn nicht zum Schlafen bewegen. Ihr größtes Problem aber waren die argwöhnischen Blicke ihrer Nachbarn gewesen!

In der Regel waren diejenigen, bei denen eine Diagnose auf ein Syndrom des verzögerten Einschlafens gestellt worden war, jünger als die Patienten, die unter Schlaflosigkeit litten oder mit einer Geistesstörung behaftet waren. Ehe sie ins Schlaflabor kamen, hatten sich viele von ihnen allen möglichen Behandlungen unterzogen, meist jedoch mit wenig Erfolg. Eine weitere Gemeinsamkeit dieser Patienten bestand in einer Verhaltensstörung, die einer psychiatrischen Behandlung bedurfte. Unserer Ansicht nach ging die Verhaltensstörung zumindest in einigen Fällen auf die Schlafstörung zurück. Menschen, die von einem sehr frühen Alter an zu genau entgegengesetzten Zeiten wie ihre Mitmenschen schlafen und deren Bemühungen um eine Abhilfe dieses Umstands zum Scheitern verurteilt waren, befinden sich in einem Zustand ständiger Frustration. Eine solche Situation wurde von einem unserer jungen Patienten treffend geschildert. Als Strafe dafür, daß er niemals pünktlich zur ersten Stunde in der Schule erschien, berichtete er uns, mußte er sich eine halbe Stunde vorher im Büro des Schuldirektors melden, was für ihn natürlich unmöglich war. Von da an war es nur ein kurzer Weg bis zur Verweisung von der Schule und der Einweisung in eine Sonderschuleinrichtung. Diesen jungen Mann, den die Armee aufgrund seiner Schlaf- und Verhaltensstörungen ausgemustert hatte, behandelten wir mit großem Erfolg in unserem Labor. Innerhalb weniger Monate konnte er den an der Schule versäumten Stoff aufholen, und nach einer erneuten Einberufung hatte er diesmal in der Armee keine Probleme.

Wir haben keine Angaben über die genaue Zahl der Patienten, die an einem Syndrom des verzögerten Einschlafens leiden, aber da dem Phänomen keinerlei Aufmerksamkeit in der Öffentlichkeit geschenkt wird, sind sie alle zu einem frustrierenden Konflikt mit der Gesellschaft verurteilt. Diejenigen, die einschlafen, sobald ihr Kopf das Kissen berührt, werden nur schwer verstehen können, daß es Menschen gibt, die weder rechtzeitig erwachen noch einschlafen können. Im Schlaflabor ist mir diese egozentrische Einstellung immer wieder begegnet, wenn mich Ehepaare um Rat fragten. In den meisten Fällen leidet die Frau an Schlaflosigkeit, und ihr Ehemann bittet uns dann, ihr zu erklären, daß »sie nur glaubt, an Schlaflosigkeit zu leiden«. Dann fährt er fort und nennt Gründe für seine »Diagnose«: »Es ist einfach nicht möglich, daß jemand, der wirklich schlafen will, nicht schlafen kann.« Deshalb kann man die Frustration von Eltern nur zu gut verstehen, wenn ihr Kind nicht pünktlich aufstehen kann, um zur Schule zu kommen, sich aber weigert, vor den frühen Morgenstunden ins Bett zu gehen. Fast immer wird ein derartig »merkwürdiges« Verhalten mit der Einstellung des Kindes gegenüber dem Lernen, den Eltern oder dem Leben überhaupt erklärt. Strafen und Aufforderungen an das Kind, um jeden Preis pünktlich aufzustehen, verschlimmern das Problem nur und führen unweigerlich zu einer psychiatrischen Behandlung mit dem ihr anhaftenden Stigma, dem das Kind in seinem späteren Leben kaum mehr entkommen kann.

Daher wird empfohlen, von einem frühen Alter an auf jede Abweichung in den Schlafgewohnheiten von Kindern zu achten. Wenn das Kind Schwierigkeiten hat, am Morgen zu erwachen, und es nicht vor den frühen Morgenstunden einschlafen kann, sollte man das nicht mit kindlicher Launenhaftigkeit, Faulheit und Aufsässigkeit abtun. Das Kind sollte untersucht werden, ob möglicherweise eine Schlafstörung vorliegt. Die Erwartung, daß alle um 6 Uhr morgens ausgeruht erwachen und bereit sind, den neuen Tag mit einem Lächeln zu begrüßen, ist ungefähr so logisch, als schreibe man ihnen vor, genau acht Stunden und keine Minute weniger zu schlafen. Unsere Erfahrung der letzten zwei Jahre hat uns gezeigt, daß zuallererst Schulleitern und Lehrern von Grund- und Oberschulen bewußt sein muß, daß es so etwas wie ein Syndrom des verzögerten Einschlafens gibt. Kinder, die chronische Probleme mit dem Wachwerden am Morgen haben, haben vielleicht eine Körperuhr, die nicht an die Anforderungen ihrer Umwelt angepaßt ist.

Und wie steht es mit dem Symptom des verfrühten Einschlafens, einer Abweichung in der Koordinierung zwischen der biologischen Uhr und dem Wechsel von Nacht und Tag, bei der die Schlafphase vorgezogen wird? Man könnte annehmen, daß das Symptom des verfrühten Einschlafens genauso verbreitet ist wie sein Pendent, das Symptom des verzögerten Einschlafens, dem ist aber nicht so. Bisher sind mir sehr wenige Fälle dieser Art Störung in der zeitlichen Koordinierung des Schlafes begegnet. Diese Menschen mußten sich bereits in den frühen Abendstunden, gegen 19 Uhr, schlafen legen und erwachten nach sieben oder acht Stunden Schlaf »mitten in der Nacht« – um 2 oder 3 Uhr morgens – ausgeruht und für den neuen Tag gerüstet. Einer von ihnen wollte nicht einmal behandelt werden; er war lediglich wegen einer amtlichen ärztlichen Bestätigung gekommen, in der wir ihm bescheinigen sollten, daß er an keinerlei Geistesstörung litt. Er bat uns um eine solche schriftliche Bestätigung für seine Ehefrau, die sich nicht mit seinen seltsamen Schlafgewohnheiten abfinden wollte. Von größtem Belang war für ihn, daß seine vorgezogene Schlafphase ihr gesellschaftliches Leben beeinträchtigte, da er nicht in der Lage war, auch nur auf einer Abendveranstaltung, die sie besuchten, wach zu bleiben. In einem anderen Fall kam eine Frau in den Vierzigern ins Schlaflabor, da aufgrund ihrer ungewöhnlichen Schlafgewohnheiten Spannungen zwischen ihr und ihrem Ehemann entstanden waren. In diesem Fall war der Konflikt so ernst, daß wir mit allen Mitteln versuchten, eine Änderung herbeizuführen.

Wir haben keine überzeugende Erklärung dafür, warum die Zahl der an einem Symptom des verfrühten Einschlafens Leidenden so gering ist, aber wie wir gesehen haben, neigt die biologische Uhr von Natur aus eher dazu, die Schlafenszeit hinauszuzögern, statt sie vorzuziehen. Daher kann man durchaus annehmen, daß eine gestörte Koordinierung zwischen der biologischen Uhr und der Außenwelt zu einer Hinauszögerung des Schlafes und nicht zu seiner Vorverlegung führt. Wie wir sehen werden, hat man sich diese Tatsache in der Therapie zunutze gemacht.

Chronotherapie oder Lichttherapie

Der inzwischen verstorbene Elliot Weitzman hat am Montefiore-Krankenhaus in New York als erster die Prinzipien der biologischen Uhr, die das Schlafen und Wachen steuert, für die Behandlung des Syndroms des verzögerten Einschlafens eingesetzt. Der Hauptgrund, warum die an diesem Syndrom Leidenden ihren Schlaf nicht vorverlegen können, behauptete Weitzman, war der, daß dies der natürlichen Tendenz der biologischen Uhr, die Schlafenszeit hinauszuzögern, zuwiderlief. Weitzman und seine Kollegen schlugen vor, die von dem Syndrom des verzögerten Einschlafens Betroffenen so lange durch eine kontrollierte Verzögerung ihrer Schlafzeiten zu behandeln, bis sie ihre gewünschte Schlafenszeit erreichten. Jemand, der gegen Mitternacht zu Bett ging und nicht vor 4 Uhr morgens einschlafen konnte, müßte seine Schlafenszeit folglich zwei oder drei Tage lang auf 8 Uhr morgens verschieben. Danach würde sie wieder auf den Mittag, 16 Uhr nachmittags, 20 Uhr abends und schließlich auf Mitternacht verlegt. Weitzman und seine Kollegen prophezeiten, daß die Patienten keine besondere Schwierigkeit mit dieser Hinauszögerung ihres Schlafes haben würden und nach wenigen Tagen zu der gewünschten Zeit schlafen gehen könnten.

Die Methode funktionierte. Die an einem Syndrom des verzögerten Einschlafens Leidenden können ihren Schlaf mühelos von Tag zu Tag hinauszögern und damit aufhören, wenn sie die ihnen angenehme Schlafenszeit erreicht haben. Jedoch gibt es dabei ein kleines Problem. Die Behandlung, die allmählich verlaufen muß, erfordert die völlige Bereitschaft der Versuchsperson, einen Monat lang oder auch länger genau zu den vorgeschriebenen Zeiten zu schlafen. Einige dieser Zeiten fallen in die Mitte des Tages und können die Arbeit und das Familienleben beeinträchtigen. Die Behandlung setzt ebenfalls die strenge Einhaltung der bevorzugten Schlafenszeit voraus, wenn sie einmal erreicht worden ist. Jede Abweichung von dieser Zeit kann dazu führen, daß der Schlaf dem Patienten wieder abhanden kommt. Obwohl die Ergebnisse der Behandlung in der Regel gut sind, kapitulieren viele einfach vor ihren Anforderungen.

Mit der Entdeckung, daß helles Licht in einer Stärke von mindestens 2 500 Lux die Schlaf-Wach-Uhr beeinflußt und eine hemmende Wirkung auf die Absonderung von Melatonin hat, veränderte sich die Therapie zur Behandlung des Syndroms des verzögerten Einschlafens erheblich. Um die Schlafphase um ein paar Stunden vorzuverlegen – sagen wir, von 4 Uhr morgens auf Mitternacht –, müssen die Versuchspersonen am Morgen hellem Licht ausgesetzt werden. Soll die Schlafenszeit von, sagen wir, 20 Uhr auf Mitternacht hinausgezögert werden, müssen sie am Abend hellem Licht ausgesetzt werden. Die Behandlung mit hellem Licht hat sich als äußerst wirksam für die Korrektur der biologischen Uhr erwiesen. In der Regel kann man mehrere Tage, nachdem die Patienten dem Licht ausgesetzt worden sind, eine Verschiebung ihrer Schlafenszeiten beobachten. Die Verschiebung vollzieht sich meist allmählich, und um die gewünschte Veränderung der Schlafenszeiten zu erreichen, müssen die Patienten zwei bis drei Wochen lang dem Licht ausgesetzt werden.

Die Lichttherapie erfolgt unter Anwendung einer Hochintensitätsspeziallampe oder mit Hilfe von Sonnenlicht – das wir in den Sommermonaten mit großem Erfolg eingesetzt haben. Da wir in einer unserer Untersuchungen mit Blinden festgestellt hatten, daß ihre Schlafstörungen mit einer unterbrochenen Melatoninabsonderung im Zusammenhang stehen, haben wir vor kurzem begonnen, Störungen in der zeitlichen Koordinierung des Schlafes sehender Patienten mit Melatonin zu behandeln. Unsere ersten Ergebnisse haben gezeigt, daß das Melatonin, wenn es zur richtigen Zeit verabreicht wurde, das »Schlaftor« in einen Tag-Nacht-Zyklus zwingen kann.

»Der Irrtum der Uhr« – der Eingriff des Menschen

Jahrtausendelang galt die untergehende Sonne als das Signal für die Menschen, sich eine Unterkunft für die Nacht zu suchen, und der Sonnenaufgang zeigte ihnen an, daß die Nacht vorüber war und sie sich erheben konnten. Die Erfindung der elektrischen Glühbirne durch Edison und die schnelle Verbreitung des künstlichen Lichts befreite uns von den Zwängen des Sonnenaufgangs und des Sonnenuntergangs. Seitdem ist das »Leben rund um die Uhr« für die moderne Gesellschaft typisch. Es gibt Industrien und Dienstleistungsbereiche, die ihre Arbeit nicht eine Minute lang unterbrechen.

Die Nachtarbeit zwingt uns, unseren Schlaf entweder dauerhaft oder im wöchentlichen beziehungsweise monatlichen Wechsel auf die Stunden des Tages zu verlegen. Normalerweise werden Stellen, bei denen ein Dienst rund um die Uhr erforderlich ist, durch Schichtarbeiter besetzt. Die Arbeiter werden in drei Schichten von jeweils sieben oder acht Stunden eingeteilt, die meist die Bezeichnung »Früh-, Spät- und Nachtschicht« tragen. Die Zusammenstellung der Schichten ist von Ort zu Ort und von Werk zu Werk, je nach der Tradition am betreffenden Ort und der Art des Werkes, verschieden. Worin besteht dann der Unterschied zwischen dem Schlaf am Tag nach einer Nachtschicht und dem Schlaf in der Nacht nach einer Tagesschicht? Viele Studien haben gezeigt, daß der Schlaf am Tag um etwa zwei Stunden kürzer als der Nachtschlaf ist, selbst unter idealen Bedingungen. Der Grund dafür ist in der Relation zwischen der Schlafenszeit und der Körpertemperaturkurve zu suchen. Sie werden sich erinnern, daß die Körpertemperaturkurve in den frühen Morgenstunden ihren niedrigsten Wert am Tag erreicht und im Laufe des Abends ihren höchsten. Im Gegensatz zu dem Tagesarbeiter, der sich schlafen legt, wenn die Kurve abfällt, geht der Nachtarbeiter zu Bett, wenn die Kurve im Ansteigen begriffen ist. Nach den in Kapitel 5 beschriebenen Untersuchungen unter Bedingungen der Isolation waren die Schlafperioden im Falle einer ansteigenden Körpertemperaturkurve kürzer als im Falle einer abfallenden Kurve. Außerdem sind die Schlafbedingungen in vielen Arbeiterwohnungen alles andere als ideal – die Schlafzimmer können nicht vor Lärm und Sonnenlicht geschützt werden. Daher können wir nur zu gut verstehen, warum Schlafstörungen unter Schichtarbeitern so weit verbreitet sind, und das ist einer der Hauptgründe für die Anpassungsschwierigkeiten, die die Arbeit in Wechselschichten mit sich bringt.

In den letzten Jahren wurde am Schlaflabor des Technion eine umfangreiche Studie über die Schichtarbeit erstellt. Wir haben

Untersuchung des Schlafes bei Schichtarbeitern;
das Aktimeter ist am rechten Handgelenk befestigt.

unter anderem versucht herauszufinden, ob es bei einer besseren Planung der Schlafenszeiten möglich ist, die Anpassung an die Wechselschichten zu verbessern; weiter wollten wir herausfinden, ob man anhand einer Analyse der Schlafqualität feststellen kann, welche Arbeiter für die Arbeit in Wechselschichten geeignet sind. Da der Schlaf im Schlaflabor kein genaues Spiegelbild vom Schlaf zu Hause ist, mußten wir bei dieser Studie Aufzeichnungsapparaturen in den Wohnungen der Arbeiter installieren. Wir benutzten ein computergestütztes Aktimeter, das der Arbeiter an seinem Handgelenk trug; das Gerät zeichnete alle Handbewegungen auf und hielt sie in seinem Speicher fest. Die gemessenen Daten wurden später zur weiteren Bearbeitung und Identifizierung der Schlaf- und Wachperioden in einen Computer übertragen.

Die Abbildung auf Seite 245 zeigt die Aufzeichnung von einem Tagesarbeiter, während wir in der Abbildung auf Seite 247 den Schlaf-Wach-Rhythmus eines Schichtarbeiters in einem Werk mit Dreischichtsystem erkennen können. Die Schichten beginnen am Sonntag und enden am Donnerstag; Freitag und Sonnabend sind frei. Deutlich zu erkennen ist die große Veränderung in den Schlafenszeiten, die jede Schicht mit sich bringt. Auch in dieser Studie stellten wir während der Aufzeichnungen der Schlaf- und Wachperioden in den Arbeiterwohnungen fest, daß der Schlaf am Tage kürzer als in der Nacht war – etwa fünf Stunden im Vergleich zu rund sieben Stunden. Weiter fanden wir heraus, daß viele Schichtarbeiter dazu neigen, ihren Tagesschlaf in zwei oder mehrere Abschnitte aufzuteilen, und einmal am Morgen und dann wieder am Nachmittag schlafen.

Kann man eine höhere Anpassungsfähigkeit der Arbeiter erreichen, wenn man die Schichten im Einklang mit der biologischen Uhr plant, die das Schlafen und Wachen steuert? Dabei sind mehrere Faktoren in Betracht zu ziehen. Von größter Bedeutung ist der Schichtturnus beziehungsweise die Anzahl der aufeinanderfolgenden Tage, die der Arbeiter in jeder Schicht arbeitet. Bei den in den Vereinigten Staaten weitverbreiteten »langsameren« Turnussen wechseln die Schichten alle zwei bis vier Wochen, während sie bei den »schnelleren«, die vor allem in Japan und Europa üblich sind, alle drei bis fünf Tage wechseln. Beide Systeme haben ihre Vor- und Nachteile. Der theoretische Vorteil des langsamen Turnus besteht in der besseren Anpassung der zirkadianen Rhythmen an die Nachtschicht. Da die Anpassungszeit in der Regel sieben bis zehn Tage beträgt, könnte man annehmen, daß sich der Arbeiter am Ende der Phase optimal angepaßt hat. Aber eine Reihe von Untersuchungen hat ergeben, daß die Anpassung an die Nachtarbeit selbst nach zwei oder drei Wochen noch nicht abgeschlossen ist. An ihren freien Tagen schlafen die Arbeiter lieber in der Nacht als am Tag, so daß ihre Nachtschichten eigentlich nicht über mehrere Wochen hintereinander ununterbrochen verlaufen. Das ist der Grund für die verlängerte Anpassungsperiode. Im schnellen Turnus finden keine tatsächlichen Veränderungen in den zirkadianen Rhythmen statt; die Arbeiter befinden sich weiter im Einklang

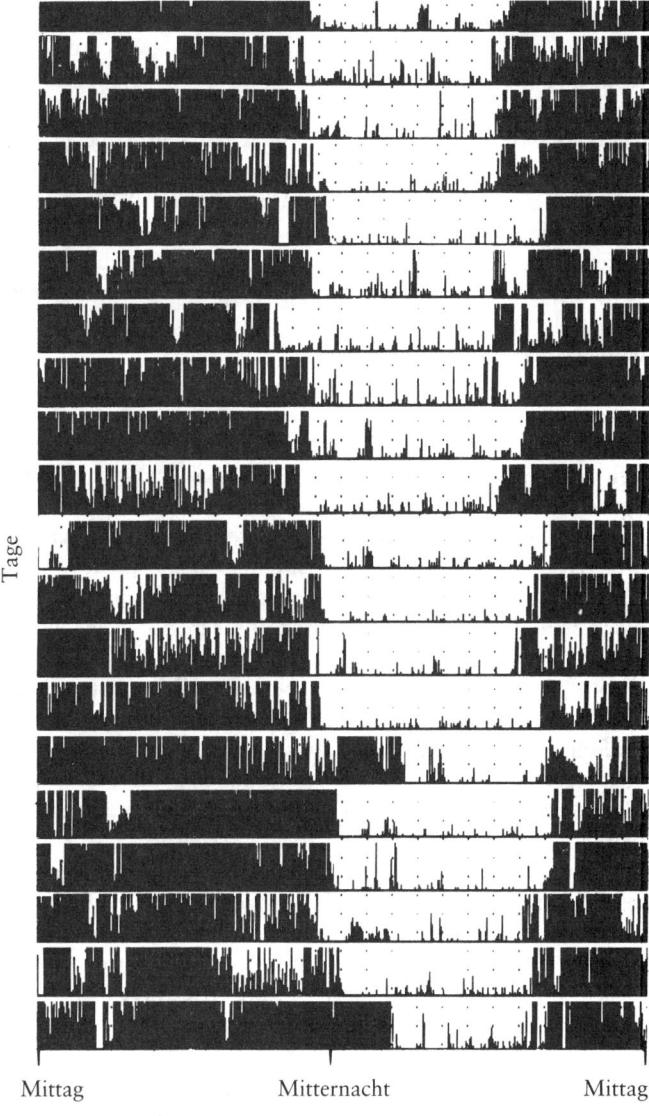

Tage

Mittag   Mitternacht   Mittag

*Von einem Aktimeter aufgezeichneter Schlaf-Wach-Zyklus
eines Schichtarbeiters. Die dunklen Flächen zeigen den Wach-
Zustand an, die weißen den Schlaf.*

mit den Umweltrhythmen, und das ist der Vorteil dieses Turnussystems. Einige Forscher gehen davon aus, daß die Aufrechterhaltung des harmonischen Zusammenspiels zwischen den Körper- und den Umweltrhythmen zur Anpassung des Arbeiters beiträgt und langfristig Gesundheitsschäden vorbeugt.

Auch die Richtung des Schichtturnus ist sehr wichtig. Das Schichtturnus-System kann »im Uhrzeigersinn« (Früh-Spät-Nacht) oder »gegen den Uhrzeigersinn« (Nacht-Spät-Früh) ablaufen. Wenn die Arbeiter die Wahl haben, ziehen viele die Richtung gegen den Uhrzeigersinn vor, weil sie dann beim Wechsel von der Nacht- zur Spätschicht ein langes Wochenende gewinnen. Da wir aber inzwischen wissen, daß die biologische Uhr dazu neigt, den Schlaf von Tag zu Tag hinauszuzögern, wenn sie nicht den Zwängen der Umwelt unterliegt, sollten wir ganz klar dem Turnus im Uhrzeigersinn den Vorzug geben, weil sich der Schlaf in diesem Turnus von Schicht zu Schicht später einstellt.

In den letzten Jahren ist die besondere Situation der Schichtarbeiter stark in das Bewußtsein der Öffentlichkeit gerückt. Einer der Hauptgründe für dieses gewachsene Bewußtsein ist der immer höhere Preis, den die Gesellschaft für menschliches Versagen und Betriebsunfälle zahlen muß. Die einzigen Berufsgruppen, die im 19. Jahrhundert nachts arbeiten mußten, waren Pförtner, Köche und einigen historischen Berichten zufolge auch die Hofschneider, besonders vor Staatsbanketten und Galaempfängen. Heute liegt das Schicksal von Millionen in den Händen der Nachtschichtarbeiter in den Kernkraftwerken und anderen Kraftwerken. Der Störfall im Kernkraftwerk Tschernobyl in der früheren Sowjetunion ging offensichtlich auf eine Reihe von Fehlern des Bedienungspersonals um 2 Uhr morgens in der Nachtschicht zurück. Wir sind nur um Haaresbreite von einer ökologischen Katastrophe einer unvorstellbaren Größenordnung entfernt gewesen. Auch die Störfälle im Kernkraftwerk Three Mile Island in den Vereinigten Staaten und in der Fabrik des Union Carbide Konzerns im indischen Bhopal ereigneten sich in den frühen Morgenstunden. Die erschreckende Aussicht, daß ein schläfriger Nachtschichtarbeiter auf den falschen Knopf drücken und damit eine radioaktive Verseuchung von riesigen Ausmaßen auslösen könnte, gebietet einen anderen Umgang mit Menschen, die wach sein müssen, während alle anderen schlafen.

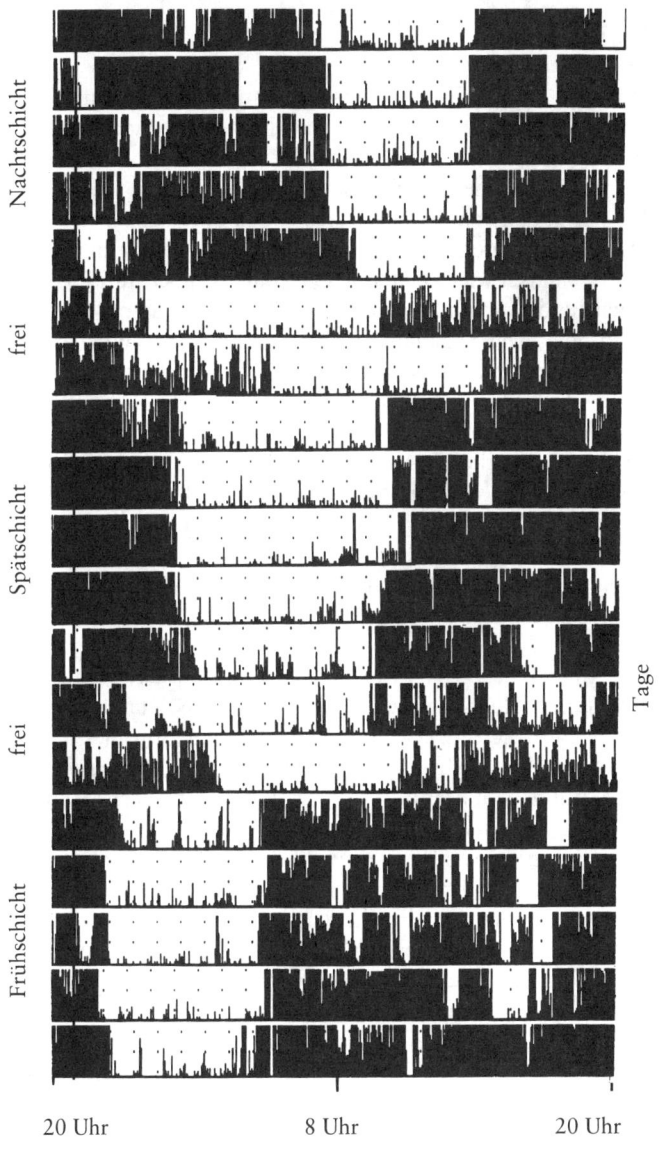

_Schlaf-Wach-Zyklus eines Schichtarbeiters beim Wechsel der
Schicht: Nacht, Abend, Morgen_

In einem Zeitalter, in dem bemannte Raumschiffe über uns kreisen und Millionen Menschen jedes Jahr Interkontinentalflugreisen unternehmen, ist das als »Jet-Lag-Syndrom« bekannte Phänomen zu einer Alltagserscheinung geworden. Jeder weiß, daß wir in den ersten Tagen nach einem Flug von Israel in die Vereinigten Staaten oder auch in die umgekehrte Richtung nachts unter Schlafschwierigkeiten leiden und tagsüber unter Schläfrigkeit und Erschöpfung. Einige spüren diese Symptome nur einen oder zwei Tage lang, während andere eine Woche oder länger brauchen, bis sie sich voll von den Anstrengungen der Reise erholt haben. Ebenso wie die Schichtarbeit gehört auch das »Jet-Lag-Syndrom« mit zu dem Preis, den die Menschheit für den technischen Fortschritt zahlen muß. Die unmittelbare Ursache für das »Jet-Lag-Syndrom« liegt in der begrenzten Fähigkeit der Körperuhren, mit den schnellen Umstellungen der Umweltuhren Schritt zu halten.

Um das zu veranschaulichen, begleiten wir einen Geschäftsmann, der einen Direktflug von Tel Aviv nach New York gebucht hat. Unser Reisegefährte traf um 6 Uhr morgens nach sieben Stunden Schlaf in seinem eigenen Bett ausgeruht auf dem Ben-Gurion-Flughafen in Tel Aviv ein. Nach dem Start um 8 Uhr setzte er sich entspannt in seinen Sessel der Business Class, und nachdem er gefrühstückt hatte, ging er den Stapel Dokumente auf seinem Klapptisch durch. Um 14 Uhr, sechs Stunden nach dem Start, nahm er hoch über den Britischen Inseln ein üppiges Mittagessen ein, zu dem auch ein edler Wein gehörte. Vom Wein war er ein bißchen müde geworden, und so drückte er auf einen Knopf und verstellte die Rückenlehne seines Sessels nach hinten, zog das Rollo herunter, bedeckte seine Augen mit einer Maske, die ihm eine aufmerksame Stewardeß lächelnd gereicht hatte, und fiel in einen tiefen Schlaf. Als er erwachte und die Augen aufschlug, fühlte er sich frisch und quicklebendig. Er war überrascht, als er feststellte, daß er nur ungefähr eine Stunde geschlafen hatte, denn er war fest davon überzeugt, es sei länger gewesen. Während er das Rollo nach oben schob, bemerkte er, daß die Sonne ihre Position am Himmel nicht verändert hatte und noch immer links vom Flugzeug stand, fast auf der gleichen Höhe wie beim Start in Tel Aviv. Er arbeitete weiter, nahm zwischendurch eine leichte Mahlzeit ein, sah einen Film und nickte während des Films noch einmal kurz ein.

Die Landung auf dem Internationalen Kennedy-Flughafen in New York um 12 Uhr Ortszeit verlief ohne jeden Zwischenfall. Sein erster Geschäftstermin war ziemlich dringend, und daher hatte er ihn noch für denselben Tag auf 18 Uhr Ortszeit angesetzt. Als er den Sitzungssaal betrat, warteten dort bereits 20 Geschäftsleute aus allen Teilen der Vereinigten Staaten ungeduldig auf ihn. Während seines Vortrags merkte er, wie er langsam den Kontakt zu seinen Zuhörern verlor; hin und wieder fielen ihm die Augen zu, und er spürte, wie ihn der Schlaf gegen seinen Willen übermannte. Ungeduldig blickte er auf seine Uhr und hoffte, daß das Treffen bald vorüber sein würde. Erst da wurde ihm klar, daß seine Uhr noch die israelische Zeit anzeigte und daß es 3 Uhr morgens war! Nicht nur seine Armbanduhr war noch auf israelische Zeit eingestellt, auch seine Körperuhr. Als Bewegung in das Treffen kam, hatte seine Körpertemperatur beinahe ihren Tiefstwert des Tages erreicht, während sich sein Schlafrhythmus auf dem Höhepunkt befand. Für seine Körperuhr war der siebenstündige Zeitsprung, den er während der elf Stunden Flug von Tel Aviv nach New York gemacht hatte, zu groß.

Das Jet-Lag-Syndrom zeigte sich nicht allein in der Tatsache, daß unser Geschäftsmann mitten im Treffen einschlief, sondern auch in der Qualität seines Schlafes in dieser Nacht. Als das Treffen um 21 Uhr schließlich zu Ende war, fuhr unser erschöpfter Freund in sein Hotel. Er schlief zwar sofort ein, wachte aber um 4 Uhr morgens auf. Trotz seiner schweren Müdigkeit konnte er nicht wieder einschlafen und sah die restlichen Stunden der Nacht fern. An diesem frühen Erwachen am Morgen hatte auch seine Körperuhr schuld, die noch immer nach israelischer Zeit ging. Er war genau zur selben Zeit aufgewacht wie zu Hause am Wochenende, wenn er am Abend zuvor spät schlafen gegangen war – gegen 11 Uhr. Die mangelnde Koordinierung zwischen seiner Körperuhr und den äußeren Hinweisen auf die Uhrzeit hatten zur Unterbrechung seines Schlafes geführt und seine Wachsamkeit und Funktionstüchtigkeit am Tag beeinträchtigt. Nach einem Flug von Israel in die Vereinigten Staaten brauchen die meisten Menschen drei oder vier Tage, bis sie wieder mit der Umweltuhr im Einklang sind.

Obwohl das Jet-Lag-Syndrom nach Flügen in beide Richtungen auftritt – von Ost nach West und von West nach Ost –, unterscheidet sich die Anpassungsgeschwindigkeit zwischen beiden erheblich: Nach einem Flug in Richtung Osten ist sie langsamer. So wie die Richtung des Turnussystems von Nachtschichtarbeitern Auswirkungen auf die Anpassung der Arbeiter hat, ist auch hier der Grund in den charakteristischen Merkmalen der Körperuhr zu suchen. Wie wir gesehen haben, ist jemand, der sich nach New Yorker Zeit schlafen legt, gegenüber seiner Schlafenszeit in Israel um sieben Stunden im Verzug. Wenn er relativ früh schlafen geht – sagen wir, nicht später als 21 Uhr New Yorker Zeit –, dann wird seine Körperuhr 4 Uhr nach israelischer Zeit »anzeigen«. Um diese Zeit schläft man sehr leicht ein, und genau das tun viele auch nach einer langen Party am Freitag- oder Sonnabendabend. Die Körperuhr eines Reisenden in die entgegengesetzte Richtung, der mit einem Direktflug New York–Tel Aviv ankommt und sich um 21 Uhr israelischer Zeit in seinem Hotel schlafen legt, geht noch nach New Yorker Zeit und »zeigt« 14 Uhr an. Da er nach dem langen Flug erschöpft ist, könnte es ihm vielleicht sogar gelingen einzuschlafen, aber er wird nicht lange schlafen – höchstens zwei oder drei Stunden. Der Grund dafür ist, daß sich das sekundäre Schlaftor um 14 Uhr öffnet und der Schlaf dann sehr kurz ist. Wenn der Passagier nachts in östliche Richtung fliegt und ein paar Stunden im Flugzeug schlafen kann, wird er in der ersten Nacht in Israel noch größere Schlafprobleme haben. Auch wenn er seine Schlafenszeit in Tel Aviv von 21 Uhr auf 24 Uhr verschiebt, wird er nicht besser einschlafen können, denn um Mitternacht israelischer Zeit stehen die Zeiger der Körperuhr unseres amerikanischen Passagiers auf 17 Uhr, und wie wir bereits gesehen haben, ist es sehr schwer, um diese Zeit einzuschlafen. Daher wird empfohlen, stets in ostwestlicher Richtung um die Welt zu fliegen!

Es gilt als fast sicher, daß die äußerst differenzierte Anpassungsfähigkeit von Menschen an die Zeitverschiebung auf die unterschiedlich starren biologischen Uhren der einzelnen zurückzuführen ist sowie auf die Wirkungen, die die äußeren Hinweise auf die Uhrzeit auf sie haben. Angesichts dessen, was wir über die starren Uhren der Frühaufsteher wissen, ist anzunehmen, daß sie sehr unter dem Jet-Lag-Syndrom leiden, vor allem nach Flügen in Richtung Osten.

Wie wir gesehen haben, sind eine übermäßige Tagesmüdigkeit, Einschlafschwierigkeiten sowie Durchschlafschwierigkeiten die Hauptfolgen der mangelnden Koordinierung zwischen den Körper- und Umweltuhren. Eine Methode zur Reduzierung der Auswirkungen des Jet-Lag-Syndroms auf ein Mindestmaß besteht in der Planung der Schlaf- und Wachzeiten unter Berücksichtigung der mangelnden Koordinierung zwischen beiden Uhren bei Flügen in Richtung Osten oder Westen. Bei Flügen in die westliche Richtung verzögert sich die Schlafenszeit, so daß sich die folgende Planung als angenehm erweist: In den ersten Tagen nach dem Flug in Richtung Westen sollte man die Schlafenszeit besser auf 20 bis 22 Uhr vorziehen und sie dann allmählich hinauszögern. Daher würde ich dem aus Europa kommenden Reisenden empfehlen, in den ersten Tagen nach seiner Ankunft in New York den Verlockungen des Nachtlebens der Stadt zu widerstehen, sich relativ früh schlafen zu legen und nicht dem Wunsch nachzugeben, am Tag zu schlafen.

Für den Flug in östliche Richtung gibt es zwei verschiedene Methoden der Bewältigung. In den ersten Nächten kann der Reisende versuchen, die Schlafenszeit so weit als möglich hinauszuzögern: Wenn er sich in Tel Aviv um 5 Uhr morgens schlafen legt, steht seine Körperuhr auf 22 Uhr New Yorker Zeit, eine Zeit, zu der er einschlafen kann, vor allem wenn er müde ist und ein Schlafdefizit hat. Diese Strategie ist vor allem für diejenigen geeignet, die sich früh schlafen legen. Auf diese Art und Weise können sie ihre Schlafenszeit jeden Tag weiter vorverlegen.

Bei der zweiten Methode sollte man den Schlaf in den ersten Tagen in zwei Abschnitte unterteilen. Der erste Schlafabschnitt kann so gewählt werden, daß er sich mit der Öffnung des sekundären Schlaftors zwischen 15 und 16 Uhr, beziehungsweise 22 und 23 Uhr Ortszeit, deckt. Obwohl der Schlaf vielleicht nur kurz ist, wird es dadurch möglich, den zweiten Schlafabschnitt auf die frühen Morgenstunden Ortszeit hinauszuzögern. Die beiden Abschnitte können dann allmählich zu einer einzigen Schlafperiode verschmelzen.

In Zukunft wird es möglich sein, die Einflüsse des Lichts auf die biologischen Uhren für eine optimale Behandlung des Jet-

Lag-Syndroms zu nutzen. Während des Fluges wird man Passagiere in Richtung Westen hellem Licht aussetzen, was zu einer Verzögerung ihrer Schlafenszeit führt. Diejenigen, die in östliche Richtung fliegen, werden zu bestimmten Zeiten während des Fluges ihre »Zeitverschiebungslampen« betätigen, damit sich ihre Körperuhren an die vorgezogene Schlafenszeit anpassen. Bis die kommerziellen Fluggesellschaften ihre Sessel mit Hochintensitätslampen ausgerüstet haben, empfehlen wir den Reisenden, sich unmittelbar nach der Landung zwei oder drei Stunden hellem Sonnenlicht auszusetzen. Diese natürliche Lichtquelle wird eine schnelle Anpassung an die Bedingungen in der neuen Umgebung garantieren.

18. Kinder, die nicht schlafen wollen

Zu den Aufgaben der Schlafforscher, die auch Eltern sind, gehört es unter anderem, an den verschiedenen Bildungseinrichtungen, die auch von ihren eigenen Kindern besucht werden, Vorträge über Schlafstörungen zu halten. Am Ende eines solchen Gesprächs mit Eltern im Kindergarten meiner Tochter wurde mir die Frage gestellt: »Was kann man mit einem Kind machen, das sich mit allen Mitteln weigert, ins Bett zu gehen, und sich zur Schlafenszeit einfach unmöglich benimmt?« Die aufgeregte Mutter erzählte mir, daß ihr Sohn sechs Jahre alt sei und das Vorbereitungszeremoniell für den Schlaf um 19 Uhr begänne. »Bis 20 Uhr«, sagte sie, »muß er im Bett liegen.« Als ich sie mit hochgezogenen Augenbrauen fragte, warum er um 20 Uhr im Bett liegen müsse, antwortete sie: »Wenn er dann noch nicht im Bett ist, stört er uns beim Fernsehen.« Trotz meiner Einwände konnte die Mutter nur schwer verstehen, warum sie ihren Sohn nicht dazu bewegen kann, um 20 Uhr im Bett zu liegen, und warum sie nicht von ihm erwarten kann, daß er gegen seinen Willen schlafen geht. Als ich sie fragte, ob sie bereit sei, um 20 Uhr zu Bett zu gehen, lautete ihre entrüstete Antwort: »Aber ich bin erwachsen, und er ist nur ein Kind!«

Schlafstörungen in der Kindheit sind häufig auf das Verhalten der Eltern zurückzuführen und nicht auf einen funktionsgestörten Schlaf des Kindes. Viele Eltern zwingen ihren Kindern Schlafgewohnheiten auf, die zwar dem Lebensstil der Eltern angepaßt sind, aber nicht die Bedürfnisse der Kinder berücksichtigen. Die Ursachen dafür sind meist Unwissenheit oder aber auch veraltete Anschauungen und Mythen über den Schlaf. Solche Eltern sind davon überzeugt, daß der Schlaf vollkommen vom Willen des Kindes abhängt, und so wird die Tatsache, daß das Kind nicht um 19 oder 20 Uhr einschläft, als Disziplinlosigkeit oder einfach als Störrigkeit abgetan. Diese Eltern können sich einfach nicht vorstellen, daß ihr Kind nicht so früh einschlafen kann, weil ihm seine Schlafuhr sagt, erst ein oder zwei Stunden später einzuschlafen. Nach dem gleichen Muster beklagen sich wieder andere Eltern, daß ihre Kinder »zu früh« aufwachen, vor allem am Wochenende, und sie stören, wenn sie sich am Sonntagmorgen einmal richtig ausschlafen wollen; sie finden sich nur schwer mit der Erklärung ab, daß ihr Kind nicht an einer Schlafstörung leidet, sondern damit lediglich auf das zu frühe Schlafengehen reagiert. Kinder, die um 20 Uhr zu Bett gehen, werden um 5 oder 6 Uhr morgens aufwachen, weil sie nicht mehr als neun oder zehn Stunden Schlaf brauchen. »Schlafstörungen« in der Kindheit lassen sich daher am einfachsten dadurch beheben, daß man die für jedes Kind optimale Schlafens- und Aufwachzeit herausfindet. Es tut mir leid, wenn ich schlechte Nachrichten überbringe, aber manchmal muß man an die Eltern appellieren, ihre eigene Bequemlichkeit für einen reibungslosen Schlaf ihrer Kinder zu opfern.

Hinzugefügt werden sollte jedoch, daß nicht nur Eltern die Schuld dafür tragen, wenn sie ihren Kindern Schlafzeiten aufzwingen, die ihnen besser als ihren Kindern passen; auch Erziehungsberater haben ihren Teil Schuld daran. Vor einigen Jahren konsultierte uns die Leiterin eines Kinderheims wegen der Schlafstörungen einiger Kinder. Da diese Kinder aus verschiedenen Ursachen von ihren Familien getrennt waren, vermutete sie, daß ihre Schlafprobleme seelische Hintergründe hätten. Als wir den Schlaf dieser Kinder untersuchten, waren wir überrascht festzustellen, daß der Hauptgrund für ihre Einschlafschwierigkeiten die Zeit war, zu der sie am Abend zu Bett gebracht wurden: 20 Uhr. Wir empfahlen, die Schlafenszeit der Kinder um eine oder anderthalb Stunden hinauszuschieben, worauf die Einschlafschwierigkeiten verschwanden.

Wie gehen wir aber mit Schlafstörungen dieser Art in einem Alter um, wenn man dem Kind nocht nicht sagen kann, daß es ins Bett gehen und schlafen soll? Wie wir im Kapitel 5 gesehen haben, konsolidiert sich der Schlafrhythmus des Säuglings in seinem ersten Lebensjahr. Wenn die Konsolidierung erst einmal erfolgreich abgeschlossen ist, schläft der Säugling in der Nacht und bleibt tagsüber wach. Aber die Geschwindigkeit dieses Prozesses ist individuell verschieden; einige passen sich schnell an und schlafen zur großen Freude ihrer Eltern in der Nacht durch, wenn sie erst wenige Monate alt sind, während andere das nicht einmal mit zwei Jahren schaffen. Es ist kaum zu glauben, wie viele Emotionen sich in dem Problem, daß ein Baby nicht schlafen will, bündeln. Ich könnte ein ganzes Buch voller Geschichten über erschöpfte Eltern schreiben, die alle nur erdenklichen Methoden probiert haben, um ihr Baby nachts zum Schlafen zu bringen – angefangen vom endlosen Schaukeln des Kinderbettchens über eine Autofahrt mit dem Baby durch das Wohnviertel und das Wiegen des Babys in ihren Armen. Im Abstand von wenigen Wochen müssen diese Eltern ihre fast leeren »Schlafbatterien« aufladen und mehrere Nächte in einem Hotel, weit weg von dem schreienden Säugling, schlafen.

Wenn wir solche Fälle analysieren, stellen wir fast immer fest, daß ein Hinweis auf die Art und Weise, wie die Eltern mit ihrem widerspenstigen Säugling umgehen, uns hilft, die Art der Schlafstörung zu erkennen. Eltern, die das Schreien und die Tränen ihres Babys nur schwer ertragen konnten, haben alles in ihrer Macht Stehende getan, um es zu beruhigen. Sobald es aufwachte und in seinem Bettchen aufstand, steckten sie ihm eine Flasche in den Mund, und wenn das nicht funktionierte, nahmen sie es aus dem Bett und wiegten es in ihren Armen oder nahmen es mit in ihr Bett, bis es wieder einschlief. So lernte das Kind, daß es sich nur weigern mußte zu schlafen oder mitten in der Nacht aufwachen und sich seine winzige Lunge aus dem Hals schreien mußte, um die Aufmerksamkeit seiner Eltern auf sich zu ziehen. Einige Eltern trafen die mutige Entscheidung, das Baby schreien zu lassen, bis es sich beruhigt hatte, aber die meisten konnten die Anspannung nicht ertragen und versuchten, den Säugling mit allen ihnen zu Gebote stehenden Mitteln zu besänftigen.

Die biologische Uhr des Kindes, die das Schlafen und Wachen steuert, läßt sich durch Erziehung und Gewöhnung an die Bedürfnisse der Eltern anpassen. So wie das Ertönen der Klingel, das anfangs ohne Wirkung auf den Schlaf der Katze war, eine besondere Bedeutung erlangte, als es zusammen mit einer elektrischen Reizung des Schlafzentrums im Gehirn erklang (siehe Kapitel 13), nehmen Kinder die gesamte Skala der Reize und des Verhaltens, die Teil des Schlafzeremoniells sind, allmählich als Anzeichen für den Schlaf wahr. Um diesen Prozeß zu unterstützen, sind Dauerhaftigkeit und Stabilität von größter Bedeutung. Dabei sollte eine feste Schlafenszeit als Bestandteil eines unveränderlichen Zeremoniells beibehalten werden, das das Ende des Tages und den Beginn der Nacht anzeigt.

Ein Baby, das nachts häufig an einer anderen Stelle schläft

– manchmal neben seinen Eltern, manchmal neben ihnen auf der Couch, während sie fernsehen, und manchmal in ihrem Bett –, wird niemals den Zusammenhang zwischen Bett und Schlaf »begreifen«. Auch im späteren Alter ist das Vorbereitungszeremoniell auf den Schlaf von wesentlicher Bedeutung: Die festen abendlichen Gewohnheiten vor der Gutenachtgeschichte oder dem Zubettgehen mit verschiedenen Einschlafhilfen – wie ein Stück Decke, ein Teil von einer kaputten Puppe oder ein Schnuller – sind alle Bestandteil eines Zeremoniells, das hilft, den Übergang zwischen Wachen und Schlafen, zwischen Tag und Nacht, äußerlich zu kennzeichnen.

Was können wir also mit einem Baby machen, das nicht schlafen will? Es ist so einfach, Säuglinge und Kleinkinder zum Schlafen zu überlisten, daß sich viele Eltern nicht einmal die Mühe machen, eine solche Methode zu versuchen, weil sie überzeugt sind, daß »sie nicht funktioniert«.

Unser Fundus an Erfahrungen im Schlaflabor hat uns gezeigt, daß wir bei Babys zwei gleichermaßen wirksame Methoden anwenden können: den »zeitlich genau festgelegten Besuch« und den »Schlafpartner«. Beide Methoden wurden von einem englischen Kinderpsychiater namens Naomi Richman entwickelt. Bei der ersten Methode wird das Kind mit ein paar beruhigenden Worten und Liebkosungen in sein Bettchen gelegt; dann verlassen Mutter oder Vater das Schlafzimmer trotz seiner Proteste. Zehn Minuten später geht einer der Eltern ins Schlafzimmer, und wenn das Baby nicht bequem in seinem Bettchen liegt, sollten ihm Mutter oder Vater über den Rücken streicheln, es bequem hinlegen und das Zimmer wieder verlassen. Dieser »Besuch« sollte exakt alle zehn Minuten wiederholt werden, bis das Baby eingeschlafen ist. Diese Methode kann ebenfalls angewandt werden, wenn das Baby mitten in der Nacht erwacht. Avi Sadeh, der seine Dissertation über den Schlaf von Säuglingen in meinem Labor zu Ende schrieb, untersuchte die Wirksamkeit dieser Methode mit objektiven Mitteln. Er hat die Erfahrung gemacht, daß sich nach drei oder vier Nächten häufig eine erhebliche Verbesserung im Schlaf der Babys einstellt. Sie schlafen fast in dem Augenblick ein, in dem sie in ihr Bettchen gelegt werden, und wachen auch seltener mitten in der Nacht auf; wenn sie doch aufwachen, schreien sie nicht nach ihren Eltern, sondern beruhigen sich selbst.

Bei der Methode mit dem »Schlafpartner« schläft einer der Eltern mehrere Nächte lang auf einer Couch oder auch nur auf einer Matratze auf dem Fußboden im Kinderzimmer. Auch bei dieser Methode zeigt sich nach drei oder vier Nächten eine deutliche Verbesserung im Schlafverhalten, so daß der Säugling die »Strafe« des Schlafes ohne Protest hinnimmt. Es muß jedoch unterstrichen werden, daß beide Methoden den festen Willen der Eltern voraussetzen, unerschütterlich an dieser Prozedur festzuhalten. Diese Entschlossenheit wird belohnt, denn aus unseren Unterlagen geht hervor, daß zwischen 80 und 90 Prozent der Eltern, die wir in der Kinderklinik unseres Labors beraten haben, uns berichteten, bereits in der ersten Woche der Behandlung eine deutliche Verbesserung im Schlaf ihres Kindes festgestellt zu haben. Als wir ihnen die Methode das erste Mal erklärten, zogen viele von ihnen nur skeptisch die Augenbrauen hoch!

Automatismus während des Schlafes

Früher oder später überwinden die meisten Kinder ihre Schlafschwierigkeiten und passen sich den Wünschen ihrer Eltern an. Mit zwei Jahren schlafen fast alle die ganze Nacht durch, und das gilt auch für den Rest ihrer Kindheit, wo ihr Schlaf ununterbrochen und erholsam ist. Einige Erscheinungen treten bei Kindern allerdings weit häufiger als bei Erwachsenen während des Schlafes auf: Schlafwandeln, Nachtangst, auch Pavor nocturnus genannt, Bettnässen, Sprechen im Schlaf und Schaukeln mit dem Bett. Diese manchmal seltsamen spontanen Verhaltensformen stellen Ärzte seit Jahrhunderten vor ein Rätsel. Aber ihre typischen Merkmale sind ihnen seit langem wohlbekannt, wie wir der Beschreibung des Schlafwandelns von Lady Macbeth bei Shakespeare entnehmen können:

KAMMERFRAU: Seitdem Seine Majestät in den Krieg zogen, habe ich gesehen, wie sie aus ihrem Bett aufstand, ihr Nachtgewand umwarf, ihren Schreibtisch aufschloß, Papier nahm, es zusammenlegte, schrieb, das Geschriebene las, es versiegelte und dann wieder zu Bett ging: und die ganze Zeit im tiefen Schlafe.

ARZT: Eine große Zerrüttung der Natur! die Wohltat des Schlafes genießen und zugleich die Geschäfte des Wachens verrichten. – In dieser schlafenden Aufregung, außer dem Umherwandeln und anderm Tun, was, irgendeinmal, habt Ihr sie sprechen hören?

KAMMERFRAU: Dinge, die ich ihr nicht nachsprechen werde.

ARZT: Mir könnt Ihr's vertrauen; und es ist notwendig, daß Ihr es tut.

KAMMERFRAU: Weder Euch noch irgend jemand, da ich keine Zeugen habe, meine Aussage zu bekräftigen.

(Lady Macbeth kommt, eine Kerze in der Hand.)

Seht, da kommt sie! So ist ihre Art und Weise! und, bei meinem Leben, fest im Schlaf. Beobachtet sie; steht ruhig!

ARZT: Wie kam sie zu dem Licht?

KAMMERFRAU: Das brennt neben ihrem Bett. Sie hat immer Licht; es ist ihr Befehl.

ARZT: Seht, ihre Augen sind offen.

KAMMERFRAU: Ja, aber ihre Sinne geschlossen.

ARZT: Was macht sie nun? Schaut, wie sie sich die Hände reibt.

KAMMERFRAU: Das ist ihre gewöhnliche Gebärde, daß sie tut, als wüsche sie sich die Hände; ich habe wohl gesehen, daß sie es eine Viertelstunde hintereinander tat.

ARZT: Diese Krankheit liegt außer dem Gebiete meiner Kunst; aber ich habe Menschen gekannt, die im Schlaf umherwandelten und doch fromm in ihrem Bett starben.

(Macbeth, 5. Aufzug, 1. Szene, Übersetzung Dorothea Tieck)

Mann könnte wohl schwerlich eine treffendere Beschreibung des Schlafwandelns finden, die die außergewöhnlichen Merkmale dieses nächtlichen Verhaltens so hervorhebt. Shakespeare hat die Rollen vertauscht: Die Kammerfrau und Dienerin von Lady Macbeth klärt den Arzt über die ungewöhnlichen Wesenszüge des Schlafwandelns auf, und es gelingt ihr, jedes der wesentlichsten Symptome dieser Erscheinung anzusprechen.

Zu dieser Schlafstörung, die bei Erwachsenen hauptsächlich unter Streßbedingungen auftritt, kommt es nur während des Tiefschlafes der Stadien 3 und 4. Der Schläfer setzt sich plötzlich im Bett auf, verläßt das Bett und begibt sich auf einen nächtlichen Spaziergang. Die Augen des Schlafwandlers sind weit offen, wie aber Shakespeares Kammerfrau andeutete, sehen sie nichts; er findet seinen Weg in erster Linie aus dem Gedächtnis heraus. Wenn ihm unerwartete Hindernisse in den Weg gestellt werden, wird er wahrscheinlich über sie stolpern und hinfallen. Während des Schlafwandelns ist es schwierig, den Schlafwandler zu wecken oder ihn anzusprechen. Auch die Bewegungen des Händewaschens von Lady Macbeth sind nichts Ungewöhnliches während des Schlafwandelns. Bei einem der seltenen Fälle von Schlafwandeln, der sich in unserem Labor ereignete, stieg ein reizender kleiner Junge von sechs Jahren aus seinem Bett und entfernte sich von ihm, soweit es die an seinem Körper befestigten Aufzeichnungselektroden ermöglichten. Dann fing er an, mit seinen Händen seltsame und exotische Bewegungen zu vollführen. Als wir uns am Morgen mit seinen Eltern das Video anschauten, erfuhren wir, daß der Grund für die Handbewegungen ganz prosaisch war: Sie gehörten in ein Theaterstück, das an der Schule des Jungen aufgeführt wurde, und er spielte darin die Rolle der Sonne. Folglich besteht eine Tendenz, das im Wachzustand erlernte Verhalten in spontanen Episoden während des Schlafes zu rekonstruieren.

Schließlich ist auch die Behauptung des Arztes von Lady Macbeth richtig: »... ich habe Menschen gekannt, die im Schlaf umherwandelten und doch fromm in ihrem Bett starben«. Das Schlafwandeln ist keine Schlafstörung, die irgendein Risiko in sich birgt oder auf eine zu behandelnde Krankheit hindeutet. Die meisten Kinder, die im Alter zwischen fünf und 13 Jahren schlafwandelten, hörten allmählich damit auf, und ihre Störung ging in die Familiengeschichte ein. In den meisten Fällen genügt es, wenn man Eltern über den Umgang mit schlafwandelnden Kindern berät und ihnen gleichzeitig versichert, daß sich das Schlafwandeln nach ein paar Jahren geben wird. Da sich schlafwandlerische Episoden in den Schlafstadien 3 und 4 oder in den ersten zwei bis drei Stunden des Schlafes ereignen, können die Eltern warten, bis die Episoden tatsächlich eintreten, und dann ihren Kindern helfen, sie ohne Schwierigkeiten zu überstehen. Es besteht kein Grund, sie zu wecken, da sie unter keinen Umständen reagieren werden; wenn sie mit ihrem Gang beginnen, muß man sie lediglich wieder zurück ins Bett führen. Die meisten Kinder werden sich nicht dagegen wehren und schnell wieder schlafen, als ob nichts geschehen wäre. Am Morgen werden sie sich ganz und gar nicht an ihre nächtlichen Abenteuer erinnern können. Ein vierjähriges Mädchen aus einem Kibbuz im Jezreel-Tal, das wir im Schlaflabor untersucht haben, »erwachte« jeden Abend um 23 Uhr, verließ ihr Schlafzimmer und marschierte dann in den Kuhstall des Kibbuz. In diesem Fall war das

Schlafwandeln mit einer tatsächlichen Gefahr für das Mädchen verbunden, so daß praktische Maßnahmen ergriffen werden mußten, damit es keinen körperlichen Schaden nahm. Ein anderes Kind, dessen Schlafzimmer direkt ins Freie führte, verließ immer das Haus und überquerte eine belebte Straße. Wir empfahlen, die Schlafzimmertür entweder abzuschließen oder den Türgriff über Nacht zu entfernen.

In der Regel zeichnen wir den Schlaf von schlafwandlerischen Kindern nur dann im Schlaflabor des Technion auf, wenn der Verdacht besteht, daß die Episode Bestandteil eines nächtlichen Epilepsieanfalls ist. Ein Grund dafür ist, daß sich schlafwandlerische Episoden nur selten in einem Schlaflabor ereignen. Der Schlaf in einer fremden Umgebung, in der die Versuchsperson zudem an mehrere Elektroden angeschlossen ist, scheint spontanes Verhalten zu unterdrücken. Die meisten Laborschlafaufzeichnungen von Jugendlichen werden unmittelbar vor ihrer Einberufung in die Armee gemacht. Wenn befürchtet wird, daß der zukünftige Soldat während des Militärdienstes schlafwandelt, muß er vollständig untersucht werden, ehe medizinische oder andere Schritte zur Behandlung der Schlafstörung eingeleitet werden.

Obwohl ein »voll entwickeltes« Schlafwandeln die drastischste Form des Automatismus während des Schlafes ist, fallen auch das Aufrichten im Bett und das Ziehen an der Bettdecke – oder einfach nur das Aufrichten im Bett mit starrem Blick –, Sprechen, rhythmische Bewegungen, Enurese (Bettnässen), Zähneknirschen (Bruxismus) und Nachtängste in die Kategorie, die die Schlafforscher Parasomnien nennen. Solche nächtlichen Episoden können einmal im ganzen Leben, aber auch mehrmals in einer Woche auftreten. Allen gemeinsam sind ihre Verbindung zum Tiefschlaf, der schnelle Übergang vom Schlaf zum Wachzustand, ihre Neigung, sich im Jugendalter zu verlieren, und die unbewußte Aktivierung der motorischen Mechanismen. Roger Brougthon aus Ottawa, der sich ausführlich mit Erscheinungen des Automatismus (spontanen Verhaltens) während des Schlafes befaßt hat, bezeichnete sie als »Weckstörungen aus dem Schlaf«.

Wie wir gesehen haben, ist in den meisten Fällen kein therapeutischer Eingriff erforderlich; es genügt, die Eltern zu beruhigen und über die Bedeutung der Störung aufzuklären und zu beraten. Im Fall von Nachtängsten ist das von besonderem Belang. Eltern, deren Kind zum ersten Mal aus einer Nachtangst erwacht, machen Schreckliches durch. Wenn sie die grauenerregenden Schreie hören, eilen sie in der Regel in das Kinderzimmer und finden ihr Kind dann mit glasigem Blick aufrecht im Bett sitzend und zitternd vor. Deutlich zu erkennen ist seine erhöhte Pulsfrequenz, und es ist schwierig, das Kind zum Sprechen zu bringen; es ist von seiner Umwelt losgelöst und reagiert nicht. Auch nachdem es wach geworden ist, kann es sich an nichts erinnern, höchstens ganz verschwommen an ein bedrohliches »Tier« oder »Monster«, das sich »in den Büschen« versteckt hielt und es angriff. Somit unterscheidet sich eine Nachtangst, in deren Folge die Einzelheiten aus dem Gedächtnis des Kindes gelöscht werden, erheblich von den deutlichen und detaillierten Erinnerungan an einen Alptraum während des REM-Schlafes. Auch hier kann man das Kind nur beruhigen und ins Bett legen, damit es wieder einschläft. Der Versuch, es am Morgen darauf über seine Nachtangst zu befragen, ist sinnlos und erhöht nur seine Furcht, daß etwas mit seinem Schlaf nicht in Ordnung ist, denn es wird sich auf keinen Fall an irgend etwas erinnern können. Nachtängste treten meist nur ein- oder zweimal im Monat auf und verlieren sich dann allmählich im Jugendalter.

Wie die nächtlichen Wanderungen von Lady Macbeth veranschaulichen, können auch Erwachsene an Automatismen (spontanem Verhalten) während ihres Schlafes leiden. Normalerweise tritt eine solche Erscheinung dann auf, wenn die betreffende Person unter Streß und Spannung steht, und wenn der Streß nachläßt, klingt sie oftmals von selbst wieder ab. Wenn sich solche häufigen nächtlichen Episoden nicht geben, sollten sich die davon Betroffenen in einem Schlaflabor untersuchen lassen, um die Ursache für die Störung herauszufinden.

Eine Form von spontanem Verhalten im Schlaf, die nur bei Erwachsenen vorkommt, ist die im Kapitel 4 beschriebene REM-Verhaltensstörung. Patienten, die – während sie ihre Träume durchspielen – eine Fülle gewalttätiger Verhaltensformen an den Tag legen, wie Fausthiebe, Treten oder das fluchtartige Verlassen ihres Betts, können sich selbst oder ihren Partnern Schaden zufügen. Um nachteilige Folgen zu vermeiden, sollte die Störung unter medizinische Beobachtung gestellt werden.

Der Abschluß des Lebenszyklus:
Schlafstörungen bei älteren Menschen

Schlafstörungen an den beiden äußersten Enden des Lebenszyklus – dem Säuglingsalter und dem Greisenalter – haben vieles gemein, nur daß sich die altersbezogenen Veränderungen anders manifestieren. So wie Eltern durch falsches Verhalten die Ausbildung des Schlaf-Wach-Zyklus bei einem Säugling hinauszögern können, kann eine unangemessene Reaktion eines älteren Menschen auf die natürlichen Veränderungen in seinem Schlaf schwere Schlafstörungen nach sich ziehen. Die in Kapitel 4 beschriebenen natürlichen Veränderungen machen ältere Menschen für Schlafstörungen anfällig. Daher reagieren sie während des Schlafes empfindlicher auf die Geschehnisse in ihrer Umgebung: das Zwitschern der Vögel, ein Auto auf der Straße oder selbst das Licht, das durch die Jalousie fällt. Das häufige Erwachen aus dem Schlaf wird jedoch nicht allein durch diese Reize ausgelöst, und selbst wenn ältere Menschen in völliger Ruhe im Schlaflabor oder in ihrem eigenen Schlafzimmer schlafen, wachen sie trotzdem immer öfter aus dem Schlaf auf. Deshalb sind Beschwerden über Schlafstörungen in einem fortgeschrittenen Alter nicht unbedingt Anzeichen für eine medizinische oder eine Geistesstörung, sondern eher für eine verminderte Qualität des Schlafes aufgrund des unvermeidlichen Alterungsprozesses.

»Mein Schlaf hat sich verändert«, schrieb Andy Rooney in einem Zeitungsartikel mit dem passenden Titel »Die Zeit des Rock-a-Bye-Baby ist lange vorüber« und fuhr dann fort: »Es ist nicht mehr die sorglose, unbewußte Zeit des körperlichen und geistigen Auftankens. Ich genieße den Schlaf nicht mehr so wie früher, ... vielleicht habe ich ein schlechtes Gedächtnis, aber mir scheint, als wäre ich früher zu Bett gegangen, eingeschlafen und acht Stunden später aufgewacht. Wenn das jemals der Fall gewesen sein sollte, dann sind diese Tage für immer vorüber. Jetzt schlafe ich schnell ein, aber ich schlafe nicht mehr lange.« Ältere Menschen haben in der Tat große Schwierigkeiten, fest durchzuschlafen. Bei den meisten ist der Schlaf nur bruchstückhaft. Obwohl ein Grund möglicherweise die größere Empfänglichkeit für Umwelteinflüsse ist, sind die körperlichen Veränderungen, die mit dem Altern einhergehen, vielleicht eine andere Erklärung für diese Erscheinung. Atmungsstörungen und über-

mäßige Beinbewegungen während des Schlafes treten bei ungefähr 20 bis 30 Prozent der älteren Menschen auf. Diese Veränderungen, die ebenfalls auf ein altersbedingtes Nachlassen der
Kontrolle über die Körperfunktionen hindeuten können, beeinträchtigen den Schlaf und lassen den Schläfer häufig für kurze
Zeit erwachen. Außerdem wachen ältere Menschen sehr oft auf,
um Wasser zu lassen.

Vor kurzem stellten wir fest, daß das Absinken des Melato-
ninspiegels, des »Dunkelheitshormons«, das den Alterungsprozeß begleitet, ebenfalls für Schlafstörungen bei älteren Menschen verantwortlich sein kann. Iris Haimov, eine Doktorandin
in meinem Labor, untersuchte die Absonderung von Melatonin
bei älteren Menschen ohne Schlafstörungen sowie von zwei
Gruppen älterer Schlafloser: Die erste Gruppe lebte in ihrer eigenen Wohnung und die zweite in einem Heim. Iris Haimov
entdeckte, daß sich zwar der Melatoninspiegel von gesunden älteren Menschen nicht von dem junger Erwachsener unterschied,
daß er aber bei älteren Schlaflosen wesentlich niedriger war. Besonders drastisch zeigte sich das bei den in einem Heim lebenden Schlaflosen, deren Melatoninspiegel kaum nachweisbar war.
Diese Beobachtungen führten uns zu dem Schluß, daß niedrigere Mengen von zirkulierendem Melatonin eine weitere Ursache für Schlaflosigkeit bei älteren Menschen sein können. Um
diese Hypothese zu überprüfen, behandelten wir diese an Me-
latoninmangel leidenden älteren Schlaflosen mit Melatonin-
tabletten. Die Ergebnisse bewiesen die Richtigkeit unserer Hypothese: Die Behandlung mit Melatonin führte zu einer Verkürzung
ihrer Einschlafzeit, und die älteren Schlaflosen konnten nachts
außerdem besser durchschlafen.

Es besteht kein Zweifel daran, daß medizinische Leiden und
Geisteskrankheiten Schlafstörungen im Alter beträchtlich verschlimmern können. Das trifft vor allem auf ältere Menschen in
Alters- und Pflegeheimen zu. Da es in einigen dieser Heime keinen Raum für Betätigungen und Interessenkreise gibt, sind die
älteren Menschen gezwungen, zu früh zu Bett zu gehen, wodurch ihre Schlafschwierigkeiten größer werden. Da einige von
ihnen in ihrer Mobilität eingeschränkt sind, unterliegen sie
nicht den regelmäßigen Hell-Dunkel-Zyklen. Dadurch kann ihr
Melatoninkreislauf zerstört und ihr Schlaf beeinträchtigt werden, wie Haimov zeigte.

Als unvermeidliche Folge ihres fragmentarischen Nachtschlafes neigen ältere Menschen zunehmend zu kurzen Schläfchen während des Tages. Sehr häufig trifft man ältere Menschen an, die auf Parkbänken, im Bus oder in Wartezimmern von Ärzten ein Nickerchen machen. Diese mehrfachen Schläfchen am Tage, die einen Teil des verlorengegangenen Nachtschlafes wettmachen, können die Aussichten älterer Menschen auf einen ausreichenden Nachtschlaf weiter beeinträchtigen, da sie dem Druck zu schlafen entgegenwirken.

Angesichts des Obenerwähnten überrascht es nicht, daß der Verbrauch an Schlaftabletten bei älteren Menschen enorm ist, vor allem bei Bewohnern von Pflegeheimen. Obwohl bei Erwachsenen aller Altersgruppen ein Mißbrauch von Schlaftabletten zu verzeichnen ist, haben ältere Patienten wahrscheinlich eher Probleme mit einer unangemessenen Einnahme. Erstens erhöht sich im Alter das Risiko der Toxizität (Giftwirkung), da die Fähigkeit des Körpers abnimmt, das Medikament zu verstoffwechseln und auszuscheiden, und da mögliche Wechselwirkungen mit anderen Medikamenten auftreten können. Toxische Reaktionen auf Medikamente sind in der Tat eine der Hauptursachen für Krankenhauseinweisungen im hohen Alter. Zweitens, da Medikamente länger im Körper von älteren als von jüngeren Menschen verbleiben, akkumulieren sie sich und erhöhen somit das Risiko der Tagesnebenwirkungen. Diese können in Form von Erregung, Mangel an Koordination, Zerstreutheit, Gedächtnisstörungen und sogar Halluzinationen auftreten. Aufgrund der potentiell schwerwiegenden Folgen eines Schlaftablettenmißbrauchs bei älteren Menschen müssen die Ärzte wirklich davon überzeugt sein, daß die Medikamente unbedingt erforderlich sind. Eigentlich müßten in vielen Fällen, in denen einem älteren Patienten Schlaftabletten verordnet werden, die Familienmitglieder oder das Personal des Pflegeheims behandelt werden, da sie sich durch das Erwachen des Patienten in der Nacht belästigt fühlen.

Zusammenfassend kann man sagen, daß der Schlaf an beiden Enden des Lebenszyklus anfällig ist. Während sich die Schlafepisoden bei Säuglingen noch zu einer einzigen, ununterbrochenen und an die Umwelt angepaßten Episode festigen müssen, werden die Verbindungsglieder zwischen den Schlafstadien im hohen Alter schwächer, so daß der Schlaf fragmentarisch wird.

Vor allem gilt es zu verhindern, daß diese Veränderungen in der Schlafstruktur in chronische und ernsthafte Störungen umschlagen.

19. Übermäßige Schläfrigkeit oder »In den Armen von Morpheus«

Als wir Mitte der 70er Jahre mit unseren ersten Laboraufzeichnungen zur Diagnostizierung von Schlafstörungen am Technion begannen, hatte ich erwartet, daß die meisten Patienten, die im Schlaflabor Rat suchen würden, entweder an Schlaflosigkeit oder an Narkolepsie litten. Zu meiner Überraschung stellte sich bald heraus, daß die meisten über chronische Müdigkeit und eine Einschlafneigung am Tag, vor allem in passiven Situationen, klagten. Manchmal nahm diese Neigung kaum vorstellbare extreme Formen an. Einer der ersten, die um Rat baten, war der Direktor einer großen Firma. Er klagte über einen zwanghaft übermäßigen Schlaf und sagte uns, um dem vorzubeugen, würde er immer, wenn ihn in langen Geschäftsbesprechungen das Gefühl überkomme, gleich einschlafen zu müssen, sein Feuerzeug aus der Tasche ziehen und seine Fußsohlen unter dem Tisch ansengen. Zum Beweis dafür zeigte er mir seine mit Brandblasen bedeckten Zehen. Bis zum heutigen Tag erinnere ich mich mit Schaudern an den stoischen Gleichmut, mit dem er diese Geschichte erzählte.

In der wissenschaftlichen Literatur aus der Mitte der 70er Jahre über Schlafstörungen in der Gesamtbevölkerung wurde diese Art Beschwerde kaum erwähnt. Tatsächlich stellten die Forscher nicht einmal die Frage nach »zuviel Schlaf« oder der Neigung, während des Tages einzuschlafen. Wir beschlossen daher, die Verbreitung von übermäßiger Schläfrigkeit sowie die Einschlafneigung am Tag bei der israelischen Bevölkerung zu untersuchen. Aber wie kann man eine zuverlässige Studie über Beschwerden anfertigen, die auf den ersten Blick so belanglos sind? Manchmal hat es den Anschein, als seien Aussagen, wie »ich bin sehr müde« oder »ich möchte immerzu schlafen«, für den israelischen Mann mittleren Alters typisch. Können wir deshalb behaupten, daß alle Männer an chronischer übermäßiger Schläfrigkeit leiden?

Um zuverlässige Daten zu erhalten, die nicht einfach einen Gemütszustand widerspiegeln, sondern wirklich den Beweis für eine echte Störung erbringen würden, wandten wir uns an ein großes medizinisches Institut, das regelmäßig Vorsorgeuntersuchungen von Arbeitern durchführte. Im Rahmen dieser Untersuchungen füllten die Betreffenden auch einen detaillierten Fragebogen über ihren Gesundheitszustand aus, auf dessen Grundlage wir später ein Gespräch mit einem der Ärzte des Instituts führten. Fünf der 100 gestellten Fragen nahmen direkt auf den Schlaf Bezug: (a) »Haben Sie Einschlafschwierigkeiten?«, (b) »Wachen Sie häufig auf?«, (c) »Nehmen Sie Schlafmittel ein?«, (d) »Sind Sie tagsüber müde?« und (e) »Schlafen Sie zuviel?«. Der Versuchsperson standen vier mögliche Antworten zur Auswahl: (a) »niemals«, (b) »selten«, (c) »häufig« und (d) »immer«. Da die Versuchsperson wußte, daß sie auf der Grundlage ihrer Antworten eingehend von einem Institutsarzt befragt werden würde, konnte man mit Sicherheit annehmen, daß diejenigen, die die Frage »Schlafen Sie zuviel?« mit »häufig« oder »immer« beantworteten, das auch wirklich meinten und nicht einfach Aufmerksamkeit auf sich lenken wollten.

Als wir im Jahr 1978 die Antworten aller am Institut untersuchten Personen auswerteten – insgesamt etwa 15 000 –, stellten wir fest, daß vier von je 100 Testpersonen über zuviel Schlaf klagten. Dieser Prozentsatz war wesentlich geringer als der von jenen Testpersonen, die über Einschlafschwierigkeiten und/oder häufiges Erwachen klagten (18 Prozent), aber er lag noch immer weit über den vorher in der wissenschaftlichen Literatur veröffentlichten Daten. Im Gegensatz zu den Beschwerden über »Einschlafschwierigkeiten« und »häufiges Erwachen«, die bei Frauen öfter als bei Männern vorkamen und mit zunehmendem Alter anstiegen, waren Beschwerden über zuviel Schlaf bei Männern weiter verbreitet und in allen Altersgruppen annähernd gleich.

Diese Ergebnisse bestätigten unseren Eindruck von der relativ großen Zahl von Menschen, die über unmäßige Schläfrigkeit und chronische Müdigkeit klagten und in der Regel nicht auf das offene Ohr stießen, das sie suchten. Es ist leicht, Beschwerden zu ignorieren, die banal erscheinen. Viele berichteten uns, sie hätten ihren Hausarzt wegen ihrer Einschlafneigung am Tag konsultiert und eine beschwichtigende oder sogar abfällige Antwort von ihm erhalten, wie »Seien Sie glücklich, daß Sie so gut schlafen – ich wünschte, ich könnte es«. Einige sagten uns, ihr

Arzt hätte ihnen einen längeren Urlaub empfohlen, um die aufgestaute Müdigkeit zu kompensieren, als ob das der einzige Grund für ihre übermäßige Schläfrigkeit wäre. Ihrer Beteuerung, daß sich die Einschlafneigung während des Tages im Urlaub noch verschlimmere, wurde meist überhaupt keine Beachtung geschenkt.

Nachdem wir alle Ergebnisse über die weite Verbreitung von Beschwerden über Müdigkeit und übermäßige Schläfrigkeit überprüft hatten, mußten wir versuchen, die Ursachen zu ermitteln. Ein möglicher Grund war, daß die Israelis tatsächlich zu wenig schliefen und daher an einem chronischen Schlafdefizit litten. Um diese Möglichkeit eingehend untersuchen zu können, führten wir eine weitere Studie mit 1500 Fabrikarbeitern durch. Sie wurden zu einem ausführlichen Gespräch eingeladen, in dem ihre Schlafgewohnheiten, Schlafstörungen in der Nacht, Störungen in bezug auf ihre Wachsamkeit am Tage, ihr allgemeiner Gesundheitszustand, die Einnahme von Medikamenten, ihre Befriedigung am Arbeitsplatz und weitere Angaben genau festgehalten wurden. Die Ergebnisse unserer »Fabrikumfrage« deckten sich fast genau mit den Ergebnissen, die wir am medizinischen Institut zusammengetragen hatten. Ungefähr fünf Prozent der Arbeiter klagten über eine unfreiwillige Einschlafneigung am Tage, vor allem in passiven Situationen. Einige Fälle waren jedoch ernsterer Natur. Diese Arbeiter beschrieben ihre Neigung, während der Pausen und, was noch schlimmer war, bei der Arbeit einzuschlafen. Wir entdeckten bedeutsame Verbindungen zwischen den Klagen über die Qualität des Nachtschlafes und dem Grad der Wachsamkeit am Tag sowie der gesamten Skala der mit der Arbeit verbundenen Faktoren. Die Arbeiter, die über ihren Schlaf klagten, fanden weniger Befriedigung in ihrer Arbeit, beschwerten sich über eine Reihe von Unannehmlichkeiten und Druck an ihrem Arbeitsplatz – vor allem über Spannungen in ihrem Verhältnis zu den Arbeitskollegen. Am wichtigsten aber war, daß die »verschlafenen« Arbeiter häufiger als ihre Kollegen ohne Schlafbeschwerden in Arbeitsunfälle verwickelt waren.

Um den Ursprung der Beschwerden zu ergründen, gingen wir noch einen Schritt weiter: Wir luden 100 Arbeiter, die an der Umfrage teilgenommen hatten, zu Untersuchungen ins Schlaflabor ein. Zum Glück stimmten alle bereitwillig zu. Unsere Ergebnisse waren unmißverständlich: Der Hauptgrund für Tagesmüdigkeit und übermäßige Schläfrigkeit waren Atmungsstörungen während des Schlafes. Ungefähr die Hälfte der Arbeiter, die über übermäßige Schläfrigkeit geklagt hatten und im Schlaflabor untersucht wurden, litten daran. Als wir Vergleiche zwischen diesen Arbeitern und ihren Kollegen anstellten, entdeckten wir mehrere deutliche Unterschiede: Die Atmungsstörungen während des Schlafes standen eindeutig mit Bluthochdruck, Erwachen mit Kopfschmerzen, lautem und lästigem Schnarchen sowie Übergewicht in Zusammenhang. Später fanden wir heraus, daß alle diese Faktoren bei jenen Menschen deutlich ausgeprägt waren, die unter dem Schlafapnoe-Syndrom litten.

Nach einer statistischen Auswertung unserer Ergebnisse hatten wir die gesicherte Erkenntnis, daß mindestens ein Prozent der über 21jährigen Männer in Israel unter Atmungsstörungen während des Schlafes leidet. Für die Altersgruppe der 40- bis 60jährigen lag die Schätzung weit höher – etwa drei bis fünf Prozent. Das war das erste Mal, daß der Bevölkerungsanteil, der an Atmungsstörungen während des Schlafes leidet, Gegenstand einer statistischen Erhebung war. Einige Jahre danach wurden ähnliche Ergebnisse aus Italien, den Vereinigten Staaten, den skandinavischen Ländern und Großbritannien gemeldet. Diese Ergebnisse veränderten das Wesen der Schlafmedizin völlig.

Der Kampf um das Leben – das Schlafapnoe-Syndrom

Meine erste Begegnung mit einem Schlafapnoe-Patienten hatte ich an Dan Kripkes Schlaflabor in San Diego, und sie hinterließ einen dauerhaften Eindruck bei mir. So seltsam es klingt, doch in diesem Fall wurde die Überweisung ins Schlaflabor vom Pflegepersonal der Station innere Medizin veranlaßt, in die der Patient aufgenommen worden war. Für die Überweisung gab es zwei Gründe: Erstens befand sich der Patient, den Berichten der Schwestern zufolge, in einem dauerhaften Schlafzustand – im Liegen, im Sitzen und sogar im Stehen; und zweitens konnten die übrigen Patienten bei seinem außergewöhnlich lauten Schnarchen nicht schlafen, woraufhin sie die Schwestern gedrängt hatten, ihn in ein separates Zimmer zu verlegen.

Kripke stimmte begeistert zu, den Patienten im Labor zu untersuchen; sein Glaube an die klinischen Möglichkeiten nächtlicher Aufzeichnungen wurde damals nicht von vielen Ärztekollegen geteilt. Der überwiegende Teil von ihnen verwarf sogar die Möglichkeit, daß sich aus dem Schlaf Informationen ergeben könnten, die wichtiger waren als jene, die von einem Patienten im Wachzustand zu bekommen waren. Für die meisten, und nicht nur in San Diego, war die Arbeit in den Schlaflabors lediglich eine andere Art Forschung, die, was in der Natur der Sache lag, zu ziemlich ungelegenen Zeiten betrieben wurde.

Der Patient war äußerst fettleibig und nach Komplikationen infolge von Bluthochdruck ins Krankenhaus eingewiesen worden. Da aus der medizinischen Literatur Fälle von fettleibigen Patienten bekannt sind, die während des Schlafes unter Atmungsstörungen leiden, laut schnarchen und am Tage einen Hang zum Einschlafen haben, beschlossen wir, einige spezielle Untersuchungen durchzuführen. Neben den Standardaufzeichnungen der Hirnstromwellen, des Muskeltonus und der Augenbewegungen untersuchten wir die Tätigkeit der Atemmuskeln und den Luftstrom in den Nasenöffnungen. Die Ergebnisse waren verblüffend!

In dem Augenblick, als die Aufzeichnungsapparate anzeigten, daß der Patient eingeschlafen war – das heißt, als die den Wachzustand anzeigenden Alpha-Wellen von den Theta-Wellen des Schlafstadiums 1 abgelöst wurden –, setzte sein Atem 50 Sekunden lang aus. Obwohl deutlich zu erkennen war, daß er alle Anstrengungen unternahm, um wieder atmen zu können, schien etwas in seinem Hals zu stecken und die Luftwege zu blockieren. Der Patient kämpfte buchstäblich um sein Leben. Er hob seinen ganzen Körper im Bett an, um den Luftstrom wieder in Gang zu setzen. Plötzlich hatte er sich von der »Blockierung« befreit und begann wieder zu atmen, während er gleichzeitig mehrere gewaltige Schnarcher ausstieß, aber wenige Sekunden später hörte er wieder zu atmen auf. Wie die Aufzeichnung der Hirnstromwellen auswies, hatte er erst nach dem Auftauchen der Hirnstromwellen, die den Wachzustand anzeigten, wieder zu atmen begonnen; genau in dem Augenblick, in dem er erneut eingeschlafen war, hörte er zu atmen auf. Dieser Zyklus der Apnoe, ein kurzes Erwachen, Wiederaufnahme der Atmung und wieder eine Apnoe, wiederholte sich die ganze Nacht über;

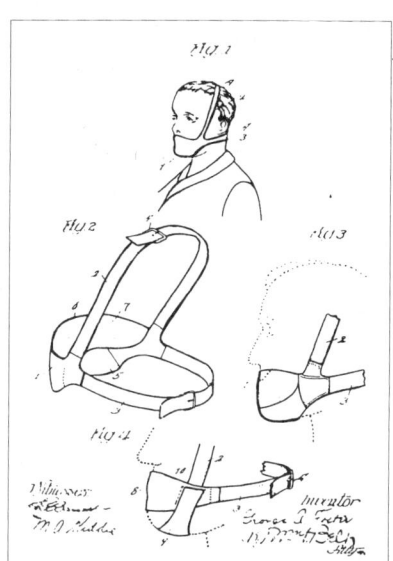

Ein Mundgurt, der das Schnarchen verhindern soll; 1917 patentiert

der Patient erlitt Hunderte Apnoen, von denen jede mit einem kurzen Erwachen und dem Ausstoß lauter Schnarcher endete. Am Morgen zählten wir über 450 Atemaussetzer, von denen jeder 30 bis 50 Sekunden angedauert hatte.

Wir baten den Patienten, am nächsten Tag wieder ins Schlaflabor zu kommen und dann am Tag zu schlafen, damit wir dieses medizinische Wunder dem Krankenhauspersonal vorstellen konnten. Als wir die Untersuchung wiederholten und die sich um die Aufzeichnungsapparate drängenden Ärzte sahen, welches Drama sich im Nebenraum abspielte, konnten sie ihr Erstaunen nicht verbergen. Einige fürchteten sogar, der Patient könne im Schlaf sterben, und legten uns nahe, ihn zu wecken. Wir konnten sie nur mit Mühe davon überzeugen, daß der Patient seit vielen Jahren so geschlafen hatte.

Damals hatten wir keine Ahnung, wie tiefgreifend diese Patienten die Schlafmedizin revolutionieren würden. Ich weiß nicht, was aus unserem Patienten in San Diego geworden ist. Obwohl sein Fall große Aufregung hervorrief und im Labor und in der Krankenhauskantine das Gesprächsthema Nummer eins war, hat er die Arbeit im Labor nicht wesentlich verändert. Wir untersuchten weiterhin die Wirkungen von Schlaftabletten und erforschten biologische Rhythmen. In dem Jahr waren keine weiteren Patienten mit dem Schlafapnoe-Syndrom zu uns gekommen. Wenn mir jemand gesagt hätte, daß ich 15 Jahre später jede Woche drei oder vier neue Patienten mit einer Apnoe untersuchen würde, hätte ich nur schallend gelacht.

Wenn man Apnoe-Patienten im Schlaf beobachtet, ist man stets darüber erstaunt, daß sie sich nicht an ihren verzweifelten nächtlichen Kampf erinnern können. Nur ganz wenige Schlafapnoe-Patienten wissen von ihrem Leiden. Ihre drei Hauptbeschwerden – lautes Schnarchen in der ganzen Nacht, Müdigkeit am Morgen und eine Einschlafneigung am Tag, vor allem in passiven Situationen – erklären sich möglicherweise aus ihren nächtlichen Episoden. Die Ursache für das zwanghafte Schlafbedürfnis am Tag ist darin zu suchen, daß sie Hunderte Male in der Nacht erwachen und somit ihren Schlaf unterbrechen. Damit die Patienten nach ihrem Atemstillstand wieder atmen können, sind sie gezwungen aufzuwachen, manchmal für mehrere Sekunden. Jemand, der drei- bis vierhundertmal in einer Nacht zu atmen aufhört, wacht mindestens genausooft auf und schläft daher insgesamt nicht länger als zwei oder drei Stunden. Über einen Zeitraum von mehreren Jahren führt das zu einem schweren chronischen Schlafdefizit, und daher überrascht es kaum, daß Schlafapnoe-Patienten versuchen, den fehlenden Schlaf am Tag nachzuholen.

Auch das Schnarchen wird durch Atmungsstörungen während des Schlafes verursacht. Die schnaubenden Laute, die sehr laut und erschreckend sein können, fallen zeitlich mit der Lösung der Blockierung der Atemwege zusammen, wenn die Atmung wieder einsetzt. Das Schnarchen ist nicht ununterbrochen und monoton, sondern wird von einer »Totenstille« unterbrochen, die mehrere Sekunden zwischen zwei lauten Schnarchphasen anhält. Diese Ruhepausen, die dem Partner des Patienten wie eine Ewigkeit vorkommen, sind in vielen Fällen der unmittelbare Grund für die Entscheidung, medizinischen Rat in einem Schlaflabor zu suchen. In der Regel drängt die Ehefrau ihren Mann dazu, während er die Möglichkeit von sich weist, überhaupt an einer Krankheit zu leiden, da er sich des nächtlichen Dramas ja nicht bewußt ist.

Zusätzliche Beschwerden der von einer Schlafapnoe Betroffenen sind ein trockener Mund am Morgen, Stimmungs- und Persönlichkeitsschwankungen, Abnahme der Konzentrationsfähigkeit sowie der intellektuellen Fähigkeiten. Bei den meisten Patienten, die einen Kampf vollführen müssen, um wieder atmen zu können, ist der Mund weit geöffnet, und sie atmen dann gleichzeitig durch Mund und Nase. Dadurch entstehen die Trockenheit und der unangenehme Geschmack im Mund. Im Gegensatz zur Nase, die gut für den Luftstrom gerüstet ist, ist der Mund ein relativ unrationelles Atmungsorgan und neigt zum Austrocknen. Die Stimmungs- und Verhaltensschwankungen im Laufe des Tages können auf das sehr hohe Schlafdefizit und die unzureichende Versorgung des Gehirns mit Sauerstoff zurückzuführen sein.

Wir unterscheiden drei Hauptarten des Schlafapnoe-Syndroms: zentrale Apnoen, Apnoen der oberen Luftwege und Mischapnoen. Die zentrale Apnoe ist durch eine Unterbrechung der Funktion des für die Atmung zuständigen Gehirnzentrums gekennzeichnet. Es setzt zehn bis 40 Sekunden aus und verursacht somit eine Unterbrechung des Luftstroms. Bei einer Apnoe der oberen Luftwege kommt es dagegen nicht zum Stillstand der Atmungstätigkeit, sondern nur des Luftstroms, da hier eine Blockierung im Bereich der oberen Luftwege eintritt. Im Fall einer Mischapnoe beginnen die Atemaussetzer als zentrale Apnoen und enden als Blockierung der Luftwege. Wenn der Luftstrom aussetzt, fällt der Sauerstoffspiegel im Blut ab, während der Kohlendioxidspiegel ansteigt. Diese Veränderungen werden von besonderen Sensoren registriert, die empfindlich auf den Blutgasspiegel reagieren und die Informationen in die Kontrollzentren des Gehirns weiterleiten, so daß die Atmung wieder einsetzen kann. Bei einer Apnoe der oberen Luftwege manifestiert sich das in einer verstärkten Tätigkeit der Atemmuskeln zur Lösung der Blockierung. Alle Muskeln im Körper des Patienten sind deutlich sichtbar an diesem Ringen beteiligt; manchmal stützt er sich in dem verzweifelten Kampf um die Wiederherstellung der Luftzufuhr auf seine Ellbogen. Daher überrascht es nicht, daß der Patient am Morgen physisch erschöpft ist. Bei der viel selteneren zentralen Apnoe setzt die Atmung ohne die Beteiligung der Muskeln wieder ein, und auch der Sauerstoffspiegel im Blut sinkt hier nicht so weit ab.

Während die Luftzufuhr wiederhergestellt wird, vollziehen

sich noch zwei andere Prozesse: Erstens erhöht sich der Blutdruck manchmal drastisch und erreicht Extremwerte; zweitens treten häufig beträchtliche Schwankungen in der Herzfrequenz auf. Während der Apnoe verlangsamt sich die Herzfrequenz erheblich, aber unmittelbar nach dem Wiedereinsetzen der Atmung beschleunigt sie sich stark. In besonders schweren Fällen kann die Apnoe eine regelrechte Herzfunktionsstörung auslösen.

Der Abfall des Sauerstoffspiegels im Blut während der Apnoe beeinträchtigt wahrscheinlich die regelmäßige Sauerstoffzufuhr zum Gehirn und infolgedessen seine Funktionsweise. Ein Beweis dafür könnten das veränderte Verhalten und die in einigen Fällen herabgesetzte intellektuelle Fähigkeit sein.

Das Schlafapnoe-Syndrom ist bei Männern, und vor allem bei fettleibigen Männern, weit verbreitet. In unserem Schlaflabor und in anderen Labors auf der ganzen Welt beträgt das Verhältnis zwischen männlichen und weiblichen Schlafapnoe-Patienten zehn zu eins. Obwohl wir keine überzeugende Erklärung dafür haben, warum Frauen möglicherweise gegen das Schlafapnoe-Syndrom »immun« sind, können wir davon ausgehen, daß zwei Hauptfaktoren mit im Spiel sind – der hormonelle und der morphologische Faktor. Da das weibliche Geschlechtshormon Progesteron, auch Gelbkörperhormon genannt, die Atmung auf natürliche Weise stimuliert, »schützt« seine Sekretion die Frauen vermutlich vor Atmungsstörungen während des Schlafes. Die meisten Frauen, bei denen eine Diagnose auf Schlafapnoe gestellt wurde, haben ein Alter jenseits des Klimakteriums erreicht und sondern kein Progesteron mehr ab. Einige Forscher bringen den Unterschied zwischen den Geschlechtern mit dem Aufbau der oberen Luftwege in Verbindung, die bei Männern enger sind. Wie die Erklärung auch lauten mag, sie fügt sich in die lange Kette der unterschiedlichen Häufigkeit von Krankheiten bei den Geschlechtern ein, von denen die medizinische Literatur berichtet.

Es gibt nichts Neues unter der Sonne

Warum wurde das Schlafapnoe-Syndrom, das so weit verbreitet ist und dessen typische Symptome so dramatisch sind, erst in der zweiten Hälfte des 20. Jahrhunderts entdeckt? Wurden Beschwerden über übermäßige Schläfrigkeit nicht schon vordem in der medizinischen Literatur erörtert? Die erste medizinische Schilderung des Syndroms stammt aus dem Jahr 1956 und wurde von dem namhaften Herz-Gefäß-Physiologen Sidney Burwell veröffentlicht, der damals Dekan der medizinischen Fakultät der Harvard-Universität war. Er beschrieb den Zusammenhang zwischen Atmungsschwierigkeiten und zwanghaftem Einschlafen während des Tages. Der Patient, von dem Burwell und seine Kollegen berichteten, war so schläfrig, daß er häufig beim Kartenspiel einschlief – auch wenn er ein hervorragendes Blatt hatte! Aber Burwell führte die Einschlafneigung seines Patienten nicht auf eine Störung seines Nachtschlafes zurück. Erst als ähnliche Fälle einige Jahre später von französischen, deutschen und italienischen Forschern im Schlaflabor untersucht wurden, erkannte man, daß alle Versuchspersonen zahlreiche Atemaussetzer während des Schlafes hatten. Damit wurde eine genaue Beschreibung des Schlafapnoe-Syndroms sowie eine richtige Erklärung für die Ursache der hochgradigen Schläfrigkeit während des Tages geliefert.

Eine Durchsicht der medizinischen Literatur aus dem 19. Jahrhundert ergab jedoch, daß es sozusagen nichts Neues unter der Sonne gibt. Das Schlafapnoe-Syndrom wurde lange vor der Ära der Schlaflabors ziemlich eingehend beschrieben, aber aus mehreren Gründen erregten diese Beschreibungen nicht die Aufmerksamkeit der Ärzte und Therapeuten. Wenn Ärzte der verschiedensten Fachgebiete fettleibige und schläfrige Patienten untersuchten, brachten sie sie erstaunlicherweise fast immer mit derselben Romangestalt in Verbindung – mit Joe, dem jungen Diener aus Dickens' *Pickwickiern*. In dem Buch zeigt sich Mister Pickwick sehr von dem dicken, rotwangigen Joe beeindruckt, der immer wieder einnickt. Als er gefragt wird, ob Joe die ganze Zeit über schläft, erwidert er: »Schlaf! ..., er schläft immerzu. Er schläft fest, wenn er seine Botengänge macht, und schnarcht, wenn er bei Tisch bedient ... Ich bin stolz auf diesen Jungen und würde mich um keinen Preis von ihm trennen. Er ist eine Rarität der Natur.«

Richard Caton hatte zweifelsohne die Gestalt des Joe im Sinn, als er 1889 auf einem Treffen der Londoner Klinischen Gesellschaft den Fall eines 37jährigen Geflügelhändlers vorstellte, der über große Müdigkeit klagte, die etwa gleichzeitig mit einer

FAT BOY

Dickens' »fat boy« Joe, wie er auf einem populären englischen Kartenspiel abgebildet ist

deutlichen Gewichtszunahme einsetzte. »In dem Augenblick, in dem er sich auf seinen Stuhl setzte, übermannte ihn der Schlaf, und selbst wenn er stand oder lief, sank er in den Schlaf«, schrieb Caton. »Fortwährend überkommt ihn der Schlaf, egal ob er Kunden in seinem Laden bedient oder ob er hinter dem Ladentisch steht; wenn er erwacht, hält er sich an der Ente oder an dem Huhn fest, die er vor einer Viertelstunde einem Kunden verkauft hat; doch der Kunde ist inzwischen gegangen.« Catons Beschreibung vom Schlaf des Geflügelhändlers läßt keinen Zweifel daran, daß dieser am Schlafapnoe-Syndrom litt:

»Im festen Schlaf ist ein ganz eigenartiger Zustand der Glottis oder der Stimmritze festzustellen, infolge eines spasmodischen Verschlusses setzt die Atmung völlig aus. Man kann beobachten, wie sich Brustkorb und Bauch unter vergeblicher Kontraktion der inspiratorischen und exspiratorischen Muskeln nach oben stemmen; ungefähr eine Minute oder anderthalb Minuten lang wird ihr Ringen immer heftiger, während die Haut blau anläuft, bis der Zustand beim Zuschauer schließlich höchste Besorgnis hervorruft; dann löst sich die Blockierung in der Glottis, worauf der Schläfer mehrmals tief ein- und ausatmet und die Zyanose (Blausucht) schwindet. Der Patient wacht bei diesem akuten Atemnotanfall nicht auf ... Wenn er mitten in einem

Atemnotanfall gewaltsam aus dem Schlaf gerissen wird, löst sich der Krampf in der Glottis sofort. Nachtschwestern berichten, daß diese Anfälle die ganze Nacht über andauern.«

Obwohl der Beitrag mit dieser Schilderung den Titel »Ein Fall von Narkolepsie« trug, lieferte er zweifelsohne eine der ersten genauen Beschreibungen vom Zustand eines Patienten, der am Schlafapnoe-Syndrom litt. Am Ende der Erörterung dieses Falls verwies der Präsident der Gesellschaft, Dr. Christopher Heath, auf die große Ähnlichkeit zwischen dem schläfrigen Geflügelhändler und Joe in Dickens' Roman. Drei andere Ärzte stellten diese Ähnlichkeit ebenfalls völlig unabhängig voneinander fest. Daher ist es nicht verwunderlich, daß die Kombination aus Fettleibigkeit und hochgradiger Tagesmüdigkeit unter dem Namen »Pickwick-Syndrom« bekannt wurde. Heute wissen wir, daß das Pickwick-Syndrom nur eine Art des Schlafapnoe-Syndroms ist.

Eine der frühesten Schilderungen über den Zusammenhang zwischen der Art der Atmung während des Schlafes und dem allgemeinen Gesundheitszustand eines Menschen stammt aus der Mitte des 19. Jahrhunderts. Sie ist in *The Breath of Life* (Der Atem des Lebens) von George Catlin nachzulesen, einem amerikanischen Künstler und Rechtsanwalt, der seines Anwaltsberufs überdrüssig geworden war und seine Kanzlei in Philadelphia aufgab, um die Sitten und Bräuche der Prärieindianer zu studieren. Er hatte sich unter anderem das Ziel gesetzt, das Geheimnis von der Gesundheit der Indianer zu ergründen. Die Indianer, meinte Catlin, seien weitaus gesünder und stärker als die weißen Stadtbewohner. Catlin zufolge unterschied sich die Lebensweise der Indianer allein durch ihre Art zu schlafen von den Weißen. Während die meisten Indianer mit geschlossenem Mund schliefen und nur durch die Nase atmeten, schliefen viele Weiße mit offenem Mund, da sie im Schlaf durch den Mund atmeten. Das Atmen durch den Mund im Schlaf, behauptete Catlin, verursache Schnarchen, Müdigkeit am Morgen, Kopfschmerzen und eine größere Anfälligkeit gegenüber Krankheiten. Wenn man jedoch durch die Nase atme, habe man am Morgen das Gefühl, gut und ausreichend geschlafen zu haben. Die Indianer schlössen ihren Kindern den Mund, wenn sie schliefen. Gott, schrieb Catlin, hatte dem Menschen »den Atem des Lebens« in die Nasenöffnungen eingehaucht. Obwohl *The Breath of Life*, das Catlin mit amüsanten Bildern illustriert hatte, fünfmal verlegt wurde und wohlwollende Anerkennung in der medizinischen Literatur seiner Zeit fand, geriet sein Beitrag über die Schlafforschung im Laufe der Jahre in Vergessenheit.

Auch andere, die den Zusammenhang zwischen normalem Atmen durch die Nase und der Qualität des Schlafes beschrieben, konnten die Aufmerksamkeit ihrer Zeitgenossen nicht auf sich lenken. Ein Grund dafür war die Entdeckung der Narkolepsie gegen Ende des 19. Jahrhunderts. Die Folge war, daß bei jedem, der über eine Einschlafneigung am Tage klagte, die Diagnose sofort Narkolepsie lautete. Eine so endgültige Diagnose bot weiteren Nachforschungen natürlich keinen Raum mehr. Daher wurde das Schlafapnoe-Syndrom – von dem etwa drei bis fünf Prozent der männlichen Bevölkerung im Alter zwischen 40 und 60 Jahren betroffen sind – bis zu den frühen 80er Jahren nicht einmal in den medizinischen Lehrbüchern erwähnt.

Eine andere Erklärung für das Ignorieren dieser Erscheinung ist die konservative Haltung der Ärzteschaft. Noch 1973 konnte William Dement die Ärzte eines Jungen und eines Mädchens, die an einem sehr schweren Schlafapnoe-Syndrom und daraus resultierendem Bluthochdruck litten, nicht davon überzeugen, daß er die Ursachen für ihre Blutdruckprobleme kenne und wisse, wie sie zu behandeln seien. »So wie alle anderen«, sagte Dement, »können auch Ärzte arrogant und pedantisch sein.« Erst nachdem alle Behandlungsmöglichkeiten ausgeschöpft waren und das Leben eines der Kinder wirklich in Gefahr war, folgten die Ärzte Dements Empfehlung und nahmen eine kleine Punktion der Luftröhre vor. Damals war eine Tracheostomie (Luftröhrenschnitt), mit der man die Blockierung der Luftwege während des Schlafes umgehen kann, die wirksamste Behandlung bei einer Schlafapnoe. Die Ergebnisse des chirurgischen Eingriffs waren in beiden Fällen aufsehenerregend: Die Atemaussetzer während des Schlafes und die Schläfrigkeit am Tage gaben sich vollkommen, und der Blutdruck der Kinder normalisierte sich wieder.

Auch in Israel war es kein leichtes Unterfangen, die Ärzteschaft von der hohen Verbreitung des Schlafapnoe-Syndroms und seiner klinischen Bedeutung zu überzeugen. Niemals werde ich vergessen, wie ein Zuhörer nach einer Vorlesung, die ich auf einem medizinischen Landeskongreß über das Schlafapnoe-Syndrom gehalten hatte, aufstand und sagte: »Meine Frau hat

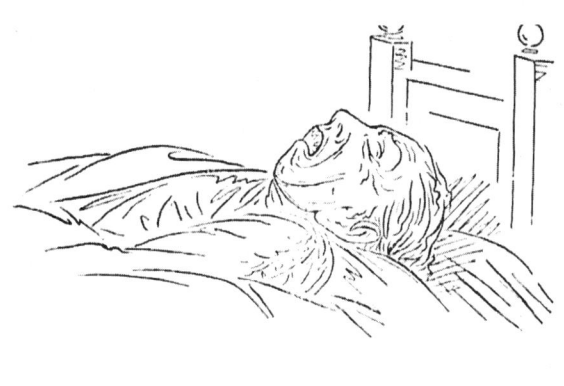

Schlafen mit offenem und geschlossenem Mund:
aus George Catlins The Breath of Life, *1861.*

200 Apnoen während meines Schlafes gezählt. Wollen Sie, der
Sie kein Arzt sind, etwa behaupten, daß ich krank bin?« Er fuhr
fort, mir und den zahlreichen anwesenden Ärzten einen Vortrag darüber zu halten, daß die Anzahl der Apnoen während
des Schlafes ohne Belang sei, und behauptete, ein vollkommen
gesunder Mensch zu sein, der weder unter Schläfrigkeit am
Tage noch unter Schlaflosigkeit in der Nacht litt. Er war nicht
der Meinung, daß 200 Apnoen in einer Nacht eine Störung

oder irgendeine Gefahr darstellten. Doch die Physiognomie eben dieses Arztes wies eines der verräterischen Anzeichen für das Schlafapnoe-Syndrom aus – ein kleines, tiefliegendes Kinn und einen sehr kleinen Unterkiefer. Aus kollegialem Respekt zog ich es vor, nicht zu antworten.

Das Schlafapnoe-Syndrom – die Risiken

Auf den ersten Blick ist das Leben der am Schlafapnoe-Syndrom Leidenden jede Nacht in Gefahr: Wenn sie nur ein einziges Mal nicht nach dem Atemaussetzer erwachen, könnte das zum Tod durch Ersticken führen. Aber die Kontrollmechanismen des Gehirns funktionieren so gut, daß eine solche Gefahr äußerst gering ist. Menschen, die am Schlafapnoe-Syndrom leiden, sterben nicht an Erstickung im Schlaf, sofern sie vor dem Schlafengehen nicht zuviel Alkohol trinken oder Schlafmittel in größeren Dosen einnehmen, da beide die Tätigkeit des Atemzentrums im Gehirn herabsetzen. Doch die Gesundheit dieser Menschen ist aus ganz anderen Gründen gefährdet. Erstens geraten sie aufgrund ihrer Einschlafneigung am Tag leicht in Unfallsituationen. Ein Drittel der Probanden, bei denen wir im Schlaflabor des Technion eine Diagnose auf das Schlafapnoe-Syndrom gestellt hatten, berichtete uns, daß sie infolge ihrer verminderten Wachsamkeit mehrfach um Haaresbreite einen Autounfall gehabt hätten. Drei Prozent gaben zu, in Verkehrsunfälle verwickelt worden zu sein, weil sie am Steuer eingeschlafen waren. Aus Studien aus mehreren Teilen der Welt geht hervor, daß vom Schlafapnoe-Syndrom Betroffene häufiger als Menschen ohne Schlafstörungen an Verkehrsunfällen beteiligt sind. Da das Syndrom unter Männern so weit verbreitet ist, steht außer Zweifel, daß viele Berufskraftfahrer daran leiden. Ich bin überzeugt, daß der Tag nicht mehr fern ist, an dem sich Kraftfahrer der öffentlichen Verkehrsbetriebe im Rahmen ihrer regelmäßigen ärztlichen Untersuchungen einem Test zur Ermittlung der Qualität ihres Nachtschlafes, vor allem ihrer Atmungsfunktion während des Schlafes, unterziehen müssen, ehe ihre Fahrerlaubnis verlängert wird. Bisher ist es uns trotz aller Bemühungen nicht gelungen, das Interesse der großen öffentlichen israelischen Verkehrsbetriebe für diese Frage zu wecken.

Doch das Einschlafen am Steuer ist nicht die einzige Gefahr, die den vom Schlafapnoe-Syndrom Betroffenen droht. Ihre nächtlichen Kämpfe um die Wiederherstellung ihrer Atmung haben erhebliche Auswirkungen auf die Funktion ihres Herzens und ihrer Lunge. Fast die Hälfte aller Schlafapnoe-Patienten leiden auch an Bluthochdruck, und viele Anzeichen deuten darauf hin, daß das Syndrom die unmittelbare Ursache für ihren erhöhten Blutdruck ist. Diese Menschen sind daher für alle Krankheiten und Komplikationen anfällig, die mit einem erhöhten Blutdruck in Zusammenhang stehen. In einer Studie stellten wir kürzlich fest, daß die Sterblichkeitsrate von Schlafapnoe-Patienten bei Herzanfällen mit 22 Prozent beinahe doppelt so hoch ist wie bei der Gesamtbevölkerung (13 Prozent).

Können wir den Prozeß durch eine geeignete Behandlung des Syndroms aufhalten? Uns liegen nicht genügend Daten vor, um eine eindeutige Antwort auf diese Frage geben zu können, aber fest steht, je jünger der Patient ist, um so größer sind seine Aussichten auf eine Heilung. Das trifft vor allem auf Kinder zu, die an einem Schlafapnoe-Syndrom leiden, das von einer mechanischen Blockierung der Luftwege herrührt und einem daraus resultierenden Bluthochdruck. Die Entfernung der Blockierung hatte eine fast sofortige Normalisierung des Blutdrucks zur Folge. In ähnlicher Weise wurden fettleibige Patienten mit Erfolg geheilt, die ihr Gewicht nach einem operativen Eingriff erheblich reduzieren konnten. Mit dem Abklingen der Apnoen war eine deutliche Verbesserung ihrer Blutdruckwerte und ihrer Herzfunktion zu beobachten.

Obwohl in den letzten zehn Jahren beinahe schon eine Revolution in der Haltung der Ärzte gegenüber dem Schlafapnoe-Syndrom stattgefunden hat, bin ich der Meinung, daß ärztliche und öffentliche medizinische Einrichtungen noch immer nicht genügend Anstrengungen unternehmen und Mittel einsetzen, um gegen das Leiden anzukämpfen. Selbst nach vorsichtigsten Schätzungen glauben wir, daß in den Vereinigten Staaten ungefähr 20 Millionen Menschen vom Schlafapnoe-Syndrom betroffen sind, von denen die meisten nichts von ihrem Leiden wissen. Angesichts der Auswirkungen des Syndroms auf die Alltagsfunktionen und den allgemeinen Gesundheitszustand ist dies ein bedenklicher Zustand.

Ein Gradmesser für das mangelnde Wissen um das Syndrom

und dessen klinische Bedeutung ist auch die Bereitschaft der Ärzte zu seiner Behandlung. Viele Menschen, bei denen das Syndrom im Schlaflabor diagnostiziert wurde und die zur weiteren Beobachtung und Behandlung wieder zu ihren Ärzten überwiesen wurden, wandten sich erneut an das Labor und beklagten sich darüber, daß ihr Hausarzt ihnen lediglich ein Schlafmittel verschrieben hatte, »damit ich besser schlafen könne«. Aus einer kürzlichen Nachuntersuchung der ersten 1500 Patienten, bei denen diese Diagnose zwischen 1976 und 1988 im Schlaflabor des Technion gestellt worden war, ging hervor, daß nur 52 Prozent wegen des Syndroms behandelt wurden. Ein Vergleich zwischen dem klinischen Zustand der behandelten Patienten und dem jener Patienten, die keine Behandlung erhielten, ergab eindeutig, daß der Gesundheitszustand der behandelten Patienten weit besser war. Doch in den letzten Jahren ist das Bewußtsein um dieses Leiden sowohl in Israel als auch im Ausland gewachsen. Der beste Beweis dafür ist, daß das Schlafapnoe-Syndrom heute in vielen Ländern ein Thema in Abschlußprüfungen von Medizinstudenten ist.

Behandlungsmethoden des Schlafapnoe-Syndroms

Seit die ersten Diagnosen in den 70er Jahren gestellt wurden, haben sich die Behandlungsmethoden für das Schlafapnoe-Syndrom vielfach geändert. Da das Syndrom am häufigsten in Form der Blockierung der Luftwege manifest wird, richtet sich die Behandlung in erster Linie auf die Herstellung eines normalen Luftstroms während des Schlafes. Das erste Verfahren zur vollständigen Lösung des Problems war die bereits erwähnte Tracheostomie. Die Luftröhre wurde mit einer kleinen Punktion versehen, die während des Schlafes offenblieb und am Tage geschlossen wurde. Damit wurde die Blockierung im Rachen, lateinisch Pharynx, umgangen. Obwohl die Tracheostomie sich als äußerst wirksam erwies, war das Verfahren von Nebenwirkungen und Komplikationen begleitet, so daß es nur in den schwersten Fällen angewandt wurde.

In weniger schweren Fällen wurden die Luftwege durch operative Eingriffe erweitert, damit die Luft besser durchströmen konnte. Viele Ärzte waren der Auffassung, daß die Blockierung so am besten behandelt werden könne. Daher setzten sie oft Verfahren zur Erweiterung der Nasenwege und Entfernung vergrößerter Mandeln, Weichteile und selbst der Uvula ein – das kleine, dicke Zäpfchen, das vom Gaumensegel nach unten ragt. Obwohl sich die Atmungsfunktion während des Schlafes dank dieser Verfahren bis zu einem gewissen Grad verbesserte, wurden damit nur wenige Patienten völlig von dem Syndrom geheilt.

Andere Verfahren setzten auf eine Gewichtsabnahme. Da sich herausgestellt hat, daß eine Diät bei einer ausgeprägten Fettleibigkeit in der Regel ohne Erfolg bleibt, führt eine starke Gewichtsabnahme mit Hilfe eines operativen Eingriffs zur Verkleinerung des Magens zum Abklingen des Syndroms und damit zur vollständigen Heilung des Patienten. Im Schlaflabor des Technion haben wir über 70 extrem fettleibige Schlafapnoe-Patienten untersucht. Bei allen wurde ein operativer Eingriff vorgenommen, und nach einer rigorosen Gewichtsabnahme – sagen wir, von rund 200 auf 100 Kilo – hatte sich die Apnoe vollkommen gegeben. Dennoch blieb uns die Enttäuschung nicht erspart: Sieben oder acht Jahre nach dem operativen Eingriff untersuchten wir eine Gruppe dieser Patienten erneut und stellten fest, daß die Hälfte von ihnen trotz des operativen Eingriffs wieder zugenommen hatte. Doch das war nicht alles, auch die Apnoen während des Schlafes hatten sich wieder eingestellt.

Die effektivste Behandlung des Schlafapnoe-Syndroms wurde in den 80er Jahren von dem jungen australischen Arzt Colin Sullivan entwickelt. Seine Idee war so einfach wie genial: Um die Blockierung der Luftwege zu lösen, pumpte er durch eine Maske, die der Patient über seiner Nase trug, Luft in die Nasenöffnungen. Genau in dem Augenblick, in dem der Luftdruck einen kritischen Punkt erreichte, hörte die Apnoe wie durch ein Wunder auf, so daß der Patient ungestört weiterschlafen konnte. Zum Glück zählte das Schlaflabor des Technion dank der Entschlossenheit und finanziellen Unterstützung eines unserer Patienten zu den ersten Anwendern von Sullivans Methode weltweit. Herr H. war einer der ersten Patienten, bei dem ein schweres Schlafapnoe-Syndrom im Schlaflabor diagnostiziert worden war. Da seine Schlafaufzeichnungen ebenfalls eine schwere Störung seiner Herzfrequenz aufwiesen, wurde bei ihm sofort eine Tracheostomie vorgenommen, worauf das Syndrom

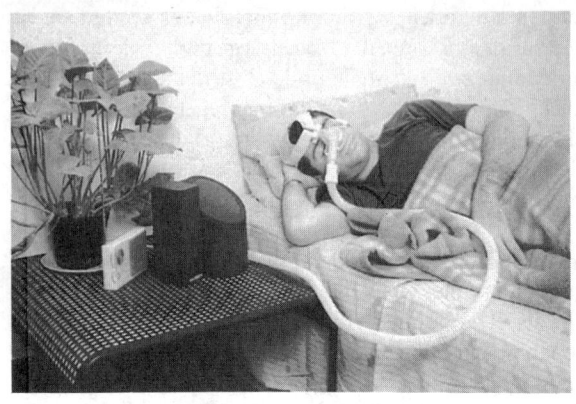

Schlafapnoe-Patient, der an ein CPAP-Gerät angeschlossen ist

verschwand. Einige Jahre später aber mußte die Öffnung aufgrund von Komplikationen und einer Infektion verschlossen werden, und das Syndrom stellte sich sofort wieder ein. Herr H. unterzog sich daraufhin unzähligen chirurgischen Eingriffen, die aber letzten Endes keine Linderung seines Leidens brachten. Da erwähnte ich ihm gegenüber die neue australische Erfindung, und ohne zu zögern schlug Herr H. vor, daß wir uns mit Dr. Sullivan in Verbindung setzen und in Erfahrung bringen sollten, ob er mit einem seiner neuen CPAP-Apparate (kontinuierlicher Überdruck-Apparat) nach Israel kommen könne. Es versteht sich von selbst, daß sich Herr H. bereit erklärte, für alle Kosten aufzukommen. Zum Glück stellte sich heraus, daß Dr. Sullivans Erster Assistent, Dr. Ron Grunstein, Verwandte in Tel Aviv hatte. Zwei Wochen nach unserem Telefongespräch kam Dr. Grunstein mit einer großen Metallkiste, in der sich der neue Wunderapparat befand, in Israel an.

Das schwierigste an der Vorbereitung des Patienten auf die Atmungsbehandlung war das Anpassen der Maske, wie wir schnell herausfanden. Wir mußten eine dicke Schicht einer gummiähnlichen, zähflüssigen Masse auf das Gesicht des Patienten streichen, sie antrocknen lassen und dann abnehmen, um den Schlauch des Luftverdichters darauf anbringen zu können. Die ganze Prozedur ließ Herr H. tapfer über sich ergehen, und seine Belohnung ließ nicht lange auf sich warten. Sobald der Patient eingeschlafen war, erhöhte Dr. Grunstein den Luftdruck in der Maske allmählich bis zu dem Punkt, an dem die Apnoen völlig aufhörten und die Schlafaufzeichnung Anzeichen eines lebhaften REM-Schlafes aufwies. Aber im Gegensatz zu dem ersten REM-Schlaf in einer normalen Nacht dauerte Herrn H.s REM-Schlaf fast anderthalb Stunden an, der längste REM-Schlaf, den ich jemals beobachtet habe. Dr. Grunstein war nicht überrascht; in dem Moment, als die Apnoen aufhörten, berichtete er uns, hätten sie bei den Patienten, die sich dieser Behandlung unterzogen, die Beobachtung gemacht, daß sie sofort in einen längeren REM-Schlaf oder in den Tiefschlaf der Stadien 3 und 4 eintauchten. Es gilt als fast sicher, daß damit ein unmittelbarer Ausgleich für die lange Zeit geschaffen wird, in der der Patient aufgrund der Apnoen auf einen normal langen REM- und Tiefschlaf verzichten mußte.

Als Herr H. wach wurde, rief er ganz spontan aus: »Das war ein Traum von einem Schlaf!« Wenige Tage später flog Dr. Grunstein nach Australien zurück und überließ Herrn H. den CPAP-Apparat. Ein oder zwei Jahre später wurden die ersten Apparate für die Heimbehandlung des Syndroms entwickelt. Als erste erkannte eine amerikanische Firma die kommerziellen Möglichkeiten dieser Therapie, und heute werden in jedem Monat Tausende CPAP-Apparate der verschiedensten Hersteller verkauft. Allein in Israel werden über 2 000 am Schlafapnoe-Syndrom leidende Patienten nach dieser Methode behandelt. Die meisten von ihnen benutzen den Apparat jede Nacht – sogar auf Auslandsreisen oder während des Reservistendienstes in der Armee ist er ihr ständiger Begleiter. Weder sie noch ihre Partner können sich ein Leben ohne den CPAP-Apparat mehr vorstellen.

20. Narkolepsie – eine Umkehr der natürlichen Ordnung

Die übermäßige Schläfrigkeit am Tage ist nicht allein auf das Schlafapnoe-Syndrom beschränkt; noch zwanghafter tritt sie beim narkoleptischen Syndrom auf. Die Narkolepsie war lange Zeit die einzige Schlafstörung, über die man in der medizinischen Literatur nachlesen konnte, wenn auch nur in begrenztem Umfang. Der Grund dafür sind die aufsehenerregenden Merkmale, die die Symptome der Krankheit kennzeichnen. Ein an Narkolepsie leidender Patient unterliegt unkontrollierbaren Einschlafanfällen am Tag. Sie können unter fast allen Umständen eintreten – beim Essen, während eines Telefongesprächs oder beim Autofahren. Der Patient leidet auch an einer extremen Muskelerschlaffung, die einen Kollaps und das Fallen des Patienten nach sich zieht. Die Verbindung von Muskeltonusverlust, auch Kataplexie oder affektiver Tonusverlust genannt, und Schlafanfällen legte in der Vergangenheit die Vermutung nahe, daß die Narkolepsie eine Form der Epilepsie sein könnte. Darauf gründete sich dann eine irrige Theorie über die Krankheit, die in mehrere medizinische Bücher Eingang fand.

Im Gegensatz zu Gesunden oder Menschen, die infolge einer Schlafapnoe vor allem unter Bedingungen der Untätigkeit von übermäßiger Schläfrigkeit befallen werden, erleiden Narkolepsiekranke ihre Schlafanfälle, wenn sie erregt sind. Ein Schlafanfall kann sich während eines Zornes- oder Freudenausbruchs ereignen, wenn der Patient lacht oder weint oder auch wenn er überrascht ist. Der erste Narkolepsiekranke, den wir im Schlaflabor des Technion untersuchten, sagte, am meisten ärgere ihn, daß seine »Lähmungsanfälle«, wie er sie nannte, immer dann aufträten, wenn seine Enkelkinder zu Besuch kämen! Eine andere Patientin, die Lehrerin war, sagte uns, sie wage es niemals, ihre Schüler anzuschreien, denn wenn sie ihre Beherrschung verlöre, müsse sie immer mit einer Kataplexie und einem Schlafanfall rechnen. Zu ihrem großen Verdruß nutzten ihre Schüler diesen Umstand voll aus!

Bei einigen Narkolepsiekranken treten noch zwei weitere typische Merkmale auf – hypnagogische Halluzinationen oder Einschlafhalluzinationen und die Schlaflähmung. Einschlafhalluzinationen, die in der Regel den Einschlafprozeß begleiten, treten bei Narkolepsiekranken in Form von deutlichen und detaillierten Träumen auf, die häufig mit den letzten Bildern und Geräuschen vermischt sind, die der Patient vor dem Anfall sah und hörte. Eine unserer Patientinnen litt immer an unkontrollierbarem Schlaf, wenn sie im Bus fuhr. Sie berichtete uns, daß die Träume während ihrer Anfälle stets einen strahlend grünen Anstrich hatten; erst Jahre später bemerkte sie, daß das die Farbe der Sitze im Bus war. Wie ich noch darlegen werde, können die Träume von Narkolepsiekranken voll durch das Wesen ihrer Krankheit erklärt werden. Im Kapitel 3 schilderte ich eine Schlaflähmung, die sich darin äußert, daß jemand mit dem Gefühl einer plötzlichen Lähmung erwacht, die einige Sekunden oder sogar Minuten lang anhält. Diese Muskellähmung, die für den REM-Schlaf typisch ist, übermannt den Narkolepsiekranken im Wachzustand und ruft bei ihm ein starkes Gefühl der Furcht und Hilflosigkeit hervor.

Die Narkolepsie ist keine neue Krankheit. Schilderungen von Narkolepsiepatienten finden sich in der medizinischen Literatur des 19. Jahrhunderts, und das Phänomen fand sogar in die Literatursprache Eingang. Es ist durchaus möglich, daß Redewendungen, wie »mir zitterten die Knie« oder »er war vor Schrecken wie gelähmt«, den Zusammenhang zwischen Gefühlsregungen und der Lähmung zum Ausdruck bringen. Der erste, der der Krankheit einen Namen gab, war der französische Arzt Jean Baptiste Edouard Gelineau. Am 15. Februar 1880 untersuchte er in seiner Klinik einen Pariser Weinfaßhändler, der über häufige Einschlafanfälle klagte, die die stattliche Zahl von zweihundert an einem einzigen Tag erreichten! Die Anfälle konnten bei körperlicher Anstrengung eintreten, aber auch, wenn er emotional oder sogar sexuell erregt war. Der Händler, dem Gelineau einen gesunden Sinn für Humor nachsagte, hatte sogar Schwierigkeiten, ins Theater zu gehen, denn jeder Lacher löste sofort einen Anfall aus. Seine Schlafanfälle waren von einer starken Muskelschwäche begleitet, die ihn mehrfach – ganz ähnlich wie einen Betrunkenen oder ein Kind, das plötzlich einschläft – zu Boden sinken ließ. Gelineau gab sich alle Mühe, deutlich zu machen, daß der Kollaps des Narkolepsiekranken durch

Schlaf hervorgerufen wird, während bei einem epileptischen Anfall der Schlaf auf den Kollaps des Patienten folgt. Trotz der strengen Unterscheidung von Gelineau wurden Narkolepsie und Epilepsie viele Jahre lang durcheinandergebracht.

Seit Gelineau die Narkolepsie zum ersten Mal geschildert hat, wurden zahlreiche Vermutungen über den Ursprung des Leidens geäußert. Zu Beginn des 20. Jahrhunderts glaubte man häufig, die Krankheit sei eine geistige Reaktion auf Druck und Frustration. Für einige war sie eine Art Verteidigungsmechanismus gegen latente Aggressionen oder sogar gegen eine übermäßig ausgeprägte Sexualität: Angeblich flüchteten sie in den Schlaf, weil sie ihre Sexualtriebe nicht unter Kontrolle halten konnten. Diese Annahme wurde durch die Tatsache erhärtet, daß sich die ersten Symptome der Narkolepsie im Jugendalter zeigen, wenn sich geschlechtliche und andere Veränderungen vollziehen. Narkolepsiekranke wurden daher von Psychologen behandelt.

Zu einem echten Durchbruch in der Einschätzung der Narkolepsie kam es, als die ersten Schlafaufzeichnungen von Narkolepsiepatienten gemacht wurden. Erst dann wurde deutlich, daß sich der Aufbau ihres Schlafes wesentlich vom Schlaf gesunder Menschen unterscheidet. Während dieser bei letzteren mit anderen Stadien als dem REM-Schlaf beginnt und sie erst nach ungefähr 90 Minuten in ihren ersten REM-Schlaf eintreten, läuft der Schlaf-Rhythmus von Narkolepsiekranken genau umgekehrt ab: Unmittelbar nach dem Einschlafen setzt bei ihnen der REM-Schlaf ein. Diese Umkehr betrifft sowohl den Nachtschlaf als auch den Schlaf am Tage. Bei Aufzeichnungen von Schlafanfällen während des Tages wurde festgestellt, daß Narkolepsiekranke in der Tat unter REM-Schlafanfällen leiden. Diese Erkenntnis erklärte die seltsamen charakteristischen Merkmale von narkoleptischen Schlafanfällen. Sie werden sich erinnern, daß der REM-Schlaf sowohl durch eine Muskellähmung als auch durch Träume gekennzeichnet ist. Anders gesagt, der Muskeltonusverlust, der bei dem Narkolepsiekranken während eines Schlafanfalls eintritt, und die luziden Träume, die sie am Ende ihres Anfalls schildern, sind Bestandteil des normalen REM-Schlafes. Aber im Gegensatz zu Gesunden, die sich der Ereignisse während des REM-Schlafes nicht bewußt sind, sofern sie nicht sofort geweckt werden, nehmen Narkolepsiekranke diese zwangsläufig bewußt wahr. Die Tatsache, daß Narkolepsie auch bei Tieren, vor allem bei Hunden, vorkommt, hat bisher nicht zur Lösung des Rätsels beigetragen. Seit Jahren züchtet William Dement an der Stanford-Universität narkoleptische Hunde für Forschungszwecke. Nach dem derzeitigen Stand der Erkenntnisse geht die Hauptursache der Krankheit im wesentlichen auf eine Störung der Aktivität des Hirnstamms zurück, wo sich die Steuerungsmechanismen für den REM-Schlaf befinden.

Ein weiterer Durchbruch sorgte vor kurzem für Aufsehen in der wissenschaftlichen Welt. Befindet sich in einer Familie ein Narkolepsiekranker – so ist seit vielen Jahren nachgewiesen worden –, ist die Wahrscheinlichkeit groß, daß in derselben Familie weitere Narkolepsiefälle auftreten. Damit liegt die Möglichkeit nahe, daß die Krankheit genetisch vererbt werden könne. Ferner wurde bei fast allen Narkolepsiekranken eine Gemeinsamkeit festgestellt: ein exklusiver genetischer Marker in ihrem Blut, das Leukozyten-Antigen DR2 des histokompatiblen (gewebeverträglichen) Hauptkomplexes. Dieser Marker, der nur bei einem kleinen Teil der Gesamtbevölkerung anzutreffen ist, läßt sich bei 99 von 100 Narkolepsiekranken im Blut nachweisen. Das läßt darauf schließen, daß Menschen, die Träger dieses genetischen Markers sind, für eine Ausbildung der Narkolepsie unter noch unbekannten Bedingungen anfällig sind. Obwohl genetische Marker auch für andere Krankheiten typisch sind, scheint der Marker im Fall der Narkolepsie ganz besonders spezifisch zu sein. Diese Erkenntnis hat die Erforschung der Narkolepsie in den letzten Jahren in neue und sensationelle Bahnen gelenkt. Es hat sich gezeigt, daß die Narkolepsie vermutlich nicht auf einen Defekt in einem einzigen Gen zurückzuführen ist. Auch bei der Erforschung der Verbindung zwischen Narkolepsie und genetischen Markern bei Afroamerikanern und Weißen hat sich herausgestellt, daß das vor allem im Blut von Afroamerikanern vorhandene DR2 für die Ausbildung einer Narkolepsie weder ausreicht noch das Leiden zwangsläufig nach sich zieht. Untersuchungen von eineiigen Zwillingen, von denen nur einer an Narkolepsie litt, stützten ebenfalls die Idee, daß die Wechselwirkung zwischen Umweltfaktoren und genetischen Faktoren eine entscheidende Rolle bei der Entstehung der Narkolepsie spielt.

Was mich betrifft, so hat der Zusammenhang zwischen Narkolepsie und genetischen Markern eines der Rätsel in Verbindung mit den Schlafstörungen gelöst, das mich seit der Eröffnung des Schlaflabors am Technion beschäftigt hat. Gestützt auf meine Erfahrungen, die ich in Schlaflabors auf der ganzen Welt gesammelt hatte, war ich überzeugt, daß die meisten, die wegen ihrer übermäßigen Schläfrigkeit Rat suchten, an Narkolepsie leiden würden. Obwohl die genaue Verbreitung der Krankheit in der Gesamtbevölkerung nicht bekannt ist, gehen Schätzungen davon aus, daß auf je 10 000 Einwohner drei bis vier Narkolepsiekranke kommen, anders gesagt, könnten wir in Israel mit mindestens 1500 bis 2000 Fällen rechnen. Da die Krankheit den Patienten so stark einschränkt, konnte man zu Recht annehmen, daß Narkolepsiekranke entweder während ihrer Musterung für die Armee oder während ihres Wehrdienstes identifiziert würden.

Zu meiner großen Überraschung wandten sich nur ganz wenige Narkolepsiekranke an das Schlaflabor – nicht mehr als zwölf Patienten in 20 Jahren! Die Möglichkeit, daß die Patienten ständig von ihren Hausärzten betreut würden und daher keine Beratung im Schlaflabor brauchten, wurde verworfen. Im Ergebnis einer Befragung aller Neurologen des Landes stellten wir fest, daß praktisch keine neuen Patienten zu den uns bereits bekannten hinzugekommen waren. Unseren Ergebnissen zufolge leben in Israel nur zwölf bis 15 Narkolepsiekranke – 100mal weniger, als wir erwartet hatten. Da es zwischen den verschiedenen ethnischen Gruppen große Unterschiede in der Verbreitung bestimmter Leiden und Krankheiten gibt, war es immerhin möglich, daß die Narkolepsie keine »jüdische« Krankheit war. Um diese Frage zu untersuchen, setzte ich mich mit mehreren Schlafforschern in den Vereinigten Staaten in Verbindung, die in Gebieten mit einer großen jüdischen Bevölkerung arbeiteten, und fragte sie: »Kennen Sie jüdische Narkolepsiekranke?« Zuerst reagierten sie leicht beleidigt auf die Frage. Glaubte ich etwa, daß sie nach dem religiösen Glauben ihrer Patienten forschten? Nachdem ich sie besänftigt und ins Bild gesetzt hatte, warum die Informationen so wichtig waren, fand ich heraus, daß selbst das Personal des Schlaflabors im New Yorker Montefiore-Krankenhaus, das viele Jahre lang das einzige Schlaflabor in der Gegend mit der größten jüdischen Bevölkerung in den Vereinigten Staaten gewesen war, Schwierigkeiten hatte, sich an einen einzigen Fall von Narkolepsie bei einem jüdischen Patienten zu erinnern. In vielen anderen Labors stieß ich auf dieselben Ergebnisse.

Der Zusammenhang zwischen genetischem Marker und Narkolepsie hatte das Rätsel, warum so wenige Juden an Narkolepsie leiden, teilweise gelöst. Anscheinend bestehen zwischen den verschiedenen ethnischen Gruppen große Unterschiede in der Verbreitung des für die Narkolepsie typischen genetischen Markers. Während in den Vereinigten Staaten und in Europa etwa 20 bis 22 Prozent der Bevölkerung Träger des genetischen Markers sind, trifft das auf nur neun Prozent der Israelis zu. Wenn davon ausgegangen wird, daß die Narkolepsie das Ergebnis einer Wechselwirkung zwischen einem oder mehreren genetischen Faktoren einerseits und Umweltfaktoren oder besonderen Ereignissen im Leben andererseits ist, dann ist die Zahl der potentiellen Patienten in Israel viel kleiner als in anderen Teilen der Welt.

Interessant ist die Feststellung, daß der genetische Marker in Japan weltweit am häufigsten verbreitet ist. Er läßt sich im Blut von jedem dritten Japaner nachweisen, und so überrascht es kaum, daß Japan die größte Zahl an Narkolepsiekranken in der ganzen Welt aufweist. Jedem, der schon in Japan gewesen ist, wird aufgefallen sein, wie weit die Schläfrigkeit dort verbreitet ist. Sie fällt einem vor allem ins Auge, wenn man mit der U-Bahn fährt: Die Hälfte der Fahrgäste schläft mehr oder weniger zwangsläufig auf ihren Sitzen. Obwohl man in der Regel dazu neigt, die übermäßige Schläfrigkeit der Japaner ihrem erstaunlichen Fleiß zuzuschreiben, ist es durchaus möglich, daß sie ein Anzeichen für den Einfluß genetischer Faktoren ist. Daher überrascht es kaum, daß der genetische Marker zuerst von den japanischen Forschern Yutaka Honda und Takao Juji im Blut von 100 Narkolepsiekranken entdeckt wurde.

Die Narkolepsie wird mit Aufputschmitteln behandelt, die den Ausbruch der Schläfrigkeitsanfälle verhindern. Diese speziellen Medikamente müssen unter ärztlicher Aufsicht eingenommen werden. Anfälle von Muskellähmung werden mit Medikamenten behandelt, die den Eintritt in den REM-Schlaf verhindern.

Das Dornröschen-Syndrom

Aus der griechischen Mythologie ist die Geschichte von Endymion überliefert, einem jungen schönen Hirten, der auf dem Gipfel des Berges Latmos einschlief, wo ihn die Mondgöttin Selene fand. Sie konnte dem Liebreiz des schönen Sterblichen nicht widerstehen und schenkte ihm ihre Liebe. Zeus, der oberste Gott der Griechen, ließ Endymion zwischen zwei Strafen wählen: dem Tod oder dem ewigen Schlaf, der seine Jugend für immer bewahren würde.

Die Sagenwelt vieler Völker ist voll von Geschichten von Helden, die über Monate oder sogar Jahre schliefen. Fast alle erwachten eines Tages wieder, als wäre nicht eine einzige Nacht vergangen, seit sie eingeschlafen waren. Rip van Winkle schlief ein und erwachte erst 20 Jahre später. Der kretische Dichter Epimenides schlief in seiner Jugend in einer Höhle ein und erwachte 50 Jahre später als der weiseste Mann der Insel. In jeder Kultur finden wir berühmte Schläfer, die erst dann aus ihrem langen Schlaf erwachten, wenn ihr Land sie für die Erfüllung einer großen Aufgabe brauchte oder wenn sie sich ihrem Schicksal stellen mußten, für das die Geschichte sie auserwählt hatte. Der britische König Arthur erwachte auf der verzauberten Insel Avalon aus seinem Schlaf, um den angelsächsischen Eindringlingen die Stirn zu bieten. Ogier, der Nationalheld der Dänen, und der unter dem Namen Barbarossa bekannte Friedrich I. – der erst dann aus dem Schlaf erwacht, wenn sich sein Bart dreimal um den großen Tisch gewunden hat, an dem er eingeschlafen ist – sind weitere bekannte Schläfer. Auch Don Sebastian, der portugiesische Nationalheld, erwachte, um gegen Eindringlinge zu kämpfen – in diesem Fall waren es die Moslems.

Generationen von Kindern hörten vor dem Einschlafen das Märchen vom Dornröschen. Die Prinzessin und alle Schloßbewohner fielen in einen hundertjährigen Schlaf, nachdem sie sich mit einer Spindel in den Finger gestochen hatte. Erst als der anmutige Prinz sie auf die Wange küßte, erwachten alle Schläfer wieder und lebten fortan glücklich. Die Geschichte vom Dornröschen wurde das erste Mal im 17. Jahrhundert in einem Buch von Charles Perrault veröffentlicht und tauchte fast 100 Jahre danach in ganz ähnlicher Form wieder in den Märchen der Brüder Grimm auf.

Beruhen die Mythen und Volkssagen der schlafenden Helden auf Tatsachen? Die medizinische Literatur des vergangenen Jahrhunderts enthält Schilderungen von berühmten Schläfern, die monate- und sogar jahrelang schliefen und nicht geweckt werden konnten. Interessant ist dabei, daß es sich meist um junge Mädchen handelte, die Berühmtheit erlangten und denen man Beinamen gab wie »Das Mädchen von Montrose« oder die »Schlafende Effie«. Einige Beobachter stellten eine Ähnlichkeit zwischen den schlafenden Mädchen und denjenigen fest, die sich zu Tode hungerten – eine Krankheit, die heute als nervöse Anorexie weithin bekannt ist und zum ersten Mal im Jahr 1872 beschrieben wurde. Andere verglichen den über einen längeren Zeitraum anhaltenden Schlaf von Menschen mit dem Winterschlaf der Bären in den nördlichen Breiten.

Die einzige wissenschaftliche Dokumentation über das Erwachen aus einem langen Dornröschenschlaf, die uns vorliegt, behandelt die von der »Schlafkrankheit«, der Enzephalitis lethargica, betroffenen Patienten (s. auch Kapitel 13). Oliver Sacks dokumentierte in seinem Buch *Awakenings* (Erwachen) die Folgen der Behandlung von »Schlafkrankheit«-Patienten mit L-Dopa. Diese Patienten »lagen viele Jahre lang regungslos und ohne zu sprechen da, und in einigen Fällen waren sie fast ohne jeden Wunsch und Gedanken, … es war, als sei ihr gesamtes Wesen eingehüllt oder in eine Blase eingeschlossen«. Danach beschreibt Sacks das Erwachen einer Patientin: »Nach 20 Jahren Regungslosigkeit und Introvertiertheit brach es aus ihr hervor, und sie schoß wie ein Kork in die Luft, der aus der Tiefe kam … [Als das geschah,] dachte ich an eine Quelle, die nach dem Winterschlaf wieder sprudelt; ich dachte an Dornröschen.« Obwohl uns kein schlüssiger Beweis vorliegt, ist anzunehmen, daß es sich bei einigen dieser vor ein- und zweihundert Jahren in der medizinischen Literatur geschilderten Fälle von langem Schlaf um Einzelfälle der Enzephalitis lethargica oder ähnlicher Krankheiten handelte. Den Schläfern ging es plötzlich wieder gut. Wahrscheinlich ist auch, daß solche Fälle die Volkssagen beflügelt haben.

Uns ist zwar im Schlaflabor des Technion bis jetzt kein einziger Fall des Dornröschen-Syndroms begegnet, aber wir sind auf Fälle gestoßen, die Episoden längerer Schläfrigkeit beziehungsweise das Kleine-Levin-Syndrom aufwiesen. Dieses Syndrom wurde zum ersten Mal vor etwa 60 Jahren von den Psychiatern Willi Kleine in Deutschland und Max Levin in New York erkannt; beide schilderten Fälle von Jugendlichen, die von längerer Schläfrigkeit und Eßsucht befallen waren. Diese und später dokumentierte Fälle hatten mehrere gemeinsame charakteristische Merkmale: Bei fast allen Patienten handelte es sich um junge Männer zwischen 15 und 25 Jahren, die neben den Schlafanfällen auch schwere Verhaltensstörungen aufwiesen.

Im Schlaflabor haben wir ungefähr 20 an dem Symptom leidende Patienten untersucht – weit mehr als in jedem anderen Schlaflabor der Welt. Obwohl sich die Geschichten der Patienten stark ähnelten, stellten wir fest, daß sich das Syndrom auf sehr unterschiedliche Weise bei ihnen äußerte. Bei einigen Patienten stellten sich die Schlafanfälle jede Woche mit größter Genauigkeit für jeweils zwei oder drei Tage ein, während die Anfälle bei anderen nur drei- oder viermal im Jahr für jeweils eine Woche auftraten. Bei den meisten Patienten gingen die Verhaltensstörungen, die die Schlafanfälle begleiteten, mit zwanghaftem Essen und abnormem Sexualverhalten einher. In einigen Fällen waren die Abweichungen im Verhalten so merkwürdig, daß wir erstaunt waren. Ich erinnere mich an ein Gespräch mit der Mutter eines 14jährigen Jungen, der ins Schlaflabor überwiesen worden war, weil er im Abstand von wenigen Monaten stets in einen drei- oder viertägigen Schlaf fiel, aus dem er unter keinen Umständen geweckt werden konnte. Die Mutter bat mich um ein Gespräch unter vier Augen über die zusätzlichen Symptome, da sie fürchtete, ihr Sohn habe den Verstand verloren. Nach ihren Schilderungen kündigte sich ein Schlafanfall zunächst mit Veränderungen im Verhalten ihres Sohnes an. Der liebenswerte und guterzogene Junge, »der in der Schule niemals eine schlechte Zensur in Betragen bekommen hatte«, verwandelte sich plötzlich in einen unbekannten Fremden. Vor allem, wenn seine Mutter Besuch hatte, zog er sich aus und lief nackt durch das Haus. Sie ertappte ihn in mehreren Zimmern des Hauses beim Masturbieren, und er unternahm keinerlei Versuche, das vor ihr zu verbergen. Er wagte sich nicht aus dem Haus, weil »mir draußen Feinde auflauern, die mich umbringen wollen«. Unmittelbar vor dem Ausbruch des Schlafanfalls ging er zum Kühlschrank und verschlang gierig alles, was er darin fand. Ich glaube, daß jede Mutter über diese Erscheinungen entsetzt wäre. Eines der überraschendsten Merkmale, das in den Geschichten aller Patienten ständig wiederkehrte, war die Plötzlichkeit, mit der der Anfall kam und sich wieder gab. Beim Ausbruch des Anfalls schien es, als habe eine unsichtbare Hand einen Schalter im Gehirn des Jungen abgestellt, worauf er sich im Bruchteil einer Sekunde von Dr. Jekyll in Mister Hyde verwandelte. Ein paar Tage später wurde der Schalter wieder angestellt, so daß Mister Hyde verschwand und Dr. Jekyll dessen Platz wieder einnahm.

Wir haben keine Erklärung für den Ursprung des Kleine-Levin-Syndroms, aber der Faden führt uns zu derselben winzigen Stelle im Gehirn, die man den Hypothalamus nennt. Ebendieser Hypothalamus steuert unsere Triebe, die Tätigkeit des vegetativen Nervensystems und den Schlaf. Er ist so klein, daß man nicht direkt zu ihm vordringen kann, um ihn zu untersuchen. Über das Hormonsystem können wir indirekt etwas über seine Funktion erfahren. Da der Hypothalamus auch die Sekretion verschiedener Hormone steuert, kann uns jede Unterbrechung dieser Sekretionen Hinweise auf eine mögliche Funktionsstörung des Hypothalamus geben. Als ich zusammen mit einigen Kollegen des Beilinson-Krankenhauses im israelischen Petach-Tikva einen 23jährigen am Kleine-Levin-Syndrom erkrankten Patienten untersuchte, stellten wir Unterbrechungen in der Sekretion von Prolaktin und den Gonadotropinen fest, die der Kontrolle des Hypothalamus unterliegen. Das deutet auf eine allgemeine Störung der Steuerungsfunktion des Hypothalamus hin, die Verhaltensstörungen in Verbindung mit solchen Trieben wie Hunger, Durst und dem Sexualtrieb hervorruft. Anscheinend steht die Störung mit dem Ausfall der Hemmstoffe (Inhibitoren) im Zusammenhang, die für die Aktivität der verschiedenen Zentren im Hypothalamus relevant sind. Wenn sich die Hemmstoffe (Inhibitoren) nicht mehr an ihrem Platz befinden, versucht der Patient, seine Triebe ohne Rücksicht auf gesellschaftliche oder moralische Normen zu befriedigen.

Obwohl wir imstande sind, das Syndrom so genau zu beschreiben und sogar seinen Ursprung zu benennen, verstehen wir noch immer nicht, warum es zyklisch auftritt und warum wir noch keine wirksame Behandlung haben, um ihm vorzubeugen. Verschiedene Stimulantien sind bisher ohne Erfolg eingesetzt worden. In den meisten Fällen können wir nur versuchen, die von

Schrecken gepackten Eltern zu beruhigen, indem wir ihnen versichern, daß sich nach dem Anfall bei ihrem Sohn alles wieder normalisieren wird. Während eine Narkolepsie lebenslang unverändert bestehen bleibt, gibt uns das Wissen um die fortschreitende Besserung des Gesundheitszustandes der am Kleine-Levin-Syndrom Erkrankten einen gewissen Trost. Die Anfälle treten weniger häufig auf, ihre Dauer verkürzt sich, und oft geben sie sich nach mehreren Jahren völlig.

Wir haben uns also überzeugen können, denke ich, daß eine übermäßige Schläfrigkeit keineswegs komisch ist. Sie kann sich in verschiedenen Formen äußern, angefangen von einer Neigung, gelangweilt vor sich hin zu dösen, bis hin zu den plötzlichen und peinlichen Schlafanfällen des Narkolepsiekranken oder den längeren Schlafperioden des am Kleine-Levin-Syndrom erkrankten Patienten. In allen diesen Fällen ist das empfindliche Gleichgewicht zwischen Schlaf und Wachzustand gestört. Eine erfolgreiche Behandlung der übermäßigen Schläfrigkeit setzt in jedem Fall eine richtige Diagnose ihrer Ursache voraus.

Nachbemerkung

Im Rückblick haben die Schlafforscher allen Grund zur Zufriedenheit. Es gibt wenige Gebiete in der Forschung, bei denen in so kurzer Zeit so große Fortschritte gemacht wurden. Obwohl wir noch keine endgültige Antwort auf die Frage haben, warum wir schlafen und träumen, beginnen die bruchstückhaften Informationen, die wir in Tausenden schlaflosen Nächten in den Schlaflabors zusammengetragen haben, allmählich Gestalt anzunehmen.

Aber was bringt uns die Zukunft, und welche Entdeckungen wird die Schlafforschung im 21. Jahrhundert machen? Seit den 60er Jahren ist die Zahl der Schlafforscher ständig angewachsen; dennoch scheint es, als sei das goldene Zeitalter der weltbewegenden Entdeckungen vorüber. Damals versprach jede Nacht eine Aussicht auf eine neue und überwältigende Enthüllung, und die Forscher warteten voller Ungeduld auf den Morgen, um über ihre nächtlichen Ergebnisse berichten zu können.

Wenn wir heute das Geschehen im schlafenden Gehirn erklären, seien es die durch einen Neurotransmitter ausgelösten Abläufe oder die Prozesse in einem einzigen Nervenzentrum, schätzen wir unsere Fähigkeiten weit nüchterner ein. Michel Jouvet beschrieb diese Ernüchterung wunderbar auf dem Eröffnungskongreß der Internationalen Organisation für Schlafforschung im Jahr 1991. Damals sagte er, inzwischen betrachte er den Neurotransmitter Serotonin, der für ihn in den 60er Jahren der Schlüssel zum Schlaf gewesen war, als eine Art »zweitklassigen Roman«. Am Anfang hatte er ihn ein leidenschaftliches Liebesabenteuer genannt. Jedes seiner Experimente war erfolgreich gewesen, und so war er überzeugt, daß die Sekretion des Serotonin den Übergang vom Wachzustand zum Schlaf begünstige. Darauf folgten Jahre des Zweifels und des Argwohns. Weitere Experimente bewiesen, daß das Serotonin und die Nervenzellen im Gehirn, die den Neurotransmitter enthielten, nicht so reagierten, wie es seiner Theorie entsprach. Es stellte sich heraus, daß die Nervenzellen im Wachzustand aktiv waren und während des Schlafes kein Serotonin freisetzten. Jouvet faßte damals den Entschluß, seine Forschung über den Zusammenhang zwischen dem Serotonin und dem Schlaf aufzugeben und sich anderen Gebieten zuzuwenden. Erst vor kurzem kehrte er zu seiner ursprünglichen Idee zurück. Heute ist Jouvet wieder davon überzeugt, daß das Serotonin tatsächlich mit dem Schlaf in Verbindung steht, aber auf eine weit vielschichtigere und kompliziertere Art und Weise, als er am Anfang angenommen hatte.

Das letzte Jahrzehnt des 20. Jahrhunderts wurde von Präsident George Bush feierlich als das Jahrzehnt des Gehirns bezeichnet. Mit dieser Erklärung erkannte ein Staatsmann eine Tatsache an, um die die Wissenschaftler schon seit vielen Jahren wissen – nämlich, daß das menschliche Gehirn die komplizierteste, komplexeste und wunderbarste Schöpfung im gesamten Universum ist. In diesem Zusammenhang bin ich davon überzeugt, daß die Forschung am wachen Gehirn nicht von der Forschung am schlafenden Gehirn zu trennen ist. Unsere künftige Einsicht in die Funktionsweise des schlafenden Gehirns wird zweifelsohne zusammen mit der Erkenntnis der Funktionsweise des wachen Gehirns wachsen. Wenn sich das Verständnis für die außerordentlichen Hirnmechanismen, die den Schlaf und die Träume herbeiführen, auch nur allmählich entwickelt, wird die Bedeutung der Schlafmedizin langsam, aber sicher in jedem Bereich der Medizin anerkannt.

In wenigen Jahren, glaube ich, werden nächtliche Überwachungen im Schlaflabor eine Alltagserscheinung sein, so wie alle anderen medizinischen Untersuchungen auch. Der Tag wird kommen, an dem Angestellte, von denen eine besonders hohe Aufmerksamkeit und Bereitschaft erwartet wird (zum Beispiel das Bedienungspersonal eines Kernreaktors, Fluglotsen, Piloten und Kraftfahrer öffentlicher Verkehrsbetriebe) und die Anzeichen von übermäßiger Schläfrigkeit und Müdigkeit aufweisen, ihren Schlaf regelmäßig untersuchen lassen müssen, um in Erfahrung zu bringen, ob sie an einer Schlafstörung leiden, die ihre Funktionstüchtigkeit beeinträchtigen könnte.

Auch die Behandlung von Schlafstörungen wird sich stark verändern. Menschen, die über Schlaflosigkeit klagen, werden nicht mehr automatisch Schlafmittel verschrieben bekommen; statt dessen wird eine genaue Untersuchung der Regelfall sein, ehe eine Behandlung überhaupt eingeleitet wird. In den Labors werden zahlreiche natürliche Verbindungen im Gehirn entdeckt werden, die für den Schlaf relevant sind, und das wird der Ausgangspunkt für die Entwicklung neuer, natürlicher Schlafpräparate sein.

Vielleicht kaufen wir uns im nächsten Jahrhundert Heimgeräte zur Aufzeichnung der Aktivität unserer Schlafrhythmen und biologischen Weckuhren, die es uns ermöglichen, aus jedem Schlafstadium zu erwachen. Wenn die biologische Weckuhr dann auf den REM-Schlaf eingestellt wird, können Interessierte möglicherweise ganze »Traumbibliotheken« zusammentragen.

Und wie stünde es um die Möglichkeit, unseren Schlaf in Zukunft drastisch zu verkürzen – oder sogar ohne ihn auszukommen? Hier muß ich Sie wohl enttäuschen, denn ich kann nicht glauben, daß eine Welt ohne Schlaf möglich ist.

Nicht ohne guten Grund nannte mein Mentor Bernie Webb den Schlaf einen »sanften Tyrannen«. Es scheint so, als würde er uns weiter beherrschen, sanft und himmlisch, bis an das Ende der Zeit.

Literaturnachweis

Allgemeine Literatur

Anch, A. M., et al.: Sleep: A scientific perspective. Prentice Hall, Englewood Cliffs, N.J., 1988.

Borbely, A.: Secrets of sleep. Basic, New York 1986. (dt.: Das Geheimnis
des Schlafs. Neue Wege und Erkenntnisse der Forschung. Frankfurt/M.,
Berlin 1991)

Carskadon, M. A., ed.: Encyclopedia of sleep and dreaming. Macmillan,
New York 1933.

Dement, W. C.: Some must watch while some must sleep. San Francisco
Book Company, San Francisco 1976.

– The sleepwatchers. Stanford Alumni Association, Stanford, CA, 1992.

Hobson, J. A: Sleep. Scientific American Library, New York 1989. (dt.:
Schlaf. Gehirnaktivität im Ruhestand. Heidelberg 1990)

Horne, J.: Why we sleep. Oxford University Press, New York 1988.

Kleitman, N.: Sleep and wakefulness. University of Chicago Press, Chicago 1963.

Webb, W. B.: Sleep: The gentle tyrant. Prentice-Hall, Englewood Cliffs,
N.J., 1975.

Kapitel 1

Aristotle. 1964. *On sleeping and waking*. Trans. W. S. Hett. Cambridge:
Harvard University Press. (dt.: Über Schlafen und Wachen. In den *Parva
naturalia*)

Lucretius: On the nature of the universe. Trans. R. E. Latham. Penguin,
Baltimore 1959. (dt.: Von der Natur der Dinge. Deutsch in den Versen
der Urschrift von Wilhelm Binder. Berlin; Stuttgart 1855–1912)

Morruzi, G.: The historical development of the deafferention hypothesis of sleep. *Proceedings of the American Philosophical Society* 108:
19–28, 1962.

Renshaw, S.; Miller, U. L.; Marquis, D. P.: Children's sleep. Macmillan,
New York 1933.

Schiller, F.: Semantics of sleep. *Bulletin of the History of Medicine* 6:
377–97, 1982.

Wittern, R.: Sleep theories in antiquity and the Renaissance. In: Horne,
J. A., ed.: Sleep '88, pp. 11–22: Fischer, Stuttgart 1989.

Kapitel 2

Brazier, M. A. B.: A history of neurophysiology in the seventeenth and eigteenth centuries. Raven, New York 1984.
– A history of the electrical activity of the brain: The first half-century. Pitman, London 1961.
Carskadon, M. A.; Dement, W. C.: Normal human sleep: An overview. In: Kryger, M. H.; Roth, T.; Dement, W. C., eds.: Principles and practice of sleep medicine, pp. 3–13. Saunders, Philadelphia 1989.
Davis, H., et al.: Human brain potentials during the onset of sleep. *Journal of Neurophysiology* 1: 24–38, 1938.
Johnson, L. C.: Are stages of sleep related to waking behavior? *American Scientist* 61: 326–38, 1973.
Ogilvie, R. D.; Wilkinson, R. T.: The detection of sleep onset: Behavioral and physiological convergence. *Psychophysiology* 21: 510–20, 1984.
Rechtschaffen, A.; Kales, A.: Manual of standarized terminology, techniques and scoring system for sleep stages of human subjects. National Institutes of Health Publications no. 204, 1968. Washington, D. C.: NIH.
Webb, W. B.; Agnew, H. W. Jr.: Stage 4 sleep: Influence of time course variables. *Science* 174: 1354–56, 1971.

Kapitel 3

Aserinsky, E.; Kleitman, N.: Regularly ocurring periods of eye motility, and concomitant phenomena during sleep. *Science* 118: 273–74, 1953.
Dahlitz, M.; Parkes, J. D.: Sleep paralysis. *Lancet* 341: 406–7, 1993.
Fisher, C.; Gross, J.; Zuch, J.: Cycle of penile erection synchronous with dreaming (REM) sleep. *Archives of General Psychiatry* 12: 29–45, 1965.
Jouvet, M.; Michel, M.: Correlation electromyographiques du sommeil chez le chat decortique et mesencephalique chronique. *Comptes rendus des séances de la Societé de Biologie et de ses filiales* (Paris) 153: 422–25, 1959.
Snyder, F., et al.: Changes in respiration, heart rate, and systolic blood pressure in human sleep. *Journal of Applied Psychology* 19: 417–22, 1964.
Vogel, G.: An interview with Nathaniel Kleitman. Archival Video Histories of Sleep Researchers. Available from Brain Information Service, UCLA School of Medicine, Los Angeles, CA, 90024–1761.

Kapitel 4

Boyar, R., et al.: Synchronization of augmented luteinizing hormone secretion with sleep during puberty. *New England Journal of Medicine* 287: 582–86, 1972.

Coons, S.; Guilleminault, C.: Development of sleep-wake patterns and non-rapid eye movement sleep stages during the first six months of life in normal infants. *Pediatrics* 69: 793–98, 1982.

Granat, M., et al.: 1979. Short-term cycles in human fetal activity. Part 1: Normal pregnancies. *American Journal of Obstetrics and Gynecology* 134: 696–701, 1979.

Knobil, E., et al.: Neuroendocrine control of the rhesus monkey menstrual cycle: Permissive role of the hypothalamic gonadotropin releasing hormone (GnRH). *Science* 207: 1371–73, 1980.

Sterman, M. B.; Hoppenbrouwers, T.: Development of sleep-waking and rest-activity patterns from fetus to adult in man. In: Sterman, M. B.; McGinty, D. J.; Adinolfi, A., eds.: Brain development and behavior. Academic Press, New York 1971.

Takahashi, Y.; Kipnis, D. M.; Daughady W. H.: Growth hormone secretion during sleep. *Journal of Clinical Investigation* 47: 2079–90, 1968.

Webb, W. B.: Sleep in older persons: Sleep structure of 50- to 60-year-old men and women. *Journal of Gerontology* 37: 14–22, 1982.

Weitzman, E. D., et al.: Twenty-four-hour pattern of the episodic secretion of cortisol in normal subjects. *Journal of Clinical Endocrinology* 33: 14–22, 1971.

Williams, R. L.; Agnew, H. W. Jr.; Webb, W. B.: Sleep patterns in young adults. An EEG study. *Electroencephalography and Clinical Neurophysiology* 17: 376–87, 1964.

Kapitel 5

Aschoff, J.: Circadian rhythms in man. *Science* 148: 1427–32, 1965.

Aschoff, J.; Wever, R.: Human circadian rhythms: A multioscillatory system. *Federation Proceedings* 35: 2326–32, 1976.

Czeisler, C. A., et al.: Human sleep: Its duration and organization depend on its circadian phase. *Science* 10: 1264–67, 1980.

Daan, S.; Beersma, S. G. D.; Borbely, A. A.: Timing of human sleep: Recovery process gated by a circadian pacemaker. *American Journal of Physiology* 246: R161–78, 1984.

Dinges, D. F.; Brougthon, R. J., eds.: Sleep and alertness: Cronobiological, behavioral and medical aspects of napping. Raven, New York 1989.

Lavie, P.: Ultrashort sleep-waking schedule. Part 3: »Gates« and »forbidden zones for sleep«. *Electroencephalography and Clinical Neurophysiology* 63: 414–25, 1986.

Lavie, P.; Webb, W. B.: Times estimates in a long-term time-free environment. *American Journal of Psychology* 88: 177–86, 1975.

Lavie, P.; Zvuluni, A.: The 24-hour sleep propensity function. Experimental bases for somnotypology. *Psychophysiology* 29: 566–75, 1992.

Richardson, G. S., et al.: Circadian variation of sleep tendency in elderly and young adult subjects. *Sleep* 5: S822–S894, 1982.

Siffre, M.: Beyond time. Chatto and Windus, London 1965.

– Six month alone in a cave. *National Geographic* 147: 426–35, 1975.

Wever, R. A.: The circadian system of man. Springer, Berlin 1979.

Wollman, M.; Lavie, P.: Hypernychthemeral sleep-wake cycle: Some hidden regularities. *Sleep* 9: 324-34, 1986.

Kapital 6

Altschule, M. D.; Kitai, I. J.: The pineal gland: A review of the physiological literature. Harvard University Press, Cambridge 1954.

Arendt, J.: Melatonin. *Clinical Endocrinology* 29: 205–29, 1988.

Czeisler, C. A.; Guilleminault, C.: 250 years ago: Tribute to new discipline (1729–1979). *Sleep* 2: 155–60, 1979.

Czeisler, C. A., et al.: Bright light resets the human circadian pacemaker independent of the timing of the sleep wake cycle. *Science* 233: 667–71, 1986.

Hippocrates: The genuine works of Hippocrates. Trans. F. Adams. Williams and Wilkins, Baltimore 1989.(dt.: Über die Krankheiten. 3 Bde. Hersg., übers. und erl. von Paul Potter. Berlin 1980)

Lavie, P.: Two 19th-century chronobiologists: Thomas Lylock and Edward Smith. *Chronobiology International* 9: 83–96, 1992.

Lerner, A. B., et al.: Isolation of melatonin, the pineal gland factor that lightens melanocytes. *Journal of the American Chemical Society* 80: 2587, 1958.

Lewy, A. J., et al.: Light suppresses melatonin secretion in humans. *Science* 210: 1267–69, 1980.

Miles, L., et al.: Blind man living in normal society has circadian rhythms of 24.9 hours. *Science* 198: 421–23, 1977.

Moore-Ede, M. C.; Czeislers, C. A.; Richardson, G. S.: Circadian timekeeping in health and disease. Part 1: Basic properties of circadian pace-makers. *New England Journal of Medicine* 309: 469–76, 1983.

Moore-Ede, M. C.; Sulzman, F. M.; Fuller, C. A.: The clocks that time us. Harvard University Press, Cambridge 1982.

Richter, C. P.: Biological clocks. Charles C. Thomas, Springfield, IL, 1965.

Tzischinsky, O.; Shlitner, A.; Lavie, P.: The association between the nocturnal sleep gate and the nocturnal onset of urinary 6-sulfatoxymelatonin. *Journal of Biological Rythms* 8: 199–209, 1993.

Tzischinsky, O., et al.: Circadian rhythms in 6-sulfatoxymelatonin and nocturnal sleep in blind children. *Chronobiology International* 8: 168–75, 1991.

Winfree, A. T.: The timing of biological clocks. Scientific American Library, New York 1987.

Kapitel 7

Dement, W.; Kleitman, N.: The relation of eye movements during sleep to dream activity: An objective method for the study of dreaming. *Journal of Experimental Psychology* 53: 339–46, 1957.

Domhoff, B.; Kamiya, J.: Problems in dream content study with objective indicators. Part 3: Changes in dream content throughout the night. *Archives of General Psychiatry* 11: 529–35, 1964.

Foulkes, D.: Dream reports from different stages of sleep. *Journal of Abnormal and Social Psychology* 65: 14–25, 1962.

Freud, S.: The interpretation of dreams (1900). Vol. 4, part 5 of J. Strachey, trans. and ed. The standard edition of the complete psychological works of Sigmund Freud. Hogarth, London, 1953. (dt.: Die Traumdeutung. Berlin, Wien 1990)

Hall, C. S.; Van de Castle, R.: The content analysis of dreams. Appleton, Century, Crofts, New York 1966.

Hall, C. S., et al.: The dreams of college men and women in 1950 and 1980: A comparison of dream contents and sex differences. *Sleep* 5: 188–194, 1982.

Hobson, J. A.; McCarley, R. W.: The brain as a dream state generator: An activation-synthesis hypothesis of the dream process. *American Journal of Psychiatry* 134: 1335–48, 1977.

Jouvet, M.: Mémoires et »cerveau dédoublé« au cours du rêve. *Revue du praticien* 29: 27–32, 1979.

– Le sommeil et rêve. Odile Jacob, Paris 1992.

Lavie, P.; Hobson, J. A.: The origin of dreams. *Psychological Bulletin* 100: 229–40, 1986.

Lincoln, J. S.: The dream in primitive cultures. Cressett, London 1935.

Mack, E. M.: Nightmare and human conflict. Houghton Mifflin, Boston 1974.

Nielsen, T.A.; Powell, R. A.: The »dream-lag« effect. A 6-day temporal delay in dream content incorporation. *Psychiatric Journal of the University of Ottawa* 14: 561–65, 1989.

Offenkrantz, W.; Rechtschaffen, A.: Clinical studies of sequential dreams. Part 1: A patient in psychotherapy. *Archives of General Psychiatry* 8: 497–508, 1963.

Snyder, F.: The new biology of dreaming. *Archives of General Psychiatry* 8: 381–91, 1963.

Van de Castle, R. L.: The psychology of dreaming. General Learning Press, Morristown, N.J., 1971.

Kapitel 8

Berger, R. J.; Olley, P.; Oswald, I.: The EEG, eye movements and dreams of the blind. *Quarterly Journal of Experimental Psychology* 14: 183–86, 1962.

Berger, R. J.; Oswald, I.: Eye movements during active and passive dreams. *Science* 137: 601, 1962.

Dagan, Y.; Lavie, P.; Bleich, A.: Elevated awakening thresholds in sleep stage 3–4 in war-related post-traumatic stress disorder. *Biological Psychiatry* 30: 618–22, 1991.

Dement, W. C.; Wolpert, E. A.: The relation of eye movements, body motility and external stimuli to dream content. *Journal of Experimental Psychology* 55: 543–53, 1958.

Foulkes, D.: Nonrapid eye movement mentation. *Experimental Neurology* suppl. 4: 28–38, 1967.

Goodenough, D.: Dream recall: History and current status of the field. In: Ellman, S.; Antrobus, J. S., eds.: The mind in sleep. 2d ed., pp. 143–71. Wiley, New York 1991.

Gross, M.; Lavie, P.: Dreams in sleep apnea patients. *Dreaming* 4: 195–204, 1994.

Hefez, A.; Metz, L.; Lavie, P.: Long-term effects of extreme situational stress on sleep and dreaming. *American Journal of Psychiatry* 144: 344–47, 1987.

Herman, J. H., et al.: Evidence for a directional correspondence between eye movements and dream imagery in REM sleep. *Sleep* 7: 52–63, 1984.

Ian-co, V.; Lavie, P.: Patterns of eye movements and pre-eye movement alpha activity during REM sleep in sighted and blind subjects. In: Horne, J. A., ed.: Sleep '88, pp. 196–98. Fischer, Stuttgart 1988.

Kaminer, H.; Lavie, P.: Sleep and dreaming in Holocaust survivors: Dramatic decrease in dream recall in well-adjusted survivors. *Journal of Nervous and Mental Desease* 179: 664–69, 1991.

Koulack, D.; Goodenough, D. R.: Dream recall and dream recall failure: An arousal-retrieval model. *Psychological Bulletin* 83: 975–84, 1976.

Lavie, P.; Kaminer, H.: Dreams of the poison sleep: Dreaming in Holocaust survivors. *Dreaming* 1: 11–21, 1991.

Maury, A.: Le sommeil et les rêve: Etudes psychologiques. Didier, Paris 1865.

Petre-Quadens, O.; Hussain, H.; Balaratnan, C.: Paradoxical sleep characteristics and cultural environment: Preliminary results. *Acta Neurologica Belgica* 75: 85–92, 1975.

Rechtschaffen, A.: The single-mindedness and isolation of dreams. *Sleep* 1: 97–109, 1978.

Vogel, G. W.: Sleep-onset mentation. In: Arkin, A. M.; Antrobus, J. S.; Ellman, S. J., eds.: The mind in sleep: Psychology and psychophysiology, pp. 97–108. Erlbaum, Hillsdale, N.J., 1978.

Kapitel 9

Cartwright, R. Dreams that work: The relation of dream incorporation to adaption to stressful events. *Dreaming* 1: 3–9, 1991.

Cartwright, R.; Lamberg, L.: Crisis dreaming. Harper-Collins, New York 1992.

Castañeda, C.: The road to Ixtlan. Bodley Head, London 1972.

Gruber, H. E.: On the relation between the »aha experiences« and the construction of ideas. *History of Science* 19: 41–59, 1981.

Laberge, S.: Lucid dreaming. Ballantine, New York 1985. (dt.: Hellwach im Traum. Höchste Bewußtheit im Schlaf. Paderborn 1987)

Lavie, P.; Tzischinsky, O.: Cognitive asymmetry and dreaming: Lack of relationship. *American Journal of Psychology* 98: 353–61, 1985.

Kapitel 10

Allison, T.; Cicchetti, D. V.: Sleep in mammals: Ecological and constitutional correlates. *Science* 194: 732–34, 1976.

Allison, T.; Van Twyer, H.; Goff, W.: Electrophysiological studies of the echidna tachyglossus aculeatus. Part 1: Waking and sleep. *Archives italiennes de biologie* 110: 145–84, 1972.

Campbell, S. S.; Tobler, I.: Animal sleep: A review of sleep duration across phylogeny. *Neuroscience and Bio-behavioral Reviews* 8: 269–300, 1984.

Jouvet, M.: Does a genetic programming of the brain occur during paradoxical sleep? In: Buser P.; Rougeul-Buser, A., eds.: Cerebral correlates of conscious experience, pp. 245–61. INSERM symposium. Amsterdam. Elsevier, Amsterdam 1978.

Kaiser, W.: Busy bees need rest, too: Behavioral and electromyographical sleep signs in honeybees. *Journal of Comparative Physiology* A 163: 565–84, 1988.

Karmanova, I. G.: Evolution of sleep: Stages and the formation of the »wakefulness-sleep« cycle in vertebrates. Karger, Basel 1982.

Kilduff, T. S., et al.: Sleep and mammalian hibernation: Homologous adaptions and homologous processes? *Sleep* 16: 372–86, 1993.

Mahowald, M. W.; Schenck, C. H.: REM sleep behavior disorder. In: Kryger, M. H.; Roth, T.; Dement, W. C., eds.: Principles and practice of sleep medicine, pp. 389–401. Saunders, Philadelphia 1989.

Muchametow, L. M.: Unihemispheric slow-wave sleep in the Amazonian dolphin, Inia geoffrensis. *Neuroscience Letters* 79: 128–32, 1987.

Sastre, J. P.; Jouvet, M.: Le comportement onirique du chat. *Physiology and Behavior* 22: 979–89, 1979.

Tobler, I.: Effect of forced locomotion on the rest-activity cycle of the cockroach. *Brain Research* 8: 351–60, 1983.

Vaughan, C.: The development and use of an operant technique to provide evidence for visual imagery in the rhesus monkey under sensory deprivation. Ph.D. diss., University of Pittsburgh, 1963.

Zepelin, H.; Rechtschaffen, A.: Mammalian sleep, longevity, and energy metabolism. *Brain Behavior and Evolution* 10: 425–70, 1974.

Kapitel 11

Agnew, H. W. Jr.; Webb, W. B.; Williams, R. L.: The effects of stage 4 and 1-REM sleep deprivation. *Electroencephalography and Clinical Neurophysiology* 17: 68–70, 1964.

Bonnet, M. H.: Sleep deprivation. In: Kryger, M. H.; Roth, T.; Dement,W. C., eds.: Principles and practice of sleep medicine. 2d ed., pp. 50–68. Saunders, Philadelphia 1991.

Borbely, A. A., et al.: Sleep deprivation: Effect on sleep stages and EEG power density in man. *Electroencephalography and Clinical Neurophysiology* 51: 483–95, 1981.

Carskadon, M. A.; Dement, W. C.: Cumulative effects of sleep restriction on daytime sleepiness. *Psychophysiology* 18: 107–13, 1981.

Dement, W. C.: Some must watch while some must sleep. San Francisco Book Company, San Francisco 1976.

Freidmann, J., et al.: Performance and mood during and after gradual sleep reduction. *Psychophysiology* 14: 245–50, 1977.

Gulevich, G.; Dement, W. C.; Johnson, L.: Psychatric and EEG observations on a csae of prolonged (264 hours) wakefulness. *Archives of General Psychiatry* 15: 29–35, 1966.

Hartmann, E.; Baekeland, F.; Zwilling, R. G.: Psychological differences between short and long sleepers. *Archives of General Psychiatry* 26: 463–68, 1972.

Johnson, I.; MacLeod, W. L.: Sleep and awake behavior during gradual sleep reduction. *Perceptual and Motor Skills* 36: 87–97, 1973.

Meddis, R.; Pearson, A. J.; Langford, G.: An extreme case of healthy insomnia. *Electroencephalography and Clinical Neurophysiology* 35: 213–14, 1973.

Mitler M. M., et al.: Catatrophes, sleep, and public policy: Consensus report. *Sleep* 11: 100–109, 1988.

Rechtschaffen, A., et al.: Physiological correlates of prolonged sleep deprivation in rats. *Science* 221: 182–84, 1983.

– Sleep deprivation in the rat. Part 10: Integration and discussion of the findings. *Sleep* 12: 68-87, 1989.

Ross, J. J.: Neurological findings after prolonged sleep deprivation. *Archives of Neurology* 12: 399–403, 1965.

Webb, W. B.: Are we chronically sleep-deprived? *Bulletin of Psychonomic Society* 6: 47–48, 1975.

Webb, W. B.; Agnew, H. W., Jr.: The effects on subsequent sleep of an acute restriction of sleep length. *Psychophysiology* 12: 367–70, 1975.

Webb, W. B.; Friel, J.: Sleep stage and personality characteristics of »natural« long and short sleepers. *Science* 171: 587–88, 1971.

Wilkinson, R. T.: Sleep deprivation: performance tests for partial and selective sleep deprivation. *Progress in Clinical Psychology* 8: 28–43, 1968.

Kapitel 12

Barbato, G., et al.: Extended sleep in humans in 14-hour nights (LD 10: 14): Relationship between REM density and spontaneous awakenings. *Electroencephalography and Clinical Neurophysiology* 90: 291–97, 1994.

Bloch, V.; Hennevin, E.; Leconte, P.: Relationship between paradoxial sleep and memory processes. In: Brazier, M. A., ed.: Brain mechanisms in memory and learning, vol. 4, pp. 329–43. Raven, New York 1979.

Cohen, H. B.; Duncan, R. F.; Dement, W. C.: Sleep: The effect of electroconvulsive shock in cats deprived of REM sleep. *Science* 156: 1646–48, 1967.

Crick, F.; Mitchison, G.: The function of dream sleep. *Nature* 304: 111–114, 1983.

Dement, W. C.: The effect of dream-deprivation. *Science* 131: 1705–07, 1960.

Dement, W. C., et al.: A sleep researcher's odyssey: The function and clinical significance of REM sleep. In: Madow, L.; Snow, L.,eds.: The psychodynamic implications of the physiological studies of dreams. Charles C. Thomas, Springfield, IL, 1970.

Gordon, H. W.; Frooman, B.; Lavie, P.: Shift in cognitive asymmetries between waking from REM and non-REM sleep. *Neuropsychology* 20: 99–100, 1982.

Gould, S. J.: Natural selection and the human brain: Darwin vs. Wallace. In: The panda's thumb. Norton, New York 1980.

Greenberg, R.; Dewan, E. M.: Aphasia and rapid eye movement sleep. *Nature* 223: 183–84, 1969.

Jouvet, M.: Paradoxical sleep and the nature-nurture controversy. *Progress in Brain Research* 53: 331–46, 1980.

Karni, A., et al.: Dependence on REM sleep of overnight improvement of a perceptual skill. *Science* 265: 679–82, 1994.

Kleitman, N.: Basic rest-activity cycle – 22 years later. *Sleep* 5: 311–17, 1982.

Kushida, C. A.; Bergmann, B. M.; Rechtschaffen, A.: Sleep deprivation in the rat. Part 4: Paradoxical sleep deprivation. *Sleep* 12: 220–30, 1989.

Lavie, P.: Ultrashort sleep-waking schedule. Part 3: »Gates« and »forbidden zones for sleep«. *Electroencephalography and Clinical Neurophysiology* 63: 414–25, 1986.

– To nap, perchance to sleep: Ultradian aspects of napping. In: Dinges, D. F.; Broughton, R. J., eds.: Sleep and alertness: Chronobiological, behavioral and medical aspects of napping, pp. 99–120. Raven, New York 1989.

Lavie, P.; Oksenberg, A.; Zomer, J.: »It's time, you must wake up now.« *Perceptual and Motor Skills* 49: 447–50, 1979.

Lavie, P., et al.: Localized pontine lesion: Nearly total absence of REM sleep. *Neurology* 34: 118–20, 1984.

Parmeggiani, P. L.: Interaction between sleep and thermoregulation: An aspect of the control of behavioral states. *Sleep* 10: 426–35, 1987.

Phillipson, E. A.: Respiratory adaptations in sleep. *Annual review of Physiology* 40: 133–156, 1978.

Ramm, P.; Frost, B.: Cerebral and local glucose cerebral metabolism in the cat during slow wave and REM sleep. *Brain Research* 365: 112–24, 1986.

Roffwarg, H. P.; Muzio, N. J.; Dement, W. C.: Ontogenetic development of the human sleep-dream cycle. *Science* 152: 604–19, 1966.

Snyder, F.: Towards an evolutionary theory of dreaming. *American Journal of Psychiatry* 123: 121–36, 1966.

Vogel, G. W., et al.: Improvement of depression by REM sleep deprivation. *Archives of General Psychiatry* 37: 247–53, 1980.

Zepelin, H.: REM sleep and the timing of self-wakenings. *Bulletin of the Psychonomic Society* 24: 254–56, 1986.

Kapitel 13

Akert, K., ed.: Biological order and brain organization. Selected writings of W. R. Hess. Springer, Berlin 1981.

Borbely, A. A.; Tobler, I.: Endogenous sleep-promoting substances and sleep regulation. *Physiological Review* 69: 605–70, 1989.

Bremer, G.: Cerveau isolé et physiologie du sommeil. *Comptes rendus des séances de la Société de Bilologie et de ses filiales* (Paris) 118: 725–28, 1935.

Hess, W. R.: Sleep as a phenomenon of the integral organism. In: Akert, K.; Bally, C.; Schade, J. P., eds.: Sleep mechanisms. Elsevier, New York 1965.

Hess, W. R.: Biological order and brain organization. In: Akert, K., ed.: Selected works of W R. Hess. Springer, Berlin 1981.

Jouvet, M.: Neurophysiology of the states of sleep. *Physiological Review* 47: 117–77, 1967.

– Biogenic amines and the states of sleep. *Science* 163: 32–41, 1969.

Lavie, P.: The sleep theory of Constantin von Economo. *Journal of Sleep Research* 2: 175–78, 1993.

Lugaresi, E., et al.: Fatal familial insomnia and dysautonomia with selective degeneration of thalamic nuclei. *New England Journal of Medicine* 315: 997–1003, 1986.

Magnes, J.; Moruzzi, G.; Pompeiano, O.: Synchronization of the EEG produced by low-frequency electrical stimulation of the region of the solitary tract. *Archives italiennes de biologie* 99: 33–67, 1961.

Moruzzi, G.: The sleep-waking cycle. *Ergebnisse der Physiologie, biologischen Chemie und experimentellen Pharmakologie* 64: 1–165, 1972.

Moruzzi, G.; Magoun, H.: Brain stem reticular formation and activation of the EEG. *Electroencephalography and Clinical Neurophysiology* 1: 455, 1949.

Sacks, O.: Awakenings. Picador, London 1990. (dt.: Awakenings – Zeit des Erwachens. Reinbeck 1991)

Sakai, K.: Executive mechanisms of paradoxical sleep. *Archives italiennes de biologie* 126: 259–74, 1988.

Steriade, M.; Mc Carley, R. W.: Brainstem control of wakefulness and sleep. Plenum, New York 1990.

Sterman, M. B.; Clements, C. D.: Forebrain inhibitory mechanisms: Sleep patterns induced by basal forebrain stimulation in the behaving cat. *Experimental Neurology* 6: 103–17, 1962.

Webb, W. B.: The sleep of cojoined twins. *Sleep* 1: 205–11, 1978.

von Economo, C.: Sleep as a problem of localization. *Journal of Nervous and Mental Disease* 71: 249–59, 1930.

Kapitel 14

Bixler, E. O., et al.: Prevalence of sleep disorders: A survey of the Los Angeles metropolitan area. *American Journal of Psychiatry* 136: 1257–62, 1979.

Coleman, R., et al.: Sleep-wake disorders based upon a polysomnographic diagnosis: A national cooperative study. *Journal of the American Medical Association* 247: 997–1003, 1982.

Guilleminault, C.; Lugaresi, E.: Sleep/wake disorders: Natural history, epidemiology, and long-term evolution. Raven, New York 1983.

Hauri, P. J., ed.: Case studies in insomnia. Plenum, New York 1991.

Hauri, P. J.; Fischer, J.: Persistent psychophysiological (learned) insomnia. *Sleep* 9: 38–53, 1986.

Hauri, P. J.; Olmstedt, E.: Childhood onset insomnia. *Sleep* 3: 59–65, 1980.

Karacan, I., et al.: Prevalence of sleep disturbance in a primarily urban Florida County. *Social Science and Medicine* 10: 239–44, 1976.

Kryger, M. H.; Roth, T.; Dement, W. C., eds.: Principles and practice of sleep medine. Saunders, Philadelphia 1989.

Lavie, P.: Sleep habits and sleep disturbances in industrial workers in Israel: Main findings and some characteristics of workers complaining of excessive daytime sleepiness. *Sleep* 4: 147–58, 1981.

– Physician education in sleep disorders: A dean of medicine's viewpoint. *Sleep* 16: 760–61, 1993.

Lavie, P., et al.: Sleeping under the threat of the Scud: War-related environmental insomnia. *Israel Journal of Medical Science* 27: 681–86, 1991.

– Children's sleep under the threat of attack by ballistic missiles. *Journal of Sleep Research* 2: 34–37, 1993.

Munthe, A.: The story of San Michele. John Murray, London 1975. (dt.: Das Buch von San Michele. Leipzig 1937)

Yourcenar, M.: The memoirs of Hadrian. Trans. Grace Frick. Farrar, New York 1954. (dt.: Ich zähmte die Wölfin. Die Erinnerungen des Kaisers Hadrian. Stuttgart 1959)

Kapitel 15

Bootzin, R. R.; Nicassio, P. M.: Behavioral treatments for insomnia. In: Hersen, M.; Eissler, R.; Miller, P., eds.: Progress in behavior modification, vol. 6, pp. 1–45. Academic Press, New York 1978.

Gillin, J. C.; Byerley, E. F.: The diagnosis and management of insomnia. *New England Journal of Medicine* 322: 239–48, 1990.

Hauri, P. J.; Linde, S.: No more sleepless nights. Wiley, New York 1990.

Kales, A., et al.: Chronic hypnotic drug use: ineffectiveness, drug withdrawal insomnia and dependence. *Journal of the American Medical Association* 227: 511–17, 1974.

Kales, A.; Scharf, M. B.; Kales, J.: Rebound insomnia: a new chemical syndrome. *Science* 201: 1039–41, 1978.

Kripke, D. F., et al.: Short and long sleep and sleeping pills: Is increased mortality associated? *Archives of General Psychiatry* 36: 103–16, 1979.

Mellinger, G. D.; Balter, M. B.; Uhlenhuth, E. H.: Insomnia and its treatment: Prevalence and correlates. *Archives of General Psychiatry* 42: 225–32, 1985.

Mendelsohn, W. B.: The use and misuse of sleeping pills. Plenum, New York 1980.

Kapitel 16

Broughton, R.; Baron, R.: Sleep patterns in the intensive care unit and on the ward after acute myocardial infarction. *Electroencephalography and Clinical Neurophysiology* 45: 348–60, 1978.

Coleman, R.: Periodic movements in sleep (nocturnal myoclonus) and restless legs syndrome. In: Guilleminault, C., ed.: Sleeping and waking disorders: Indications and techniques, pp. 265–95. Addison-Wesley, Menlo Park, CA, 1982.

Feinberg, I.; Braun, M.; Koresko, R. L.: Stage 4 sleep in schizophrenia. *Archives of General Psychiatry* 21: 262–66, 1969.

Guilleminault, C.; Eldridge, F. L.; Dement, W. C.: Insomnia with sleep apnea: A new syndrome. *Science* 181: 856–58, 1973.

Hauri, P.; Hawkins, D. R.: Alpha-delta sleep. *Electroencephalography and Clinical Neurophysiology* 34: 233–37, 1973.

Kupfer, D.: REM latency: A psychobiologic marker for primary depressive disease. *Biological Psychiatry* 11: 159–74, 1976.

Lugaresi, E., et al.: Nocturnal myoclonus and restless legs syndrome. *Advances in Neurology* 43: 295–306, 1986.

Mahowald, M. W.; Schenck, C. H.: REM sleep behavior disorder. In: Kryger, M. H.; Roth, T.; Dement, W. C., eds.: Principles and practice of sleep medicine, pp. 389–401. Saunders, Philadelphia 1989.

Moldofsky, H.; Lue, F. A.; Smythe, H. A.: Alpha EEG sleep and morning symptoms in rheumatoid arthritis. *Journal of Rheumatology* 10: 373–79, 1983.

Ohanna, N., et al.: Periodic leg movements in sleep: Effect of clonazepam treatment. *Neurology* 35: 408–411, 1985.

Wittig, R. M., et al.: Disturbed sleep in patients complaining of chronic pain. *Journal of Nervous and Mental Disease* 170: 429–31, 1982.

Zarcone, V. P., Jr.; Benson, K. L.; Berger, P. A.: Abnormal rapid eye movement latencies in schizophrenia. *Archives of General Psychiatry* 44: 45–48, 1987.

Kapitel 17

Arendt, J.; Aldous, M.; Marks, R. H.: Alleviation of jet lag by melatonin: Preliminary results of controlled double blind trial. *British Medical Journal* 292: 1170, 1986.

Czeisler, C. A.; Moore-Ede, M. C.; Coleman, R. H.: Rotating shift work schedules that disrupt sleep are improved b applying circadian principles. *Sciences* 217: 460–63, 1982.

Czeisler, C. A., et al.: Chronotherapy: Resetting the circadian clocks of patients with delayed sleep phase insomnia. *Sleep* 4 :1–21, 1981.

– Exposure to bright light and darkness to treat physiologic maladaption to night work. *New England Journal of Medicine* 322: 1253–59, 1990.

Eastman, C.: Circadian rhythms and bright light: Recommendations for shift work. *Work and Stress* 4: 245–60, 1990.

Knauth, P., et al.: Duration of sleep depending on the type oft shift work. *International Archives of Occupational and Environmental Health* 46: 167–77, 1980.

Lavie, P.: Sleep disturbances in shift workers: A marker for maladaptation syndrome. *Work and Stress* 3: 33-40, 1989.

Lavie, P., et al.: Sleep-wake cycle in shift workers on a »clockwise« and »counterclockwise« rotation system. *Israel Journal of Medical Science* 28: 636–44, 1992.

Monk, T. H.; Folkard, S.: Individual differences in shiftwork adjustment. In: Folkard and Monk, eds.: Hours of work: Temporal factors in work scheduling, pp. 227–37. Wiley, New York 1985.

Moore-Ede, M. C.; Richardson, G. S.: Medical implications oft shift work. *Annual Review of Medicine* 36: 607–17, 1985.

Weitzman, E. D., et al.: Delayed sleep phase syndrome: A chronobiologic disorder associated with sleep onset insomnia. *Archives of General Psychiatry* 38: 737–46, 1981.

Kapitel 18

Arkin, A. M.: Sleep talking: A review. *Journal of Nervous and Mental Disease* 143: 101–22, 1966.

Blatt, I., et al.: The value of sleep recordings in evaluating somnambulism in young adults. *Electroencephalography and Clinical Neurophysiology* 78: 407–12, 1991.

Broughton, R. J.: Sleep disorders: Disorders of arousal? *Science* 159: 1070–78, 1968.

Carskadon, M. A.; Brown, E. D.; Dement, W. C.: Sleep fragmentation in the elderly: Relationship to daytime sleep tendency. *Neurobiology of Aging* 3: 321–27, 1982.

Douglas, J.; Richman, N.: My child won't sleep. Penguin, Harmondworth 1984.

Ferber, R.: Solve your child's sleep problems. Simon and Schuster, New York 1985.

Guilleminault, C., ed.: Sleep and its disorders in children. Raven, New York 1987.

Haimov, I., et al.: Sleep disorders and melatonin rhythms in elderly people. *British Medical Journal* 309: 167, 1994.

Kavey, N. B., et al.: Somnambulism in adults. *Neurology* 40: 749–52, 1990.

Ophir-Cohen, M., et al.: Sleep patterns of children sleeping in residential care, in Kibbutz dormitories, and at home: A comparative study. *Sleep* 16: 428–32, 1993.

Prinz, P. N., et al.: Geriatrics: Sleep disorders and aging. *New England Journal of Medicine* 323: 520–27, 1990.

Richman, N., et al.: Behavioral methods in the treatment of sleep disorders: A pilot study. *Journal of Child Psychology and Psychiatry and Allied Disciplines* 26: 581–90, 1985.

Sadeh, A., et al.: Actigraphic home-monitoring of sleep-disturbed and control infants: A new method for pediatric assessment of sleep-wake patterns. *Pediatrics* 87: 494–99, 1991.

Schneck, C. H., et al.: Chronic behavioral disorders of human REM sleep: A new category of parasomnia. *Sleep* 9: 293–306, 1986.

Kapital 19

Catlin, G.: The Breath of Life. Wiley, New York 1861.

Caton, R.: Case of narcolepsy. *Clinical Society Transactions* 22: 133–37, 1889.

Charuzi, I., et al.: The effect of surgical weight reduction on sleep quality in obesity-related sleep apnea syndrome. *Surgery* 97: 535–38, 1985.

Fairbanks, D. N. F., et al., eds.: Snoring and obstructive sleep apnea. Raven, New York 1987.

Gastaut, H.; Tassinari, C. A.; Duron, B.: Polygraphic study of the episodic diurnal and nocturnal (hypnic and respiratory) manifestations of the Pickwick syndrome. *Brain Research* 2: 167–86, 1966.

Guilleminault, C.; Partinen, M., eds.: Obstructive sleep apnea syndrome: clinical research and treatment. Raven, New York 1990.

Lavie, P.: Incidence of sleep apnea in a presumably healthy working population: A significant relationship with excessive daytime sleepiness. Sleep 6: 312–18, 1983.

– Nothing new under the moon: Historical accounts of sleep apnea syndrome. *Archives of Internal Medicine* 144: 2025–28, 1984.

– Rediscovering the importance of nasal breathing in sleep, or shut your mouth and save your sleep. *Journal of Laryngology and Otology* 101: 558–63, 1987.

Lavie, P.; Ben-Yosef, R.; Rubin, A. E.: Prevalence of sleep apnea syndrome among patients with essential hypertension. *American Heart Journal* 108: 373–76, 1984.

Lavie, P.; Yoffe, N.; Berger, I.; Peled, R.: The relationship between the severity of sleep apnea syndrome and 24-h blood pressure values in patients with obstructive sleep apnea. *Chest* 103: 717–21, 1993.

Lugaresi, E.: Snoring. *Electroencephalography and Clinical Neurophysiology* 39: 59–64, 1975.

Pillar, G.; Lavie, P.: Assessment of the role of inheritance in sleep apnea. *American Journal of Respiratory and Critical Care Medicine* 51: 688–91, 1995.

Sullivan, C. E., et al.: Reversal of obstructive sleep apnea by continuous positive airway pressure applied through the nares. *Lancet* 1: 862–65, 1981.

Kapitel 20

Aldrich, M. S.: Narcolepsy. *New England Journal of Medicine* 323: 389–94, 1990.

Baker, T. L., et al.: Canine model of narcolepsy: Genetic and developmental determinants. *Experimental Neurology* 75: 729–62, 1982.

Critchley, M.: Periodic hypersomnia and megaphagia in adolescent males. *Brain* 85: 627–56, 1962.

Dement, W. C.; Rechtschaffen, A.; Gulevich, G.: The nature of the narcoleptic sleep attack. *Neurology* 16: 18–33, 1966.

Gadoth, N., et al.: Episodic hormone secretion during sleep in Kleine-Levin syndrome: Evidence for hyothalamic dysfunction. *Brain and Development* 9: 309–15, 1987.

Juji, T., et al.: HLA antigens in Japanese patients with narcolepsy: All patients were DR2 positive. *Tissue Antigens* 24: 316–19, 1984.

Lavie, P.: The »sleeping beauty«: An extinguished syndrome of excessive sleepiness. *Sleep* 16: 382, 1987.

– The touch of Morpheus: Pre-20th-century accounts of sleepy patients. *Neurology* 41: 1841–44, 1991.

Lavie, P., et al.: Sleep patterns in Kleine-Levin syndrome. *Electroencephalography and Clinical Neurophysiology* 47: 369–71, 1979.

Parkes, J. D.; Lock, C.; Langdon, N.: Narcolepsy and immunity. *British Medical Journal* 292: 359–60, 1986.

Rechtshaffen, A., et al.: Nocturnal sleep of narcoleptics. *Electroencephalography and Clinical Neurophysiology* 45: 621–37, 1963.

Sacks, O.: Awakenings. Picador, London 1990. (dt.: Awakenings – Zeit des Erwachens. Reinbeck 1991)

Wilner, A., et al.: Narcolepsy-cataplexy in Israeli Jews is associated exclusively with the DR2 haplotype: A study at the serological and genomic level. *Human Immunology* 21: 15–22, 1988.

Sachregister

319

321

Personenregister

324

Naturwissenschaftliche Einführungen
im <u>dtv</u>
Herausgegeben von Olaf Benzinger

Das Innerste der Dinge
Einführung in die Atom-
physik
Von Brigitte Röthlein
dtv 33032

Der blaue Planet
Einführung in die
Ökologie
Von Josef H. Reichholf
dtv 33033

**Das Chaos und seine
Ordnung**
Einführung in komplexe
Systeme
Von Stefan Greschik
dtv 33034

**Der Klang der
Superstrings**
Einführung in die Natur
der Elementarteilchen
Von Frank Grotelüschen
dtv 33035

Das Molekül des Lebens
Einführung in die Genetik
Von Claudia Eberhard-
Metzger · dtv 33036

**Die Grammatik der
Logik**
Einführung in die
Mathematik
Von Wolfgang Blum
dtv 33037

Schrödingers Katze
Einführung in die
Quantenphysik
Von Brigitte Röthlein
dtv 33038

**Von Nautilus und
Sapiens**
Einführung in die
Evolutionstheorie
Von Monika Offenberger
dtv 33039

**Auf der Spur der
Elemente**
Einführung in die Chemie
Von Uta Bilow
dtv 33040

E = mc²
Einführung in die
Relativitätstheorie
Von Thomas Bührke
dtv 33041

Vom Wissen und Fühlen
Einführung in die Erfor-
schung des Gehirns
Von Jeanne Rubner
dtv 33042

**Schwarze Löcher und
Kometen**
Einführung in die
Astronomie
Von Helmut Hornung
dtv 33043

Naturwissenschaft im dtv

Naturwissenschaft im dtv

Stephen Hart
Von der Sprache der Tiere
dtv 33012

Gerald Hühner
»Zwei mal zwei ist vier?«
Mutmaßungen über
Selbstverständliches
dtv 33004

Lawrence M. Krauss
**»Nehmen wir an, die Kuh
ist eine Kugel …«**
Nur keine Angst vor
Physik · dtv 33024

Philip Johnson-Laird
Der Computer im Kopf
Formen und Verfahren der
Erkenntnis · dtv 30499

Josef H. Reichholf
**Das Rätsel der
Menschwerdung**
Die Entstehung des
Menschen im Wechselspiel
mit der Natur · dtv 33006

Paul Scheipers
**Menschen, Mars und
Moleküle**
Ein naturwissenschaftli-
ches Kaleidoskop
dtv 33023

Ian Stewart
**Die Reise nach
Pentagonien**
16 mathematische Kurz-
geschichten · dtv 33014

Frederic Vester
**Denken, Lernen,
Vergessen**
Was geht in unserem Kopf
vor? · dtv 33045
Neuland des Denkens
Vom technokratischen
zum kybernetischen
Zeitalter · dtv 33001

Was treibt die Zeit?
Entwicklung und
Herrschaft der Zeit in
Wissenschaft, Technik
und Religion
Hrsg. von Kurt Weis
dtv 33021

What's what?
Naturwissenschaftliche
Plaudereien
Hrsg. von Don Glass
dtv 33025

Das neue What's what
Naturwissenschaftliche
Plaudereien
Hrsg. von Don Glass
dtv 33010

Berthold Wiedersich
Das Wetter
Entstehung, Entwicklung,
Vorhersage · dtv 30552

Fred Alan Wolf
Die Physik der Träume
Von den Traumpfaden der
Aboriginies bis ins Herz
der Materie · dtv 33005

Konrad Lorenz im <u>dtv</u>

»Es gibt keinen erfolgreichen und guten Biologen, der nicht aus inniger Freude an den Schönheiten der lebendigen Kreatur zu seinem Lebensberufe gelangt wäre.«
Konrad Lorenz

Das sogenannte Böse
Zur Naturgeschichte der Aggression
dtv 33017

Konrad Lorenz behandelt einen gefährlichen Grundantrieb menschlichen Verhaltens: die Aggression, das heißt den auf den Artgenossen gerichteten Kampftrieb bei Mensch und Tier. Das Buch hat eine fruchtbare und nützliche Diskussion über die natürlichen Grundlagen des menschlichen Daseins in Gang gesetzt, die so rasch nicht wieder verstummen wird. Ein Schlüsselwerk von epochalem Rang.

Er redete mit dem Vieh, den Vögeln und den Fischen
dtv 20225

Das Haus von Konrad Lorenz in Altenberg bei Wien glich einer Arche Noah: Es war bevölkert von allen möglichen Tieren, die mit großer Liebe an ihrem Herrn und Meister hingen. Humorvoll und selbstironisch schildert Lorenz seine Erlebnisse mit den Tieren und berichtet dabei viel Wissenswertes über deren differenzierte Lebensgewohnheiten und Verhaltensweisen.

So kam der Mensch auf den Hund
dtv 20113

Aus uralten Instinkten erklärt Lorenz das Verhalten unseres vierbeinigen Hausgenossen, das manchmal fast menschlich anmutet, dem Hundeliebhaber allerdings oft unverständlich und sogar unheimlich erscheint. Jede Hunderasse, aber auch jeder einzelne Hund hat einen eigenen (und oft eigensinnigen) Charakter, den nur entschlüsseln kann, wer die Entwicklungsgeschichte und Verhaltensformen dieser Tierart kennt.

Arno Gruen im dtv

»Arno Gruen ist der erste Psychoanalytiker, der von Nietzsche geschätzt worden wäre.«
Henry Miller

Der Verrat am Selbst

Die Angst vor Autonomie
bei Mann und Frau
dtv 35000
Heute aktueller denn je:
der Begriff der Autono-
mie, der nicht Stärke und
Überlegenheit meint, son-
dern die volle Überein-
stimmung des Menschen
mit seinen eigenen Ge-
fühlen und Bedürfnissen.
Ein Buch, das eine
Grunddimension mensch-
lichen Daseins erfaßt.

Der Wahnsinn der Normalität

Realismus als Krankheit:
eine grundlegende Theorie
zur menschlichen
Destruktivität
dtv 35002
Arno Gruen legt die Wur-
zeln der Destruktivität
frei, die sich nicht selten
hinter vermeintlicher
Menschenfreundlichkeit
oder »vernünftigem«
Handeln verbergen. Er
führt vor Augen, daß dort,
wo Innen- und Außen-
welt auseinanderfallen,
Verantwortung und
Menschlichkeit ausblei-
ben.

Falsche Götter

Über Liebe, Haß und die
Schwierigkeit des Friedens
dtv 35059
Der Psychoanalytiker
Arno Gruen zeigt, daß die
Entmachtung der Mächti-
gen nur im Inneren begin-
nen kann, indem jeder die
Verantwortung für sich
selbst übernimmt.

Der Verlust des Mitgefühls

Über die Politik der
Gleichgültigkeit
dtv 35140
Solange Schmerz und Leid
zu empfinden als
Schwäche gilt, ist unser
Menschsein verarmt und
unvollständig. Das Buch
entwickelt Wege, wie wir
uns der Politik der Gleichgültigkeit bewußt werden
und einen Ausweg aus der
Sackgasse zu immer mehr
Gewalt und weniger Mit-
gefühl finden können.

Wissen zum Nachschlagen:
dtv-Wörterbücher

dtv-Atlanten
informativ, zuverlässig, handlich und preisgünstig

dtv-Atlas Akupunktur
von C.-H. Hempen
dtv 3232

dtv-Atlas Anatomie
von W. Kahle, H. Leonhardt und
W. Platzer
3 Bände
dtv / Thieme 3017 / 3018 / 3019

dtv-Atlas Astronomie
von J. Herrmann
Mit Sternatlas
dtv 3006

dtv-Atlas Atomphysik
von B. Bröcker
dtv 3009

dtv-Atlas Baukunst
von W. Müller und G. Vogel
2 Bände · dtv 3020 / 3021

dtv-Atlas Biologie
von G. Vogel und H. Angermann
3 Bände · dtv 3221 / 3222 / 3223

dtv-Atlas Chemie
von H. Breuer
2 Bände · dtv 3217 / 3218

dtv-Atlas Deutsche Literatur
von H. D. Schlosser
dtv 3219

dtv-Atlas Deutsche Sprache
von W. König
dtv 3025

dtv-Atlas Informatik
von H. Breuer
dtv 3230

dtv-Atlas Mathematik
von F. Reinhardt und H. Soeder
2 Bände · dtv 3007 / 3008

dtv-Atlas Musik
von U. Michels
2 Bände · dtv 3022 / 3023

dtv-Atlas Ökologie
von D. Heinrich und
M. Hergt
dtv 3228

dtv-Atlas Philosophie
von P. Kunzmann, F.-P. Burkhard
und F. Wiedmann
dtv 3229

dtv-Atlas Physik
von H. Breuer
2 Bände · dtv 3226 / 3227

dtv-Atlas Physiologie
von S. Silbernagl und
A. Despopoulos
dtv / Thieme 3182

dtv-Atlas Psychologie
von H. Benesch
2 Bände · dtv 3224 / 3225

dtv-Atlas Stadt
von J. Hotzan
dtv 3231

dtv-Atlas Weltgeschichte
von W. Hilgemann und
H. Kinder
2 Bände · dtv 3001 / 3002

Denkanstöße Philosophie im <u>dtv</u>

dtv

Aktuelle Themen im dtv

Noam Chomsky
Wirtschaft und Gewalt
Vom Kolonialismus zur
neuen Weltordnung
dtv 4665

Karin Jäckel
Der gebrauchte Mann
Abgeliebt und abgezockt –
Väter nach der Trennung
dtv 15103

Dagobert Lindlau
Der Mob
Recherchen zum organi-
sierten Verbrechen
dtv 30070

Asit Datta
**Welthandel und
Welthunger**
dtv 30372

Liane von Billerbeck
Frank Nordhausen
Satanskinder
Der Mordfall Sandro B.
Eine sensible, erschüt-
ternde Hintergrund-
reportage
dtv 30582

Andrew Kimbrell
Ersatzteillager Mensch
Die Vermarktung
des Körpers
dtv 30586

Martin Lell
Das Forum
Protokoll einer
Gehirnwäsche
Der Psycho-Konzern
Landmark Education
dtv 36021

dtv